GONGDIAN QIYE SHESU DIANXING ANLIJI

供电企业涉诉典型案例集

吕振勇　主　编

中国电力出版社
CHINA ELECTRIC POWER PRESS

图书在版编目（CIP）数据

供电企业涉诉典型案例集/吕振勇主编．—北京：中国电力出版社，2019.10
ISBN 978-7-5198-3768-6

Ⅰ．①供…　Ⅱ．①吕…　Ⅲ．①供电－工业企业－民事诉讼－案例－中国　Ⅳ．①D922.292.5

中国版本图书馆 CIP 数据核字（2019）第 213340 号

出版发行：中国电力出版社
地　　址：北京市东城区北京站西街 19 号（邮政编码 100005）
网　　址：http://www.cepp.sgcc.com.cn
责任编辑：赵　鹏（010-63412555）　王　欢
责任校对：黄　蓓　郝军燕
装帧设计：赵姗姗
责任印制：钱兴根

印　　刷：三河市百盛印装有限公司
版　　次：2019 年 10 月北京第一版
印　　次：2019 年 10 月北京第一次印刷
开　　本：787 毫米×1092 毫米　16 开本
印　　张：25.5
字　　数：523 千字
定　　价：75.00 元

编 委 会

前言

本书在对近年来各地电网企业发生的各类民商法律纠纷案件进行综合分析的基础上，以案说法，以法解案，将法律知识与电网企业业务知识紧密结合，对典型案例进行了具体法律分析，同时介绍了办案技巧。本书是电网企业普法、坚持依法治企、建设法治企业、处理企业法律实务的优秀参考读物，可供电网企业领导者、管理人员、法律实务工作者以及电力法律研究人员等学习、借鉴。

本书分为电网建设纠纷、供用电合同纠纷、重大民商事合同纠纷、触电人身损害赔偿纠纷、一般人身损害赔偿纠纷、电磁环境纠纷、财产保险纠纷等七篇。每篇又分为两部分，第一部分紧密结合电网企业实际，对该类案件加以综合分析，其编写新颖，较为系统全面，启发性、法律性较强，而不是简单的案例汇集。第二部分是对七类纠纷中典型案件的具体解析，具有经验性、教学性和启发性。

本书的编写内容多是根据国网法律部收集的近年来各地实际发生的案件判例和案件综合法律研究的素材加工改写而成，借此感谢国网法律部的大力支持。同时，本书的参编者也花费了大量的精力和劳动，一并表示感谢。

本书由吕振勇同志任主编，对本书的章节设计、内容整理提出了具体意见，并对参编者不同风格的初稿进行了大量的删改、补写或重写，最后进行了统稿。由于本书篇幅长、文字多，加之编者水平有限，如有不当之处，望请读者谅解。

需要特别指出的是，由于本书中收集的案例发生时间早晚各异，其适用的是案发时的法律法规、标准规范。这些法律法规、标准规范后来不少都有修订，请读者阅读时加以注意。

吕振勇

2019 年 4 月于北京

目 录 ■

第五篇　一般人身损害赔偿纠纷

第六篇　电磁环境纠纷

第七篇　财产保险纠纷

第一篇

电网建设纠纷

第一章

电网建设纠纷案件综合分析研究

　　近年来，伴随着国民经济的快速发展，电网建设力度也在不断加大。与此同时，因电网建设产生的法律纠纷也不断增多。本书从电网建设纠纷案件的基本情况入手，分析案件法律特征，提出处理此类案件的措施和策略。

第一节　电网建设相关典型案件整体概述

一、电网建设相关典型案件基本情况统计分析

　　根据抽样的 73 起案件分析，其中行政案件 16 起，占 21.92%；民事侵权案件 48 起，占 65.75%；相关合同案件 9 起，占 12.33%。以上数据可以看出，在电网建设相关典型案件中，民事侵权案件比重较大。

二、电网建设相关典型案件的特点

（一）直接影响电网建设的效率和安全

　　电网建设纠纷往往直接导致电网建设进程受阻，致使工期紧张，企业财产受到破坏，甚至有时使电力施工人员人身安全受到威胁，致使工程停工，给电网安全运行埋下隐患。

（二）涉及利益相关方众多

　　电网建设项目从立项到完工再到投入运行，涉及方方面面的利益。由于电网建设区域

广泛，政策性强，接触的人员和单位复杂，不仅涉及国家行政机关、行政相对人和电网企业、电网建设施工企业等，而且可能影响到的范围远不止于此。

（三）案件类型多，关系繁杂

从抽样案件看，主要包括行政案件和民事案件。行政案件包括行政诉讼、行政复议等，民事案件包括侵权纠纷和合同纠纷。有些案件同时经历了行政、民事多种司法程序，既包括了审批、核准内容的合法性，也包括了行政程序的合法性；既包括了合同履行问题，也包括了相邻关系、赔偿和补偿等问题。

第二节　电网建设相关行政案件分析

一、电网建设行政案件的总体分析

电网建设项目的前期工作，主要是电网企业根据电网规划，围绕电网建设项目实施所做的相关工作，是电网企业为项目建设向国家主管部门提请报批，并获得土地、规划、环境保护等主管部门的行政许可，为项目建设取得相应的法律支持性文件的过程。电网建设项目前期工作的典型案例，多为行政类案件，包括听证程序、行政复议及行政诉讼。

（一）电网建设行政案件的基本情况

根据抽样的 16 起案件资料，行政案件基本情况分析如下：听证程序案件 2 起，占 12.5%；行政复议案件 5 起，占 31.25%；行政诉讼案件 9 起，占 56.25%。其中，5 起行政复议案件均又提起行政诉讼，复议加诉讼成为行政案件常态；9 起行政诉讼案件中，一审审结的案件 5 起，二审审结的案件 4 起，一审案件上诉率为 80%。从案件处理效果看，5 起行政复议案件，电网企业不承担责任的 3 起，占 60%；5 起一审审结的行政诉讼案件，电网企业不承担责任的 4 起，占 80%；4 起二审审结的行政诉讼案件，电网企业均不承担责任。从涉案对方当事人人数看，最少的案件有 5 人，最多的达 128 人，呈群体诉讼高发态势。

（二）电网建设行政案件的主要特征

1. 涉案行政类型繁多

由于电网建设前期工作涉及土地、环境等行政许可，而且部分行政许可又有前置条件，如听证告知等。因此，电网建设前期工作中，涉及案件类型繁多，包括听证程序、行政复议、行政诉讼。此外，部分拆迁补偿案件，还可能涉及行政裁定，如某市采石场诉省电力公司岩场关闭补偿纠纷，由于双方对补偿数额难以认定，最后由地方政府进行了行政裁定。

2．贯穿电网建设前期工作全过程

电网建设的行政诉讼案件，涉及电网建设前期工作所有需要行政审批和行政许可事项，如选址选线的规划审批、环境影响评价行政许可、项目核准文件审批、建设工程施工许可、拆迁补偿等。如某省 220kV 燃机送出工程，与项目有关的规划、环保、核准和施工许可等，均被提起行政复议和行政诉讼。

3．涉案人数众多，处理难度大

许多行政诉讼案件，都是因为电网建设过程中的拆迁补偿、环保等问题引发，涉案人数众多，处理难度很大。这些案件，动辄涉及小区业主、沿线村镇群众，由于人数多，且利益关系紧密，矛盾错综复杂，法律问题极易转化为社会问题，纠纷化解存在很大难度。

4．争议多在行政程序方面

一般而言，这类案件在实体方面，电网企业和行政机关做得较为规范，法律问题较少。相对实体方面，行政程序的合法性是电网建设行政案件的争议焦点，听证告知、批文形式和时间等，都是容易引发行政争议的重要内容，争议的目的多在补偿。

5．涉案行政机关级别较高

由于行政复议和行政诉讼涉及的行政机关级别较高，既有省级项目许可部门、环保部门、建设部门，也有中央相关部委等。涉案行政机关级别高，给案件处理带来很大压力，个别案件为追求社会稳定，电网企业只得再行补偿协商，给对方带来很大牟利空间。

（三）行政案件对电网企业主营业务的影响

1．影响电网建设工程进度

前期工作是电网建设的开端，处于龙头地位，由于受听证程序、行政复议和行政诉讼等案件影响，电网建设前期有关支持性文件取得迟缓，势必影响电网建设后续的所有准备工作，从而在整体上，给工程建设、投产造成极大延误，严重影响电网建设进程。

2．影响电网建设工程质量

电网建设是个连续的过程，一旦项目因为案件停滞，涉案群众对施工现场进行干扰，势必影响诸多后续工作，会给电网建设工程留下质量隐患。有些审批文件已经齐备的电网建设工程，部分群众以案件在审为由，强制要求停工，对工地、铁塔、铝材等进行破坏，也会带来电网建设的质量问题。

3．遗留问题给后续运行维护带来麻烦

由于前期工作中的补偿、赔偿等措施未能妥善解决所有问题，施工单位为赶进度盲目承诺而不兑现，遗留下来不少难解问题。工程竣工投产后，遗留问题将会给运行维护带来麻烦，个别巡视运行人员甚至因为群众阻挠而不能到达现场，一定程度上给电网正常运行

带来隐患。

4. 给后续同类工程制造障碍

行政复议和行政诉讼案件中，如果同类案件处理结果不够理想，或者因此引发群体事件，会客观上使得行政机关在同类工程后续许可审批中异常谨慎，甚至推诿拖延、以迎合不合规的所谓"民意"。这必然会延误工程建设周期，给后续同类工程造成行政许可（审批）障碍。

二、电网建设行政案件相关法律问题分析

电网建设中的行政机关的行政许可（审批），根据电压等级不同实行分级审批（许可）。基本流程如下：

（1）取得有关支持性文件，包括项目申请报告书、当地城乡规划行政主管部门出具的规划选址（线）意见、国土资源行政主管部门出具的项目用地预审意见以及环境保护行政主管部门出具的环境影响评价文件的审批意见等。

（2）向企业投资主管部门（各级发改委）申请核准。

（3）根据核准文件向省级企业主管部门、国土资源部门、规划建设部门、安全生产部门等办理相关手续。

在行政许可（审批）过程中，电网企业必须依法办事，同时行政许可（审批）部门也必须依法履行职责。

（一）电网建设中体现的法律特征

1. 电网建设行政许可（审批）多为依申请的行政行为

依申请的行政行为，需要行政相对人依法提出申请，获得行政机关的行政许可，行政机关是依职权被动的作出的具体行政行为。因此，电网企业要根据法律法规要求，按照规定的时间和形式要求递交许可申请文件。

2. 行政许可文件应符合法定要求

行政机关作出的行政许可文件，既要符合实体要求，也要符合形式要求。例如，建设行政主管部门核发的项目选址意见书，要包括建设项目的基本情况、建设项目规划选址的主要依据以及建设项目选址、用地范围和具体规划要求等实质性内容。形式上，选址意见书要有合理、规范、完善的制作格式。

3. 前后行政许可程序不能擅自超越

项目建设的流程，一般表现为各项行政许可的前后关系，后一项行政许可以前一项行政许可为条件。比如，根据《企业投资项目核准和备案管理办法》，建设项目报送项目核准申请报告前，需取得城乡规划行政主管部门出具的选址意见书、国土资源行政主管部门出具的项目用地预审意见、环境保护行政主管部门出具的环境影响评价文件的审批意见等法

律法规规定应提交的文件。根据《建设项目用地预审管理办法》，建设项目在取得规划部门的选址意见后才能进行建设项目用地的预审申请。

4. 要保障公众的知情权

《行政许可法》第三十六条规定了利害关系人的知情权，第四十七条还规定了听证告知权利，即行政许可直接涉及申请人与他人之间重大利益关系的，在许可决定作出前，应告知听证权利，如果当事人在法定时间内提出听证申请的，行政机关还应组织听证。目前基本上所有的行政案件，当事人都会以听证权利受到侵害为由提起行政复议或者行政诉讼。

（二）新法实施对电网建设行政案件的影响

1.《物权法》规定含义不明确对电网建设行政案件的影响

《物权法》的实施，为电网企业国有资产提供有力法律保障的同时，也对电网建设产生不少影响，尤其是在电网建设用地取得、地役权与空间权设置、电网资产物权登记、电网建设电磁环境影响以及电网建设征地成本等方面，电网企业将面临新的难题。例如，《物权法》第四十二条为征收土地设定了严格的法定条件，但并未对"公共利益"的概念进行界定，电网建设属于商业行为还是公共利益行为，各方观点还不一致，甚至有些观点还有很大分歧，纠缠不休的观点之争会给电网建设带来更多的困难和问题。

2.《城乡规划法》对电网建设行政案件的影响

《城乡规划法》第三十六条规定，以划拨方式提供国有土地使用权的，建设单位在报送有关部门批准或者核准前，应当向城乡规划主管部门申请核发选址意见书。这就意味着，不需要建设用地的线路建设项目，无须再行向城乡规划主管部门申请核发选址意见书，这在一定程度上澄清了当前电网建设中争论不休的问题，相对简化了电网建设行政许可程序。

（三）电网建设行政案件胜败关键点

1. 重视前期管理，理顺工作流程

项目前期对于电网建设项目是否能顺利取得核准至关重要，而且前期工作如果出现疏漏，往往会给项目建设埋下隐患。为了加快项目前期工作，保证电网建设的进度，电网企业应重视对项目前期工作的管理，制定项目前期工作流程，以分清职责，明确程序，提高效率。

2. 编制科学、严谨的项目核准申请文件

电网企业在准备选址、土地、水保、环评等项目报批文件时，应认真细致，特别应注意前后报批文件中各项地名、数据一致，用词准确，各项技术标准的引用科学合理。另外，电网企业在收到行政许可机关的批复文件后，应认真核对，确保批文的内容与申请文件内容及项目建设实际情况相符。例如某省 220kV 变电站环境影响评价报告书正是由于工作人员套用格式，导致报告书内容与页眉信息不一致，从而在诉讼中造成被动。

3. 与政府部门加强沟通，取得政府支持

电网建设前期工作的主要内容是，电网企业向政府部门提出有关行政许可申请，政府部门根据申请文件和其他条件对电网建设项目进行审核，并决定是否给予行政许可。电网企业与政府部门加强沟通，有助于尽早发现前期工作中的不足，便于及时修正。还可以使政府部门深入了解电网建设中的困难，有利于政府协调电网建设项目与其他建设项目间的关系。

4. 注意保存电网建设证据资料

法律规定行政机关在许可过程中需要履行听证、公示、征求意见等程序时，有时是电网企业和行政机关都要履行规定的程序。根据《行政诉讼法》规定，在行政诉讼中，被告应对其作出的具体行政行为承担举证责任。在履行法定程序时，电网企业应注意保存相关证据，以免行政机关被提起诉讼后由于无法举证导致许可被撤销，从而影响电网建设进度。

5. 按照规定做好公众参与

做好公众参与，首先要规范信息告示和环评公示。根据输变电工程共性突出的特点，应当设计信息告示和环评公示样本，避免不同评价单位或不同人员的理解差异或工作上的疏漏，造成项目信息遗漏，形成风险。代表应由直接受影响的个人、团体，项目受惠地区公众代表、团体等组成，真正反映公众对项目建设环境影响的接受程度。信息告示和环评公示的发布载体要有一定的公众基础，具有代表性和公信力，一般为当地最主要的党政报纸。合理设计公众调查表，避免难以理解的专业词汇和诱导性的提问。

三、电网建设行政案件应对措施与策略

（一）慎重对外提供电网建设行政案件资料

多数电网建设行政诉讼案件，对方当事人的律师很讲究诉讼策略，往往利用行政诉讼举证责任倒置的规则，先从工程最后环节的"建筑工程施工许可证"入手，套取大量的工程审批文件和资料，继而对之前环节中凡是涉及行政许可的内容，再逐一提起行政复议和行政诉讼。实际上，先前的行政诉讼只是表象，获取大量的工程批文和资料才是真正目的。因此，在类似案件的诉讼中，要针对案件，就事论事，慎重对外提供案件证据和文件资料。

（二）透过案件看动机，坚持依法合理补偿

多数电网建设行政案件，当事人对工程从选址、环评、初设一直到施工许可，对相关行政机关和电网企业展开案件轰炸，先行政复议再行政诉讼，无一例外。透过此类案件，可以清晰地发现，当事人及其代理律师并不在意案件的成败胜负，而是利用部分省级甚至国家行政机关对自身涉诉的敏感性，通过这些级别较高的行政机关，给电网企业施加

压力，希望得到额外补偿。如果电网企业能够正确对待行政案件，无论案件胜负都坚持原则，绝不满足无理的补偿要求，就可以使类似的诉讼策略没有市场。

（三）提醒和协助政府机关依法行政

依法行政本来是各级政府的责任和义务，但由于各种原因，政府依法行政的现状与民众的要求还存在不少差距。民众要求很高，而政府在行政过程中可能会存在不少瑕疵，这就给需要政府审批的各项电网建设项目带来了很多负面影响。行政复议和行政诉讼中，一般都把电网企业列为第三人，实际参与到各类诉讼当中去。而且，这类案件一旦败诉，将会对电网建设工程带来很多阻碍。因此，在电网建设项目的前期审批中，要提醒和协助政府机关按照法定的程序和方式进行项目审批，尤其是严格履行《行政许可法》第四十七条规定的听证告知程序，避免行政诉讼带来的法律风险。

（四）警惕个别当事人或律师的恶意诉讼

项目建设前期工作中，遭遇最多的就是行政复议和行政诉讼。在华东地区的某些电网建设行政案件中，行政复议和行政诉讼的数量多、程度密集，从当事人或律师的诉词看，有恶意诉讼之嫌。究其原因，一方面和行政机关不愿卷入诉讼纠纷的心理有关，对方利用行政机关给电网企业施加压力，从而达到获取案外额外补偿的目的。另一方面也和当前的诉讼费低廉有关。行政复议不收取任何费用，行政诉讼收取极低的费用，《行政诉讼法》的本来目的是减轻行政相对人的经济负担，现在反成了个别当事人或律师滥诉甚至是恶意诉讼的便利通道。

第三节　电网建设相关民事侵权案件分析

一、电网建设相关民事侵权案件总体分析

（一）电网建设相关民事侵权案件的基本情况

根据抽样的 48 起案例，基本情况如下：从诉讼地位看，电网企业作为被告的有 43 起，占 89.58%；电网企业作为原告的有 5 起，占 10.42%。从侵害权利看，涉及相邻关系的 37 起，占 77.08%；涉及地上附着物、青苗补偿 3 起，占 6.25%；侵犯财产权利 6 起，占 12.5%；侵犯人身权 2 起，占 4.17%。从诉讼请求看，除要求赔偿损失外，几乎全部案件要求排除妨碍。从诉讼结果看，电网企业作为被告的 43 起案件中，电网企业不承担责任 30 起，占 69.77%，部分承担责任的 7 起，占 16.28%，承担全部责任的 6 起，占 13.95%；电网企业

作为原告的 5 起案件中，诉讼请求均得到了法院的支持。

（二）电网建设相关民事侵权案件的主要特征

电网建设中的民事侵权纠纷案件近年来已成为电网企业诉讼案件中的热点,尤其在《物权法》实施后更是如此。此类案件呈现以下特征:

1. 处理难度较大

此类案件有很多是由信访案件转为诉讼案件,起诉人往往是多年的"老上访户",情绪激动,诉求强烈,容易成为法官眼中的"难缠对象",从而在一定程度上影响到案件的处理,尤其是在《物权法》颁布实施后,此类案件的处理难度有所加大。

2. 发案率农村地区高于城市

城市的线路架设相对规范,发生纠纷较少。电网建设主要涉及农村地区,且农村地区各方面条件比较复杂,导致纠纷大量发生在农村地区。

3. 发案数量有日渐增多的趋势

相邻关系案件和补偿(赔偿)案件在此类案件中数量较多,具有普遍性和代表性,因此此类案件具备很强的示范效应。随着《物权法》的深入实施,民众的维权意识越来越强,此类案件的数量将会增多,可能会出现相邻关系案件和补偿(赔偿)案件的发案高峰。

4. 非诉纠纷明显增加

据了解,民众越来越多地选择走非诉途径,所以,在此类诉讼案件大幅增多的同时,有关相邻权和补偿(赔偿)案件的非诉纠纷也在明显增加,其中最为突出的就是信访案件激增,而且多为长期缠访。

（三）民事侵权案件对电网企业主营业务的影响

1. 电力建设施工受阻

电网建设相邻纠纷中,许多电力企业都遇到了不同程度的施工受阻的情形,有的甚至还发生了严重影响工程进度的恶性事件。以往遇到类似情况,电网企业通常可采取请求政府以行政执法保护施工的方式解决问题。但自从发生过几起突发事件后,通过政府强制力保护施工的方法已经逐渐困难。《物权法》明确规定,农民集体所有的不动产和动产,属于"集体成员集体所有"。按照该规定,集体所有权的实质是强调集体成员的所有权者权益,集体仅仅是各成员具体实现其所有权的一种方式或途径。因此,今后处理施工受阻的问题难度将会更大。

2. 电网建设成本增加

电网建设中不可避免地要与农民的住宅、树木、农田、鱼塘等打交道。根据《物权法》的规定,为了公共利益的需要,依照法律规定的权限和程序可以征收集体所有的土地和单位、个人的房屋及其他不动产。征收集体所有的土地,应当依法足额支付土地补偿费、安置补助费、地上附着物和青苗补偿费等费用，安排被征地农民的社会保障费用，保障被征地农民的生活，维护被征地农民的合法权益。在征地和青苗赔偿方面，《物权法》虽有标准，但实际操作中却并未得到良好的执行，电网企业在这方面的付出远远高于规定数额，使电网企业既受到巨大财产损失，又有违规之嫌。而针对电力线路跨越建筑物、构筑物等方面，尚无明确补偿标准。虽然根据现行法律，只要电力线路与相邻建筑物、构筑物的间距符合相关规程对安全距离的规定，就不需要进行补偿，但是目前不予补偿在现实情况中很难实现。随着因补偿问题引起的阻挡施工等矛盾纠纷的日益增加，有些地区甚至借此随意提高补偿标准，导致了电网建设工程的成本上升。

3．安全事故频繁发生

在广大农村地区，电力线路与村民的树木、鱼塘等相邻的情况非常多见。首先，树木生长的高度一旦超过安全距离，就会对线路形成安全隐患，如不能及时处理，就有可能发生事故。其次，有些鱼塘位于电力线路下方，钓鱼者甩竿时因鱼竿触及电线而不慎触电受伤甚至死亡的案例也是屡见不鲜。最后，农村地区在原有房屋上违章加层的现象非常严重，由此引发的触电案件也时有发生。

安全生产是电力企业的第一要务，针对此类相邻关系给安全生产造成的潜在影响，电网企业应加强检查巡视工作，及时发现并快速排除隐患。对于不宜单方面采取行动的，要下达安全隐患通知书，并争取政府相关部门的支持和配合，共同处理好相邻关系。

二、电网建设相关民事侵权案件法律分析

（一）从案件结果分析

1．电力企业不承担责任的原因分析

电网建设项目必须取得相关规划、审批手续，以确保工程项目本身的合法性，这是电网企业在此类诉讼中能否胜诉的关键。电力设施的设计施工和运行必须完全符合国家相应技术规程的要求，线路与建筑物间的距离必须完全符合我国电力行业标准，并且符合相关环保要求，这是影响此类案件成败与否的最重要的因素。胜诉案例的最大共同特点就是在这一方面不存在瑕疵而且证据充分。

2．电网企业被判承担部分或者全部责任的原因分析

据抽样案件统计，仅有极少数案件中电网企业被判决承担责任，但一些环节值得研究和总结。

在电网建设中，应当采取必要的措施，保护他人的财产权利和人身权利。如董某诉某市电力局一案中，在挖沟埋线缆施工中，因回填土没有夯实，使雨水从线缆沟下鼠洞流入董某窑洞内，造成窑洞潮湿并倒塌，最终法院判决电力企业承担70%的法律责任。

如果电网企业的工作方式过于简单，会使得自身处于被动局面。例如刘某诉某市供电公司侵权纠纷案中，电网企业曾起诉过原告，要求其裁剪树木，并且获得胜诉，但原告一直未执行，电网企业于是自行砍伐了原告的树木，造成原告损失，结果电网企业变主动为被动，从原告变被告，而且还被判承担了部分赔偿责任。

（二）电网建设相关民事侵权的构成要件

与电网建设相关的民事侵权案件，应属于一般民事侵权。如：某采石厂诉某供电企业、某省电力公司建设输电线路损害其采矿利益要求赔偿损失案，被法院认定为一般民事侵权案。

作为一般侵权案件，构成要件包括：加害行为、损害事实的存在、加害行为与损害事实之间有因果关系、行为人主观上过错四个方面。按照民事案件证据规则的要求，对于原告诉称的人身、财产存在损害以及损害后果与电网建设之间的因果关系是原告方的举证责任。多起案件中，尤其是相邻关系案件中原告因不能证明存在损害后果或不能证明存在因果关系而败诉或者被迫撤回诉讼。如某原告诉某送变电公司、某供电公司侵权纠纷案中，两级法院均判决电网企业胜诉，就是因为原告方"没有损害事实及结果"，又如：某原告诉某电力集团公司、某送变电公司侵犯土地经营纠纷，法院认为该线路施工和占地补偿已支付，原告诉塔下无法种农作物，未提供证据，故判决驳回起诉。

（三）电网建设中的补偿问题

补偿包括两部分：一是因长期征用、占用土地、房屋、其他建筑物、构筑物及经营场所等应向土地使用权人、承包经营权人等支付的补偿，以下简称征用占用补偿；二是建设过程中临时占用土地，损害地上建筑物、青苗、树木等，影响权利人正常生产、经营、生活等应支付的补偿，以下简称施工侵害补偿。

1．补偿的具体标准存在不一致的情况

征用、长期占用土地补偿。一般变电站等不动产需长期占用土地的，国家要求征地，企业按规定给予原土地权利人补偿。

线路走廊及杆塔占地补偿。国家发展改革委明确电力线路走廊不征地。对于电力杆塔占地是否需要征地，各省有不同规定和做法。如某省政府不要求征地，但由于塔基四个角是长期占地，对权利人基本按照征地标准进行补偿，甚至高于征地标准，但对于塔基中心占地，只补偿建设期造成的损坏，没有长期补偿。这种做法也得到司法机关的认可。

房屋等建筑物的拆迁补偿。房屋等建筑物是否需要进行拆迁主要是看其与相邻的电力设施是否造成相互妨碍，相互是否构成危险，判断标准就是房屋等建筑物是否与电力设施保持了足够的安全距离。对于安全距离的界定就成为是否需要补偿的主要判断标准。目前《电力设施保护条例》及其实施细则、DL/T 5092—1999《110～500kV 架空送电线路设计技术规程》、DL/T 741—2010《架空输电线路运行规程》对安全距离有着不同的规定和标准。适用不同的规定，会得出不同的结果。供电企业倾向于适用《设计技术规程》，而房屋权利人倾向于适用《电力设施保护条例》及其实施细则。

在已结案件中，多数法院认定应适用《设计技术规程》，也有法院判决供电企业应当迁移电力设施或判决给予补偿。

2. 补偿款发放过程存在瑕疵

《物权法》明确将农村土地承包经营权作为物权的一种进行保护，而实践中，对农民个人承包经营土地的补偿多是委托政府或村委会进行，补偿款交由村委会转发给农民。这种方式可能发生的问题有村委会未能及时、足额发放补偿款或农民对村委会补偿款分配方案不满或亲属代领的补偿款未转交给权利人，由此而引发案件。此类案件，有的法院认为电网企业已履行补偿义务，无须再承担补偿责任；也有的法院认为电网企业未将补偿款发放至权利人，权利人也未委托其他人代领，视为电网企业未履行补偿义务，判决直接向权利人支付补偿，导致电网企业需要支付二次补偿费用。

（四）《物权法》实施后的影响

随着《物权法》的颁布实施，此类纠纷案件有所增加，且案件的处理难度有所加大。

1. 相邻关系

《物权法》第九十二条规定"不动产权利人因用水、排水、通行、铺设管线等利用相邻不动产的，应当尽量避免对相邻的不动产权利人造成损害；造成损害的，应当给予赔偿"，可见，以往施工过程中强行跨越的做法与此是相违背的。因此，在今后面临此类纠纷时，电网企业需要及时调整思路，从《物权法》相关规定入手，深入分析相邻关系，做好更为充分的准备。在应对诉讼时，也应考虑尽可能采取更有利于电网企业的方式来解决电网建设中的相邻纠纷问题。

2. 政策补偿

《物权法》的实施对征地拆迁补偿工作提出新要求。在征地补偿方面，《物权法》规定，征收集体所有的土地，除了应当依法足额支付土地补偿费、安置补助费、地上附着物和青苗的补偿费等费用外，另行要求安排被征地农民的社会保障费用，保障被征地农民的生活，这无疑大大增加了电网建设征收补偿成本。此外社会保障费的具体标准并不明确，不仅增加了实践操作的难度，更可能引发新的争议，给电网建设带来困难。

3. 集体成员的撤销权

注意《物权法》有关集体成员撤销权的规定。《物权法》第六十三条赋予村集体成员撤销权，如果集体经济组织、村民委员会或者其负责人作出的决定侵害集体成员合法权益的，受侵害的集体成员可以请求人民法院予以撤销。目前在对村集体所有的土地或者其他财产利用和处置的时候，征地单位或者建设单位往往忽视了该集体成员的意见，仅与集体组织（村委会）签订相关协议，《物权法》实施后，如该集体成员不同意村委会决定，可以依法行使撤销权，从而影响电网建设进度。因此在签订协议的时候，应该充分考虑集体成员的意见，必要的时候应将村民会议所形成的同意处置的决议作为协议的附件。

三、电网建设相关民事侵权案件应对措施与策略

（一）兼顾公平，正确引导，寻求支持

在兼顾各方利益的同时，电网企业应积极寻求地方政府和有关部门的支持和配合，认真细致地做好电网建设利益相关方的思想工作，宣讲法律和政策规定，不留后遗症，避免今后因电网建设利益相关方对法律和政策规定的不理解，导致在电网建设过程中及投入运行后产生矛盾。

（二）审查确认项目合法，设计建设合规

查阅涉案电力设施或线路的立项、规划、环保、建设等审批手续，确保项目本身合法，权利受法律保护。审查涉案电力设施或线路的建设资料，确认是否符合电力设计规程、建设标准等，保障设计、建设合法合规。审查确认自身权利无其他瑕疵。

（三）事先防范，降低风险

在电网建设相关工作中，要确保各个环节的程序合法、手续完备、资料齐全、证据充分。作为电网企业，只有首先保证自己的设备、设施的合法性，并且在纠纷发生的第一时间及时保全有关证据，才能避免在诉讼中陷于被动。另外，在电网建设的设计过程中也应充分考虑周围居民的切身利益，根据当地实际环境和条件，适当采取增高杆塔、缩短档距、减少跨越等方式，将可能导致纠纷的各种因素降到最低。

（四）强化先行协商观念

依法经营是企业长远发展的基础，电网企业在电网建设施工过程中遇到相邻纠纷时，切忌强行施工、强行通过，一定要牢固树立先行协商的意识，严格按照相关标准进行相应补偿，以免建设工程成为既成事实之后相邻权人趁机漫天要价，致使电网企业陷于进退两难的境地。

（五）非诉方式解决纠纷

诉讼是解决纠纷的最后选择，但往往并不是最佳选择，不到万不得已，应尽量避免通过司法途径解决。如前文所述，此类案件的特点之一就是处理难度较大，因此，处理相邻

纠纷应优先考虑非诉方式，尽量与对方协商解决，并保存好会议纪要、协议书等相关资料，特别是在案情对电网企业一方不利的情况下更是如此。

（六）积极主动地维护电网企业合法权益

从抽样的 48 起案件中，电网企业主动起诉的较少。对于阻碍电网建设，造成电网企业停工损失的，电网企业应树立依法维权意识，积极主动地采取各种措施（如诉讼）来维护自身的合法权益。如某市供电公司在进行 110kV 线路施工时，遭到苗某、刘某等人员无理阻挠，致使停工 5 天，在供电公司起诉后，被告同意继续施工，同时供电公司撤回起诉。

（七）举证充足、从容应诉

非诉方式虽然是解决此类纠纷的首选，但相邻权的相对方仍然难免会诉诸法律。此时，电网企业就要在第一时间保全相关证据资料，找准应当适用的法律法规。对于此类案件，证据的重要性和决定作用就表现得尤为明显。从收集到的典型案例来看，决定诉讼成败与否的，主要是三个方面的关键性证据：一是证明电力线路建设合法性的证据，二是证明电力线路与相邻物之间的距离符合国家相关法律和规程的证据，三是证明电网企业与原告方曾经协商一致或支付过相应补偿的证据。从这些案例的情况来看，只要在这三个方面做好了举证工作的，案件最终都能够胜诉。

（八）加强宣传、赢得认同

电网企业有其自身的特殊性，在发生纠纷时，往往不被公众所理解，电网行业的很多规章、制度的适用在法院、政府看来也存在一些争议，这在一定程度上也加大了此类纠纷的处理难度，常常使得电网企业处于艰难的境地。因此，电网企业要加大宣传力度，树立自身形象。一方面，要向广大群众宣传电力设施保护和相邻关系等相关法律法规和专业知识，改变群众的某些固有观念，争取群众的理解；另一方面，要向司法机关和政府部门沟通汇报，让他们了解并熟悉电力行业的相关规章、制度，转变他们的思想，争取他们的支持。有了广大群众的理解，有了司法机关和政府部门的支持，有了社会的广泛认同，电网企业在面对电网建设相关相邻关系纠纷时，底气就会更足，胜算就会更大，企业的利益就会得到更好的维护。

（九）委托权威机构出具专业意见

在处理电网建设纠纷中，无论是相邻关系，还是损害赔偿，是否符合规程要求是电网企业是否承担责任的重要因素，但由于电网企业本身作为企业，其所出具的一些材料可能会受到利益相关方的质疑，在此情况下，电网企业应及时委托权威技术机构向法院出具专业意见或电力司法鉴定意见，增加采信度，更能增添胜诉把握。如在张某诉某市供电公司相邻纠纷中，某市供电公司委托中国电机工程学会输电线路专业委员会作出了《关于〈架空输电线路运行规程〉中导线对建筑物之间最小安全距离有关问题的解释》，被法院采纳，认定原告诉称的侵权妨碍没有事实依据，判决驳回诉讼请求。

第四节 电网建设相关合同案件分析

一、电网建设相关合同案件基本情况

电网建设的范围较广，主要包括了电网规划及其项目前期工作、电网建设勘察设计、电网建设施工及监理、电网竣工验收等全过程。鉴于本部分与其他各部分阐述重点的不同，本节所述的电网建设相关合同，如果没有特别说明，仅指工程施工、勘察设计及工程监理合同。

（一）电网建设相关合同案件的发案情况

此类抽样案件共计 9 起，均为工程施工合同纠纷，因拖欠工程款 8 起，其中 1 起因工程分包人拖欠工人工程款导致将工程分包人和电力建设单位告上法院；1 起因双方对工程款是依劳务分包结算还是工程分包结算发生纠纷。

从上述纠纷争议的具体类型看，主要为工程款给付纠纷，个别案件涉及工程造价结算争议纠纷、工程转包与分包争议等。此外，由于勘察设计单位和工程监理单位均为电网企业的辅业单位，虽有争议发生，如有勘察设计单位因勘察设计错误而被业主罚款（违约金）的事情发生，但由于体制关系，目前尚未有 1 起诉讼发生。

（二）电网建设相关合同案件的特点

1. 合同关系贯穿于电网建设项目始终

合同本身就是一种法律行为的载体，合同的种类不同，便形成了各种法律关系，如施工建设阶段的法律关系、勘察设计法律关系、监理法律关系等，电网建设行为除行政审批事项外，都是民事合同行为。

2. 涉及的法律主体众多

电网建设是一个连续的过程，每一个环节发生纠纷都可能牵一发动全身，波及前后多个阶段，因此，众多法律关系的主体都会加入到纠纷中。

3. 涉及不同法律部门

建设工程合同纠纷处理受《招标投标法》《建筑法》《建设工程质量管理条例》等多种不同层级经济法律法规的调整。

二、电网建设相关合同案件法律分析

（一）一般合同原理分析

合同的含义广泛，有劳动法上的合同、行政法上的合同和民法上的合同等。电网建设工程中的合同为民法上的合同。《合同法》中规定的合同，是指平等主体之间设立、变更、终止民事权利义务关系的协议。

建设工程合同是《合同法》中规定的有名合同中的一类。《合同法》中规定的建设工程合同是指承包人进行工程建设，发包人支付价款的合同。建设工程合同包括工程勘察、设计、施工合同。建设工程合同原为承揽合同的一种，属于承揽完成不动产工程项目的合同。但由于建设工程不仅具有不可移动性，而且要长期存在和发挥效用，往往关乎社会公众利益，国家要实行严格的监管，因此它不同于其他承揽工作的完成。故《合同法》将建设工程合同作为一种独立的合同单独规定，但如对建设工程合同未作特殊规定的，仍然适用承揽合同的相关规定。

作为本部分的另一类合同——工程监理合同，同样发生在工程建设过程中。建设工程监理，是指对工程建设的参与者的行为所进行的监督、控制、督促、评价和管理，以保证建筑行为符合国家法律法规和有关政策，制止建筑行为的随意性和盲目性，促使建设进度、投资、质量按计划和合同实现，确保建筑行为的合法性、科学性、合理性和经济性。监理合同是发包人（建设单位）和监理单位之间形成的委托和被委托的关系，因此，委托监理合同在法律性质上与委托合同是相同的，故委托监理合同当事人权利义务与法律责任可以适用委托合同的规定。

《合同法》中关于建设工程合同的重要规则：

1. 建设工程发包与承包的规则

根据《合同法》规定，建设工程承包合同，既可以采取总承包方式，也可以采取分包方式。总承包合同是由一个承包人独立地对全部建设工程承担责任的合同。分包合同则是指总承包单位将其承包的一部分工作或几个部分工作发包给其他单位，订立分包合同。

采取分包方式应当注意：第一，总承包单位可以将承包工程的一部分或几个部分发包给具有相应资质的分包单位，而不能将全部工程分包出去；第二，除总包合同中约定允许分包的以外，总承包人进行分包必须经发包人同意；第三，施工总承包的，建设工程主体结构的施工必须由总承包人自行完成；第四，总承包单位和分包单位就分包工程的工作成果对发包单位承担连带责任。

禁止肢解分包。肢解分包，是指将应当由一个承包单位完成的建设工程肢解成若干部分发包给几个承包单位的行为。这种行为可能导致建设工程管理的混乱，不能保证建设工程的质量和安全，因此《合同法》禁止建设工程肢解分包。

禁止转包。转包，是指承包单位不行使承包人的管理职能而将其承包的工程全部转手给他人承包的行为。转包容易造成投机行为、建设工程质量问题与安全事故，隐患较多，所以《合同法》明令禁止转包。

2. 违约责任以无过错原则作为基本归责原则

《合同法》将无过错责任原则作为基本的归责原则。根据无过错责任原则，违约责任的成立无须当事人主观上具有过错，只要违约行为与损害结果之间具有因果关系，违约方就应当对其违约行为负责。《合同法》第一百零七条规定，当事人一方不履行合同义务或者履行合同义务不符合约定的，应当承担继续履行、采取补救措施或者赔偿损失等违约责任。同时《合同法》将过错责任及过错推定责任作为例外，但仅限于个别合同，如运输合同、保管合同。可见，我国关于违约责任的归责原则，是以无过错责任作为一般归责原则的。合同当事人承担违约责任并不以是否有过错作为合同责任的构成要件。这是合同责任区别于侵权责任的特点之一。《合同法》第十六章"建设工程合同"一章中规定了勘察人、设计人、施工人及发包人的违约责任，都只列举了违约（违法）行为及相应的责任方式，而并不要求当事人具有过错。

3. 因承包方原因造成人身和财产损害的损害赔偿责任

《合同法》第二百八十二条规定，因承包人的原因致使建设工程在合理使用期限内造成人身和财产损害的，承包人应当承担损害赔偿责任。承包人的这种损害赔偿责任不属于合同责任，而是属于产品责任的范畴。承包人承担损害赔偿责任的前提是，损害必须是因承包人的原因造成的。按照法律规定，勘察、设计单位应当对其勘察、设计的质量负责，施工人应当对工程的施工质量负责。另外，工程的合理使用期限，是对建设工程的合理使用寿命而言，并非建设工程质量保证期。

4. 承包人的优先权

优先权，也称优先受偿权，是指由法律规定的特殊债权人就债务人的全部财产或特定财产优先受偿的权利。承包人行使优先权，应当具备以下条件：一是承包人必须按照合同的约定全部履行了自己的义务，即工程按期完工、质量合格并通过竣工验收。二是发包人未按合同约定支付价款，承包人先行催告后，发包人仍不支付时承包人才可行使。三是优先权的行使是有限的，如建设工程的性质不宜折价、拍卖或属于特殊工程、保密工程的，承包人都不得行使优先权。四是优先权行使的方式包括协议方式和拍卖方式。优先权属于担保物权，在行使时应当注意两方面：第一，优先权的效力问题。由于优先权属于担保物权，因此享有优先权的债权人优先于普通债权人，对于同一标的物当然优先于普通债权人受偿。第二，优先权属于法定担保物权，不以当事人的事先约定为必要，也无须进行必要的公示。

5. 建设工程合同的法律适用

我们在前面已有阐述，由于建设工程合同属于承揽合同，因此根据《合同法》的规定，"建设工程合同"专章中有规定的，适用其规定，没有规定的，可以适用承揽合同的有关规定。

6．关于委托监理合同的特别规定

委托监理制，是国家对建设工程实施强制性监督、管控的一种手段。因此，《合同法》中关于监理合同的特殊规定主要体现在以下几方面：一是监理活动的依据为法定的，包括有关法律、法规以及技术标准、设计文件和监理合同。二是监理业务不得转让。三是监理单位不得与所监理工程的承包单位或者建筑材料、建筑构配件和设备供应单位有隶属关系或者发生经营性业务关系。基于上述特点，《建筑法》规定了监理单位的法定赔偿责任，即：不按照委托监理合同的约定履行监理义务，对应当监督检查的项目不检查或者不按照规定检查，给建设单位造成损失的，应当承担相应的赔偿责任；与承包单位串通为承包单位谋取非法利益，给建设单位造成损失的，与承包单位承担连带责任。

（二）常见建设工程合同纠纷案件法律分析

目前，我国已形成了以《合同法》《建筑法》《招标投标法》为三大支柱，以《建设工程质量管理条例》《建设工程勘察设计管理条例》《建设工程安全生产管理条例》《建设项目环境保护管理条例》及地方性法规、部门规章、规范性文件为辅的建筑法律体系基本框架。针对审判实践中司法标准不统一的现象，最高人民法院 2004 年出台了《关于审理建设工程施工合同纠纷案件适用法律问题的解释》（以下简称《解释》）。

此部分，针对常见的建设工程合同纠纷，结合上述法律法规、司法解释进行法律分析。

1．无效合同纠纷案件中的合同主体资质问题

根据《合同法》的规定，合同主体的资格会影响合同的效力。《解释》第一条和第四条规定的建设工程施工合同无效的几种情形中涉及主体问题的包括两种，一是承包人未取得建筑施工企业资质或者超越资质等级的；二是没有资质的实际施工人借用有资质的建筑施工企业名义的。电网建设工程直接关乎电网安全，电网建设的主体——电网企业承担着重要的责任。因此在电网建设中选择适格的承包人直接与电网建设质量相关，从法律意义上讲，直接影响到建设工程合同的效力。

（1）承包人未取得建筑施工企业资质或者超越资质等级承揽建设工程的合同无效。

建设工程合同虽然属于特殊的承揽合同，但其主体条件与承揽合同的主体是有差别的。承揽合同的主体没有限制，既可以是自然人，也可以是法人或其他组织。而建设工程合同的主体即发包人和承包人是有限制的。建设工程合同的发包人一般为建设工程合同的建设单位，即投资建设该工程的单位。按照 1996 年国家计委发布的《关于实行建设项目法人责任制的暂行规定》❶，国有单位投资的经营性基本建设大中型建设项目，在建设阶段必须组建项目法人作为发包人。国有建设单位投资建设的非经营性的工程建设，应当由建设单

---

❶ 该规定自 2016 年 1 月 1 日起失效。

位为发包人,此为电力基本建设项目发包应遵循的法律依据。同时要求建设工程合同的承包人只能是具有从事勘察、设计、建筑、安装任务资格的法人。根据《建筑法》的规定,从事建筑活动的建筑施工企业、勘察单位、设计单位和工程监理单位,应当具备符合国家规定的注册资本,有与其从事的建筑活动相适应的具有法定执业资格的专业技术人员、技术装备等。建设部颁布的《建筑业企业资质管理规定》《工程总承包企业资质管理暂行规定》《建筑业企业资质标准》等规范均对建筑施工企业的资质要求作了规定。以上行政规章均从建设工程施工主体资格方面来认定建设工程施工合同效力,因此,未取得建筑施工企业资质或者超越资质等级承揽建设工程的建设工程合同无效。这是对合同效力的影响,同时发包人还将承担相应的法律责任。《建筑法》规定,发包单位将工程发包给不具有相应资质条件的承包单位的,将被责令改正,处以罚款。

需要注意的是,两个以上施工单位联合承包工程项目,且所具有的建筑企业资质等级不同,或者其中一个施工企业没有取得建筑企业资质等级,如何判断承包人是否属于超越资质等级承揽工程,如何判断合同效力?我国对建筑施工企业实行资质强制管理制度,严格禁止承包人未取得建筑施工企业资质或者超越资质等级承建工程。对此,应将资质等级比较低的企业资质作为联合体的资质等级。这与《招标投标法》中规定的资质等级不同的联合投标体的资质认定原则也是一致的。《建筑法》同时规定,共同承包的各方对承包合同的履行承担连带责任。

(2)没有资质的实际施工人借用有资质的建筑施工企业名义承揽工程的合同无效。

《建筑法》第二十六条规定,禁止建筑施工企业超越本企业资质等级许可的业务范围或者以任何形式用其他建筑施工企业的名义承揽工程。禁止建筑施工企业以任何形式允许其他单位或者个人使用本企业的资质证书、营业执照,以本企业的名义承揽工程。《建设工程质量管理条例》对此也做了相同规定。

没有资质的实际施工人借用有资质的建设施工企业名义承揽建设工程的在实务中称为挂靠现象。所谓挂靠行为,是指建筑施工企业(即挂靠企业)或个人以其他建筑施工企业(即被挂靠企业)的名义承包工程的违法行为。此类行为比第一种隐蔽性更强,在审查资质时易被忽略,其风险非常大,容易造成工程质量低劣、潜伏安全等重大隐患,一旦发生纠纷,被挂靠企业、挂靠企业互相推诿。

在借用资质施工的法律关系中,发包方、被挂靠人(出借资质证书一方)、挂靠人(借用资质证书的实际施工人)三方当事人之间存在如下三种法律关系:①发包方与被挂靠人之间的名义施工合同关系;②发包方与挂靠人之间的实际施工合同关系(尤其在发包方对挂靠知情的情况下);③挂靠人与被挂靠人之间的无效经营合同关系(无效分包、转包关系)。

虽然我国民事实体法中对"挂靠"并没有一个准确的界定,但在现实操作中,挂靠的做法还是相当普遍的。因此,关于"挂靠"的认定需要综合多方面因素来认定。例如,人事关系方面，被挂靠单位人员是否与挂靠单位之间有劳动关系、项目经理是否属于被挂靠企业；在管理上，被挂靠企业对挂靠企业有无实施真正的管理。需要注意的是，要区别委托代理与挂靠。委托代理与挂靠的相似之处是受托人和挂靠方都是以委托人或被挂靠方的名义对外进行民事活动。不同之处在于，委托代理关系中只有委托人才是民事权利义务的承受者，受托人除可享有委托合同约定的费用外不享有其他任何权利，也不必履行其他任何委托合同之外的义务，而挂靠关系中挂靠双方对工程质量发生的纠纷应承担连带责任。

此外，《最高人民法院关于适用〈中华人民共和国民事诉讼法〉的解释》第五十四条规定，以挂靠形式从事民事活动，当事人请求由挂靠人和被挂靠人依法承担民事责任的，该挂靠人和被挂靠人为共同诉讼人。

（3）承包人超越自身资质等级许可的业务范围签订建设工程施工合同，在建设工程竣工前取得了相应资质等级的，建设工程施工合同的效力如何认定？

按照《合同法》效力补正的理论，如果承包人在建设工程竣工前取得相应的资质等级的，即违反法律禁止性规定的情形已经消失，满足合同的生效条件，可以认定合同有效。对此，《解释》第五条明确规定："承包人超越资质等级许可的业务范围签订建设工程施工合同，在建设工程竣工前取得相应资质等级，当事人请求按照无效合同处理的，不予支持。"

（4）合同无效后，合同工程款如何支付？

因前述情形导致合同无效后，合同工程款如何支付的问题，《解释》统一了处理原则。《解释》第二条规定："建设工程施工合同无效，但建设工程经竣工验收合格，承包人请求参照合同约定支付工程价款的，应予支持。"如果建设工程经竣工验收不合格的，根据《解释》第三条规定，按照以下情形处理：①修复后的建设工程经竣工验收合格，发包人请求承包人承担修复费用的，应予支持；②修复后的建设工程经竣工验收不合格，承包人请求支付工程价款的，不予支持。因建设工程不合格造成的损失，发包人有过错的，也应承担相应的民事责任。

2．转包、分包合同纠纷案件中的问题

目前，电网建设工程任务重、时间紧、建设量大，受这些因素影响以及利益驱动，非法转包和违法分包的现象屡见不鲜。加强电网建设工程管理，明确区分非法转包和违法分包行为，加强合同签订、履行环节监控还是极为必要的。

（1）转包与分包的区别。

转包、分包的主要区别在于合同义务转让的程度不同。转包是承包人将其合同义务全部转移给第三人的行为。根据《民法通则》第九十一条、《合同法》第八十八条的规定，合同权利义务一并转让给第三人应经对方当事人的同意。而《合同法》第二百七十二条规定承包人不得将其承包的全部建设工程转包给第三人。《合同法》似乎出现了相互矛盾的规定，关于上述规定分别为合同的一般规定和建设工程合同的特别规定，根据"特别规定优于一般规定"的原则，以及建设工程施工合同的特殊性，转包行为是被《合同法》《建筑法》等法律明令禁止的，因此，对承包人的转包行为，无论发包人是否知情或同意，均应认定转包合同无效。

关于转包的认定标准：《建设工程质量管理条例》第七十八条规定了全部转给第三人和肢解分包两种情形。建设部令第 124 号《房屋建筑和市政基础设施工程施工分包管理办法》第十三条进一步明确"禁止将承包的工程进行转包。不履行合同约定，将其承包的全部工程发包给他人，或者将其承包的全部工程肢解后以分包的名义分别发包给他人的，属于转包行为。违反本办法第十二条规定，分包工程发包人将工程分包后，未在施工现场设立项目管理机构和派驻相应人员，并未对该工程的施工活动进行组织管理的，视同转包行为。"

分包，仅是承包人将部分合同义务转移给第三人的行为，且该分包行为是否合法还取决于若干条件，此问题在前面已做阐述，在此不再赘述。因此，分包行为并非法律绝对禁止的，仅仅对实施非法分包的合同才做无效处理。

违法分包的认定标准，《建设工程质量管理条例》第七十八条"本条例所称违法分包，是指下列行为：①总承包单位将建设工程分包给不具备相应资质条件的单位的；②建设工程总承包合同中未有约定，又未经建设单位认可，承包单位将其承包的部分建设工程交由其他单位完成的；③施工总承包单位将建设工程主体结构的施工分包给其他单位的；④分包单位将其承包的建设工程再分包的。"

（2）劳务分包与工程转包的区别。

在实践中，劳务分包常常与工程转包相混淆。如某市第二电力安装工程公司诉某省送变电建设公司一案，双方对究竟是工程分包还是劳务分包产生争议，最终法院根据某市第二电力安装工程公司与送变电建设公司签订的《500kV 输电线路组立塔工程劳务支援合同》，认定双方之间是劳务分包关系。

劳务分包，是指施工总承包企业或者专业承包企业即劳务作业发包人将其承包工程的劳务作业发包给劳务承包企业即劳务作业承包人完成的活动。劳务分包属于建设工程施工专业分包的一种类型。劳务分包需要具备专业的资质要求。劳务分包与工程转包存在着明显的区别：①两者的客体不同。劳务分包的客体是建设工程中的劳务部分；转包的客体是全部建设工程或分部分项的建设工程。在劳务分包中，劳务作业发包人仅将其承包建设工程任务中的劳务作业任务分离出来分包给劳务作业承包人；在转包的情况下，转包人是将承包的全部建设工程任务转让给转承包人，包括建设工程任务中的各种施工责任、管理责任、劳务作业任务及各种经济技术责任。②两者承担责任范围不同。在劳务分包中，劳务作业承包人按照劳务分包合同的约定向劳务分包的发包人负责，劳务作业分包人和劳务作业承包人仅对工程劳务作业部分向总承包人及建设单位承担连带责任；按照我国法律规定，在转包行为中，转包人和转承包人对因此造成的工程质量、工期或其他工程问题向发包人承担连带责任。③两者的合同效力不同。劳务分包属于合法行为，法律对劳务分包并不禁止；转包则属于法律法规所明确禁止的无效行为。《解释》第七条规定："具有劳务作业法定资质的承包人与总承包人、分包人签订的劳务分包合同，当事人以转包建设工程违反法律规定为由请求确认无效的，不予支持。"

在有劳务分包的建设工程中，存在两个合同关系，一是发包人与建设工程施工（总）承包人的承包合同关系；二是作为劳务作业发包方的建设工程施工（总）承包人、专业工程施工承包人及工程施工分包人与劳务作业承包人之间的合同关系。建设工程施工（总）承包人对其承包的工程向发包人负责；劳务作业承包人按照劳务分包合同的约定向劳务分包的发包人负责，双方互负合同责任。

3．欠付工程款纠纷案件中的问题

欠付工程款纠纷案件中主要包括两方面内容：一是欠付工程款的利息计付标准问题；二是欠付工程款的利息起算时间及时效问题。

（1）关于利息计付标准。《解释》第十七条规定："当事人对欠付工程款利息计付标准有约定的，按照约定处理；没有约定的，按照中国人民银行发布的同期同类贷款利率计息。"根据该规定，赋予了当事人约定权，具体计付标准按照双方当事人的协商。

（2）关于利息起算时间。《解释》第十八条规定，利息从应付工程价款之日计付。当事人对付款时间没有约定或者约定不明的，下列时间视为应付款时间：①建设工程已实际交付的，为交付之日；②建设工程没有交付的，为提交竣工结算文件之日；③建设工程未交付，工程价款也未结算的，为当事人起诉之日。

另外，实践中对于利息性质的认定有不同意见。有观点认为，当事人所主张的利息是因本金被他人占有，应获利息而未能获得的，属于因他人行为造成的不利后果，因此应根据损害赔偿的相关规定处理。也有观点认为，当事人主张的利息是对方占用本金期间取得的利息，属于本金的法定孳息，应根据孳息法则处理。但对于当事人同时主张违约金和利息的，一般认为此时利息应作为损失看待，利息与违约金不应同时适用，可选择额度高者适用。

（3）关于欠付工程款的诉讼时效。

欠付工程款纠纷属于普通合同纠纷，适用《民法通则》中关于两年的诉讼时效的规定❶。关于《解释》第十八条规定的应付款时间能否作为诉讼时效的起算时间，目前有不同观点。通常情况下，对于双方在施工合同中对付款期限没有约定或约定不明，又未就工程款决算达成一致，工程款数额尚未确定的，诉讼时效期间的计算应与合同有约定时采用同一判断标准，即诉讼时效自工程款确定时起计算。

另外需要注意的是，对于当事人未就工程款结算达成一致，在诉讼中通过造价鉴定的方式确定工程款的，可自承包人起诉之日起算诉讼时效；如建设工程施工合同采用固定价结算且未出现需要变更合同固定价的情形时，可依据合同约定的固定价支付时间计算诉讼

---

❶ 《民法总则》规定的普通诉讼时效期间为三年。

时效；质量保修金的诉讼时效以合同约定的保修金返还之日起算。

4. 建设工程质量责任纠纷案件

（1）承包人拒绝修复的处理原则。《解释》第十一条规定："因承包人的过错造成建设工程质量不符合约定，承包人拒绝修理、返工或者改建，发包人请求减少支付工程价款的，应予支持。"承担所建工程的质量责任，是承包人最基本、最重要的责任。《建筑法》及其相关法律都把建设工程质量责任作为重点加以规定。如果建设工程质量不合格或不符合约定，作为承包人应当对此承担瑕疵担保责任。《合同法》第十六章也规定了建筑商应当在合理期限内对建设工程不符合合同约定的部分进行无偿修理或者返工、改建，直到符合约定后才算完全履行合同义务。《建设工程质量管理条例》也规定了类似内容。

（2）质量缺陷的处理原则。《解释》第十二条规定了三种发包人过错造成建设工程质量缺陷的情形，包括：提供的设计有缺陷；提供或者指定购买的建筑材料、建筑构配件、设备不符合强制性标准；直接指定分包人分包专业工程等。上述规定明确了发包人在履行合同时造成建设工程质量缺陷的应当承担过错责任。同时根据《建筑法》《建设工程质量管理条例》等规定，除发包人、承包人的责任外，如果设计人、设备材料的供应人有过错的，也应承担相应的责任。

5. 建设工程合同中涉及的招标投标问题

电力工程建设与招投标活动是紧密相连的。建设工程合同的形成包括两种方式，一种为双方直接签订，另一种则为通过招投标方式订立合同。由于电力建设工程几乎全部为《招标投标法》中规定的必须招标的范围，因此电网建设工程合同除了要受《合同法》《建筑法》等法律约束外，还要遵守《招标投标法》的规定。《解释》中涉及招投标的问题主要包括以下几方面：

（1）建设工程必须进行招标而未进行招标或者中标无效的，合同认定为无效。

必须招投而未招标的情形，主要依据《招标投标法》第三条的规定，包括：大型基础设施、公用事业等关系社会公共利益、公众安全的项目；全部或部分适用国有资金投资或者国家融资的项目；使用国际组织或者外国政府贷款、援助资金的项目；法律或者国务院规定的其他必须招标的项目。

中标无效的情形，主要是违反《招标投标法》《合同法》《民法通则》等法律的特殊规定或一般规定，导致中标结果无效的情形。主要包括：中标通知发出后，招标人改变中标结果；招标代理机构违反保密义务或者招标人、投标人串通损害国家利益、社会公共利益或者他人合法权益的；招标人泄露应当保密的情况的行为；投标人相互串通投标或者与招标人串通投标；弄虚作假，骗取中标；违法进行实质性内容的谈判；在中标候选人以外确定中标人的；依法必须进行招标的项目在所有投标被评标委员会否决后自行确定中标人的八类情形。

（2）当事人就同一建设工程另行订立的建设工程施工合同与经过备案的中标合同实质性内容不一致的，应当以备案的中标合同作为结算工程价款的根据。该条是对工程建设过程中出现的"黑白合同"效力认定的规定。

"黑白合同"又称"阴阳合同",它是指建设工程施工合同的当事人就同一建设工程签订的两份及两份以上实质性内容相异的合同,通常把经过招标投标并经备案的正式合同称为"白合同",把实际履行的补充协议称为"黑合同"。

"黑白合同"的表现形式主要有两种:一种是"黑合同"签订在中标之前;另一种是"黑合同"签订在中标之后,"白合同"只是为了应付政府部门的监管,"黑合同"是对"白合同"实质性内容的否定。

前一种情形,则"黑白合同"均无效。《招标投标法》第四十三条规定:"在确定中标人前,招标人不得与投标人就投标价格、投标方案等实质性内容进行谈判。"第五十五条规定了依法必须进行招标的项目,当事人进行实质性谈判影响中标结果的,中标无效。基于上述规定,不管是"黑合同"还是"白合同"都是招标人与中标人违反《招标投标法》的结果,因此,"黑白合同"均无效。

后一种情形,如果"黑合同"对"白合同"的实质性内容进行变更的,则变更的内容无效。如果"白合同"的成立是合法有效的,"黑合同"签订在"白合同"之后,则按照《招标投标法》第四十六条的规定,招标人和中标人不得再行订立背离合同实质性内容的其他协议。"黑合同"中对"白合同"进行了实质性内容的变更,则变更的部分无效。

三、建设工程合同纠纷案件应诉技巧和应对措施

建设工程合同纠纷案件的处理既有与其他合同纠纷案件相同的地方,也有其特有的应诉中应当注意的一些问题。在处理建设工程合同纠纷时,无论是非诉讼方式还是诉讼方式,都要关注以下内容:

一是调查事实,了解纠纷产生的原因、违约事实(行为)、拟实现的目的。

二是以合同内容作为处理纠纷的依据。包括合同文本的内容和合同签订履行过程中双方往来的补充及变更的内容。这是确定纠纷解决目标的事实依据。

三是根据合同的内容确定处理方式和策略。如对方违约的,我方要追究对方的违约责任还是解除合同;对方追究我方违约责任的,我方是否存在可以行使抗辩权、优先权的条件;是否存在合同无效的情形等。

四是是否超过诉讼时效。建设工程合同纠纷适用两年的普通诉讼时效。另需查明是否存在诉讼时效中止、中断的情况等。

以下是处理此类案件的一般技巧、策略,具体包括:

(一)要查清案件事实

查清案件事实的基础就是做好事实调查——证据的收集。合同纠纷案件的证据材料的

核心就是建设合同本身。《合同法》规定，建设施工合同应采用书面形式。合同的书面形式包括书面合同，但不限于书面合同。双方协商同意并签字认可的有关修改合同的文件、洽谈记录、会议纪要、补充纪要、电报以及业务联系单、工程决算审定书等都是合同组成部分。另外，双方变更、解除合同的过程文字记录或其他形式的往来记录，变更后的合同文本；确认违约事实、追究对方违约责任的文字资料；主张合同权利（如抗辩权、撤销权）的记录等也都是重要的证据。

属于产品、工程质量问题的，应对相关质量问题的产品、工程进行固定或现场保护，必要时，可向有资质的鉴定机关申请鉴定，取得鉴定报告。对于因设备产品和工程等质量问题造成事故的，应收集、制作反映事故现场情况的音像资料、照片、实物等证据材料。事故现场人员应进行书面记录，记录应准确、清晰，载明所涉及的产品设备、工程名称、事发地点、简要经过、现场状况、损失范围。

如果证据有自然灭失、人为毁灭或者以后难以取得的紧急情况出现，电网企业应申请人民法院进行诉前证据保全，也可以向公证机关提出申请，由公证机采取保全措施，在电网企业起诉后，公证机关把所保全的证据移送受诉人民法院审查。

（二）确定诉讼主体的技巧

电网建设合同纠纷拟采取诉讼方式解决时，先要确定诉讼主体。合同诉讼纠纷主体的确定先涉及合同主体，因为合同纠纷是因合同签订履行过程而引发，根据合同相对性原则，因合同产生纠纷，肯定是在合同对方当事人之间产生的，其次才涉及与合同相关的利害关系人。合同主体应当是具备相应民事权利能力和民事行为能力的主体，如法人、领取营业执照的分支机构以及其他具有独立诉讼主体资格的其他组织。法人内部的职能部门是不能作为合同主体的，至于工程处、项目经理部等能否成为民事诉讼主体，要具体分析。工程处是否能成为民事诉讼主体，要看是否经工商部门登记，而项目经理部不具法人资格，也非独立核算的内部机构，无权以自己的名义起诉与被诉。

下面分析各种特殊情况下诉讼主体的确定：

第一，工程转包的诉讼主体确认。转包时，经电网企业同意的，属于《合同法》规定的合同转让，应将实际施工人列为被告，合同中施工方不列为当事人；转包时，未经电网企业同意的，应列实际施工人、施工方为被告。

这里要弄清楚"实际施工人"的定义，《解释》中"实际施工人"的概念在第四条、第二十五条、第二十六条中出现，三处均是指实际参加建设工程施工的无效合同的承包人，如转包合同的承包人、违法分包合同的承包人、没有资质借用或挂靠有资质的建筑施工企业的名义与他人签订建设工程合同的承包人等。

第二，工程挂靠的诉讼主体确认。应当以实际施工人、被挂靠单位为共同被告；两单位承担连带责任。

第三，联合承包的诉讼主体确认。由其中一方与电网企业签订建设工程合同而发生纠纷，则应列其他联合方为共同被告。

第四，涉及分包的诉讼主体确认。因分包单位原因致使电网企业发生损失的，电网企业应以总包单位为被告，直接向总包单位索赔。而总包单位承担责任后，可以以有责任的分包单位为对方当事人，另行提起诉讼。

第五，工伤事故的主体确认。施工期间发生工伤事故，如果施工方是具有合格资质的，应以施工方为被告，电网企业没有责任；如果施工方不具有合格资质，则法院可能将合同定性为电网企业内部施工管理合同，工伤人与电网企业构成事实劳动关系。

此外，需要注意的是，企业名称变更的，诉讼中应以变更后的经济实体为诉讼当事人，并向法院提供工商部门变更登记资料。被告主体错误后，这里有一个诉讼技巧可以使用，电网企业不必撤诉后重新起诉，应主动让法院驳回我方诉请，原因在于原告撤诉还需承担50%的受理费，而裁定驳回时原告只需承担受理费50元。

（三）主张无效合同的应诉技巧和诉讼策略

根据相关法律法规和司法解释，无效合同自始没有法律效力，不能产生当事人预期的法律后果，无效合同的法律后果之一是返还财产，恢复原状。涉及建设工程合同无效的将会产生折价补偿、不支付工程款、法院收缴当事人已经取得的非法所得等法律后果。

主张合同无效，虽然通常对施工方更为不利，但毕竟我方也未能实现合同目的，因此，提出无效合同主张应当慎重。在提出诉讼主张前应进行事实调查，看该合同是不是属于由于施工方的原因导致的《合同法》和《解释》所规定的无效合同，如果该合同属于无效合同，电网企业就要在谈判中告知施工方可能的判决及行政处罚结果，迫使施工方在谈判中做出让步，最后通过协商、调解的方式解决纠纷。

需要注意的是以下情形似乎合同无效，但实际上合同是有效的：

（1）签约时未取得土地使用权证、规划许可证、报建手续时，去补办手续前无效；在审理期间补办应有效。

（2）签约时未取得土地证，但已审查被批准用地，为有效。

（3）超过规划许可证范围的合同是否无效，看是否违反法律、行政法规的强制性规定。

（4）跨地区承揽，未办外来企业承包许可证的，手续不全，但不违反《建筑法》强行规定的，合同仍有效。

（四）主张合同违约金的应诉技巧

违约金的数额是双方预先确定的；违约金的支付是独立于履约行为之外的给付。换言之，只要当事人无特别约定，支付违约金的行为不能替代履行合同，当事人不得在支付违约金后而免除履行主债务的义务。

违约金适用的一般原则性技巧：①合同对违约金有具体约定的按约定，对违约金无约定或约定不明确的，按没有约定处理。②违约金的计算依据是合同总价。③约定违约金数额一般以不超过合同未履行部分的价金总额为限。

对约定违约金和罚款的或只约定罚款的，只要其金额不超过未履行部分总额的，可将罚款视为违约金处理。

（五）请求损害赔偿金的应诉技巧

根据《合同法》的规定，损害赔偿金范围的确定，损害赔偿金包括积极损失与可得利益损失（合同履行后可得利益），其中可得利益损失金额又受到两个限制：①可预见规则；②减轻损失规则（《合同法》第一百一十九条）。

请求损害赔偿金的前提为有损失存在，这是与适用违约金不同的。损害赔偿金既可单独适用，也可与违约金同时适用。违约金低于造成的损失的，当事人可以请求人民法院或者仲裁机构予以增加；约定的违约金过分高于造成的损失的，当事人可以请求人民法院或者仲裁机构予以适当减少。

对违约金和法定损害赔偿金的适用：一是原则上不并存；二是就高不就低；三是优先适用违约金责任条款。

电网企业可按合同约定要求承包人支付约定违约金。倘若损失超过违约金的，可要求对方赔偿。由于违约金具有补偿性质，其惩罚性不强，故发包人要求赔偿金额不得超过双方缔约时可预见限额。

（六）主张解除合同应注意的问题

一是应按照合同约定的解除条件或法定的解除条件行使解除权，并注意收集保留证明出现解除条件的证据。

二是应注意履行解除通知的程序。

三是解除合同后的处理，如承包人因解除合同存在异议而拒绝退场时，电网企业可依据《民事诉讼法》关于"因情况紧急需要先予执行"的规定向法院提出先予执行的申请，请求法院作出停止侵害、排除妨碍等裁定。

第二章

电网建设纠纷案例具体分析

案例 1　唐××等70人诉某省环保局关于220kV××输变电工程环境影响报告书审查意见案

一、案由

本案是民告政府行政主管部门类行政案件。某年7月1日，某省环保局对某省电力公司作出的《关于220kV××输变电工程环境影响报告书审查意见的函》批复同意220kV××输变电工程按拟选址进行建设。原告唐××等获悉后，认为某省环保局作出的环境影响报告书的程序和内容均违法，而且被告的审批行为违反了级别管辖的规定，故向法院起诉，要求撤销涉案具体行政行为。

一审的原告为唐××等70人，一审的被告为某省环保局，某省电力公司被列为一审的第三人。二审中，某省环保局和某省电力公司被列为共同被上诉人。

原告唐××等70人诉某省环保局环境影响评价文件行政审批一案，由某省省会所在地H市的区级人民法院作出行政判决。唐××等70人不服，向H市中级人民法院提起上诉。H市中级人民法院受理后，依法组成合议庭，公开开庭审理了本案。上诉人唐××等70人的诉讼代表人、委托代理人，被上诉人某省环保局的委托代理人，以及被上诉人某省电力公司的委托代理人，均到庭参加了诉讼，直至本案审理终结。

某年7月1日，某省环保局对某省电力公司《关于220kV××输变电工程环境影响报告书审查意见的函》作出批复，认为根据某省电力设计院所作的该工程环境影响评价报告书的结论、专家评审意见、H市环保局的意见以及H市规划局的规划许可意见，同意220kV××输变电工程按拟选地址进行建设，并对变电站的布置、布局和施工管理作了要求。

一审法院根据原被告及第三人的举证并经庭审质证认定：第三人根据H市城市电网发

展要求，为解决 H 市中心用电负荷，向国家电力公司报送了关于 220kV××输变电工程项目的可研报告。此前国家电力公司批准该项目立项。在完成项目选址初选并经过 H 市规划部门的选址同意后，作为某省电力公司指定具体负责 H 市 220kV××输变电工程项目的 H 市电力公司即委托某省电力设计院编制该项目环境影响报告。某省环境工程技术评估中心组织了该项目环境影响评价大纲的专家审查，并对该项目环境影响评价大纲作出评估意见。同年，该项目环境影响报告书通过专家评审，某省发展改革委对该工程作出初步设计批复。被告某省环保局受理了一审的第三人某省电力公司的预审申请，并接受了其随同提交的《关于 220kV××输变电工程环境影响报告书预审意见的函》及相关资料，包括国家电力公司、某省发展改革委对该工程项目的批准立项、选址、专家及环境工程技术评估机构的技术论证、××输变电工程周边少数几家单位意见征询表以及环境影响报告书（报批本）、H 市规划局对××变电站选址同意意见等。某省环保局对《关于 220kV××输变电工程环境影响报告书审查意见的函》作出批复，同意 220kV××输变电工程按拟选地址进行建设。原告获悉后认为该环境影响报告书的许可程序和内容均违法，而且认为某省环保局的审批行为违反了级别管辖规定，故起诉至人民法院，要求撤销涉案具体行政行为。

一审法院另查明涉案工程是非政府财政投资的电力建设，其建设规模是总投资为 3.13 亿元的 220kV 输变电工程。

综上所述，一审法院认为，被告是省环境保护行政主管部门，《环境影响评价法》规定了建设项目有行业主管部门的，其环境影响评价文件报有审批权的环境保护行政主管部门审批。原国家环境保护总局发布的《电磁辐射环境保护管理办法》和《建设项目环境影响评价文件分级审批规定》明确：对于非政府财政投资的电力建设规模总投资 2 亿元及以上的 330kV 及以上输变电工程，其环境影响评价文件由国家环境保护总局审批。涉案工程总投资虽为 3.13 亿元，但其电压等级为 220kV，并不属于国家环境保护总局审批范围。因此被告作出涉案具体行政行为，并未违反级别管辖，主体适格。第三人某省电力公司在报批涉案工程环境影响报告书时提交了法律规定应当提交的相关资料，也附具了在报批之前征求相关单位、专家和涉案工程周围部分公众意见的资料，被告经审查后作出涉案行政行为事实清楚、程序合法。由于涉案具体行政行为没有告知诉权和起诉期限，故原告在向本院提起行政诉讼时并没有超过法定诉讼时效。但原告认为被告所审查的环境影响报告书内容和程序违法，所以涉案具体行政行为违法，对此本院认为原告观点缺乏事实和法律依据。第三人某省电力公司报批审查的环境影响报告书有专家评审、论证意见，有包括 H 市环保局、规划局等相关单位和部门的意见及周边部分公众的征求意见，公众听证会并非必备要件。GBZ 1—2002《工业企业设计卫生标准》❶对产生工频超高压电场的设备安装地址的选

---

❶ 该标准现已被 GBZ 1—2010《工业企业设计卫生标准》代替。

择应与居民区等生活、工作区保持一定距离，没有规定具体数据，但规定了"达到上述地区的电场强度不应超过 1kV/m"，涉诉工程项目中，项目周边环境的工频电场最高强度经相关测试确定为 0.055kV/m。况且 2006 年 5 月国家环境保护总局辐射环境监测技术中心对涉案已建工程进行了环境保护监测，结论与环境影响报告书中的评价结论相符。作为某省电力公司指定负责 H 市 220kV××输变电工程建设和管理的 H 市电力公司组织环境评价、规划报批也并无不妥。故原告要求撤销涉案行政行为不予支持。依据《行政诉讼法》第五十四条第（一）项之规定，判决维持某省环保局对某省电力公司作出的《关于 220kV××输变电工程环境影响报告书审查意见的函》。一审案件受理费 80 元由原告唐××等 70 人负担。

二、原告理由

原告唐××等 70 人不服一审判决提起上诉称：被上诉人某省环保局作出的行政许可程序不合法。变电站是一个高度污染的设施，其所产生的电磁辐射对上诉人的身体健康有直接的重大影响，因此变电站的建设与上诉人有重大利害关系。根据《行政许可法》第四十七条第一款的规定，行政机关应在作出行政许可前告知申请人、利害关系人享有要求听证的权利，并在申请人、利害关系人申请听证时组织听证。被上诉人未按上述规定操作系程序违法。同时，被上诉人作出的行政许可内容也不合法。拟建的××变电站离原告住宅最近处 2m，最远处为 8m，虽 GBZ 1—2002《工业企业设计卫生标准》第 5.2.5.2 条规定产生工频超高压电场的设备安装地址（位置）的选择应与居民区等生活、工作区保持一定距离，没有规定具体数据，但应以保护人民生命健康为基点来确定。故请求撤销一审判决，撤销被上诉人某省环保局作出的行政许可文件。

三、被上诉人答辩意见

被上诉人某省环保局认为：答辩人的职能处室等对报批材料的审查及核准等内部审批流程，系在法定时限前完成的。当前尚没有法律、法规或行政规章对"重大利益关系"作出明确规定，原告对此概念的理解有重大偏差。在对建设项目环境影响评价文件的审查过程中，就申请人与他人之间是否存在重大利益关系，应以污染因子是否对利害关系人的人身和财产造成直接损害为重大利益的评判标准，而本案根据环评报告和专家评审意见，证明变电站等输电设施不会对周边环境和人体健康造成重大影响或损害。因此，答辩人请求二审法院驳回上诉，维持原判。

被上诉人某省电力公司认为：报批审查的环境影响报告书，已经经过专家的评审、论证，且依法征求了周边部分公众的意见。况且，根据国家环境保护总局辐射环境监测技术中心对现场的实际监测，监测值符合国家标准。因此，上诉人与被上诉人某省环保局的具体行政行为之间没有直接重大利益关系，召开听证会并非必要条件。GBZ 1—2002《工业企业设计卫生标准》第 5.2.5.2 条规定："产生工频超高压电场的设备安装地址（位置）的选择应与居住区、学校、医院、幼儿园等生活、工作区保持一定的距离。达到上述地区的电场强度不应超过 1kV/m。"国家对"距离"没有作统一要求，是以"电场强度"作为判断"距离"是否合法的标准的。经实际检测，××变电站周围各监测点的电场强度最高值不超过 0.055kV/m，远低于 1kV/m，符合上述国家标准的要求。综上，被上诉人某省环保局作出的行政许可文件的程序、内容均合法，请求驳回上诉，维持一审判决。

庭审中，各方当事人围绕被上诉人某省环保局作出的行政许可文件的程序、内容是否合法等争议焦点，进行了质证和辩论。

四、二审法院意见

二审法院认为，根据《最高人民法院关于执行〈中华人民共和国行政诉讼法〉若干问题的解释》第二十六条第二款、《最高人民法院关于行政诉讼证据若干问题的规定》第一条第一款的规定，被告应当在收到起诉状副本之日起十日内，提供据以作出被诉具体行政行为的全部证据和所依据的规范性文件。

某省环保局向一审法院提交的证据"4. 关于调查 220kV××输变电工程环境影响评价情况的函以及附件群众来信、信访文件以及处理"和"5. 220kV××输变电一期工程环境影响报告书（现状评价）、现场工作确认资料"，形成于被告作出被诉具体行政行为之后，与证明被诉行政行为的合法无关联性。同样，某省电力公司向一审法院提交的证据"8. 220kV××输变电一期工程环境影响报告书（现状评价）""9. 220kV××输变电工程辐射环境监测报告"和"10. ××变电站与周围敏感点相对位置示意图"亦形成于被告作出被诉具体行政行为之后，与证明被诉行政行为的合法无关联性。一审法院对上述证据的采信不当，本院特予以指正。

经二审查明的事实与原审查明的事实基本一致，本院予以确认。

二审法院认为，本案审查的是被上诉人某省环保局作出的环境影响评价文件行政审批行为的合法性。根据《环境影响评价法》第二十二条、《电磁辐射环境保护管理办法》第七条、国家环境保护总局《建设项目环境影响评价文件分级审批规定》和《关于确认 220kV 输变电工程环境影响评价文件审批权限的复函》的规定，被上诉人某省环保局作为省环境保护行政主管部门，对涉案的环境影响评价文件具有审批权。

原审第三人某省电力公司在报批涉案工程环境影响报告书预审意见时提交了法律规定应当提交的相关资料，某省环保局经审查后作出涉案行政行为事实清楚。关于高压送变电设施环境影响评价适用标准的问题，根据国家环境保护总局 2004 年 8 月 4 日答复北京市环保局《关于高压送变电设施环境影响评价适用标准的复函》（环函〔2004〕253 号）中称：

"超高压送变电工程的环境影响评价按照《500kV超高压送变电工程电磁辐射环境影响评价技术规范》（HJ/T 24—1998）执行，330kV、220kV和110kV输电线路的环境影响评价、审批和管理，可以参考该标准（HJ/T 24—1998）执行。"故原审第三人在报批的环境影响报告书中，在电磁辐射方面以《500kV超高压送变电工程电磁辐射环境影响评价技术规范》（HJ/T 24—1998）为评价标准，合法有据。根据该规范的要求，工频电场强度以4kV/m作为居民区工频电场评价标准，采用类比分析法后监测的电场强度为1.74～90.8V/m，远小于评价标准。至于上诉人提出的 GBZ 1—2002《工业企业设计卫生标准》，本身是一个职业标准，是为了预防生产过程中产生的各类职业危害因素，改善劳动条件以保障职工的身体健康而制定的，该标准不适用于输变电工程的环境影响评价；即便适用该标准，根据环境影响报告书中所称的监测电场强度为1.74～90.8V/m，也远远低于该标准所确定的1kV/m的规定。因此，上诉人所诉称的"《环境影响评价报告书》内容不合法"的观点不能成立。

《环境影响评价法》第二十一条第一款规定："除国家规定需要保密的情形外，对环境可能造成重大影响、应当编制环境影响报告书的建设项目，建设单位应当在报批建设项目环境影响报告书前，举行论证会、听证会，或者采取其他形式，征求有关单位、专家和公众的意见。"原国家环境保护总局发布的《环境保护行政许可听证暂行办法》第六条第一款规定："除国家规定需要保密的建设项目外，建设本条所列项目的单位，在报批环境影响报告书前，未依法征求有关单位、专家和公众的意见，或者虽然依法征求了有关单位、专家和公众的意见，但存在重大意见分歧的，环境保护行政主管部门在审查或者重新审核建设项目环境影响评价文件之前，可以举行听证会，征求项目所在地有关单位和居民的意见。"本案中，某省电力公司在提交报批涉案工程环境报告书预审意见的同时，已附具了在报批之前征求的相关单位、专家和涉案工程周围部分公众的意见，且《环境保护行政许可听证暂行办法》的上述规定中，也只是规定了"可以举行听证会"，而未将公众听证会作为环境影响评价文件审批的必备要件，故被诉具体行政行为程序合法。

综上，二审法院认为：一审判决认定事实清楚，适用法律正确，审判程序合法，上诉人的上诉理由不能成立，本院不予支持。依照《行政诉讼法》第六十一条第（一）项的规定，判决如下：驳回上诉，维持原判。二审案件受理费80元，由上诉人负担。

五、经验与教训

（1）本案中某省电力公司和某省环保局严格按照法定程序对该输变电工程进行项目环境影响评价审查是本案胜诉之关键。其中，某省电力公司在提交《关于220kV××输变电工程环境影响报告书预审意见的函》的同时，随同提交了国家电力公司、某省发展改革委对该工程项目的批准立项、选址、专家及环境工程技术评价机构的技术论证、××

输变电工程周边少数几家单位意见征询表以及环境影响报告书（报批本），H 市规划局对××变电站选址同意意见等，内容具体翔实，具备了电力工程建设法律规定的所有要素，确保了某省环保局作出的《关于 220kV××输变电工程环境影响报告书审查意见的函》在程序上符合法律规定。

（2）本案中原告认为某省环保局无权审批该工程项目，理由是按照国家环境保护总局的规定，非政府财政投资的电力建设规模总投资 2 亿元以上的 330kV 及以上的输变电工程，其环评文件由国家环境保护总局审批。原告错误地理解为 2 亿元和 330kV 任何一项满足即可，而非原本所欲表达的 2 亿元和 330kV 必须同时满足。2006 年 7 月 14 日，国家环境保护总局以《关于确认 220kV 输变电工程环境影响评价文件审批权限的复函》确认了某省环保局的审批权限。

六、启示

（1）此类案件在实体方面，行政机关和供电企业都依照法律法规的相关规定办理相关证照和手续，基本较为规范。相对实体方面，行政程序的合法性是该类电网建设行政案件的争议焦点，听证告知、批文形式和时间等，都是极易引发行政争议的重要内容。一般而言，电网建设项目从可行性报告、选址意见、环境影响评价报告编制到初设批复等环节，都需要按照法定程序严格实施。根据《环境影响评价法》的规定，建设项目的环境影响评价文件未经批准的，建设单位擅自开工建设的，环境保护行政主管部门有权责令停止。这是电网建设的前置条件之一，供电企业应严格遵守。

（2）电网建设的相关案件中，环境影响评价报告书是建设单位申请环境保护行政主管部门审批的重要文件，因此其文件的编制需特别注意细节。此外，附具的资料也要全面、严谨，如工程可研性报告及批复、选址意见书等，力求协调一致，各种数据、位置的衔接不能有丝毫纰漏，避免为他人误解或利用，从而引起讼争。

案例 2 　罗××诉某镇人民政府、某区安监局超越职权、暂停供应爆破物资案

一、案由

此案例属企业告政府的行政诉讼案件。此案例发生较早，某镇人民政府以文件形式书面通知某区××爆破有限责任公司××站（以下简称××公司××站）暂停供应原告罗××采石场爆破物资。原告不服，遂诉至法院，请求法院确认镇政府超越职权，所发文件违法。原告罗××诉被告某镇政府、区安监局及第三人某电力公司确认行政强制措施违法一

案，××区人民法院依法受理此案。

二、原告诉讼理由

原告认为，采石场从成立起就是一家合法的私营企业，取得有效期三年的采矿许可证，被许可在某镇开办采石场，之后因经营计划，原告递交了转场续办采矿手续的申请，二被告没有予以办理，视为准以延续，其开采合法。但第三人××电力公司在未经过原告同意且未给原告任何补偿的情况下，在采石场未开采部分上空架设高压线，属于侵权行为。随后原告矿山被镇政府写下"封"字，镇政府又作出暂停供应爆破物资文件，导致原告采石场全面停产。原告认为，镇政府超越职权，违法暂停供应原告采石场爆破物资，请求法院确认镇政府所发文件违法。

三、被告应诉观点

1. 镇政府的观点

（1）原告采石场的采矿许可证已到期，而且原告在没有安全生产许可证情况下的开采行为系违法行为。

（2）如果原告继续生产，存在重大安全隐患，不暂停将产生重大安全事故，危害公共安全的后果十分严重。

（3）镇政府系一级地方政府，有权管理辖区内的公共安全事务，是合法的行政执法主体。

所以镇政府认为，原告的起诉缺乏事实、法律依据，应当依法驳回原告的诉讼请求。

2. 区安监局的观点

区安监局认为镇政府作出的关于暂停供应爆破物资的文件是镇政府实施的受区安监局委托的行政行为，二者无关系；并对原告所列证据进行辩驳，区安监局不应承担责任，并同意镇政府辩解观点。

四、诉讼第三人的意见

诉讼第三人某电力公司的意见：电力公司所架设的高压线是经过合法审批的，应当受到法律保护，在工程建设和完工期间采石场的采矿许可证早已过期，原告继续开采的行为是违法行为。

五、法院判决结果

法院认为，原告在第一期采矿许可证到期后，已不享有对原矿区的采矿权。原告仍在原矿区开采，为无证开采，系违法行为。原告提出镇政府、区安监局要求原告回采作业和区安监局干涉原告在新矿区开采的行为系违法行政的意见均为第二次开庭时提出，是新的诉讼请求，原告无正当理由，法院不予准许，本案不予审查。被告镇政府在原告采石场安全检查和作出暂停供应爆破物资的文件均是以其自己名义作出，应当视为镇政府的行为，与区安监局无关。原告的违法开采行为产生严重安全隐患，被告镇政府作为地方政府，有权对其辖区的公共安全进行监督、协管，但根据《安全生产法》第九条规定，安全生产工作的管理职责应当是区安监局，被告镇政府作出的文件超越职权，系违法具体行政行为。判决确认被告镇政府作出的文件违法。

六、经验与教训

（1）职与权应相符，行政职权的行使不得越权。本案中某镇政府认为其作为地方政府，有对其辖区的公共安全进行监督、协管的法定职权，但根据《安全生产法》第九条规定："国务院安全生产监督管理部门依照本法，对全国安全生产工作实施综合监督管理；县级以上地方各级人民政府安全生产监督管理部门依照本法，对本行政区域内安全生产工作实施综合监督管理。"据此，区安监局应当是该行政区域内安全生产监督管理部门，镇政府仅承担协助区安监局依法履行安全生产监督管理职责，其越权作出行政强制措施的决定是违法的。事实上，镇政府与区安监局签订为期两年的行政执法委托书，明确受托人某镇政府使用委托人区安监局提供的行政执法文书并以委托人名义实施行政执法。但本案中镇政府的安全生产检查记录和所发文件均以其自己名义作出，这是造成其本案败诉的重要原因。

（2）民事权利义务必须符合法定。原告罗××认为其在第一期采矿许可证到期前 4 日已申请提出转场续办申请，视为第一期采矿许可证仍有效。根据《行政许可法》第五十条规定"被许可人需要延期依法取得的行政许可有效期的，应当在该行政许可有效期届满 30 日前向作出行政许可决定的行政机关提出申请"，而原告的申请是在行政许可有效期届满 30 日内提出，且其申请事项是转场新开办新矿区开采，不能视为采矿许可证有效，故其后在该区域内实施开采应为违法行为。

七、启示

电网项目必须取得相关规划、审批手续，如建设用地规划许可证、建设工程规划许可证、房地产权属证明等，以确保工程项目本身的合法性，这是确保供电公司在类似诉讼中胜诉的关键。同时，电力设施的设计施工和运行也必须符合国家相应技术规程的要求，线路与建筑物间的距离必须完全符合国家电力行业标准。上述资料应确保齐备，并妥善保存，以避免未来诉讼而引发的风险。

案例 3　苗××诉某供电公司、某省电力公司、某送变电工程公司相邻关系损害案

一、案由

本案是相邻关系妨碍纠纷案。原告苗××家住某村，因某送变电工程公司施工建设的 500kV 架空送电线路工程途经该村，原告遂以该线路运行对其造成危险为由提起起诉，请求被告某供电公司，某省电力公司停止侵害、赔偿损失。

一审法院经审理驳回苗××的诉讼请求，其理由是：原告主张的危害无依据，对被告的观点、鉴定结论提不出反驳证据，因此对其诉讼请求不支持，据此判决驳回了原告的诉讼请求。判决后，原告苗××不服，向中级人民法院提起上诉。

二、原告理由

原告认为原审判决认定事实不清，适用法律不当，并且该线路运行以来，危害其生命健康，应判令被上诉人排除妨碍，拆除该线路。

三、被告观点

被告认为其建设的高压线路是经过合法审批的，并依技术标准建设的，应当受到法律保护，而且有关技术机构对该线路进行了复核测量，各项指标均符合我国电力行业标准，不存在危害、损害、伤害问题。

四、二审法院判决结果

二审法院认为苗××家与省电力公司管理的 500kV 送变电线路相毗邻，两者因供电而发生的纠纷属相邻关系妨碍纠纷，不适用举证责任倒置，苗××应对其主张负举证责任。苗××对技术机构作出的鉴定结论未提供反驳依据，该鉴定结论有证明力。因此，该线路的边导线与原告房屋间的水平距离符合我国电力行业标准，且原告对其主张的该线路导线与其房屋间最小垂直距离及该线路对其房屋的无线电干扰限值是否符合国家电力行业标准的事实未申请鉴定，应承担对该事实举证不能的法律后果。故苗××主张该线路的运行对其生活造成危险无事实和法律依据，法院不予支持。二审驳回上诉，维持原判。

五、经验与教训

在处理电网建设纠纷中，是否符合国家行业标准是电力企业是否承担责任的关键。

由于电力企业本身被认为具有强势地位，其单方面出具的材料往往受到司法部门和利益相关方的质疑。因此，委托权威技术机构从科学角度向法院出具专业意见，可信度更强，容易被大家所接受。本案中，法院认可了技术机构作出的鉴定结论，是案件最终胜诉的重要因素。

六、启示

（1）对于相邻权关系的民事侵权案件，电力企业应在第一时间做好相关资料的保全，恰当地适用相关法律法规。同本案一样，庭审中证据往往起到决定性作用，决定诉讼成败与否。关键性证据主要可以归结为三类：一是证明电力线路建设合法性的证据；二是证明电力线路与相邻物之间的距离符合国家法律和行业标准的证据；三是证明电力企业与原告方协商一致或支付相应补偿的证据。这些都是确保案件胜诉的重要支撑。

（2）作为一般民事侵权案件，构成要件一般包括：加害行为、损害事实的存在、加害行为与损害事实之间有因果关系、行为人主观过错等四个方面。按照民事案件证据规则的要求，对于原告诉称的人身、财产存在的损害以及损害后果与电网建设间的因果关系是原告方的举证责任。本案由于原告对其主张的该线路导线与其房屋间最小垂直距离及该线路对其房屋的无线电干扰限值不符合国家电力行业标准的事实未能提供相应证据，承担举证不能责任，从而导致败诉。

案例4　某市土产杂品公司诉某勘察设计公司、某供电公司排除妨碍赔偿纠纷案

一、案由

本案是电力设施排除妨碍赔偿纠纷案。原告某市土产杂品公司（以下简称土杂公司）经市政府批准，建设烟花鞭炮库房并投入使用。之后，由某勘察设计公司设计的220kV送电线路竣工送电，该线路属某供电公司所有，与原告的鞭炮库房距离为78m。市公安局作出立即停止鞭炮库房使用通知。于是，土杂公司将勘察设计公司和供电公司作为被告起诉至法院，要求被告迁移送电线路和两基塔杆或赔偿经济损失180万元。

此案先由基层人民法院审理后判决供电公司败诉，被告供电公司不服判决上诉于市中级人民法院，中级人民法院撤销了一审判决，发回一审法院重审，重审判决后，土杂公司不服，向基层人民检察院提出申诉，随后，基层人民检察院向市中级人民法院提出抗诉，因此，本案是由市人民检察院向市人民法院提出的抗诉书而立案直接再审。

二、原告理由

原告认为：土杂公司的烟花鞭炮库房履行了合法的批建手续，先建成于现所处的位置，其合法的使用、经营权及安全保障均不应受到侵犯，其安全距离内，不得另建其他建筑、设施。供电公司应遵守《民用爆炸物品管理条例》[1]的规定，不得在鞭炮库房安全距离内建输电线杆、塔，已建于安全距离内的应该迁出。

三、被告观点

被告认为：供电公司所建的输电线路符合 DL/T 5092—1999《110～500kV 架空送电线路设计技术规程》的要求和地区电力需求，合理合法，对他人安全无妨碍，而且建设的条件、程序、技术标准也合规合法。

四、法院判决结果

法院认为：土杂公司所建的烟花鞭炮库房是经原市政府相关部门审批，手续完备，属合法建筑。220kV 送变电工程的设计亦符合国家有关规定，其建设经电力主管部门及政府有关部门审批，手续完备。《民用爆炸物品管理条例》第四条第二款规定："现有生产、储存爆炸物品的工厂、仓库的设置不符合前款规定的，由省、市、自治区人民政府负责召集有关部门和单位，认真研究，限期解决。"现因市公安局向土杂公司下达停止使用鞭炮库房的通知，使本案双方当事人产生纠纷，该纠纷应由有关部门协调处理，不属于人民法院受理民事案件的范围。法院裁定驳回上诉，维持原判，被告勘察设计公司、供电公司胜诉。

五、经验与教训

本案中烟花鞭炮库房和 220kV 送变电工程都是经过相关部门审批、手续完备的合法建筑，其主要矛盾是两者间的安全距离是否符合国家法律和行业规程的要求。市公安局认为依据《民用爆破器材工厂设计安全规范》[2]的规定，其安全距离为 550m，故向土杂公司下达停止使用鞭炮库房的通知，这是引起双方当事人纠纷的主要原因，但该行为属于行政行为，非民事案件的管辖范围。

六、启示

通常情况下，供电企业判断建筑物与电力设施是否保持足够安全距离的主要依据是 DL/T 5092—1999《110～500kV 架空送电线路设计技术规程》和 DL/T 741—2010《架空输

---

[1] 该条例自 2006 年 9 月 1 日起被《民用爆炸物品安全管理条例》废止。
[2] 该规范自 2007 年 2 月 27 日起被 GB 50089—2007《民用爆破器材工程设计安全规范》代替。

电线路运行规程》，然而这些标准效力等级较低。目前，已有国务院颁发的《电力设施保护条例》作为依据。本案中，原告烟花鞭炮库房在法律上对其安全距离有特殊的规定，适用《民用爆炸物品管理条例》，其为国务院的行政法规，法院在审理中会优先适用。今后再发生此类问题，电力企业需要有"在先原则"的法律意识。因此，供电企业在选址时应特别注意一定安全距离中是否有生产或储存易燃、易爆的工程、仓库，避免不必要的纠纷。

案例 5　　章××诉某供电公司相邻权纠纷案

一、案由

原告章××在某县甲村前进组王家老屋后承包经营采石场。之后两年，被告某供电公司在距采石场近 200m 处架设高压电线。原告被行政主管部门告知其采石场与被告高压线不足 500m，存在安全隐患，应当按照相关规定拆迁。被告供电公司对原告采石场强行停电。双方就拆迁费用多次协商未果，遂引发诉讼。县人民法院就章××诉供电公司相邻关系纠纷一案受理后，依法组成合议庭公开进行了审理。

二、原告理由

原告认为其经营采石场的行为发生在被告架设高压输电线之前，也具备了合法的开采权。被告架设高压线路在后，基于相邻关系，由于有关行政主管部门告知原告采石场拆迁，被告应当对给其生产造成的损失予以补偿，承担拆迁损失费用 55383.60 元。

三、被告观点

被告供电公司认为，原告所诉主体不适格，本案应属行政诉讼范畴，其应提起行政诉讼。其次，原告不具有合法的矿山开采权，经营矿山开采行为属于违法行为，不应得到法律保护。并且，被告停止供电行为是基于政策规定，安全监督检查部门出具的停产整顿通知书，属合法行为，原告停产、拆迁与被告架线行为没有法律上的因果关系，应当驳回其诉讼请求。

四、法院判决结果

庭审过程中双方经举证质证，原被告均发表和阐明了各自观点，原告依据的证人证言及某办公厅文件不能证明被告违法但可证明采石场在前，架设线路在后；而被告的陈述及举证原告提不出异议。所以法院认为：本案双方争议焦点是原被告双方争议时发生的诉讼还是新产生的诉讼、原被告主体是否适格。法院认为：所谓行政诉讼是指公民、法人或者其他组织认为行政机关和行政机关工作人员的具体行政行为侵犯其合法权益，以行政机关或法律法规授权的组织为被告而提起的诉讼，就本案而言双方争议的焦点并非针对行政机关具体行政行为所产生的纠纷，而是基于原告章××经营的采石场与被告供电公司所有的110kV线路之间因相邻关系而产生的相邻权纠纷，因此被告供电公司关于主体不适格及本案属行政诉讼的辩解理由显然不能成立。根据有关法律规定，相邻关系是指两个或两个以上相互毗邻的不动产的所有人或使用人，在行使占有、使用、收益、处分权利时发生的权利义务关系。本案原告被告属相邻管线安设关系，原告章××经营采石场在前，被告供电公司架设线路在后，作为相邻人的供电公司因架设线路，需要经过原告章××经营的采石场时，原告基于相邻关系应当允许，但相邻方应当选择损害最小的地方和方法安设，并对生产造成的损失给予补偿。本案原告章××正是基于与被告供电公司这种相邻关系的存在，在后期的经营过程中因与被告架设的高压线路相距较近，不符合安全生产规定。有关部门要求原告的采石场进行拆迁，由此原告遭受了财产损失，对此原告章××有依法获得补偿的权利。对于相邻关系的处理应遵循有利生产、方便生活、团结互助、公平合理的原则，并要求各方在享受权利的同时，亦应承担一定的义务。本案原告被告对于原告遭受的财产损失均不存在过错，但是原告所受的财产损失是客观存在的且较严重，为平衡当事人双方利益的得失，法院充分考虑双方当事人的实际负担能力和损失承受能力，并从财产损害程度与收益状况等方面来酌情认定补偿标准。诉讼过程中，被告供电公司认为原告经营采石场的行为属违法行为，但现有证据只能证明原告章××在安全生产监督管理局下达的停产整顿之后如仍在原矿山采石场采矿行为属违法行为，但不能证明在此之前的经营行为存在违法性，因此被告供电公司关于原告章××经营矿山采石场的行为属于违法行为的辩解因证据不足不能成立。为维护正常的社会秩序，保护当事人的合法权益不受侵犯，依据《民事诉讼法》第六十四条及《民法通则》第四条、第八十三条、第一百三十四条第一款第（七）项之规定，判决：

（1）被告供电公司补偿原告章××各项财产38768.52元。

（2）驳回原告章××其他诉讼请求。

五、经验与教训

《物权法》第九十二条规定"不动产权利人因用水、排水、通行、铺设管道等利用相邻不动产的，应当尽量避免对相邻不动产权利人造成损害；造成损害的，应当给予赔偿"。本案中，尽管当事人双方都不存在过错，也未违反法律法规的相关规定，但正是基于两者相邻关系的存在，导致采石场因与线路相距较近，不符合安全生产规定从而被迫拆迁。从公平责任的角度出发，供电公司应当承担一定的补偿责任。

六、启示

房屋等建筑物是否需要进行拆迁主要是看其与相邻的电力设施是否造成相互妨碍、是否相互构成危险，判断的标准主要是两者是否保持了足够的安全距离，对于安全距离的界定就成为是否需要补偿的主要依据。本案中，尽管两者间的安全距离符合《电力设施保护条例》及其实施细则、DL/T 5092—1999《110～500kV 架空送电线路设计技术规程》和 DL/T 741—2010《架空输电线路运行规程》等对安全距离的规定，但却被行政主管部门认为存在安全隐患，因相邻建筑物的动迁而由供电公司承担了补偿责任。这是《物权法》颁布后，法律赋予不动产权利人的权利，类似案件可能会再次发生，值得引起注意。供电企业在选址时应注意附近是否有生产或储存易燃、易爆的工程以及仓库等可能引发安全隐患的建筑物，做好利益相关方的工作，不留后遗症。在应对诉讼时，也应考虑采取更有利于供电企业的方式来解决电网建设中的相邻纠纷。

案例 6　张××诉某供电公司相邻纠纷案

一、案由

此案简单但仍经过两审结案，其案由是：某省政府批准由某供电公司负责受理的架设 220kV 输电线路工程，由于与张××居住地相邻，张××认为供电公司的输电线路建成后对其住所有侵害影响，将被告供电公司诉至法院。

二、原告理由

原告认为，根据 DL/T 5092—1999《110～500kV 架空送电线路设计技术规程》中第 16.0.4 条第二款规定："220kV 送电线路边导线与建筑物之间的距离，在最大计算风偏情况下，不应小于 5m"；根据 DL/T 741—2001《架空送电线路运行规程》[●]中规定，154～220kV 线路边导线与建筑物之间的水平距离，在最大计算风偏情况下，不应小于 5m；根据《电力设施保护条例实施细则》第五条规定，154～220kV 电压导线边线在计算导线最大风偏情况下，距建筑物的水平安全距离为 5m。据此，被告所建 220kV 线路与其居住房屋之间的水平安全距离（2.8m）不符合国家标准，原告要求赔偿经济损失。

三、被告观点

被告认为：①被告的线路在无风状态下经现场测量距上诉人房屋的水平距离为 2.8m，

● 该标准现已被 DL/T 741—2010《架空输电线路运行规程》代替。

完全符合 DL/T 5092—1999《110～500kV 架空送电线路设计技术规程》第 16.0.4 条中关于 220kV 线路对建筑物水平安全距离 2.5m 规定的要求；②原告混淆了电力设施保护区范围和新建电力线路对建筑物安全距离二者的区别；③满足线路对建筑物的安全距离并不意味着一定要满足线路对建筑物的水平安全距离。本案中，所涉线路已完全满足了最小净空距离的要求，应驳回原告的诉讼请求。

四、一审法院判决意见

法院认为，张××系某村的村民，有合法的住宅和土地使用权。供电公司所建 220kV 线路工程系合法工程，建成后，张××的住宅在其架空电力线路保护区内，依照《电力设施保护条例》规定，张××今后不得在其住房上加建房屋，也不能在其住宅前后种植树木、竹子等高杆植物，其住宅使用权在空间上受到一定的限制，但该限制不属于平等主体之间的侵权范畴，其空间权应受国家合法规划的限制。张××的住宅与 220kV 电力线路中相边导线水平距离仅 2.8m，根据《电力设施保护条例实施细则》规定，张××的住宅与 220kV 电力线路中相边导线之间没有达到水平安全距离，但该线路与张××住宅最近点垂直距离最小已达到 11.3m。中国电机工程学会输电线路专业委员会作出的《关于〈架空送电线路运行规程〉中导线对建筑物之间最小安全距离有关问题的解释》是针对导线与邻近建筑物安全距离的解释，本院予以采纳。根据该解释计算，220kV 输电线路与邻近建筑物的最小安全距离（净空距离）约为 7.8m，本案中的 220kV 输电导线与张××房屋之间的净空距离大于 11m，已经满足安全距离要求。张××称供电公司对其造成侵权、妨碍，没有充分的事实依据，对其诉讼请求本院不予支持。据此，原审法院依照《民事诉讼法》第六十四条之规定，作出判决：驳回原告张××对被告供电公司的诉讼请求。

五、二审上诉的观点

一审判决宣告后，原告张××不服，提起上诉称：本案的争议焦点是导线与建筑物的水平安全距离问题。上诉人张××认为被上诉人供电公司所有和管理的 220kV 变电线路距上诉人房屋的水平距离仅 2m，远低于《电力设施保护条例》第十条所规定的，220kV 导线边线与建筑物之间的水平距离（架空电力线路保护区）为 15m；国家经贸委、公安部发布的《电力设施保护条例实施细则》第五条规定，220kV 架空电力线路保护区为导线边线距建筑物的距离应为 5m；国家经贸委发布的 DL/T 741—2001《架空送电线路运行规程》附录 A 中 A5 规定 220kV 线路边导线与建筑物的水平距离在最大计算风偏情况下的最小距离应为 5m。原判在认可上诉人的住宅与 220kV 电力线路中相边导线之间未达到水平安全距离的同时却以所谓净空距离已满足安全距离要求为由驳回上诉人的诉讼请求明显不当。要求撤销原判，判令被上诉人赔偿上诉人经济损失 107000 元。

六、被上诉人的观点

被上诉人供电公司当庭答辩称：①被上诉人的线路在无风状态下经现场测量距上诉人房屋的水平距离为 2.8m，完全符合《110～500kV 架空送电线路设计技术规程》第 16.0.4 条中关于 220kV 线路对建筑物水平安全距离 2.5m 规定的要求；②上诉人混淆了电力设施保护区范围和新建电力线路对建筑物安全距离二者的区别；③满足线路对建筑物的安全距离并不意味着一定要满足线路对建筑物的水平安全距离，在本案中，被上诉人的线路已完全满足了最小净空距离的要求。上诉人的上诉请求不能成立，应予驳回。

七、二审法院的意见和终审判决

二审法院认为，上诉人张××的上诉请求是建立在被上诉人供电公司的 220kV 变电线路已对其房屋造成危害，致使该房屋不得不全部拆迁重建这一基础上的。而该房屋是否需要全部拆迁重建即成为本案中张××的上诉请求能否成立并获得支持的关键。张××的这一房屋既不是城市多层建筑物，也不是规划建筑物，属于不在规划范围内的建筑物。对此类建筑物是否拆除问题，国家经济贸易委员会在《关于建设 500 千伏架空送电线路拆除建筑物有关问题的复函》明确规定："根据《电力设施保护条例》第一条、第十五条和《电力设施保护条例实施细则》第五条的规定，设置架空电力线路保护区的目的，是为了保证已建架空电力线路的安全运行和保障人民生活的正常供电；任何单位或个人在架空电力线路保护区内，必须遵守'不得兴建建筑物、构筑物'等规定。建设 500 千伏架空送电线路时拆除建筑物的要求及范围，按照《110～500kV 架空送电线路设计技术规程》第 16.0.4 条和第 16.0.5 条规定的标准执行。"《110～500kV 架空送电线路设计技术规程》第 16.0.4 条的表 3"无风情况下边导线与不在规划范围内城市建筑物之间的水平距离"载明的 220kV 线路的水平拆除距离是 2.5m。本案所涉供电公司的 220kV 变电线路与张××的房屋之间的水平距离在无风状态下经测量为 2.8m，已超出必须拆除的范围，故张××的上诉请求无事实依据，本院难以支持。原判认定事实清楚，程序合法，所作判决正确，应予维持。依照《民事诉讼法》第一百五十三条第一款第（一）项之规定，判决结果是：维持一审原判，供电公司胜诉。

八、经验与教训

本案的事实一是原告先有的房屋后建电力线路。二是原告房屋最近点水平距离符合安全距离，其住宅不在拆除范围而未进行拆迁。三是原告在线路建成后提出住房加建二层未获批准。四是原告在诉讼中对其住宅进行了评估得知房屋价值和所用评估费。本案胜诉的关键是，供电公司运行管理的线路工程是严格按照法定程序建设的，是经过相关部门审批、手续完备的合法建筑。在项目规划和建设时，也严格遵循了 DL/T 5092—1999《110～500kV 架空送电线路设计技术规程》第 16.0.4 条的水平安全距离要求，全部拆除了水平距离在 2.5m 内的所有建筑物，符合国家技术规程的要求。原告房屋经某电力设计院测量，边导线与房屋最近点水平距离 2.8m，符合安全距离，不在必须拆除的范围内，故得不到法院支持。

九、启示

（1）在处理电网建设涉及相邻关系的纠纷中，特别是涉及架空电力线路与建筑物间安全距离认定的，电网企业若想不承担责任就必须证明其建设工程符合国家法律规定和技术规程的要求。但由于电网企业所出具的证明材料往往会受到利益相关方的质疑，法院在同等情况下也会倾向于保护弱者。在类似情况下，可以及时委托第三方权威技术机构向法院出具专业意见，提高采信度。该供电公司委托中国电机工程学会输电线路专业委员会作出了《关于〈架空送电线路运行规程〉中导线对建筑物之间最小安全距离有关问题的解释》，被法院所采纳。最终，法院认可供电公司的辩护意见，认定原告诉请的侵权妨碍无事实依据，判决驳回诉讼请求。

（2）本案中，原告张××起诉的起因主要是其准备在原有房屋上加建第二层房屋未获批准，且向有关机关反映未果。根据《电力设施保护条例实施细则》第十五条规定，被跨越房屋不得再行增加高度。超越房屋的物体高度或房屋周边延伸出的物体长度必须符合安全距离的要求。故张××加建第二层房屋的申请是不受法律保护的。供电企业应该加强在架空电力线路保护区域内的巡线，及时发现并制止违章新建、加建的建筑物、构筑物，特别情况下，可以请求电力管理部门或者公安部门协调解决，避免发生人身、财产安全事件。

案例 7　郭××诉某电力公司财产损害纠纷案

一、案由

被告某市电力公司所属供电公司负责对某村低压线路改造施工，挖坑架设电线杆，造成原告郭××房屋部分墙皮脱落和墙面开裂，故郭××起诉要求被告赔偿房屋损失。

二、原告理由

原告认为：被告在原告房子后墙下挖 4 个 1.8m 深的大坑和两条两米多长由浅入深的沟，直通房子的地基，坑内存水造成房子的木件整年泡在水中。由于地基被破坏，原告气病两次住院花费 2 万余元，房子无法修复，造成财产损失和人身安全危险，故被告应承担主要责任并赔偿损失。

三、被告观点

被告电力公司认为农网改造发生早在 2003 年 6 月，时隔时间较长，原告房屋渗水与被告无关，实是原告房后的宣传栏的雨水往原告墙上排放所致，其诉讼被告不适合，要求驳回原告的诉讼请求。

四、法院判决结果

法院认为，经现场勘查，被告对原告所在村进行农网低压线路改造，完工后原告的房屋有墙皮脱落和墙角裂纹，但原告的房屋墙皮脱落及墙面裂纹是否与被告所挖的坑有关，对此，原告未能提供充分证据证实，无法做出准确判断，故不支持原告要求被告赔偿房屋损失的诉讼请求。

五、经验与教训

本案是关于相邻关系的一般民事侵权案件，原告无法提供有效证据证明房屋损害与被告挖坑的行为有直接关系，因而承担举证不能的法律后果。

六、启示

因电力设施相邻关系而导致经济纠纷的案件近年来频发，多起案件中原告因不能证明存在损害结果或不能证明两者间存在因果关系而败诉或者被迫撤回起诉。供电企业可以以此为鉴，在今后类似案件的处理中，可以在加害行为与损害事实之间有因果关系、行为人主观过错上寻求抗辩理由。

案例 8 ▶ 董××等三人诉某市电力公司财产损害纠纷案

一、案由

被告某市电力公司下属某乡电管站为某水库管理站挖埋电缆时，因回填土没有夯实，致雨水从线缆沟下的鼠洞流入窑内，造成原告东窑渗水濒临倒塌，西窑不能住人，原告董××等三人遂诉至法院，请求赔偿东窑、窑洞加固费用 11690 元，西窑损失 5200 元。

二、原告理由

原告认为，被告下属某乡电管站为水库管理站挖埋电缆时，在原告窑背上挖沟埋电缆，由于没有把回填土夯实，又下了三天中雨，洪水把沟冲垮，致泥水从电缆沟下的老鼠洞流入东窑内，产生东窑即将倒塌的危险，同时西窑因潮湿而无法住人。被告应当赔偿原告财产损失。

三、被告观点

被告承认了在原告窑背上挖坑埋线的事实，但认为线路资产方为水库管理站，应追加水库管理站为被告。被告认为其挖的线沟已夯实，且符合线路规程要求。原告窑洞渗水的主要原因是其窑洞年久失修导致土质裂缝、鼠洞较多加之原告疏于管理。原告连续三次进行各种"鉴定"属随意扩大损失，所以对扩大损失部分不应予以赔偿。

四、法院判决结果

法院认为，被告在窑洞上挖埋电缆线沟，破坏了原地表层结构，且又未将回填土夯实，使下雨水从线缆沟下的鼠洞流入原告窑洞内，是造成原告窑洞开裂和潮湿的直接原因。但原告土窑年久失修，土质裂隙、鼠洞较多和疏于管理也是造成原告窑洞开裂和潮湿的原因，故被告应对原告所诉损失负主要赔偿责任，判决被告电力公司承担70%的赔偿责任。

五、经验与教训

电网建设不仅要取得相关规划、审批手续，以确保工程项目本身的合法性，也要同时注意相邻关系人的人身和财产安全，应当采取必要的措施，保护他人的财产和人身权利，避免不必要的纠纷。

六、启示

电力企业在施工过程中应充分考虑周围居民的切身利益，根据施工现场附近的实际环境和条件，采取适当的措施，将可能导致纠纷的各种因素降到最低，避免自身处于被动局面。

案例 9　某供电公司诉联合培训学院、建工集团有限公司××分公司损害赔偿案

一、案由

建工集团有限公司××分公司承建联合培训学院校区建设，在未与供电公司联系也未采取任何可靠措施的情况下，擅自在高压输电线下进行作业，发生吊车碰线，造成线路跳

闸故障，致高压线 C 相导线损伤。原告某供电公司遂将联合培训学院和建工集团有限公司作为共同被告诉至法院，要求二被告赔偿经济损失。

二、原告理由

原告认为，被告建工集团有限公司××分公司在进行吊车装卸作业过程中，碰到原告的 110kV 输电线路，造成电力线路跳闸。经过勘察，由于吊车碰线致使高压线 C 相导线断线，严重危及该条线路安全运行。

三、被告观点

被告承认在新校区建设工地上进行吊车装卸作业过程中碰到原告的高压线路属实，但是根据原告的运行工作记录记载及相关电力法规规定未构成线路事故，属线路一类障碍，不同意原告的诉讼请求。

四、法院判决结果

此案在法院调解下，双方当事人经充分协商达成一致意见：由被告联合培训学院和建工集团有限公司××分公司共同赔偿原告直接经济损失 11120 元，原告放弃向被告主张间接损失。

五、经验与教训

在电力设施保护区内违章违法搭建建筑物或进行爆破、吊装，在高压线附近放风筝、气球等漂浮物，汽车撞电线杆等都是较为常见的外力破坏事件，一旦发生事故，其危害后果十分严重。本案就是因被告在未与供电企业事先沟通，也未采取任何可靠措施的情况下进行吊车作业，导致线路断线跳闸的案件。虽然未发生重大危害后果，但其风险很大，电网企业及时诉诸法院，积极主动地维护自身权益，减少了事故带来的损失，也在一定程度上对于这种外力破坏电力设施的单位和个人起到了警醒作用。

六、启示

要切实预防电力设施遭到破坏，一方面需要电网企业采取有效的技术保护措施和管理手段，加强电力设施的保护，如加强线路设备巡查检查和开展线路走廊清理，在电力设施保护区设立警示标志，建立健全电力设施安全隐患档案，对电力设施易遭受破坏的重点隐患点、重点地段、重点设施、特殊时段要加强巡视和检查，对于必须在线路走廊内作业的，与施工单位协商并签订电力设施保护协议等。另一方面，电网企业也要做好对外宣传工作。如通过每年安全月、法制宣传日等重要主题活动日，向市民发放印有宣传保护电力设施知识的宣传品；通过社区公告栏、学校宣传栏、村委会公开栏等进行电力知识普及；深入施工、建筑现场，对施工单位进行护线宣传；向当地的大型吊车、挖掘机、水泥泵车和塔吊等大型机械的操作员发放电力设施保护宣传册和发送安全提示信息。

一旦发生了外力破坏事件，要学会对外力破坏现场加以取证。作为电力设施保护从业人员，应及时对实施破坏的单位进行调查询问，运用多种方法在第一时间客观、真实、细致地将现场情况进行记录，这对今后通过司法途径解决大有帮助。如果条件允许，应请求公安机关、行政执法机关参与调查取证。在上述人员没有到达现场时，电网企业尽可能通过拍摄等手段保留现场原貌，照片或录像应有当时的时间显示，这都将对今后案件胜诉起重要作用。

案例 10　　某供电公司诉陈××侵权纠纷案

一、案由

原告某供电公司经政府批准立项，建设一条 110kV 输电线路，在架设过程中与被告协商并对被告陈××的青苗包括影响电力线路运行安全的竹木进行了赔偿。但被告未采取措施放任竹木生长，严重影响了电力线路的安全运行，存在严重安全隐患，已对原告构成侵权。为了维护社会公共安全与电力设施的安全运营，故某供电公司诉至法院诉请排除妨碍。

二、原告理由

原告认为：在架设线路过程中，原告已与被告协商一致，跨越房屋附近的青苗 135m²、竹子 3 根、大小树 8 棵，并对其进行了一次性赔偿。但被告仍未及时对影响电力设施安全的竹木进行砍伐，危害了电力设施运行安全。

三、被告观点

被告认为原告架设的电力线路对其房屋造成影响，要求解决属另一法律关系，因此不愿砍伐对电力线路造成影响的竹木。

四、法院判决结果

法院认为，原告经批准立项并按安装规范合法架设 110kV 高压线路，并且在架设过程中与被告协商并对被告的青苗包括影响电力线路运行安全的竹木进行了赔偿，被告应及时对已赔偿的竹木进行砍伐。之后，由于被告的竹木快速生长，已严重影响了电力线路的安全运行并对竹木下方过往行人的生命、财产造成威胁，存在严重安全隐患，被告应当排除妨碍，消除不安全因素。限被告于判决生效后 3 日内对其拥有的影响高压线路运行安全的竹木进行砍伐，排除妨碍。

五、经验与教训

影响此类案件成败的关键，是具有不存在瑕疵且充分的证据。本案审理中，供电公司提供了政府批文、座谈会纪要、青苗赔偿付款清单、强制措施决定书、线路现状照片、竹片位置图及庭审笔录等证据佐证，形成了完整的证据链，确保其立于不败之地。

六、启示

在我国农村地区，电力线路与村民的树木、鱼塘等相邻的情况屡见不鲜。由于很多线路跨越了树林和田地，一些树木生长的高度一旦超过安全距离，就可能对线路形成安全隐患。如不及时处理，就有可能发生安全事故。另外，边远地区或农村在自有房屋上违章加层的现象也非常严重，由此引发的触电事故时有发生。针对此类相邻关系给安全生产造成的潜在影响，电网企业应加强检查巡视工作，及时发现并快速排除隐患。对于不宜采取单方面行动的，可以请求相关部门的支持和配合，也可以诉诸人民法院，请求人民法院支持消除妨碍，保障电力设备的正常运行。

案例 11　宋××等二人诉某市电力公司侵权纠纷案

一、案由

原告宋××等二人在距被告架设的电力设施周围 500m 范围内进行爆破作业，被告某市电力公司和某县公安局依照有关规定，给原告发出限期整改通知。原告不服，遂将市电力公司作为被告向法院提起诉讼。

二、原告理由

原告认为某市电力公司和某县公安局作出的"安全隐患限期整改通知书"侵犯其权益，请求民事赔偿。

三、被告观点

被告认为原告的爆破作业违反了国家法律法规的强制性规定，具有较大的安全隐患，故向其发出限期整改通知是有法律依据的作为。

四、法院判决结果

一审法院认为，某市电力公司和某县公安局给宋××等二人发出限期整改通知，其行为性质属依法行使的行政行为，原告为此提起诉讼不属于民事调整的范畴，依法驳回原告起诉。原告不服上诉至二审法院。二审法院认为，经审查被告即被上诉人发出的"限期整改通知"属于行政职权行为，而且原告即上诉人也认可。故二审法院认为事实清楚，处理正确，宋××上诉理由不能成立，依法驳回上诉维持原判。

五、经验与教训

本案是因被告对原告发出限期整改通知而引发的纠纷。要求限期整改是行政主体责令违法行为人停止和纠正违法行为，以恢复原状，维持法定的秩序或者状态。该行为有具体特定的对象和具体的内容，其根本上属于具体行政行为。因此，法院认为其不属于民事调整的范畴的判定是正确的。

六、启示

行政诉讼中的受案范围是一个很重要的问题，也是行政诉讼区别于其他诉讼的一个重要标志。即并不是所有行政争议，行政相对人都可以向法院提起行政诉讼，只有当行政争议在法律规定的受案范围之内，行政相对人才可以提起行政诉讼。因此，当供电企业同行政机关发生纠纷时，就应该作出判断该诉是行政诉讼还是民事诉讼。行政诉讼和民事诉讼的主要区别一般是：

1. 受案范围不同

《民事诉讼法》第三条规定"人民法院受理公民之间、法人之间、其他组织之间以及他们相互之间因财产关系和人身关系提起的民事诉讼，适用本法的规定"，简单地说就是平等主体之间因财产关系和人身关系产生的纠纷属于民事诉讼的受案范围。《行政诉讼法》第二条规定"公民、法人或者其他组织认为行政机关和行政机关工作人员的具体行政行为侵犯其合法权益，有权依照本法向人民法院提起诉讼"，第十一条第一款又列举了可以起诉的十二种情形。由此可以看出，民事诉讼的诉讼主体、客体和诉讼标的都相对宽泛，行政诉讼的主体、客体和诉讼标的相对狭窄，行政诉讼的原告只能是行政管理相对人或者行政行为的利害关系人，行政诉讼的被告只能是行使行政职权的机关和组织，行政诉讼的客体只能是因行政争议引起的行政管理法律关系，行政诉讼的标的原则上只能是被诉行政行为的合法性。

2. 诉讼的种类不同

根据当事人的诉讼请求不同，民事诉讼可分为给付之诉、确认之诉、变更之诉，而行政诉讼可分为五种类型：①撤销之诉；②变更之诉；③履行之诉；④赔偿之诉；⑤确认之诉。

3．诉讼目的和诉讼内容不同

民事诉讼是由民事纠纷引起的，民事判决的内容是确认民事权利义务关系，制裁民事违法（约）行为，目的在于保护双方当事人的合法权益；行政诉讼是由行政争议引起的，行政判决是对行政处理（处罚）决定作出维持、撤销、变更或者确认等，目的在于保护行政相对方的合法权益，保证行政机关有效实施管理并遏制其滥用职权和违法行政。

4．当事人的诉讼权责不同

民事诉讼当事人的诉权是相对等的，即原告有起诉权，被告有反诉权，双方的举证责任是相等的，即"谁主张，谁举证"，原告对自己的权利享有充分处分权和较为自由的诉讼请求变更权；但行政诉讼中的被告要对具体行政行为的合法性负主要举证责任，且不享有反诉权，原告诉讼请求的变更也受到严格限制，诉状送达后一般不能变更诉讼请求。行政赔偿诉讼的举证责任与民事诉讼的举证责任相类同。

案例 12　某电力安装公司诉某送变电公司建设工程施工合同纠纷案

一、案由

此案例虽然是普通的建设工程施工合同纠纷，但也经过二审终审。本案发生的案由是：某送变电公司承建某省一条 500kV 输电线路工程，急需部分劳动力，某电力安装公司的资质和人员、技术力量充足，于是送变电公司与电力安装公司签订 500kV 输电线路组立塔工程劳务支援合同，约定了工程名称、工程地点、劳务支援工作内容、支援人数、劳务费计算及取费方式、付款方式、双方责任划分、工期、奖罚等方面内容。电力安装公司完成了施工任务，并领取了劳务报酬。在工程扫尾阶段，送变电公司又安排电力安装公司承担另一 220kV 线路施工任务，双方同意电力安装公司以送变电公司二分公司 205 队名义参加工程施工。施工材料由送变电公司供应并负责承担线路中的结清劳务补偿等专项。电力安装公司完成任务后，送变电公司作出《220kV 送电线路工程施工结算书》，确认施工费用。电力安装公司向送变电公司出具领款金额为 570000 元的发票，送变电公司实际支付 538000 元。之后，电力安装公司按照结算书的工作量，根据《电力建设工程结算定额》计算，结算金额为 1824000 元，向送变电公司要求给付拖欠工程款未果，双方发生了纠纷，电力安装公司将送变电公司作为被告诉至法院，一审判决后原告不服，提出上诉。

二、原告理由

原告认为已完成的500kV输电线路工程与220kV新开工输电线路工程是两个不同的法律事实，220kV工程不是500kV工程的延续；在550kV工程中，由于原告的推脱未签工程分包合同，但其与送变电公司之间形成了事实上的工程分包关系，且双方不是劳务关系，所以应当按照工程承包方式结算费用。

三、被告观点

被告认为原告所主张双方系承包关系既无合同依据，又无法律依据，对原告劳务定额取费标准不违反国家政策及法律规定。

四、法院判决结果

一审法院判定送变电公司按原合同约定方式计算报酬并无不妥，不支持原告电力安装公司诉求。二审法院认为，电力安装公司与送变电公司所签订的550kV输电线路组立塔工程劳务支援合同系双方真实意思表示，不违反法律、行政法规的强制性规定，合同合法有效，双方均应依约履行，该合同履行完毕并结清劳务报酬后，电力安装公司即被安排参加送变电公司承建的220kV线路组立塔工程的施工任务，并以送变电公司二分公司205队的名义参加施工，接受送变电公司的管理，完成送变电公司调派的施工任务。双方未另外签订合同，根据交易习惯，应认定为是以前合同的延续，双方的权利、义务应对照劳务支援合同进行，送变电公司依据原来的约定计算双方的报酬并无不妥。电力安装公司未提供确凿证据证明双方系工程承包合同关系，其诉讼请求本院不予支持，驳回上诉，维持原判。

五、经验与教训

本案的争议焦点是电力安装公司与送变电公司是劳务关系还是工程承包关系。劳务分包，是指施工总承包企业或者专业承包企业将工程中的劳务部分转包给当地劳务企业完成的活动。本案中双方签订的500kV输电线路组立塔工程劳务支援合同，约定了工程名称、工程地点、劳动支援工作内容、支援人数、劳务费计算及取费方式、付款方式、双方责任划分、工期、奖罚等方面，电力安装公司完成了施工任务，并领取了劳务报酬。这属于明显的劳务分包，并非工程承包关系，所以原告的诉请不受支持。

六、启示

（1）劳务分包需要具备专业的资质要求。劳务分包与专业工程分包存在明显区别：

①劳务分包与工程分包涵盖的范围不同。合同的内容不同是两者之间最主要的区别。劳务分包的内容仅为工程施工中的劳务部分。工程分包则包含完成专业工程的所有工作，包括提供专业技术、管理、材料采购等。工程分包的内容一定包含劳务内容，劳务分包在工程范围内只是工程分包内容的一部分。②法律对劳务分包和专业工程分包的管理不同。《建筑法》中对工程分包有明确规定，要求对分包的工程在承包合同中约定或者得到发包人的同意。虽然目前对劳务分包的规定并没有上升到法律层面，但是《最高人民法院关于审理建设工程施工合同纠纷案件适用法律问题的解释》中规定"具有劳务作业法定资质的承包人与总承包人、分包人签订的劳务分包合同，当事人以转包建设工程违反法律规定为由请求确认无效的，不予支持"。可见最高人民法院在案件审理中是认可劳务分包行为的。③劳务分包和专业工程分包的主体选择不同。我国对建筑企业施行资质管理制度，对建筑企业的资质分为三个序列，即施工总承包、专业承包、劳务分包资质。劳务分包要求劳务分包企业具有劳务分包资质，依据法律规定其不同资质条件共有木工作业等 13 种。工程分包持有的是专业承包企业的资质，其不同资质条件共有地基与基础工程等 60 种。④劳务分包与工程分包合同标的的客体不同。工程分包合同标的是分部分项的工程，计取的是工程款，其表现形式主要体现为包工包料，所有与建筑相关的材料都由施工企业准备提供；劳务分包合同指向的是工程施工的劳务，计取的是人工费，其表现形式主要体现为包工不包料，就是只提供劳务服务，主要是工人的手动作业。⑤劳务分包与工程分包能否再转包的资格不同。工程分包允许将其承包的专业工程施工中的劳务分包给劳务分包企业，但是不得将工程本身再分包，该承包企业必须作为主体。而劳务分包企业却不得将其承包的劳务再分包或者转包，只能由其进行具体劳务工作的实施，一旦再分包或者转包就是违法行为。

（2）本案引起纠纷的次要原因是承建的 220kV 线路组立塔工程的施工任务未签订有效的书面合同。原告意图通过混淆其与送变电公司间的关系来谋取不当利益。这就给供电企业一个启示，针对每一个施工工程，都应和相关利益方签订书面合同，并且明确合同性质，从而保护自身的合法权益不被侵犯。

案例 13　刘××诉某电力建设公司建设工程施工合同纠纷案

一、案由

某电力建设公司将承接的某区五个村的农网改造工程包给被告王××施工。之后，被告王××将该工程分包给原告刘××施工。原告完成施工工程并竣工验收后交付使用。后原告与被告王××进行结算，被告王××尚欠原告刘××工程款共计 10 万元。原告刘××

等三人将王××和某电力建设公司作为被告，起诉至法院。法院在审理期间，原告放弃了对电力建设公司的起诉。

二、原告理由

原告刘××认为起诉后其曾多次向被告王××催讨欠款，被告王××都以种种理由拒绝。原告故请求法院判令被告王××支付尚欠的 10 万元并赔偿经济损失。

三、被告观点

被告王××辩称其在工程完工后已支付部分工程款，现只欠原告工程款 36175 元。原告的诉求金额与事实不符，另外确实因近期资金紧张，请求延期还款。

四、法院判决结果

法院认为，双方当事人陈述事实清楚简单，采用经人民法院主持调解，双方当事人自愿达成协议的方式解决纠纷为好，本案在法院调解下，双方当事人达成一致意见：①被告王××尚欠原告刘××等三人工程款 45000 元，定在双方认可的时间内付清；②若被告王××未能按上述协议还款，被告王××应向原告三人支付逾期付款违约金。调解协议不违反法律规定，法院予以确认，产生法律效力。

五、经验与教训

本案是因工程分包人拖欠工人工程款导致原告将工程分包人和电力建设单位告上法院。但本案中电力建设公司按合同履约，未发生任何违约行为，且电力建设公司与刘××无合同关系。故原告将其诉至法院的行为是不受支持的。

六、启示

（1）被告王××和原告刘××是工程分包合同关系，无过错责任原则是其基本归责原则。根据无过错责任原则，违约责任的成立无须当事人主观上具有过错，只要违约行为与损害结果之间具有因果关系，违约方就应当对其违约行为负责。本案中，原告刘××按约完成工程任务，而被告王××却因各种理由拖欠部分工程款，应承担相应的违约责任。

（2）因为电网建设项目往往任务重、时间紧，受此因素影响及利益驱动，非法转包和违法分包的现象屡见不鲜。加强电网建设工程管理，明确区分非法转包和违法分包行为，加强合同签订与履行环节监控还是极为必要的。

第二篇

供用电合同纠纷

第一章

供用电合同纠纷案件综合分析研究

供用电纠纷是供电企业的主要纠纷类型。传统的供用电纠纷主要体现为供电企业向拖欠电费的用户追讨电费和违约金，但近几年来，供用电纠纷除了拖欠电费纠纷外，呈现多样化特征。虽然在表现方式上更多地体现为非诉讼纠纷以及投诉、信访等形式，但最具有典型性的还是诉讼类纠纷案件。

电力营销工作是电网经营企业的核心业务，是国家电网有限公司履行社会责任，服务社会主义和谐社会建设的具体体现。电力营销工作中的供用电纠纷如不能及时妥善解决，不但影响供电企业的经营效益，更重要的是给供电企业的声誉和社会形象带来负面影响，因此有必要针对此类纠纷进行深入细致的分析研究，提出解决的思路和应对技巧，以指导基层单位的法律工作者妥善处理此类纠纷案件。

本章分成两个部分。第一部分首先介绍了供用电相关案件的概况，分析了案件的基本情况、特点及焦点法律问题，并对案件的发案趋势进行预测；第二部分分析了当前供用电诉讼纠纷中最常见的电费纠纷和停电纠纷，以及近几年来新出现的其他与供用电有关的诉讼纠纷，包括行政诉讼纠纷、与物权有关的诉讼纠纷、财产损害诉讼纠纷、人身伤害诉讼纠纷等。第二部分的每一类诉讼纠纷均从发案形式、发案原因及反映出的问题以及法律要因分析、案件应诉策略与技巧三个方面进行阐述。

第一节 供用电相关诉讼纠纷案件概况

一、供用电相关诉讼纠纷案件统计分析基本情况

抽样系统各单位发生的 55 起供用电相关诉讼案件,其诉讼案件的总标的额为 12160.40 万元。以下是对这 55 起诉讼纠纷案件进行的简要分析。

(一)诉讼案件类别、金额情况

从案件类别上看,属于电费类诉讼纠纷的有 23 起,占供用电相关诉讼案件总数的 41.82%;停电类诉讼纠纷的有 13 起,占案件总数的 23.63%;其他与供用电相关的诉讼纠纷 19 起,占案件总数的 34.55%。

从涉案金额看,电费类诉讼纠纷最低为 0.55 元,最高的达到 6183.85 万元;停电类诉讼纠纷最低为 440 元,最高的达到 58.95 万元;其他与供用电相关的诉讼纠纷最低为 0 元,最高的达到 3813.91 万元。

(二)诉讼案件处理、责任承担情况

(1)从诉讼主体看,供用电诉讼纠纷中,供电企业多以被告身份应诉答辩,经统计,作为被告应诉的有 43 起,占此类案件总数的 78.18%;而作为原告主动起诉的仅有 11 起,占此类案件总数的 20%;作为第三人参加诉讼的 1 起,占案件总数的 1.82%。

(2)从审级上分析,此类案件经一审结案的有 27 起,占供用电相关诉讼案件总数的 49.09%;二审结案 27 起,占案件总数的 49.09%;再审结案 1 起,占案件总数的 1.82%。

(3)从案件的解决方式上看,供用电纠纷多经诉讼程序,统计结果表明 47 起纠纷以判决结案,占供用电相关诉讼案件总数的 85.45%;经调解结案的有 7 起,占案件总数的 12.73%;原告撤诉的 1 起,占案件总数的 1.82%。

二、供用电相关诉讼纠纷案件特点

(1)供用电纠纷是供电企业的主要诉讼纠纷案件类型。从目前全国每年的案件类型看,此类诉讼纠纷的发案数始终处于各类诉讼纠纷案件的前列。

(2)供用电合同履行过程中的电费纠纷,发案形式呈现多样性。除了传统的用电方拖欠电费发生的电费纠纷外,还出现了电价原因发生的电费纠纷、对合同条款存在争议而发生的电费纠纷、违约用电导致的电费纠纷和主体变更引发的电费纠纷等形式。即使是传统

的用电方拖欠电费发生的电费纠纷，发案原因除了以往常见的用电方经营困难发生拖欠电费外，还出现了因计费错误而产生的追补电费和第三方原因拖欠电费等其他原因引起的纠纷。

（3）供用电合同履行过程中停电纠纷日益突出，案由多，影响大。除了常见形态的因欠费引发的停电纠纷外，还出现了因协助行政执法引发的停电赔偿纠纷、因依法限电引发的停电赔偿纠纷、因供电方案不当引发的停电赔偿纠纷、因不可抗力（自然灾害）引发的停电赔偿纠纷、因第三人行为引发的停电赔偿纠纷、因计划检修引发的停电赔偿纠纷以及因第三方（物业公司、银行）代收代缴电费引发的停电赔偿纠纷等。有些停电纠纷涉及面广，造成社会不稳定因素，影响了供电企业的声誉。

（4）随着外部法律环境的变化，供用电民事纠纷从单纯的合同纠纷转变为既有合同纠纷，又有电力设施的相邻权、人身伤害等表现形式多样的侵权纠纷，同时还出现了与供用电有关的行政纠纷等。

三、供用电相关诉讼纠纷案件反映的焦点法律问题

本章根据供用电诉讼纠纷的发案原因，将供用电诉讼纠纷分成三类：供用电合同履行过程中的电费诉讼纠纷；供用电合同履行过程中的停电诉讼纠纷以及其他与供用电有关的诉讼纠纷，包括财产损害、人身伤害、与物权有关的诉讼纠纷、代维护引发的纠纷以及与供用电有关的行政诉讼纠纷等。其诉争反映的主要法律问题分述如下。

（一）供用电合同履行过程中的电费诉讼纠纷

供用电合同履行过程中的电费诉讼纠纷主要包括因用电方拖欠电费、电价原因、对合同条款存在争议、违约用电以及主体变更等引发的电费诉讼纠纷五种。所反映的法律问题主要如下：

1. 合同的条款约定

《合同法》规定，供用电合同是供电人向用电人供电，用电人支付电费的合同。它是确立电力供应与使用关系，明确供用电双方权利和义务的法律文书。《电力供应与使用条例》第三十三条规定，供用电合同应当具备以下条款：供电方式、供电质量和供电时间，用电容量和用电地址、用电性质，计量方式和电价、电费结算方式，供用电设施维护责任的划分，合同的有效期限，双方共同认为应当约定的其他条款。因此，订立供用电合同时明确合同条款约定极其重要。因电价、电费结算方式以及电费违约金计算方式或数额、抵扣方式、抵扣比例等约定不明是导致供用电合同履行过程中产生电费诉讼纠纷的主要原因之一。

2．电费违约金的法律属性

《合同法》第一百八十二条规定：用电人应当按照国家有关规定和当事人的约定及时交付电费。用电人逾期不交付电费的，应当按照约定支付违约金。《电力供应与使用条例》第三十九条规定，用户逾期未交付电费的，供电企业可以从逾期之日起，每日按照电费总额的千分之一至千分之三加收违约金，具体比例由供用电双方在供用电合同中约定。电费违约金具有法定违约金和约定违约金的双重属性。供用电合同履行过程中，拖欠电费的用电方认为上述《电力供应与使用条例》关于违约金的规定与《合同法》第一百一十三条"当事人一方不履行合同义务或者履行合同义务不符合约定，给对方造成损失的，损失赔偿额应当相当于因违约所造成的损失，包括合同履行后可以获得的利益，但不得超过违反合同一方订立合同时预见到或者应当预见到的因违反合同可能造成的损失"的规定存在冲突，因而产生争议。为避免争议发生，实践中可以将上述《电力供应与使用条例》关于违约金的规定在供用电合同中进行约定。

3．电费交纳与交纳主体

首先，用电方交纳电费是法定义务。用电方应当按照《电力供应与使用条例》《供电营业规则》的规定履行交费的义务。不管是由于供用电双方谁的过错，只要导致供电企业利益遭到损失而用户获利，获得利益的一方就构成不当得利。因此，供电企业对用电方少交的电费有权予以追缴。

其次，合同作为一种民事法律关系，其重要特点在于合同关系的相对性。合同当事人一方只能够向另一方基于合同提出请求或提起诉讼，不能向与合同当事人没有发生合同上权利义务关系的第三人提出请求或提起诉讼。因此，在供用电合同中，供电方只能向用电方提出支付电费及拖欠电费的违约金的请求，为确保电费回收，供电方要求第三人承担用电方的债务则应当以签订三方的《电费结算协议》或第三人作为用电方的担保人为前提。

（二）供用电合同履行过程中的停电诉讼纠纷

供用电合同履行过程中的停电诉讼纠纷主要起因有拖欠电费、协助行政执法、依法限电、供电方案不当、不可抗力（自然灾害）、第三人行为、计划检修、第三方代收代缴电费等。所反映的法律问题主要如下：

1．停电的法定条件与程序

供用电合同是一种持续供给合同，供电人在发电、供电系统正常的情况下，应当连续向用电人供电，不得中断。但根据《合同法》第一百八十条和《电力法》第二十九条的规定，因供电设施检修、依法限电或者用电人违法用电等原因，供电人可以中断供电。因逾期未交付电费的，自逾期之日起计算，超过30天，经催交仍未交付电费的，供电企业可以按照国家规定的程序停止供电；因供电设施计划检修停电，供电企业应当提前 7 天通知用户或者进行公告；因供电设施临时检修停电，供电企业应当提前 24 小时通知重要用户；因发电、供电系统发生故障需要停电、限电时，供电企业应当按照事先确定并公告的限电序位进行停电或者限电。引起停电或者限电的原因消除后，供电企业应当尽快恢复供电。由此可见，供电企业依法可以对用电方中止供电，且不承担违约责任，但必须符合法定的条件和程序。

2．违法停电的责任

供电企业对用电方停电不符合法定条件和程序，即构成违法停电，应当承担违约责任或损害赔偿责任。但是，如果造成损害结果是多种原因造成的，应当根据原因力的大小，由各方承担相应的责任；如果是第三方过错造成损害结果，则按照《电力法》第六十条第三款"因用户或者第三人的过错给电力企业或者其他用户造成损害的，该用户或者第三人应当依法承担赔偿责任"的规定，供电企业对用电方中断供电造成的损失应当免责。

（三）其他与供用电有关的诉讼纠纷

其他与供用电有关的诉讼纠纷主要包括财产损害、触电人身伤害、与物权有关的纠纷、代维护引发的纠纷以及与供用电有关的行政诉讼纠纷等。此类诉讼纠纷与供用电合同履行存在关联，但往往不体现为供用电合同诉讼纠纷，所反映的法律问题比较复杂，主要有如下几种：

1．产权范围内的财产损害责任

根据《供电营业规则》的规定，供电设施的运行维护管理范围，按产权归属确定，产权人对自己所属的供电设施承担运行维护管理的责任，并对在其产权范围内所发生的事故承担相应的法律责任。据此，对于供电企业所属供电设施上发生的财产损害，供电企业应当承担赔偿责任。因此，供用电双方按照《供电营业规则》有关规定划分产权设施产权分界点，并在供用电合同中明确约定，不仅可以认定供用电双方对供电设施财产的所有权，而且明确了供用电双方对供电设施承担维护管理的范围以及相应的民事责任。

2．触电人身伤害的赔偿责任

触电人身伤害赔偿处理原则主要是依据《民法通则》《电力法》及相关司法解释的规定。在触电人身伤害赔偿案件中，供电企业是否应当承担责任，首先看是否是电力设施产权人，如果是电力设施产权人，警示标志缺失或是设置不规范，一般认定为供电企业疏于管理，应当承担触电人身伤害的赔偿责任，当然，如果在此情况下，供电企业能够证明伤害是由于"不可抗力；受害人以触电方式自杀自伤；盗窃电能、破坏电力设施或是因其他犯罪行为而引起触电事故；或者在电力保护区内从事法律法规禁止的行为的"，法院往往判决供电企业承担部分的民事赔偿责任或不承担民事赔偿责任。

3. 相邻关系的法律适用

相邻关系，从权利角度来讲又称为相邻权，它是为调整权利人在行使不动产所有权、使用权中的权益冲突而产生的一种权利。根据法律的规定，不动产所有人和使用人行使权利，应给予相邻的不动产所有人或使用人以行使权利的必要便利。供用电合同在履行过程中，因供电方移杆或迁移表箱可能影响供用电合同的履行，更可能导致相邻不动产所有人或使用人权利受到了限制，此类争议应当按照《民法通则》第八十三条和《物权法》第八十四条规定，即不动产的相邻各方，应当按照有利生产、方便生活、团结互助、公平合理的精神，正确处理用水、排水、通行、通风、采光等方面的相邻关系。

四、供用电相关诉讼纠纷案件发案趋势预测

（1）由于电力营销是供电企业的核心业务，伴随电力营销工作而产生的供用电纠纷是供电企业的主要诉讼纠纷，这是由供电企业的特性所决定的，在未来几年，此类诉讼纠纷仍将是供电企业的主要诉讼纠纷类型。

（2）目前我国在立法层面已经建立并逐步完善了与之相适应的市场经济法律法规体系，《反垄断法》《反不正当竞争法》等经济法将供电企业等公用企业纳入反垄断范畴，同时，随着电力体制改革的不断深化，电力监管机制不断完善，政府对供电服务的监管力度加大。社会民众在接受供电服务过程中，要求公平、平等的维权意识普遍提高，如武汉某居民对违约金计算有异议提起一元钱违约诉讼、四川某居民因停电提起民事损害赔偿、泉州某居民因电能表购置权引发行政复议纠纷等案件都说明了供用电纠纷逐步复杂化的发展趋势，在供用电诉讼纠纷案件中的比例逐步增大。此类的非诉讼纠纷、投诉也呈上升趋势。

第二节 供用电合同履行过程中的电费诉讼纠纷

本类纠纷是指在履行供用电合同过程中因抄表、核算及电费回收发生的电费纠纷。主要包括因用电方拖欠电费发生的电费纠纷、因电价原因发生的电费纠纷、因对合同条款存在争议而发生的电费纠纷、因违约用电导致的电费纠纷以及因主体变更导致的电费纠纷等五种。

一、因用电方拖欠电费发生的电费诉讼纠纷

（一）发案形式

因用电方拖欠电费发生的电费纠纷主要有三类：①用电方经营困难发生拖欠电费纠纷；②因计费错误而产生的追补电费纠纷；③第三方原因拖欠电费纠纷，包括因第三方代收代缴电费、挪用电费发生纠纷和小区开发商、物业公司等第三方没有履行电费结算协议发生纠纷等。

（二）发案原因及反映出的问题

供用电合同为双务合同，交付电费是用电方的主要合同义务。由于《电力供应与使用条例》第二十七条及《供电营业规则》第八十二条的规定，供电企业应当按照国家核准的电价和用电计量装置的记录，向用户计收电费，供用电双方在履行合同义务上普遍采取先使用电能后交费的方式，这是产生用电方欠费的重要原因之一。现阶段整个社会信用环境尚待优化，也增加了电费回收的风险。在现实条件下，产生拖欠应收电费的原因较为突出的有以下几种情形：

（1）因用电方经营困难而拖欠电费的占有较大比例，但供电方因种种原因特别是行政因素的介入，未能对其采取停电措施，致使用电方拖欠电费越来越多，引发回收电费诉讼纠纷。

例如：某供电公司与某化工公司供用电合同纠纷案。由于化工公司系当地政府引进、扶持的重点企业，加上其化工产品本身具有一定危险性，在其经营不善发生拖欠电费后，当地政府希望企业能摆脱困境，多次协调供电公司继续供电，导致欠费越积越多，累积拖欠供电公司电费达 2400 万元。又如某省电力公司与电石企业拖欠电费回收案中，电石企业拖欠供电方电费近 600 万元，由于种种原因，供电方未能对其停电。供电方与该企业多次协商拖欠电费的偿还问题，但一直未能得到有效的解决。上述案件均是用电方出现了经营困难，但因所涉企业在当地或是龙头企业，或是当地政府重点引进、扶持企业，或是国有企业，由于行政或其他因素介入，破坏原本正常的供用电合同关系，使用电方在很长一段时间内不履行或不完全履行电费给付义务，拖欠电费越积越多，最后引发较大标的额的诉讼。

（2）因计费错误而产生的追补电费纠纷主要是供电方管理不到位或工作失误，导致电费计算的错误。发案原因主要有：供电方工作人员操作失误发生电费差错，如计算电量的倍率或铭牌倍率与实际不符；供用电合同在履行过程中，发生重要内容的变更，如用电性质变更，仅仅在营销系统业务流程记载中变更，未在合同中载明，发生少收电费；低压用

户因无法抄表到户而估抄，发生多抄或少抄电量未作调整等，导致供电企业以用电方不当得利为由提起追补电费诉讼。

例如：某供电公司诉某包装公司电费纠纷案，因供电方接线错误，导致计费出现错误，在供电方发现错误后要求用电方追补电费，但用电方或以属供电方过错或以若全部补缴将导致其损失为由，协商未果而诉诸法院，法院最终认定用电方为不当得利的受益方，应向供电方返还电费（但扣除用电方因此导致的损失部分，如因少交电费导致利润增加而多缴纳税收造成的损失等）。

（3）第三方原因拖欠电费一般在小区开发商和物业管理单位中发生，主要是因代收代交电费或挪用电费导致拖欠电费纠纷。

（三）法律要因分析、案件应诉策略与技巧

1．法律要因分析

（1）因用电方拖欠电费发生的电费纠纷的举证责任。

供电方起诉用电方拖欠电费的诉讼纠纷案件，根据《民事诉讼法》"谁主张谁举证"的原则，供电方应当承担举证责任，电费收费单据往往作为主要证据。但电费收费单据能否作为债权依据存在一定争议。从证据的关联性上看，电费收据单作为一种书面凭证，只能证明当事人之间发生给付与收取财产的事实，但不能证明当事人之间存在债权债务关系，即电费收据单并非是债权凭证。供电方仅凭电费收据单是不能要求用电方支付电费收据单上载明的电费，因此还需要其他证据，如供用电合同、计量装置的记录等进行佐证。

（2）计费错误的法律性质。

计费错误产生两种情况，一是供电方多收电费，二是用电方少交纳电费。无论何种情况，均是造成一方获利，一方利益受损，且获利的一方取得对方的利益没有合法根据，构成不当得利。根据《民法通则》第九十二条的规定，出现电费计费错误的情况，一般按不当得利返还进行处理。

2．案件应诉策略与技巧

一是事先风险防范，可推行采用预购电量、预缴电费、IC 卡充值等用电方先付费、供电方后供电的方式。这种方式并不违反法律法规的禁止性规定，在最高人民法院审理某省电力公司所属供电公司与某电石厂拖欠电费和电费保证金纠纷案的判例中得以间接肯定。原国家经贸委《关于安装负控计量装置供用电有关问题的复函》进一步明确规定，"用电人先付费、供电方后供电是近年出现的一种新型供用电方式。采取此种方式供用电不违反法律、法规的规定，但须经供用电双方协商一致"，间接地认可了预购电量和用电方先付费、供电方后供电的合法性。

二是发现计量、计费出错时注意证据保全。计量、计费出错时进行证据保全还应当注意：首先，待保全的事实材料应当与出错所涉及的法律事实有关，即应当是能够证明出错有关事实的材料；其次，防范待保全的事实材料存在毁损、灭失或以后难以取得的可能性。

三是注意考虑第三方的责任，如用电方的租赁人、承包人等，使有利害关系的第三方加入到电费债务关系中，增强用电方清偿债务的能力。例如在上述某供电公司与某化工公司供用电合同纠纷案中，在用电方无清偿能力的情况下，通过设定第三人（如：用电方的租赁人、股东等）作为债务人或提供担保，从而增强了用电方的清偿能力，使案件判决后具有可执行性。

四是若供用电合同本身未设定担保的，可利用《电费结算补充协议》条款要求用电方设定担保，增强用户清偿能力。

五是通过企业重组，使电费转由有能力的企业承担。例如，在某电力公司与电石企业拖欠电费回收案中，通过企业重组方式，先由用电方以动产与不动产对拖欠电费进行了担保并办理抵押登记，再落实具备偿还能力的接收企业，并给接收企业一定的宽限期，取得较好效果。

六是与政府的沟通问题，特别是对一些行政影响比较大的案件，得到政府部门的理解和支持，供电企业才能依法行使追偿债权等权利。

七是可考虑将用电方的交费情况纳入国家信用记录系统。该做法目前已为电信部门采用，供电企业可以借鉴。

二、因电价原因发生的电费诉讼纠纷

（一）发案形式

电价按照用电类别划分，可分为居民生活电价、非居民生活电价、商业电价、非普工业电价、大工业电价和农业生产电价等。电价类别由政府有关部门制定，电价调整也由政府部门作出决定。目前因电价原因发生的电费纠纷，主要有供电方与用电方因用电方归类发生争议以及电价调整发生争议等方面。

（二）发案原因及反映出的问题

1．与电价结构和分类标准有关的问题

适用电价类别在实际中理解存在差异，合同双方对用电方属于何种行业、应适用何种电价标准计费有争议。

例如在路某诉某市供电局执行电价政策纠纷案中，用电方路某在从事奶牛养殖期间，

供电局分别在每年的 3～11 月间，按农业电价向路某收取电费，而在 1 月、2 月、12 月这三个月依据国家发改委办公厅有关文件"农业用电中，粮食作物生产用电执行农业生产电价，农村种植业、养殖业及农副产品加工等用电应执行非工业普通工业电价"的规定，按非工业普通工业电价向路某收取电费。但路某认为应当依照省发改委文件"养殖业用电使用单表计量的，一律按农业生产用电执行；确实无法单表计量的，按共用电表计量电量中所占比例较大的用电类别电价执行"规定，认为供电方在 1 月、2 月、12 月间也应按照农业电价收电费，为此将供电方诉至法院，要求返还多收的电费。法院终审判决认为适用何种价格标准计价的问题，并非平等主体之间的法律问题，判决驳回路某的起诉。

2．与电价交叉补贴有关的问题

有些地方政府为发展地方经济，将电价作为优化投资环境的主要手段，当享受优惠电价的条件消失且在国家出台新的电价文件时，易产生电价归类纠纷。

3．因供电方执行政府有关电价调整方案引发纠纷的问题

例如：上海市当时根据国家发展改革委、上海市物价局的相关规定，对上海市居民用电的电价进行调整，每度电的电价上调 0.7 分，有的用电方在收到电费发票时发现其间的电费已经按照调整后的电价进行了计费，认为其多交纳电费 0.55 元，于是向人民法院提起诉讼，要求判令供电方返还多收取的电费 0.55 元及档案材料费和交通费 62 元。虽然争议标的额很少，但本案争议在于供电方执行电价调整方案是否有偏差，国家发展改革委文件中关于电价调整起始时间作如何理解。经一审审理，法院判决结果是驳回了用电方的诉讼请求。

（三）法律要因分析、案件应诉策略与技巧

1．法律要因分析

（1）有关电价文件的法律位阶判断。

法律位阶是确立法律效力等级的制度，在一个统一的法律秩序内，高位阶法律的效力要高于低位阶法律。我国法律位阶分为：宪法、法律、行政法规、地方性法规和规章五个等级。因此，在该类的案件中，供电方能举证出适用该电价的合法文件，但往往出现上下级文件对同一类事项在规定上产生冲突，此时，应当根据《立法法》有关法律效力位阶的规定来决定适用何种法律法规。

（2）电价的定价权。

首先，供电企业属公用企业，其产品或服务的价格受国家管制，定价权不在供电企业，因此供电企业不能自行调价。其次，电能是关系到国计民生的基本能源，一般由国家垄断经营。根据《供电营业规则》第八十二条规定："供电企业应当按国家批准的电价，依据用

电计量装置的记录计算电费，按期间向用户收取或通知用户按期交纳电费。"由此可见，依法收取电费既是供电企业的权利，也是供电企业的义务。供电企业应当严格执行国家关于电价的规定，不能自行调整定价，也不能随意放弃应收取的电费。

2．案件应诉策略与技巧

电价争议，一般是供用电双方对关于电价的文件理解和适用发生分歧。因此如何正确理解和适用与电价有关的文件和规定是处理这类案件的第一步。根据不同争议类型，可考虑分别作如下处理：

一是对用电方"归类"发生争议，可参照行政部门对该用电方或其同行业的定位。

二是对电价文件的有关术语或文字的理解产生争议，可由制定该电价文件的机关作出明确解释。

三是因不同电价文件之间发生争议，应报上级发文单位决定。

三、因对合同条款存在争议而发生的电费诉讼纠纷

（一）发案形式

供用电合同的内容包括供电的方式、质量、时间，用电容量、地址、性质，计量方式，电价、电费的结算方式，供用电设施的维护责任等条款等。供用电合同中与电费有关的条款纠纷主要有：①违约金计算争议；②对条款的解释不明；③违约金与欠费交纳抵扣顺序不明。

（二）发案原因及反映出的问题

（1）在供用电合同中未对违约金的计收进行约定或者约定不明，有的虽有约定，但是实际收取的违约金与约定的不一致而引发纠纷。

（2）对供用电合同条款或用语的解释存在争议产生纠纷。在供用电合同条款中，对一些条款或专业用语未作明确解释或者解释不明，致使供用电双方对合同的解释存有争议。而在司法实践中，供电方与用电方通常使用供用电合同参考文本签订合同，而一旦对其中合同条款存有争议时，法院一般根据《合同法》第三十九条关于格式条款的规定，作出对供电方不利的解释。

（3）违约金与欠费交纳抵扣顺序不明。在清理拖欠电费时供电方一般按规定实行优先扣缴违约金制度，而部分用电方对此存有异议，尤其是那些电费拖欠时间长或数额大的用电方，在电费补交时对优先交纳当期电费还是优先交纳拖欠电费及违约金这个问题上常与供电方发生争议。

（三）法律要因分析、案件应诉策略与技巧

1. 法律要因分析

（1）格式条款的解释原则。

根据《合同法》规定，对格式条款的理解发生争议的，应当按照通常理解予以解释。对格式条款有两种以上解释的，应当作出不利于提供格式条款一方的解释。格式条款和非格式条款不一致的，应当采用非格式条款。故供用电合同应当在拟定格式条款时予以明确，并按照通常的不具有本行业专业知识的人能够理解的词语进行表述，如果其表述的词语产生了两种或两种以上的理解，往往要做不利于供电方的解释。

（2）电费违约金的法定性与约定性。

《电力供应与使用条例》第三十九条规定："违反本条例第二十七条规定，逾期未交付电费的，供电企业可以从逾期之日起，每日按照电费总额的千分之一至千分之三加收违约金，具体比例由供用电双方在供用电合同中约定；自逾期之日起计算超过 30 日，经催交仍未交付电费的，供电企业可以按照国家规定的程序停止供电。"《供电营业规则》第九十八条对欠费违约金的比例做了更具体的规定："用户在供电企业规定的期限内未交清电费时，应承担电费滞纳的违约责任。电费违约金从逾期之日起计算至交纳日止。每日电费违约金按下列规定计算：居民用户每日按欠费总额的千分之一计算；其他用户：①当年欠费部分，每日按欠费总额的千分之二计算；②跨年度欠费部分，每日按欠费总额的千分之三计算。电费违约金收取总额按日累加计收，总额不足 1 元者按 1 元收取。"

由此可以看出，电费违约金具有法定性，是电力法规、规章中对用电方逾期交纳电费所采取的法定措施。然而，《合同法》第一百八十二条规定："用电人应当按照国家有关规定和当事人的约定及时交付电费。用电人逾期不交付电费的，应当按照约定支付违约金。"由此可见，用电方因逾期不交付电费而导致承担违约责任的电费违约金的具体比例，必须在订立供用电合同时就约定。如果没有约定，在实践中，法院一般会把电费债权当作普通债权看待，偿付则按实际损失计算，而一般不会适用电力法规和规章中的对欠费法定违约金的规定。

2. 案件应诉策略与技巧

第一，关于违约金金额或比例的问题，应当注意合理约定，即一般不得高于《供电营业规则》的规定，即使约定的数额高出了该规定的范围，法院也将运用自由裁量权不予支持，尤其是在拖欠时间较长、违约金数额接近甚至超过欠费本金的情况下。另外在违约金计算的起止时间上，应加以明确，要符合合同约定而不是简单引用有关规定。关于违约金与欠费抵扣顺序问题在合同中明确约定，就能避免理解歧义而发生争议。

第二，在供用电合同被定位于格式合同的前提下，为避免诉讼中供电方处于不利的地

位，建议供电方对供用电合同加以完善：对免责条款或特定术语予以解释说明，最好在合同中注明"本人对合同内容已有充分理解和把握，同意依照供电方的理解对本合同条款进行解释"，让用电方在阅读合同后签字确认。若有必要，供电方也可以以黑体字或下划线等方式予以提示说明。

第三，在违约金通知书上，应避免适用"处罚"字眼，否则，将陷于行政处罚与合同违约相混淆的境地，使供电方在纠纷中处于不利地位。

四、因违约用电导致的电费诉讼纠纷

（一）发案形式

违约用电表现形式很多，电费类纠纷中，违约用电纠纷主要指因用电方超范围用电、未经许可非法转供电等导致计算电费违约金的纠纷。

（二）发案原因及反映出的问题

违约用电导致电费纠纷实质是供电方在认定用电方违约后，将对用电方课以违约金时，用电方对供电方认定的违约行为存有异议，引发纠纷。而供电方在认定用电方"违约"时，由于种种原因，存在认定困难，主要有：

（1）"超范围"用电认定困难。由于合同条款制定是基于制定时的状况，随着社会发展，特别是建筑业的发展，对供电范围的认定产生较大影响，一些建筑物的功能本身具有多样化，给认定"超范围"用电带来困难。

（2）用电方申请用电时，供电方未到现场查勘用电情况，当供电方发觉用电方用电范围与合同约定不一致时，合同已履行一段时间，此时再按违约用电对用电方进行处理，易引起用电方的争议。

（3）非法转供电认定困难。例如，有一企业申请用电，但其实际办公地点是租用其工厂旁的办公楼，该企业将电缆直接拉到租用的办公楼使用，电费一直也是本企业交纳。用电检查时，认定其转供电，但该企业提出其并没有转供，没有给他人使用，并提供了办公楼的租赁协议。此时，认定"转供电"产生了困难。

（三）法律要因分析、案件应诉策略与技巧

1. 法律要因分析

（1）违约用电的法律渊源。

在不同法律规范中，对用电方不当用电表述存在差别，在《电力供应与使用条例》中，表述为"违章用电"；在《供电营业规则》中，表述为"违约用电"；在《合同法》

中，表述为"违法用电"。一般理解，违章指违反法律法规或规章的禁止性规定，违约指违反合同约定，违法指违反法律法规的禁止性规定，违法的概念在外延上包括了违章和违约。

（2）供电方对违约用电的检查权。

违约用电归纳起来就是未按供用电合同约定的用电类别、用电容量、用电指标（或用电计划）等用电，或者未按规定到供电企业办理有关手续。根据《用电检查管理办法》❶第十六条至第二十条之规定，供电方有权派员到现场检查确认用户的设备状况、电工作业行为、运行管理等方面是否存在不符合安全规定，或者在电力使用上有无明显违反国家有关规定。经现场检查确认有危害供用电安全或扰乱供用电秩序行为的，用电检查人员有权在现场予以制止、按国家规定的程序停止供电，并请求电力管理部门依法处理，直至诉诸法律，依法追究其法律责任。

2. 案件应诉策略与技巧

第一，约定违约用电情形与法律责任。供用电合同是平等主体之间的民事合同，对于违约用电的情形与法律责任，在合同中进行约定比较妥当。供电方在用电检查中发现用电方有违约行为时，有权根据违约事实和造成的后果追缴差额电费，并可要求用电方支付违约金，情节严重的，可以按法律规定的程序停止供电等。

第二，违约证据的取得，是案件胜败的关键点和核心问题。在前述的一公司办公楼租赁在其厂房之外从而被认定转供电的案例中，供电方必须举证供用电合同约定的供电范围，即在合同签订时应附有有关供电方案的书面材料，用电检查应留有对方转供电的证据，如电缆走向、该电缆的电流量等，特别是电流量的检测，应有对方或第三人在场，必要时应由公证机关到现场进行公证，保全证据。

实践中取证时应注意以下事项：当现场检查确认有违约用电或窃电行为的，用电检查人员应现场予以制止、保护现场并及时对现场进行取证，向用电方出具《违约用电、窃电通知书》一式两份，由用电方签收（一份送达用电方，另一份作为处理依据和存档备查）。取证过程应通过现场照相、录像、现场笔录、画窃电接线图、收缴与窃电有关的物证（对不易移动的物证应进行拍照）并及时登记备案等方式进行，对于窃电工具、窃电痕迹、计量表器等需要鉴定的，检查人员应予以封存，鉴定机构进行鉴定后出具书面的鉴定结论。

五、因主体变更导致的电费诉讼纠纷

（一）发案形式

因主体变更引起的电费纠纷主要指因用电方主体变更后，由谁来承担供用电合同支付

---

❶　该办法于 2016 年 1 月 1 日废止。

电费义务的纠纷。主要发案形式有：①供用电合同的用电方主体因改制（包括合并、分立等）变化未办理变更用电手续；②小区商品房等物业在开发商、业主和物业管理单位之间移交后产生的实际用电方主体变更。

（二）发案原因及反映出的问题

（1）因企业改制（包括合并、分立等）而引起的纠纷一般是指用电方企业改制后，对改制前的债权债务（这里特别是指电费）没有明确继承人，致使原企业拖欠电费；或者是在企业改制后没有及时变更供用电合同主体，造成供用电合同在履行中产生纠纷。

（2）小区物业在开发商、业主和物业管理单位之间发生变动，致使交费主体不明，既存在代收代缴，又存在业主自己交纳等，发生纠纷后诉讼主体本身也存在争议。例如用电主体在用电申请人（开发商）、管理人（物业公司）、实际用电人（业主）之间多次变更，但未及时办理相关变更手续，导致合同主体混乱，发生电费纠纷后，没有人对拖欠的电费负责。该案的诉讼主体认定就存在较大争议。

（三）法律要因分析、案件应诉策略与技巧

1. 法律要因分析

（1）商品房买卖关系中的供用电合同主体变更。

根据《合同法》第八十八条规定，当开发商将商品房卖给买房人时，通过购房合同将供用电合同权利义务一并转让给买房人，由买房人取代开发商在合同中的地位，承受合同中规定的权利和义务。

（2）用电方在企业改制（包括分立、合并等）或被依法撤销、吊销、注销等情况下供用电合同的主体变更。

一是企业合并或者分立后原企业债权债务根据企业改制的方案确定，但是这个方案只对改制企业内部具有约束力，对外，则分立后的企业应当对债务承担连带责任。改制后成立新的企业，应当与供电企业签订供用电合同，建立起供用电的关系。

二是公司发生撤销、吊销、注销等情况但电费未清算的情况下，必须适用《公司法》的有关规定，对义务承担主体进行变更。根据法律及司法解释的相关规定，公司被撤销而未清算债务的，由作出撤销的机关承担该公司的债务；公司被吊销的，其债务应由该公司的清算义务人（一般是公司股东）承担清算义务；公司未清算债务被注销的，清算义务人承担赔偿责任。

三是用电方实际更名过户，而又没有及时办理相关手续。这实际上是合同的主体变更，即合同的承受，指合同的当事人一方经他方当事人同意，通过与第三人订立合同，将其合

同当事人地位转让给第三人。根据《合同法》第八十八条的规定，合同承受必须经对方当事人的同意才能生效。在取得对方当事人同意后，合同承受生效，从而使承受人完全取代出让人的法律地位，成为合同关系的当事人，出让人脱离合同关系。用电方私自更名过户，这样在形式上，供电企业就与新企业没有签订供用电合同，但是却形成了事实上的供用电关系，导致实际用电方与合同主体不一致。

2. 案件应诉策略与技巧

用户的主体变更，牵涉问题较为复杂，变更双方出现相互推诿，拖欠电费现象时有发生，也呈现上升趋势。案件的胜败关键点在于如何认定履行供用电合同的义务主体。以下分不同情况进行分析：

（1）在房地产开发前期，均是由开发商申请用电，在开发商交付房子时，实行一户一表的情况下，供电方应一并与每户业主签订供用电合同，及时实现主体变更。在未实行一户一表的情况下，供电方可采取与物业管理公司签订供用电合同的做法，明确权利义务。待业主委员会成立后，可作主体变更。

（2）在企业改制情况下，对于合并或分立的企业，应尽量争取与新企业签订对旧企业拖欠电费的连带担保协议，避免企业之间对债务的推诿。

（3）若用电方被撤销（一般为国有企业）而未清算债务的，由作出撤销的机关承担该公司的债务；用电方被吊销的，供电方应及时中止供电，有关电费债务应由该公司的清算义务人（一般是公司股东）承担清算义务；若未清算债务被注销的，则应由清算义务人承担赔偿责任。

（4）对于用电方私自更名过户，而又没有及时办理变更手续的，若供电方认为应当由实际用电方承担交费义务时，则必须找出实际用电方在法律上与供电方的联结点，用事实供电关系加以认定，例如通过以实际用电方交费的事实（如电费发票），将其纳入供用电合同关系，替代原合同当事人。

第三节　供用电合同履行过程中的停电诉讼纠纷

供用电合同履行过程中的停电诉讼纠纷常见形态主要有：因欠费引发的停电赔偿诉讼纠纷、协助司法或行政执法引发的停电赔偿诉讼纠纷、依法限电引发的停电赔偿诉讼纠纷、供电方案不当引发的停电赔偿诉讼纠纷、不可抗力（自然灾害）引发的停电赔偿诉讼纠纷、第三人行为引发的停电赔偿诉讼纠纷、计划检修引发的停电赔偿诉讼纠纷、第三方（物业公司、银行）代收代缴电费引发的停电赔偿诉讼纠纷等八种。

一、欠费引发的停电赔偿诉讼纠纷

（一）发案形式

此类诉讼纠纷主要有因用电方欠费引发的停电纠纷、因第三人原因（如银行转账差错等）导致用电方欠费引发的停电纠纷以及因电价调整导致用电方欠费引发的停电纠纷。

（二）发案原因及反映出的问题

实践中，欠费停电诉讼纠纷的发案原因主要是：一是因拖欠电费，经催收仍然不予交纳；二是因电费管理系统统计错误，误以为用电方拖欠电费，而中止供电，如供电方在用电方不欠电费的情况下，违反合同约定拉闸断电，停止向用电方正常供电，导致用电方停电损失；三是因没有严格按照法律规定的时限和停电程序中止供电，依法应当赔偿损失，如某纠纷案件中供电方工作人员在向用电方发出《限期交纳电费通知书》的次日即送达了《停止供电通知书》，且当日即采取了停电措施，其行为明显违反了《电力供应与使用条例》第三十九条以及《供电营业规则》第六十七条关于停电程序的规定，故法院判决供电方对用电方的停电损失予以赔偿，供电方也因此损失了上百万元；四是因对法律条款的理解有歧义，或者对停电行为是否构成电力运行事故引发赔偿金额的计算争议，如在纠纷已经发生过程中，用电方投诉未果情况下，没有通过正常渠道解决纠纷，而是单方采取拒付电费，供电方在用电方拖欠电费的情况下，依照规定程序中止供电，用电方以侵权之诉主张供电方的停电行为是"电力运行事故"，要求供电方根据《供电营业规则》第九十五条规定按实际用电量五倍赔偿其停电损失。

（三）法律要因分析、案件应诉策略与技巧

1. 法律要因分析

《电力法》第二十九条以及《电力供应与使用条例》第二十八条规定，供电企业在发电、供电系统正常的情况下，应当连续向用户供电，不得中断。因供电设施检修、依法限电或者用户违法用电等原因，需要中断供电时，供电企业应当按照国家有关规定事先通知用户。《合同法》第一百八十条规定，未事先通知用电人中断供电，造成用电人损失的，供电企业应当承担损害赔偿责任。故欠费通知和停电通知是否及时准确送达往往作为判断供电企业是否履行通知或告知义务的直接依据。

2. 案件应诉策略与技巧

一是注意对用电方欠费的证据的收集与保存。供电方在日常营业管理中应注意对客户

档案的整理与保存，若出现用电方欠费的情况应尽可能让用电方对所欠电费数额予以签字确认。

二是对于欠费的用电方，供电方应尽力采取多渠道予以通知。在欠费通知书送达中，供电企业或者将通知书放于表箱内，或者贴于用电方门前，通知书往往未能实际通知到用电方，而用电方对欠费事实也不得而知。例如某用户诉某供电公司停电赔偿案中，供电方将催缴电费通知单放在用电方电表箱内，用电方以"供电部门未将催缴电费通知单送达我手中，没有正确履行催缴电费义务才导致我逾期未缴电费"为由向法院提起一元钱赔偿诉讼，而法院最终也以供电方未尽事先通知义务为由判决用电方胜诉。因此要注意催缴证据的保全，实际操作中要请用电方在通知书或回执单上签字确认，对于拒签的，可考虑通过EMS送达，但必须在信封上注明送达通知的简要内容。对于无法联系用电方本人时，可以邀请物业或居委会予以签字证明，此类方法种种，只要在法庭上能提供证据证明供电方已经按法定程序履行了通知义务即可。

三是严格按照《供电营业规则》第六十七条和《电力供应与使用条例》第三十九条规定的程序进行停电。对于停电前的告知，供电方应尽可能保全证据，可以考虑通过95598录音电话履行告知义务。总之，在告知义务履行时供电方应尽可能保全证据，在此类案件中，供电方是否充分尽到通知义务往往是法院判决案件的关键。

四是注意法律适用问题。有的用户错误地认为供电公司只要有停电行为就构成电力运行事故，应适用《供电营业规则》第九十五条，按照其在停电时间内可能发生的电费金额的5倍计算赔偿金额，但法院往往以1996年原电力工业部颁布实施的《居民用户家用电器损坏处理办法》中对"电力运行事故"的解释为依据，认为供电方在向用电方供电过程中电网设备运行正常，没有因电网设备运行发生事故导致该地区大面积停电，故不认定"电力运行事故"。在处理某些案件过程中，由于《供电营业规则》对"电力运行事故"未作解释，使得该案在审理中法官、律师、电力专家持不同见解，莫衷一是，反反复复历经十年方有定论。关于《供电营业规则》第九十五条的适用，须同时满足两个条件：一是在供用电合同中订有电力运行事故责任条款；二是因供电方电力运行事故造成停电。

二、协助司法或行政执法引发的停电赔偿诉讼纠纷

（一）发案形式

此类纠纷主要有：①因协助政府强制拆迁，采取停电措施而引发用电方要求损害赔偿纠纷；②协助政府关停违法企业，采取停电措施引发的用电方要求损害赔偿纠纷；③协助司法机关的执行行为引发停电损害赔偿纠纷；④其他协助行政行为引发的停电损害赔

偿纠纷。

（二）发案原因及反映出的问题

停止电力供应在某些地方成为协助行政执法行为或司法行为的手段，如协助政府拆迁房屋、协助安监部门关停非法矿井、协助工商部门对无照经营户停电、协助城市规划管理部门阻止违法施工、协助法院执行生效判决等，由此引发停电纠纷。当今，政府及主管部门要求配合行政行为停电的情况在基层比较普遍，而且往往是通过领导指令、协调会等形式确定停电方式，相关电力法规规定的停电程序也未得到执行，停电行为的合法性存在风险。

（三）法律要因分析、案件应诉策略与技巧

1. 法律要因分析

协助行政机关执法而停止供电是行政机关通过对供电企业实施具体行政行为，要求供电企业停止对用电方的供用电合同的履行，达到实现行政机关对用电方行政管理的目的。

供电企业是否采取停电措施以协助行政机关执法，应当进行必要的判断。判断的主要依据是：

首先，行政主体是否适格。一般认为，公安机关、检察机关、司法机关以及电力行政管理部门是有权要求供电企业协助中止供电的适格主体。

其次，内容是否合法。即使是有权要求供电企业协助中止供电的适格主体也应当依据法律法规的授权行使权力，即合法的依据。一般而言，供电企业此时作为行政行为相对人，无权审查行政机关作出协助执行要求的依据是否充分，但在有异议的情况下，可以请求行政机关提供相应的证据资料。

最后，程序是否合法，包括形式是否合法。供电企业应当要求行政机关依法作出协助执行的书面通知，任何以口头形式、会议纪要形式、座谈会或协调会形式、个别领导或个人作出的决定，程序均不合法，不能作为协助执行的依据。

上述要件缺一不可，在判断的时候要尽可能地依据行政法关于具体行政行为的合法要件要求，做出正确判断。

2. 案件应诉策略与技巧

实务中，协助行政执法有两种情况应当注意：一种是用电方本身不具备用电条件却采取欺诈的手段骗取供电企业为其供电，或供电企业对用户的申请资料审查不严格，如违章建筑、无照经营等；另一种是用户符合用电的条件，只是违反了行政机关的某些规定，因此，供电企业在接到行政机关协助行政执法通知书后，要认真判断用电方的具体情况，如

属第一种情况，供电企业可以对其停电；如属第二种情况，供电企业应当向行政机关进行解释，建议采取其他行政行为。

供电企业应当坚决拒绝一些行政执法部门和人员将停电作为其行政执法的手段，甚至以所谓的个人关系、"兄弟单位"关系等借口将停电作为其执法手段和工具，典型的如拆迁，要求供电企业停止供电，迫使被拆迁人搬迁等。

为了避免此类纠纷的发生，建议在供用电合同中增加关于用电方违反行政机关的行政规定如无证经营、拒交税收等，行政机关要求予以停电的，供电企业应当配合并免予承担责任的约定。

三、依法限电引发的停电赔偿诉讼纠纷

依法限电，是指依照有关法律、行政法规对一个地区中的一部分地区、部分用电方、用电大户的部分用电设施中断供电，使其用电总量减少的一种行为，之所以引发纠纷，主要是因为未按序位限电、未通知或未按要求及时通知用电方。

（一）发案形式

主要是在电力供应紧张时依法限电引发的停电纠纷。如少数地区电力供应不足，依政府限电序位进行的限电或停电引发的纠纷。

（二）发案原因及反映出的问题

此类纠纷，多出现供电方对停电公告未加以规范，或者用电方主张未接到停电通知而发生损害赔偿纠纷的情形，常发生的是用电方因其承包的鱼塘遭受停电损失，故以供电方在未事先告知的情况下突然停电为由提起诉讼，这种纠纷又往往是在停电前供电方就在包括电视台在内的市、县多种媒体进行了停电公告，用户没有看到听到，在这种情况下，法院则认定供电方履行了告知义务，且在限电停电期间内对线路故障及时进行了抢修，故法院驳回了用电方要求损害赔偿的诉讼请求。

（三）法律要因分析、案件应诉策略与技巧

1. 法律要因分析

《供电监管办法》第十三条规定，因电网发生故障或者电力供需紧张等原因需要停电、限电的，供电企业应当按照所在地人民政府批准的有序用电方案或者事故应急处置方案执行。引起停电或者限电的原因消除后，供电企业应当尽快恢复正常供电。由此可见，供电企业实施限电、停电的关键在于是否依照政府部门批准的有序用电方案或者事故应急处置方案执行，并履行通知义务。

2．案件应诉策略与技巧

对此类纠纷，供电方应注意明确限电的原因，是否按照规定的序位限电，是否将限电停电通知到重点用电方，有无违反《电力供应与使用条例》规定的停电程序以及是否履行《供电营业规则》第六十条、《电力供应与使用条例》第二十八条规定的程序。在实际操作中应尽量做到：

首先，停电公告需要提前发布，切忌公告滞后。供电方"先斩后奏"的做法在法律上是存在过错的，应对供用电合同中的用电方承担违约责任。

其次，停电公告中的停电、限电时间应当明确。

最后，停电公告内容应当浅显易懂；停电公告名称应当标准规范；停电公告的署名主体应适当合法。如果停电公告为行政通告类，主体则应为行政机关，即电力管理部门或者地方经济主管部门。

在实际工作中，为了避免或减少此类纠纷的发生，可以在供用电合同中明确约定，用电方应当服从政府"依法限电"规定的执行，供电方因执行限电序位表造成用电方损失的，免予承担赔偿责任。

四、供电方案不当引发的停电赔偿诉讼纠纷

（一）发案形式

供电方案不当引发的停电赔偿纠纷，从纠纷发生原因方面分析，其发案形式主要是因用电方认为供电方案不合理引发的赔偿案件。

（二）发案原因及反映出的问题

供电方提供供电方案时，未充分考虑用电方的实际需求，例如电解铝企业对供电的可靠性要求极高，供电企业对此很清楚，一开始提出的就是双回路供电方案。但由于政府部门的影响，加上用电方为了节约成本，临时采用了单回路供电方案，后来设备厂家的开关爆炸或其他故障给用电方造成了重大损失。本案供电方若没有充分证据证实当时已尽告知义务并保存当时供电方案磋商过程的证据，承担巨额赔偿损失将在所难免。

（三）法律要因分析、案件应诉策略与技巧

1．法律要因分析

供电方受理用电方用电申请后，依据用电方用电的需求并结合供电网络的状况为用电方制定安全、经济、合理的供电方案。《供电营业规则》第十七条规定，供电企业的用电营

业机构统一归口办理包括供电方案确定及批复、受电工程设计的审核、施工等用电申请和报装接电工作。第十九条规定，供电企业对已受理的用电申请，应尽快确定供电方案，在指定期限内正式书面通知用户。由于供电方案在签订正式供用电合同之前就已经确定，此类纠纷多从损害赔偿的角度起诉。

2. 案件应诉策略与技巧

在此类诉讼中，一是应明确该供电方案形成的背景条件，理清用电方是否存在过错，恰当选择诉讼角度。供电方案瑕疵案件中，供电方是否存在过错，需要将案件还原到当时确定供电方案的实际背景，对磋商的过程应尽量保存证据，证明自己无过错是案件的关键。二是应注意考量供电方案瑕疵与引发停电造成的损害是否存在因果关系。在上述案例中，实际引发停电造成损害的首要原因是设备厂家生产的开关质量问题引发爆炸，是供电方免责的事由。此类案件也警示供电企业在制定供电方案前对用户资料进行审查的重要性，避免出现因供电方人员的失误而发生的此类纠纷，值得注意的是，若损害的发生根源于用电方的过错，那么供电企业可以据此主张免责。

五、不可抗力（自然灾害）引发的停电赔偿诉讼纠纷

（一）发案形式

此类纠纷主要有：①因雷击、大风（台风、飓风）、雪灾等引发的停电赔偿案件；②供电方未尽电力设施维护管理义务而引发的停电赔偿案件；③供电方在停电后未及时抢修引发的停电赔偿案件。

（二）发案原因及反映出的问题

其一是供电方是否承担对电力设施的维护管理责任。法院往往以供电方应承担供电设施维护管理责任为由，认为大树砸断高压供电线路，系供电方未尽检查、维护电力设施安全的法定义务，主观上存在过错，由此给用电方造成损害，供电企业应依法承担赔偿责任。如实践中电线与树木之间有安全隐患时，树木所有者不愿修剪，电力企业又无强制权，因大风引发事故停电时，法院则认为大树树冠高度超过支线架空线缆，不符合安全距离标准，而且法律法规规定在电力设施保护区范围内不得种植可能危及供电设施安全的树木，或者要对保留的原有树木进行修剪，不但不认定大风属不可抗力，不认定所有人没尽到修剪义务，反而认定供电方没有尽到检查、维护电力设施安全的法定义务，存在严重过错，由此否定了供电方提出的不可抗力不能预见的说法。

其二是供电方在停电后是否尽到及时抢修的义务。在有的案件处理中，供电方在发生断电事故情况下，用了十几个小时抢修恢复供电，法院认为供电方的行为违反了用电故

障 45 分钟到现场的承诺，没有依法履行电力设施抢修义务，其不作为是导致电力运行责任事故和经济损失发生的直接原因，构成了对用电方财产权益的损害，依法应承担损害赔偿责任。

（三）法律要因分析、案件应诉策略与技巧

1．法律要因分析

《民法通则》《合同法》《电力法》等都规定，由于不可抗力不能履行合同或者造成他人损害的，不承担民事责任。不可抗力是法定免责事由，即使供用电合同中对此未作明确约定，供电企业仍可援引法律规定进行免责抗辩。

虽然《民法通则》和《合同法》均对不可抗力做了免责规定，这却不能作为供电企业免除其法定责任的"尚方宝剑"。因自然灾害等原因断电，供电方不承担损害赔偿责任，但供电方应当按照国家有关规定及时抢修。《合同法》第一百八十一条规定，因自然灾害等原因断电，供电人应当按照国家有关规定及时抢修。未及时抢修，造成用电人损失的，应当承担损害赔偿责任。供电人有及时抢修的义务。虽然不可抗力是合同的免责事由，但在其发生以后，当事人仍应以诚实善意的态度去努力克服，以最大限度地减少因不可抗力所造成的损失，这是诚实信用原则的要求。

2．案件应诉策略与技巧

对于此类案件，在实际操作中应注意以下方面：

一是注意证据保全。接到相关停电报案后，应在第一时间到现场取证，并做好证据保全。

二是供电方是否尽到及时抢修的义务。《供电营业规则》第六十九条的规定，引起停电或者限电的原因消除后，供电方应在三日内恢复供电。根据《合同法》第一百八十一条之规定，因自然灾害等原因断电，供电方应当按照国家有关规定及时抢修。未及时抢修，造成用电方损失的，应当承担损害赔偿责任。此类案件，供电方在举证积极履行抢修义务时，应着重从两方面入手：一是证明抢修的实际难度、客观条件的不利性，可以通过调取抢修时的气象资料等来证明；二是证明供电企业采取的积极措施，不仅是现场采取的抢修措施，还应包括现场之外供电方采取的配合抢修的措施，可以通过调取抢修的工作单、调度记录等加以证明。

三是根据《电力法》第六十条对"不可抗力和用户自身过错"的规定主张免责事由。若出现针对不可抗力提出的侵权和违约的民事诉讼，供电企业可在承认用电方损害事实的前提下，以不可抗力进行抗辩，即主张用电方发生的损害是由于不可抗力导致，与供电企业的生产经营行为无关，供电企业不应对用电方的损害后果承担法律责任。

四是注意原因力分析。侵权行为法上的因果关系是指特定行为或事件与损害结果之

间的特定联系，查明存在因果关系，是令行为人因其行为对该损害结果承担责任的前提。数个行为间接结合发生同一损害后果，应当根据过失大小或者原因力比例各自承担相应的责任。

五是供电企业可以通过保险等方式事先分散风险，或者在合同中约定，对损失负担做出合理分配。

六、第三人行为引发的停电赔偿诉讼纠纷

（一）发案形式

第三人行为引发的停电赔偿纠纷，从纠纷发生原因方面分析，其发案形式主要有：①因机动车撞坏电力设施引发的停电赔偿案件；②因转供电者行为引发的停电赔偿案件。

（二）发案原因及反映出的问题

在生活中，交通事故、粉尘污染等事故引发电网停电经常产生纠纷，如有的司机驾驶大货车发生交通事故，撞坏电杆电线，导致该片区大面积停电，致使鱼塘也因停电被迫中止了供氧，渔业养殖遭受损失，庭审时，法院认定鱼塘的损失与交通事故引发的停电侵权行为之间有因果关系，而供电方在事故发生后积极抢修，及时恢复电源，没有过错，对鱼塘的损害后果无须承担责任。

此类案件，也可能是人为的故意损害导致停电，如发案原因是电力线路被他人剪断而引发停电，而法院认定因线路产权属供电方所有，供电方负有供电线路的维护、管理附随义务，停电事由虽是供电线路被他人剪断，但仍属供电方维护、管理不善所致，供电方应对此承担停电造成的违约责任，而忽视人为故意破坏剪断线路的违法责任。

（三）法律要因分析、案件应诉策略与技巧

1. 法律要因分析

按照《合同法》《电力供应与使用条例》和《供电营业规则》有关规定，供电企业负有连续供电的义务，这是供用电合同中供电企业的基本义务。供电企业不符合法定条件而中断供电，应当承担法律责任。根据《合同法》第一百二十一条以及《电力法》第六十条第三款的规定，因第三人毁损供电方电力设施引发的停电纠纷，第三人应当依法承担赔偿责任。

根据《合同法》第一百八十一条规定，因自然灾害等原因中断供电，供电方应当按照国家有关规定及时抢修。未及时抢修，造成用电方损失的，应当承担损害赔偿责任。

2．案件应诉策略与技巧

因第三方原因引发的停电行为，被中断供电的用电方多依照与供电企业签订的供用电合同提起违约之诉，法院也一般判决供电企业承担中断供电的违约责任。判决生效后，供电企业应当及时向造成中断供电的第三方提起侵权之诉，要求其承担供电企业已向用户承担的违约责任。

因第三人毁损供电方电力设施引发的停电纠纷，应诉的关键点在于：一是在停电行为发生后要迅速排查停电原因，及时发现肇事者，向电力设施保护领导小组（或相关组织）或公安机关报案，形成调查笔录等，为以后向第三人索赔准备证据；二是要认真核定用电方损失，绝不能为尽早结案而答应过高的赔偿要求，否则以后向第三人索赔时可能得不到完全的支持；三是第三人的赔偿能力可能有限，因此办理保险不失为一条解决赔偿损失的途径；四是要注意第三人行为是否构成犯罪，如果是，则不能按照《合同法》第一百二十一条来处理。

因第三人产权的设备运行引发电网事故造成停电的，关键是认定事故原因及事故造成的损失。因此应诉的关键点在于：一是要迅速向政府安全生产管理局等部门报案，由行政机关及早参与事故调查，以便收集、保留证据和开展事故分析；二是对调度、信息系统等记录加以妥善保存，必要时邀请技术专家和公证部门参加，以增加证据效力。

因转供电者行为引发的停电纠纷，关键是做好事先防范，签订好供用电合同，对转供电方、接受转供电方在电力设施维护管理、电网运行管理等方面的责任加以明确。

七、计划检修引发的停电赔偿诉讼纠纷

（一）发案形式

计划检修引发的停电赔偿，主要有：①停电事由不合法；②停电程序不合法；③未履行通知义务。

（二）发案原因及反映出的问题

可能的发案原因有：在中止供电前，供电方未报经本单位主管领导批准；供电方在计划检修停电过程中，程序不合法；未尽及时告知义务。在停电后又恢复供电的环节中引发纠纷的可能在于供电企业在引起停电或限电的因素消除后，由于供电企业的疏漏没有及时恢复供电。在四川内江黎某某诉供电公司停电损害赔偿案中，用电方黎某某以供电方两次停电造成其喂养的怀孕奶牛中暑死亡，造成财产损害为由向法院起诉，法院认为供电方因线路老化断线检修停电属正常行为，奶牛之死与停电行为无直接因果关系，故对用电方提

出的财产损害赔偿诉讼请求不予支持。

（三）法律要因分析、案件应诉策略与技巧

1．法律要因分析

从《合同法》的角度，承诺一经作出就构成了合同的附加条款，对承诺者本身具有一定的法律效力，承诺方应当严格履行，否则应当承担相应的法律责任。供电企业在计划检修停电公告中承诺恢复送电的时间，就应当按照该时间恢复供电，如果没有遵循该时间恢复送电，造成财产损失或人身伤害的，应当承担法律责任。

2．案件应诉策略与技巧

（1）严格遵守《电力供应与使用条例》第二十八条之规定，即"因供电设施计划检修需要停电时，供电方应当提前7天通知用电方或者进行公告"。例如，某养鸡户诉供电公司财产损失赔偿纠纷，供电方认为农村村民不属于重要用户而在临时检修停电时未提前通知，导致养鸡村民因饲养的肉鸡大量死亡而引起诉讼纠纷，此案虽经调解结案，但对供电企业也起了警示作用。界定"重要用户"应当按政府有关部门或电力监管部门颁布的界定标准执行。

（2）根据原因力的大小，认定未通知情况下的停电与造成损失之间的因果关系。停电是否是造成损害的必然诱因，要进行具体分析。尤其是用电方属于农林牧业、生物化学等高科技产业时，必须以权威的事故鉴定作为是否应承担责任的依据。

（3）由于技术或客观环境原因等因素，计划检修实际恢复送电时间不符合承诺时间的情形时有出现，很可能造成财产损失或人身伤害（因为电力运行是高度危险作业）。实践中比较妥当的做法是，在计划检修停电公告中，承诺的恢复送电时间确定为一个时间段而不是一个时间点，并且提示，在恢复送电时间前，供电企业计划检修提前完成的，将提早恢复送电，用电方应当配合采取相应措施避免发生财产损失和人身伤害事故。预计可能超过承诺的恢复送电时间的，应当通过广播、电视等媒体告知用电方，对于重要用电方，电话通知确认较妥。用电方漠视上述通知造成财产损失或人身伤害的，供电企业不承担责任，因为《电力法》第六十条第二款第（二）项规定，电力运行事故由用户自身的过错造成的，电力企业不承担赔偿责任。

八、第三方（物业公司、银行）代收代缴电费引发的停电赔偿诉讼纠纷

（一）发案形式

第三方（物业公司、银行）代收代缴电费引发的停电赔偿纠纷，从纠纷发生原因方面分析，其发案形式主要有：①不当抗辩，在物业收取（代收代缴）电费时，以物业管

理不善等为由拒交电费；②恶意拖欠，即用电方无任何正当理由和原因，拒不交纳电费；③在供电企业未委托的情况下，第三方打着供电企业的旗号收取电费；④个别物业公司随意给用电方拉闸断电，直接侵害了居民的消费权；⑤第三方代收电费，向用电方收取手续费。

（二）发案原因及反映出的问题

（1）供电方在委托物业管理企业收费时，对是否收取委托费用未明确约定。

（2）物业管理企业在代收电费过程中，强制实际用电方交纳代收手续费。

（3）在电费收缴过程中多出现不当抗辩，如业主以物业管理原因，造成其合法权益受侵害并以此为由拒交电费。这种情况比较普遍，业主往往不区分相关的法律关系，只要发生与房屋及居住有关的问题，就认为拒交电费可以对抗物业公司的管理。

（三）法律要因分析、案件应诉策略与技巧

1．法律要因分析

在第三方代收代缴关系中，尽管供电企业一直在向开发商或物业公司等第三方收取电费，但实际上电费的最终承担人是实际用电方，第三方（物业管理公司、银行）扮演的是代收代缴的角色。这种代收代缴关系实质上并不影响用电方作为合同关系上终端用户的地位。如《物业管理条例》第四十四条规定，"物业管理区域内，供水、供电、供气、供热、通讯、有线电视等单位应当向最终用户收取有关费用。""物业管理企业接受委托代收前款费用的，不得向业主收取手续费等额外费用。"由此可见，第三方只有委托代收的资格，而不具备经营的资格。

2．案件应诉策略与技巧

（1）要依法认定供用电合同关系。比如有的小区是由开发商与供电企业签订供用电合同，小区住户并未与供电企业签订供用电合同，同时又委托物业公司代交电费，造成法律关系错综复杂。这种情况下应及时确定供用电合同主体。

（2）要收集整理好《供用电合同》《代收电费协议》，以及历史交费单据。主要目的是进一步核实客户是否存在欠费行为，准确把握供电方与代收电费的第三人之间的权利义务界限。

（3）一般情况下应该由小区业主委员会委托物业公司代收代交电费。这样做法既可以规范物业公司的管理；更重要的是确定物业公司与用电方之间的代理关系及相应的法律责任。

第四节　与供用电有关的其他诉讼纠纷

与供用电有关的其他诉讼纠纷的常见形态主要有：与供用电有关的行政诉讼纠纷、财产损害诉讼纠纷、人身伤害诉讼纠纷、与物权有关的诉讼纠纷以及代维护引发的诉讼纠纷等。具体分述如下。

一、与供用电有关的行政诉讼纠纷

与供用电有关的行政诉讼纠纷，主要有两类，一是涉及不正当竞争的行政诉讼纠纷，二是涉及违反《公司登记管理条例》的行政纠纷诉讼。

（一）涉及不正当竞争的行政诉讼纠纷

1. 发案形式

主要表现为工商部门认定供电企业指定用电申请人购买设备、计量装置的行为违反了《反不正当竞争法》或者认定供电企业滥收费用，从而作出行政处罚，供电企业不服提起行政复议或行政诉讼。

2. 发案原因及反映出的问题

（1）电能作为特殊的商品，对计量装置有特殊的要求，因此同一地区的电能计量装置基本使用相同的品牌。供电企业因作为公共事业单位的特殊性质，有些用电方就认为供电企业指定计量装置，触犯了《反不正当竞争法》，故向工商部门进行投诉。

（2）由于地域不同，一些地方申请用电安装计量装置的工料费由用电方出资，收费标准按照当地物价局核定的标准收取，若工料费的构成中含有电能表购置费，用电方则认为，电能计量表既然由用电方出资，其产权应当归属用电方，不存在供电企业所说的产权归供电企业的情况，那么供电企业就存在滥收费的行为。如供电企业对工商部门滥收费用的行政处罚提起的行政复议，往往起因是用电方向某市工商部门投诉某供电公司指定使用电能表，限制用电申请人购买产品选择权，且在要求用电申请人为电能表出资的同时，却规定电能表产权归供电公司所有。

（3）在业扩工程中，有的供电企业向用电申请人指定产品或指定设计、施工单位，导致用电申请人向工商部门投诉，工商部门认为供电企业行为违反《反不正当竞争法》，从而作出处罚决定。

3. 法律要因分析、应诉策略与技巧

（1）法律要因分析。

《反不正当竞争法》第六条规定，公用企业或者其他依法具有独占地位的经营者，不得限定他人购买其指定的经营者的商品，以排挤其他经营者的公平竞争。这里，我们需要明确的是供电企业为用电方安装的计量装置并不是指定购买某一经营者的商品。电能计量装置作为计收电费的依据，对其质量和性能标准有较高的要求，为了满足用电方的选择权，以及降低电能计量装置的成本，供电企业给用电方安装的计量装置通常通过招标方式采购，这并不是《反不正当竞争法》第六条所说的限定用户购买指定的经营者商品的行为。

滥收费案件的核心问题就是电能计量装置的权属归属，《供电营业规则》第七十二条规定，"计费电能表及附件的购置、安装、移动、更换、校验、拆除、加封、启封及表计接线等，均由供电企业负责办理，用户应提供工作上的方便。"第七十七条规定，"计费电能表装设后，用户应妥为保护，不应在表前堆放影响抄表或计量准确及安全的物品。如发生计费电能表丢失、损坏或过负荷烧坏等情况，用户应及时告知供电企业，以便供电企业采取措施。如因供电企业责任或不可抗力致使计费电能表出现或发生故障的，供电企业应负责换表，不收费用；其他原因引起的，用户应负担赔偿费或修理费。"由此可见，供电企业负有购置、安装、移动、更换、校验、拆除、加封、启封的义务，用户对计量装置享有使用的权利，负有保护的义务。虽然《物权法》确认了产权人对自己所有的物依法享有占有、使用、收益和处分的权利，但电能计量装置是供用电双方计量收费的器具，具有特殊性，通过约定，赋予用电方管理职责并不违反法律法规的禁止性规定。

（2）应诉策略与技巧。

在处理指定产品案件时，供电企业应当证明电能计量装置不同于其他商品的特殊性，并将供电企业以公开招投标的方式购置电能计量装置的有关资料提供给有关部门。另外，供电企业在日常公开招投标购置电能计量装置过程中应注意程序规范、合法。

在处理滥收费案件时，若供电企业收费有地方物价部门颁布的规范性文件为依据，那么就应及时向有关部门提供地方物价部门的规范性文件。同时，为避免对电能计量装置的产权归属问题产生纠纷，供电企业应注意在供用电合同以及有关的文书上事先对电能计量装置产权归属进行明确约定。

（二）涉及违反《公司登记管理条例》的行政诉讼纠纷

1. 发案形式

主要是供电企业因工商部门对供电所等非法人单位未领取营业执照或取得相应的行政许可作出处罚不服，提起行政复议或行政诉讼。

2. 发案原因及反映出的问题

违反《公司登记管理条例》的行政纠纷主要是因为工商行政管理部门对供电企业的特殊性不甚了解，没有认识到供电局、供电所是非法人单位设立的业务部门，机械地认为其经营活动就必须有供电营业许可证并依此办理营业执照。在某县供电公司因不服某县工商部门认定其不按规定办理所属供电所工商登记行政处罚，提起行政复议及行政诉讼纠纷案中，法院认为，根据《电力法》第二十五条、《电力供应与使用条例》第八条、第九条和《电力部、工商行政管理局关于供电营业机构持〈供电营业许可证〉办理企业登记注册有关问题的通知》❶的规定，供电所依法不可能取得《供电营业许可证》，不具有办理《营业执照》的前提条件，因而作出撤销行政处罚的决定。

3．法律要因分析、应诉策略与技巧

（1）法律要因分析。

因电力体制改革需要，大多数省级电力公司的二级单位（即地市电业局）均已从独立的企业法人变更为非法人分支机构（即分公司）。按照《公司登记管理条例》第四十七条的规定以及《公司法》第十四条第一款规定，公司设立分公司，应当向公司登记机关申请登记，领取营业执照。分公司不具有法人资格，其民事责任由公司承担。由于供电企业经营的特殊性及历史沿革，电业局还下设供电局、供电所作为内设业务部门，对外开展营业活动，那么地市电业局作为分公司是否对历史延续下来的下设业务机构供电局再办理供电营业许可证和营业执照？

《电力法》第二十五条规定，供电企业在批准的供电营业区内向用户供电。一个供电营业区内只设立一个供电营业机构。《电力部、工商行政管理局关于供电营业机构持〈供电营业许可证〉办理企业登记注册有关问题的通知》第三条规定，办理企业注册登记的管理机关根据《供电营业许可证》确定的供电营业区域和营业方式，核定其供电营业机构的经营范围。因此，各省公司的二级局领取的《供电营业许可证》内均有供电营业范围，二级局因开展业务需要，在供电营业范围内设立的供电局、供电所，无须再办理《供电营业许可证》。

（2）案件应诉策略与技巧。

在处理此类行政处罚案件时，供电企业应当及时提起行政复议或提起行政诉讼，同时积极主动和有关部门进行沟通，使有关部门了解供电企业行业的特殊性、机构设置的特殊性。由于供电营业许可证和电力业务许可证是由经贸委、电监会分别许可颁发的，因此可以要求发证部门对供电营业或电力业务的许可范围进行说明，使之明确供电局或供电所只是作为省电力公司二级单位的业务部门进行经营活动。

二、财产损害诉讼纠纷

（一）发案形式

此类财产损害纠纷案件，从纠纷发生原因方面分析，其发案形式主要有以下几种：①受

---

❶ 该通知于 2016 年 1 月 1 日废止。

害人自己的设备原因而引起，如因低压电串入电线而造成电脑损坏；②供用电设施安装的原因引起，如断路器（刀闸）损坏起火而引发火灾，造成房屋烧毁；③供电设施管理维护的原因引起，如输电线路电气故障而引起的火灾。

（二）发案原因及反映出的问题

事故有的发生在供电企业产权的电力设施上，有的发生在非供电企业产权的电力设施上，事故点多以线路为主。此类案件赔偿数额不大，原告的索赔理由主要是供电企业对自己的供电设施维护不善或对用电方的受电设施管理不力造成用电方财产损失。

根据《供电营业规则》第五十一条的规定，供电企业对自己所有的供电设施承担运行维护管理的责任，并对其产权范围内所发生的事故承担相应的法律责任，对于在用电方设施上发生的事故，供电企业不予赔偿，因此，供用电双方应当明确产权分界点，并在合同中予以约定。

（三）法律要因分析、案件应诉策略与技巧

1. 法律要因分析

此类案件，主要是财产损害赔偿问题，属于一般侵权，通常适用过错责任原则，法律要素上包括了侵权行为、行为人主观上的过错、损害事实、侵权行为与损害事实之间的因果关系。在举证责任方面，应当按照"谁主张谁举证"原则，原告应当对损害的发生情况、供电企业是否存在过错、过错与损害结果之间是否存在因果关系等进行举证。

2. 案件应诉策略与技巧

此类案件胜败的关键点在于供电设施产权及维护管理界限的划分及相关证据的收集。

（1）对供用电双方产权分界进行明确的约定。

（2）注意证据的收集。应诉的证据主要有：产权划分及维护范围分界的协议，工程验收合格证明材料，事故原因的鉴定报告。目前国内司法实践中鉴定情况不一，尚无专门电气事故鉴定机构。主要有质量检验部门、公安消防部门、科研所等。

在此类案件中，原告通常先委托鉴定机构出具事故鉴定报告，证明引起电气事故系供电企业的原因造成的，对此，我们应当认真分析事故鉴定报告（包括鉴定人是否适格、鉴定程序是否合法、鉴定分析是否存在重大瑕疵），以分析鉴定报告是否具备证明效力，也可以采取委托其他鉴定机构作出鉴定报告与原告事故鉴定报告进行比较，分析差异等措施来应对。

（3）详细调查事故发生的各种原因。对于设备原因，主要的问题是电力器材选型不当、质量低劣，未达技术、安全规范标准等。经过调查，如果有证据证明电力设施存在严重缺陷并导致财产损害的，则排除或减轻供电企业维护管理不当的法律责任。

（4）充分利用法律赋予的免责条件：受害人的过错；第三人的过错；受害人同意；正当防卫；紧急避险；不可抗力等。对于以上情况，要及时收集证据。

（5）注意日常管理，防患于未然。一些发生事故的电力设施，设计、安装原本符合标准，但在长期的运行过程中，因设施老化、负荷增加而存在安全隐患，导致事故发生。因此，要注意对电力设施的日常维护管理工作。

三、人身伤害诉讼纠纷

（一）发案形式

在用电方产权范围内因违章作业而发生人身触电事故。原告多认为供电企业未按照双方签订的高压供用电合同的约定履行检查职责，对用电方的设施管理不力，因此要承担赔偿责任。

（二）发案原因及反映出的问题

此类案件中，原告以雇主身份承担了对受害人的赔偿责任后，以供电企业应承担违约责任为由提起诉讼。如某县发生的触电事故纠纷中，原告在雇员触电死亡、向死者家属支付了赔偿金后，又以县供电公司没有履行供用电合同义务为由提起诉讼。法院判决县供电公司对高度危险源的运行没有尽到谨慎管理和防止损害发生的义务，未定期或不定期地检查高压线路和用电方的用电情况，并针对事故隐患提出相应的处理意见的责任，应当承担相应的赔偿责任。这个案件提醒供电企业法律工作者应当及时改变传统的以产权分界来解决人身触电赔偿的思维定式。供用电合同履行中除了产权划分及维护管理范围分界之外，还要考虑与用电方之间的合同关系，应当依据《合同法》的规定注重供用电合同的全面履行。

（三）法律要因分析、案件应诉策略与技巧

1. 法律要因分析

此类案件是电力人身伤害案件，但却以供电企业违反供用电合同义务为由提起违约之诉。此类案件中，原告通常先提起侵权之诉，胜诉后，被告依其承担的赔偿责任向供电企业提起违约之诉。在此类案件中，供电企业对承担的责任往往是被动的。因此，既要注意侵权责任的构成要件，更要从供用电合同角度考虑是否承担违约责任。

2. 案件应诉策略与技巧

（1）举证责任的承担：此类案件首先属于侵权纠纷，但是由于电压等级不一，举证责任的承担也不一。根据《民法通则》第一百二十三条规定，1kV 及其以上电压等级的高压

电致他人人身损害的，应当适用无过错责任原则，举证责任上适用"举证责任倒置"原则，1kV以下电压造成的他人人身损害事故，适用"谁主张谁举证"的原则。

（2）证据的收集与免责：对于特殊侵权案件，要注意收集用电方违章违约用电的证据，用以证明其主观上的过错，供电方据此可免责；对于一般侵权案件，要注意收集供电方主观上不存在过错的证据，即证明供电企业定期或不定期地检查了用电方高压线路和用电情况。

（3）多因一果：即使供电企业由于疏于管理，造成人身损害，还应当分析供电企业的侵害行为是否是损害结果产生的唯一原因，如果有证据证明存在第三方原因或受害人的故意行为，应当减轻供电企业的赔偿责任。

（4）违约责任的承担：根据法律规定，谁的责任谁承担。对于用电方提起的违约之诉，供电企业应当从法定和约定义务角度对用电方提出的违约证据予以反驳，以排除或减轻自己的违约责任。

四、与物权有关的诉讼纠纷

（一）发案形式

与物权有关的纠纷，从纠纷发生原因方面分析，其发案形式主要有：①在电网改造过程中因导线支撑物体加粗或加固影响相邻关系人出入和视线，要求排除妨碍和赔偿损失的相邻权纠纷；②架空输电线路跨越农村林木、房屋产生的相邻房线纠纷（如电磁环境侵权纠纷）；③电力设施保护区域及空间通行权限制了不动产使用权人的使用，要求供电企业排除妨碍或给予补偿而产生的纠纷。

此类型典型案例近年多发。例如某公司向某市供电公司申请电力增容。供电公司随后开始设计方案并且报审，时隔四年，市规划局批准了方案。在此过程中，有四名原告也相继取得了村镇工程建设许可证，并陆续开始在电力设施线路走廊一带建造别墅式房屋四座。后供电公司在四名原告房屋东、西两端设立了铁塔，并且沿四人房屋北侧凌空架设了35kV高压线。随后，四原告以某市供电公司及其下属单位架设的35kV高压线妨碍其正常生活，对四人及其家人人身和财产造成损害及威胁，对四人房屋价值造成减损为由，向法院提起诉讼，要求排除妨碍，拆除铁塔，线路改道。双方争议的焦点是被告架设35kV高压线的行为是否合法（即是否办理了施工许可证、是否具有设计资质证书、是否订立了书面协议、操作是否符合国家标准的规范要求等）。最终法院认为被告架线跨越原告住所上空是不争的事实，但这种跨越是属于不可避免和合理的，且并无证据表明现有电场产生的电磁波对人体造成了危害，因此判定驳回原告的起诉。

（二）发案原因及反映出的问题

（1）在改造施工中需要变更路径或更换杆塔的，多数情况未与相邻关系人签订内容翔实的协议，只是口头告知或写个便条，往往在表述上不够准确，对相关的告知过程不做证据保全和固定，一旦有争议，将面临证据有瑕疵或者无证据的风险。

（2）供电企业以享有相邻权利为由，限制和约束不动产权利人的权利行使，在实践中面临有法可依但难操作的局面。

（三）法律要因分析、案件应诉策略与技巧

1．法律要因分析

此类案件关键在于对相邻关系的法律适用，具体地说，应当注意以下原则：

（1）相邻关系的法定原则。对相邻关系人的权利不造成过度侵害的注意义务和允许相邻关系人在合理范围内使用权利人的不动产是相邻关系法定性的体现。处理相邻关系时应符合有利生产、方便生活、团结互助、公平合理的法律规定。

（2）维护相邻不动产安全的原则。随着电网建设范围的扩大，需要用法律调整相邻关系的种类不断增多，在进行电网工程建设时，应注意相邻不动产的安全，避免对相邻不动产造成不应有的损害，也应最大限度地避免相邻不动产的效益降低。

2．案件应诉策略与技巧

（1）是否有完备的行政审批手续、处理过程注意取得相关证据以及是否取得有效的权属证明是本类案件胜败的关键。

（2）供电企业一定要完善各种报批程序，履行应尽的告知义务，并注意证据固定和保全，重视权属证照的办理。线路路径必须符合城乡规划总体要求，工程施工、监理、环评等程序合法，使经营行为于法有据。

五、代维护引发的诉讼纠纷

（一）发案形式

用电方由于自己的人员、技术等原因的限制，对自有设备不具备运行维护管理的能力，只能委托供电企业对设备进行代维护管理。一般情况下，供电企业与用电方就代维护问题都会签订书面的代维护协议，并且在协议中都会明确双方的权利和义务。在代维护的供用电合同的纠纷中，其发案形式一般分为三种，一种是代维护的合同双方就维护的内容不明确产生争议而引起的纠纷；另一种是因为维护费用的交纳而产生的纠纷；还有一种是因为代维护的设备给第三人造成损害时而产生的纠纷。

（二）发案原因及反映出的问题

因代维护而产生的供用电纠纷反映出来的问题是多方面的。

（1）代维护协议签订的不严密。由于代维护工作的特点，在代维护协议中，应当明确协议双方的权利和义务，即一是要明确代维护工作的具体内容，哪些工作包括在了代维护范围之内，哪些工作不包括在代维护范围之内；二是代维护工作的具体的工作标准是什么，工作到哪个程度可以认定维护方尽到了义务；三是维护费用的支付。然而在实际中，由于供电企业工作人员的工作态度、业务水平等各方面的原因，造成了现实中的代维护协议过于笼统、条款过于简单，甚至有的连产权的分界点都标注错误。这样就必然为日后产生纠纷埋下隐患。

（2）维护工作不能达到规定的标准。这种情况是指在代维护的协议中，规定了维护的工作标准，但是由于维护方的具体工作人员未严格遵守，使维护工作不能达到规定的标准，使设备存在安全隐患，或者造成设备损坏，甚至引发人身触电事件。

（3）在代维护协议中没有明确出现事故后的责任划分。在出现事故后，产权人与维护人之间相互推诿，受害人往往要求供电企业与产权人承担连带责任。

代维护协议不规范，首先会引起代维护协议双方产生合同纠纷。例如，某市某乡马场村 10kV 线路分支通往马场村砖厂的 400V 线路被盗割，线头垂落导致村民李某某之子被电击身亡。由于某市电业局与马场村村委以及马场村砖厂签订有同样格式的代维护协议，而两份协议对双方的权利、义务规定模糊，因此，就该 400V 线路产权和维护管理权问题，三方一直争执不休，产生代维护合同纠纷。

（三）法律要因分析、案件应诉策略与技巧

1. 法律要因分析

因代维护引发的纠纷涉及多种法律关系：

（1）合同法律关系问题。代维护引发的纠纷是因为代维护协议而产生的，代维护协议又是受《合同法》调整的。

（2）电力法律关系问题。代维护是专指对电力设备的代维护和管理。因此对电力设备的产权分界、维护和管理适用《电力法》及相关法规规章。代维护协议与供用电合同是供电企业与用电方所签订的既有联系又相互区别的两个平行的法律文书。两者之间互不隶属。两者之间的联系在于，供用电合同对供电企业与用电方的资产进行了明确的界定，而在代维护协议中，也应当对双方的资产进行明确的界定，并且，这两个界定应当是一致的。如果两个界定发生出入，极易产生纠纷。两者之间的区别在于，供电企业根据供用电合同对用电方供电并收取电费；根据代维护协议对用电方的资产进行维护管理。

（3）侵权法律关系问题。如果在代维护的电力设施上发生人身触电伤亡事故，则受《侵权法》的调整。侵权法律关系又分为一般侵权法律关系和特殊侵权法律关系。对于代维护的电力设施而言，特殊侵权法律关系仅指在高压电上发生的触电事故即高度危险作业，适用无过错责任原则。一般侵权法律关系是指在低压电上发生的人身触电损害赔偿的案件，适用过错责任原则。

2. 案件应诉策略与技巧

（1）注意证据保全，特别是发生人身伤害事故时，保全证据是应对诉讼的关键。

（2）如果必要，可以聘请鉴定机构对电力设施现状（电力设施对地、对房的距离，警示标志和防护设施的有无等）进行鉴定，以获得对供电方有利的证据。

（3）要保管好代维护协议和供用电合同。若代维护协议或供用电合同到期或有变更时，应当及时重签或变更。

（4）符合有关规程规定的，应当提供有关规程作为依据。

第二章

供用电合同纠纷案例具体分析

案例 1　路××诉某供电公司执行电价政策纠纷案

一、案由

此案属电价纠纷，因其纠纷涉及当事人对政策、法律的理解分歧，所以两审终审，其案由是：原告路××在从事奶牛养殖期间，与被告某供电公司建立供用电合同关系，原告按期足额交纳电费，电费价格被告按农业和养殖业用电标准以 0.314 元/kWh 收取，原告却突然要求退还多收冬季 5 个月的电费，但被告始终未给予解决，发生纠纷，故原告路××将供电公司作为被告诉至法院。

二、原告理由

原告认为，合同双方应该执行本地区发展计划委员会《关于调整××××电网内各类用电价格的通知》（以下简称《通知》）。按照《通知》规定，种植经济作物和养殖业用电一律按农业生产电价执行。原告认为自己养牛理应属于畜牧业，按照政策不应按非普工业电价收费。所以，冬季五个月用电 13380kWh，按 0.314 元/kWh 计算，应收取原告电费 4201.32 元，被告实际多收原告 7890.94－4201.32＝3689.62 元。

三、被告观点

被告认为，原告与被告之间的供用电合同关系存在，原告依法交纳电费是其法定义务。本案中原告错误理解了用电标准，原告认为其用电应当按养殖业标准收费。然后，根据《国民经济行业分类说明》规定，其所从事的行业符合畜牧业范围，非养殖业。按照《国家发展和改革委员会办公厅关于农村种植业、养殖业用电价格问题的复函》规定，农村种植业、养殖业及农副产品加工等用电应执行非普工业电价。国家发展改革委制定的文件在全国范围内适用,而案发地所在自治区发展改革委制定的《通知》与国家发展改革委文件的内容相冲突,地区发展改革委的文件在效力上低于国家发展改革委的文件。所以,在冬季应当按非普工业标准收费。被告要求退还电费是错误的,原告请求无法律依据,请求驳回原告诉讼请求。

四、法院判决结果

(1)一审法院认为,《电力法》第三十五条规定,电价实行统一政策,统一定价原则,分级管理。第四十三条规定,任何单位不得超越电价管理权限制定电价。供电企业不得擅自变更电价。第五十九条规定,电力企业或者用户违反供用电合同,给对方造成损失的,应当依法承担赔偿责任。《农业法》第二条规定:"本法所称农业,是指种植业、林业、畜牧业和渔业等产业。"案发地所在自治区发展改革委制定的《通知》规定,种植经济作物和养殖业用电一律按农业生产电价执行。原告为畜牧养殖专业户,被告未按照地区发展计划委员会对养殖业一律按农业生产用电执行的最新规定执行 0.314 元/kWh 收取用电费,违规按照非普工业电价收取原告用电费,多收原告电费 3690.01 元,其行为违反了《电力法》关于"电价实行统一政策,统一定价原则,分级管理"及"供电企业不得擅自变更电价"的规定和地区发展计划委员会的文件规定,其超标准收取电费的行为损害了原告的合法权益。法院支持原告的诉讼请求。判决被告于判决生效后十日内返还超标准收取原告路××的电费。

(2)原一审被告供电公司不服一审法院判决,提起上诉。二审法院认为,被上诉人(后审原告)路××与上诉人供电公司之间是基于用电合同关系而应适用何种价格标准计价的问题,并非平等民事主体之间的法律关系,不属于人民法院受理民事诉讼的受案范围。原审按民事案件受理无法律依据。因此,撤销一审判决,驳回原审原告路××的起诉。

五、经验与教训

当事人面临诉讼或法律纠纷,首先要弄清楚纠纷的法律性质。本案是因为电价原因发生的电费纠纷。目前,电价按照用电类别划分,可分为居民生活电价、非居民生活电价、商业电价、非普工业电价、大工业电价和农业生产电价等。根据《电力法》规定,电价类别和电价标准由政府有关部门制定,电价调整亦由政府物价行政主管部门作出决定,供电企业不得擅自变更电价。本案的主要争议点是应该适用何种电价,又适逢国家发展改革文件和地方发展改革委文件发生冲突。因此,二审法院认为关于适用何种价格标准计价的问题不属于民事关系的判决是正确的,类似问题应该提请行政主管部门作出解释。

六、启示

(1)有关电价文件的法律位阶问题。法律位阶是确立法律效力等级的制度,高位阶法律的效力要高于低位阶法律。我国法律位阶从高到低的次序依次为:宪法、法律、行政法规、地方性法规和规章五个等级。供电方在遇到相关案件时，应举证适用该电价的合法文件，在同一类事项上发生冲突时，应当按照法律效力位阶决定适用何种法律法规。但对于与这些法律文件具有相同制定主体的"规范性文件"与它们之间的效力等级关系却没有作任何规定，实践中往往容易出现对同一类事项在规定上发生明显冲突，这就很难作出单方面判断。根据《电力法》规定，供电企业对电价的范围和类别的确定没有权利，国家价格行政主管部门是电价标准和分类的制定主体。因此，供电企业在发生适用电价标准异议的问题，应该征求制定该文件主体的意见。

（2）供电企业属公用事业单位，其产品或服务的价格受国家管制，定价权不在供电企业，因此供电企业不能自行调价，也不能随意放弃应收取的电费。在遇到供用电双方对电价文件的理解和适用发生分歧时，关键是正确理解与电价相关的文件和规定，通常可以有下列处理方式：①对用电方所属分类发生争议，可参照行政部门对该用电方或其同行业的定位；②对电价文件的有关术语或文字的理解产生歧义，可以由制定该电价文件的机关作出解释；③因不同电价文件之间发生争议，应报上级发文单位决定。

案例 2　　周××诉某电力公司多收电费纠纷案

一、案由

此案虽然简单但表明了当事人依法办事的精神，并证明电力企业依法治企依法办事的重要性，本案的案由是：原告周××与被告电力公司系供用电合同关系。根据国家发展改革委、××市物价局的相关规定，××市居民用电的电价从 2006 年 6 月 30 日起抄见电量开始调整，每千瓦时的电价上调 0.7 分钱。原告收到被告送达的 7 月的电费发票时，发现被告在计算原告电费时，已经按照调整以后的电价进行了计费，共 40.68 元，而按照调整前的电价计费，原告的电费应该是 40.13 元，被告多收取原告电费 0.55 元，故诉至法院，请求被告返还多收取的电费。

二、原告理由

原告认为，被告调整电价应该按照国家的有关规定，不能擅自调整电价，国家有关规定表明居民在下发规定当月所用的电费不应该依照调整后的电价执行。因此，被告擅自调价的行为违反了供用电合同的规定。

三、被告观点

被告认为，文件规定颁发当月抄见电量是指用户在 6 月所使用的电量，原告在该期间抄表抄见电量按调整后电价进行计费收取符合文件精神，被告并没有多收，且征收的费用用于水库移民后期扶持基金，被告作为本案被告不适格，故要求驳回原告诉求。

四、法院判决结果

一审法院认为，国家为扶持大中型水库农村移民解决生产生活问题，决定建立大中型水库移民后期扶持基金，国家发展改革委、财政部为此下发了《国家发展改革委关于调整某区域电网电价的通知》《财政部关于下达 2006 年下半年大中型水库移民后期扶持基金征收计划的通知》，要求各省级电网企业在向电力用户收取电费时，一并代征后期扶持基金，按月上缴国库，从发文当年 6 月 30 日起开始征收，以 6 月 30 日抄见电量计征。同时授权各省、自治区、直辖市制定本地区的适用管理细则，××市物价局为此下发了《关于调整××市电网电价的通知》，规定对居民生活用电增收标准为每千瓦时 0.7 分钱，并明确电价调整自发文当年 6 月 30 日抄见电量起执行。因此，被告根据该文件将每千瓦时电价上调 0.7 分钱并无不当。对于新的电费标准自 6 月 30 日使用电量开始计收还是对用户反映在电费中的 6 月所使用的电量开始计收是本案焦点。××市物价局作为《关于调整××市电网电价的通知》发文单位，依法对该通知第六条关于"以上电价调整自 6 月 30 日抄见电量起执行"作出了解释，即本市居民用电一般每月抄见结账一次，每次账单上标明本次抄表和下一次抄表的具体日期，6 月 30 日抄见电量包括了上一次正常抄表日以来的用电量。据此，原告关于被告在计算 6 月 4 日至 7 月 4 日期间的电费时不应该按照调整后电价进行计费主张缺乏依据，法院不予支持。原告周××不服一审判决，提起上诉。

五、上诉理由

（1）上述人认为：被上诉人不加区分地将居民在发文生效前一个月使用的电量均按调整后的电价计征，不符合财政部和国家发展改革委文件规定。财政部关于下达《2006 年下半年大中型水库移民后期扶持基金征收计划的通知》中明确规定："从 2006 年 7 月 1 日起改革完善后的全国大中型水库移民后期扶持政策开始实施""水库移民后期扶持基金从 2006 年 6 月 30 日起开始征收，6 月的后期扶持基金以 6 月 30 日的抄见电量计征"。国家发展改革委关于调整区域电网电价的通知："电价调整自当年 6 月 30 日抄见电量起执行。"电力公司不加区分地将居民 6 月 29 日以前的使用电量均按调整后的电价计征，不符合上述两文件的时限规定。电力公司在全市范围内同样是 6 月 30 日及以后抄见电量，各区电价调整起征时限的执行并不统一，既有以 6 月 29 日之前的电量起征的，又有以 6 月 30 日之后的电量起征的。本人已提供确凿无疑的证据给一审法院，足以说明电力公司没有正确领会和掌握上述两文件精神，没能按照规定严格执行，管理混乱，存在差错。

电力公司并存两种截然不同的起征时限必有一错。对照上述两文件的规定，显然对某区居民 6 月 30 日之后的电量起征时限的执行是正确的，而对本人执行 6 月 29 日之前的电量起征时限是错误的，不符合上述两文件精神，理应纠错。这一事实为本案公正、公平判决的关键和要害所在。如此重要的事实，恰恰被一审法院不应有地忽视了。不以事实为依据，一审法院的判决成了无本之木、无源之水，岂有公正可言。不偏不倚、求真务实，才能维护司法公正。请求二审法院关注此点，正视事实，支持上诉人的理由、诉求，作出公正判决。

（2）上诉人认为：市物价局不区分实现均按新电价执行与国家发展改革委文件相矛盾；市物价局 011 号文明显违反了国家发展改革委关于调整区域电网电价的通知"电价调整时间为 2006 年 6 月 30 日抄见电量起执行和 ×× 年 6 月 29 日之前使用电量仍按老电价执行"的规定。而市物价局 011 号文将 6 月 30 日及以后抄表抄见电量（包括了上一次正常抄表日以来的用电量）不区分时限均按新电价执行与国家发展改革委文件规定矛盾。按市物价局的解释，本市抄表每月抄一次的，如其抄表时间为 7 月 4 日，说明将 6 月 4 日至 7 月 4 日的使用电量都按新电价计征，显然扩大了电价调整时限。强调以现行的抄表惯例为由，混淆上述两文件规定电价调整时限的概念，擅自将 6 月 29 日及以前（属于上半年）的用电量与 6 月 30 日及以后的用电量捆绑在一起计征扶持基金，违背上述两文件的规定，侵害了公众的合法权益。

（3）上诉人认为：×× 市物价局解释不符合财政部，国家发展改革委文件精神，而且无权解释。区域电网电价调整规系国家发展改革委的决定。该解释权属于国家发展改革委，作为市物价局不能作出与国家发展改革委关于调整区域电网电价时间规定（2006 年下半年）的通知相矛盾的解释。市物价局的职权为监督、检查、落实国家发展改革委的通知，无权作出解释。一审法院不能将该解释作为判决依据。

（4）上诉人认为：本案系一起极普通的民事纠纷案件。但从起诉至判决经历 12 个月之久，说明一审法院不是按照正常审判途径解决诉讼纷争，而是为维护某一集团利益损害公众利益，通过一种协调机制，得到有利于被上诉人所为依据而作出的判决。

综上所述，一审法院判决理由、适用依据明显有失公正，请求二审法院支持上诉人的请求。

二审法院判决结果：

二审法院组合法庭，对此案认真进行审理，查明的事实与一审法院查明的事实相同，被上诉人按调整后电价进行计费收取，符合国家有关规定。上诉人主张被上诉人返还所谓多收的电费，缺乏事实和法律依据，本院不予支持。原审法院认定事实清楚，适用法律正确，应予维持，据此，依照《中华人民共和国民事诉讼法》第一百五十三条第一款第（一）项规定，判决驳回上诉，维持原判。

六、经验与教训

本案是因为供电方执行政府有关电价调整方案引发的电费纠纷。本案中，双方主要争议焦点在于供电方执行电价调整文件是否有偏差，特别是"以上电价调整自2006年6月30日抄见电量起执行"的理解是否正确。原告认为应该是自6月30日使用电量开始计收，而不是对反映在电费账单中的6月所使用的电量开始计收。法院最终认可了××市物价局对"抄见电量"的解释，供电企业执行文件准确，所以驳回了用电方的诉讼请求。

七、启示

本案是由"抄见电量"引发的电费纠纷。抄见电量是指当月供电企业在抄表日抄见居民家用电能表示数与上月抄到的示数相减，计算出来的客户在一个抄表周期（一个月）内的用电量。这种计算方法是国家根据用电管理的客观实际，为便于电价执行制定的国内通用的用户用电量计算方法。国际上也是沿用的这种交易惯例。由于工作流程等原因，每月每户居民的抄表日都不同。因此根据原告6月4日至7月4日的抄表周期，被告收取电费的标准是符合文件规定的。国内电价调整基本都是以抄见电量作为基本单位，其作为电力专业名词，很难被社会大众理解，因此需要供电企业做好对用户的宣传解释工作，必要的时候可以请行政主管部门配合，取得用户的理解，以避免产生类似不必要的纠纷。

案例 3　　电石厂诉电力公司停电赔偿案

一、案由

此案属两审和再审终审。引起诉讼的案由是：原告电石厂与被告电力公司××供电公司是供用电合同关系，双方约定电力公司所属供电公司为供电方，电石厂为用电方，由电力公司向原告电石厂的两台变压器供电，原告支付电费。在供用电过程中，被告向原告发出了一份《限期交纳电费通知单》，要求原告务必交清所欠电费30万元，过期不交将予停电。次日，被告向原告正式发出了一份《停止供电通知书》，并于同日拉闸停电，造成电石厂的部分设备、原料毁损。之后，双方经过协商又签订了一份《供用电合同》，主要内容与之前签订的合同内容基本相同，不同之处是约定电石厂每月用电须预付电费120万元。协议签订后，由于电石厂未预交电费120万元，因此电力公司未恢复供电。在此情况下，原告电石厂把电力公司作为被告诉至法院，请求赔偿经济损失。

二、原告理由

原告认为，本案是电力事故引发用户损失，而非供用电合同纠纷，供电企业应承担主要责任。请求法院判令被告赔偿停电损失 26675852.80 元，计算方法为：（40316.86 元/每日×138 天×5 倍）－1142780.60 元＝26675852.80 元，其中 40316.86 元系该电厂根据实际用电量的日平均值计算所得。

三、被告观点

被告认为本案是供用电合同纠纷，停电损失的时间应为五天，五天后扩大的损失应当由电石厂承担。根据鉴定部门的评估，实际损失最多为 181553 元，原告诉请的赔偿数额远超其直接损失，其主张无法律和事实依据。

四、法院判决结果

一审受理法院认为，本案是供用电合同纠纷。电石厂与电力公司签订了两份供用电合同。因上述合同关系产生的经济损失亦分为两个部分，前一部分是被告××年 8 月 13 日 12 时 38 分，违反原来双方签订的供用电合同拉闸停电，给电石厂的机械设备及原料炉造成侵害；第二部分是××年 8 月 18 日，双方又签订了一份供用电合同，电石厂未按约预交电费 120 万元，因此电力公司也没有恢复供电造成的生产损失。对于前一损失，经由一审法院审理，认定被告造成原告电石厂损失依法应承担赔偿并判决电力公司赔偿电石厂损失 1142780.60 元。电力公司和电石厂均不服上述判决，均提起上诉。

另外，经一审法院调解达成的供用电订立协议，一审法院下达了证明书，但协议内容双方没有履行，电石厂认为：供电公司采取压制和威胁利诱手段迫使电石厂接受合同并违反签订的证明书，特向有管辖权的中级人民法院提起诉讼，中级人民法院认为一审法院证明书内容违反民事公平原则，中级人民法院作为二审法院对案件重新审理。

二审法院认为，由于电力公司与电石厂签订了新的供电合同，电石厂没有履行预付电费的合同约定，电力公司亦未恢复对电石厂的供电。在前一部分损失引起的诉讼经法院作出终审判决后，电石厂又以同一事实、同一法律关系再次提起诉讼，再次请求法院判令被告承担违约责任，赔偿其损失 26323327 元。依据《民事诉讼法》第一百一十一条第一款第（五）项的规定，对本案之前已经审结的民事纠纷只能适应申诉程序，不能再行提起诉讼或叠加该纠纷之后的其他民事法律关系一并诉讼。依据上述法律规定，就××年 8 月 18 日的供用电合同纠纷进行审理，电力公司在新的供用电合同签订之后未予供电，其原因是因为电石厂未依约履行先行交纳预付电费的义务，电力公司对此具有先履行抗辩权。因此，电石厂应当自行承担因违约而导致停电的全部损失。电石厂不服判决又向最高法院提起申诉。

随之电石厂向省高级人民法院以相同理由提出申诉。

　　再审法院受理后依法促成合议庭对此案进行审理，对后审查明事实予以确认，本案属于供用电合同纠纷符合事实与法律规定予以确认，当事人电石厂又以同一事实、同一法律关系再次提起诉讼，请求赔偿的诉讼请求于法无据、本院不予支持，驳回上诉，维持原判。

五、经验与教训

　　本案是供用电合同纠纷。双方于××年 6 月 17 日签订的供用电合同系双方当事人的真实意思表示，内容与形式都不违反法律、法规的禁止性规定，合法有效。双方在履行合同时，电力公司在电石厂不欠电费的情况下，违反合同约定，于××年 8 月 13 日拉闸断电，停止向电石厂正常供电，应当承担全部违约责任。在停电后第 5 天，双方又重新签订了一份供用电合同，合同签订后，电石厂并没有按照合同约定向电力公司预交电费 120 万元，因此电力公司没有恢复供电，对此电力公司并没有违约。因此，电石厂主张电力公司需承担该期间的停电损失是没有事实和法律依据的，法院判决也是完全正确的。本案提醒供电企业，在供用电双方签订供用电合同的情况下，应当严格按照合同约定履行义务，否则会承担相应的责任。

六、启示

　　本案审理中，经双方举证，有以下几个问题值得注意：
　　（1）关于本案合同效力和当事人的责任问题。
　　（2）关于原告电石厂的实际损失计算问题。
　　（3）关于本案的法律适用问题。
　　（4）关于原告电石厂诉讼主体资格问题。
　　（5）关于本案的诉讼时效问题。
　　其中关于法律适用显得格外重要。关于本案法律适用问题，电石厂将电力公司的停电行为定性为电力运行事故，主张适用《供电营业规则》第九十五条，按照其在停电时间内可能发生的电费金额的 5 倍计算赔偿金额，计算得到总经济损失约 2667 万元，法院以 1996 年原电力工业部颁发实施的《居民用户家用电器损坏处理办法》中对"电力运行事故"的解释为依据，认为供电方在向用电方供电过程中电网设备运行正常，没有因电网设备运行发生事故导致该地区大面积停电，故不属于电力运行事故。由于《电力法》《电力供应与使用条例》等国家法律法规都未对电力运行事故作准确定义，使得在个案中法官、律师等各持不同见解。因此，希望在下一轮《电力法》及配套法规修订时，能予以考虑。同时，《供电营业规则》第九十五条在适用时也应该谨慎，须同时满足两个条件：一是在供用电合同中订有电力运行事故责任条款；二是因供电方电力运行事故造成停电。

案例4 　　李××等诉电力公司和供电分公司财产损害赔偿纠纷案

一、案由

原告李××和赵××共同承包某村 182 余亩的鱼池，从事养鱼经营。某年 6 月 6 日 17:30 许，被告供电分公司所属的支线被大树砸断致停电，使养鱼池增氧机不能运转，发生缺氧。原告和邻居多次向被告报告停电情况，要求派人现场抢修，但供电公司始终未恢复供电。次日凌晨出现缺氧死鱼情况，使原告承包的养鱼池内鱼苗全部死亡。原告以不及时恢复供电，造成严重经济损失为由，向法院起诉，供电分公司为第一被告，电力公司为第二被告，村民委员会为诉讼第三人，请求承担赔偿责任。

二、原告理由

原告认为，被告作为发生事故供电高压线路的所有人，不尽高压供电线路维护管理义务，两侧树木高度超过电线，不符合国家安全距离标准，存在严重安全隐患而不及时排除。在出现断电事故后不及时抢修，违背了用电故障 45 分钟到现场的承诺，其行为直接造成原告严重经济损失，应依法承担赔偿责任。第一被告系第二被告的分支机构，应承担连带赔偿责任。故要求二被告赔偿其经济损失 586458.20 元及损失评估费 3200 元。

三、被告观点

第一、第二两被告认为，停电是由于强降雨和大风等不可抗力造成的，这种自然力量是双方所不能预见的，不可避免，也是无法克服的力量。故本案因不可抗力造成的相关损失，依法不应承担赔偿责任。另外被在本次停电故障的检查、抢修过程中，一刻也没有停止工作，已经尽到了最大的努力，没有过错；关于本案被刮倒的柳树与电杆中心的水平距离为 3.8m，早已大大超过了法定的安全距离，故二被告不应当为原告的损失承担赔偿责任。

四、一审法院判决结果

一审法院认为，第一被告系供电单位，其电网运行应当连续、稳定、保证供电的可靠性，根据《××市电力设施保护管理办法》的有关规定，一般地区的架空电力线路保护区是由导线边线和两侧延伸一定距离形成的区域。电压等级 1～10kV 的延伸距离为 5m。现第一被告与第三人签订的供用电合同中，供电方是以 10kV 电压供电，且第一被告认可柳树与电杆中心的水平距离为 3.8m，故该事故点为第一被告所管理，第一被告应承担该供电设施保护区的管理责任。根据《电力法》第五十三条规定，电力管理部门在依法划定电力设施保护区前对已经种植的植物妨碍电力设施安全的，应当修剪或砍伐。因电力运行事故给用户造成损害的，电力企业应依法承担赔偿责任。现第一被告所管理的高压供电线发生大树倾倒砸断电线，系被告未尽到检查、维护电力设施安全的法定义务，主观上存在过错。在断电事故发生后，被告在原告等人已告知发生断电事故的情况下，用了近 20 个小时维修方恢复用电，其行为未尽到及时抢修的义务。对此第一被告应承担给原告造成经济损失的直接责任。现第一被告称该事故属于不可抗力，但未就其免责事由及其行为与损害结果之间不存在因果关系提交相关证据，且不具备不可抗力的要件。故二原告要求被告赔偿经济损失于法有据。判令二被告共同承担经济损失 586458.20 元。被告供电公司不服一审判决提起上诉，其上诉理由为：

1．二被上诉人诉讼权利主体不适格

二被上诉人系养鱼承包户，与上诉人不存在供用电合同法律关系。上诉人与一审第三人村民委员会签订过供用电合同，而且采用的供电方式为：单电源、单回路、无保安电源、无保安措施。二被上诉人与一审第三人签订的《鱼池承包合同》中明确约定"甲方（村委会）不提供水电源"。因此，上诉人依合同向村委会供电，没有必须保证向被上诉人连续、稳定、供电的法定或约定义务。因此，二被上诉人不具备以供用电法律关系向上诉人提起诉讼的诉讼权利资格。

2．一审认定事实错误

（1）混淆了电力管理部门和供电企业的职能。依据《电力法》的规定，电力管理部门是指县级以上地方人民政府经济综合主管部门而不是指供电企业，二者的职能是不同的。一审判决把电力管理部门的义务混同供电企业的义务是不当的。

（2）一审认定上诉人对断电"主观上存在过错"依据不足。本案所涉及的断电事故，根本原因是大风刮倒了大树，大树砸断了电线所致，应属客观原因，并非因上诉人未尽法定义务。上诉人对断电不存在主观过错。

（3）一审认定上诉人"未尽到及时抢修的义务"依据不足。因意外的天气原因，造成突发断电，上诉人已竭尽全力进行了抢修。依据《供电营业规则》的规定，引起停电或限电的原因消除后，供电应在 3 日内恢复供电。而上诉人仅用了十几个小时即恢复了供电，足以显示了抢修的速度，因此一审查明事实有误。

（4）一审认定上诉人"应承担给原告造成经济损失的直接责任"依据不足。一审法院认定上诉人承担经济赔偿责任的基本逻辑为：断电使鱼缺氧死亡，所以上诉人应承担鱼死亡的经济损失。但从现有证据分析，鱼死亡并非断电缺氧所致，而是存在其他非断电因素。

本案没有充足、有效的证据证明断电导致了鱼的死亡。

3．一审判决适用法律不当

本案是供用电合同法律关系中的纠纷，应适用与供用电合同相关的法律规定。一审法院适用关于侵权的法律规定显系不当。

综上，请二审法院查明事实，依法撤销原判，驳回二被上诉人的诉讼请求。

上诉审结果是：对被告的上诉理由没有采纳。

五、经验与教训

本案中，法院以供电方应承担供电设施维护管理责任为由，认为大树砸断高压供电线路，是因其树冠高度超过支线架空线缆，不符合安全距离标准，系供电方未尽检查、维护电力设施安全的法定义务，主观上存在过错，由此给用电方造成损害，供电企业应依法承担赔偿责任，并不认可供电方提出的不可抗力的观点。同时，因为供电企业没有足够证据证明其在十几个小时内恢复供电已尽到及时抢修的义务，法院因此认定被告未依法履行电力设施抢修义务，构成了对用电方财产权益的损害。

六、启示

法院在审理过程中明确指出，本案经事实调查、质证、认证、法院辩论，双方当事人对下列问题还有争议：①关于被告是否赔偿问题。②被告主张不可抗力免责能否成立问题。③第一被告是否尽到及时抢修的问题。④被告是否尽到维护、检修的义务问题。归纳起来，实际就是两个问题，提醒供电企业应当引起重视。

（1）侵权行为法上的因果关系是指特定行为或事件与损害结果之间的特定联系，查明存在因果关系，是令行为人因其行为对损害结果承担责任的前提。数个行为间接结合发生同一损害后果，应当根据过失大小或原因力比例各自承担相应的责任。本案中，供电方可以尝试通过下列方式减轻责任：以用电方作为鱼塘经营者未尽到充分注意义务、对停电后的保障措施准备不力为由，要求减轻责任；申请将树木所有者追加为被告；举证养鱼承包户是否超标准养殖；申请对损失评估作重新鉴定。

（2）不可抗力是法定免责事由，即使供用电合同中对此未作明确约定，供电企业仍可援引法律规定进行免责抗辩。但是即便是因不可抗力引起的停电，供电方仍有义务按国家有关规定及时抢修，最大限度地减少因不可抗力所造成的损失。此类案件，供电方在举证积极履行抢修义务时，应着重考虑两点：一是证明抢修的难度、客观条件的困难，通过当时的气象资料、电力行业相关规程、第三方权威报告等来证明；二是证明供电企业采取的积极措施，不仅是现场采取的抢修措施，还应包括现场之外供电方采取的配合抢修的措施，包括现场抢修的工作单、调度记录、材料清单等。

案例5 袁××诉吴××和电业局等被告造成财产损害赔偿纠纷案

一、案由

被告吴××驾驶货车，因操作不当，使该车撞断左侧路旁电杆，导致该片区停电，造成原告袁××位于该地农家乐的养鱼塘正在供氧的设备停电。原告很快采取了划船搅水增氧等措施，并筹借发电机一台，于早上6时左右使用发电机供电予以供氧，但鱼塘内还是因缺氧于凌晨3时成鱼开始大量死亡，死鱼重量达3400余斤，自行在市场处理死鱼600余斤，卖鱼收入900余元。后经该地区公证处公证，死鱼重量为2800余斤，给原告造成直接经济损失16800元。原告为维护合法权益，特起诉请求法院判令第一被告吴××、第三被告电业局、第二被告汽贸公司、诉讼第三人保险公司赔偿原告经济损失16800元，公证费、律师代理费1500元，并由各被告承担连带赔偿责任，第三人保险公司在限额范围内承担赔偿责任。

二、原告理由

原告田园农家乐业主袁××，在园内经营两口鱼塘。××年6月21日，被告吴××驾驶的大货车因操作不当损坏电杆电线，导致该区域大面积停电，原告鱼塘内增氧机也遭停电。交通事故认定书认定吴××负全部责任。原告立即拨打电力报修电话，被告电业局送电，原告所养之鱼已经出现大量死亡。故要求被告赔偿损失。

三、被告观点

1．被告吴××的观点

原告诉讼事实的理由不能成立。被告吴××交通事故致停电与原告的鱼死亡没有必然的因果关系，且原告出具的公证证明中死鱼的数量前后不一致，也不具有赔偿的确定性。因此，不应采信。其诉讼请求没有法律依据。

2．第二被告汽贸公司的观点

第二被告系第一被告吴××所在单位，对事故的发生无异议，因吴××所用之车是汽贸公司帮办抵押货款，合同约定其对事故车辆保留所有权。因吴××运营过程中，汽贸公司无任何利益，由吴××自主经营，自负盈亏，享有占有、使用、收益权利，且承担致他人人身、财产损害等各种民事、刑事责任。因此，第二被告不应承担赔偿责任。

3．第三被告电业局的观点

电业局认为停电系他人行为所导致，供电局积极进行了抢修并恢复供电。对此，被告不是侵权人，不应承担赔偿责任。

4．诉讼第三人保险公司的观点

吴××系保险公司的投保人。保险公司与被保险人约定，因交通事故导致第三人停电、停气等造成损失，保险公司不承担责任；保险公司也不是侵权人，因此，不应承担责任。

四、法院判决结果

法院认为，被告吴××驾驶车辆因操作不当发生交通事故，造成电杆电线损坏，导致线路中断送电，致使原告承包经营的鱼塘增氧机停止供电，造成了鱼塘内大量鱼因缺氧而死亡，原告鱼塘内鱼死亡造成的损害后果与被告吴××的侵权行为之间有因果关系，其他被告及第三人的辩论理由成立。被告吴××应对原告鱼死亡的损害后果承担民事赔偿责任；被告汽贸公司将大货车出售给被告吴××之妻，购买方采用分期付款方式，作为车辆出卖方的被告汽贸公司在购买方付清全部车款前保留车辆所有权，被告吴××侵权行为造成他人损失，依照《最高人民法院关于分期付款购买的车辆从事运输因交通事故造成他人财产损失保留车辆所有权的出卖方不应承担民事责任的批复》的规定，被告汽贸公司不承担民事责任；被告电业局在发生停电事故后，立即派员到事故现场查勘，积极抢修，及时恢复供电，没有怠于履行职责的行为，没有过错，不应承担民事责任。诉讼第三人保险公司与被告汽贸公司订立的保险合同，对保险车辆发生意外事故，致使第三者停电等造成的损失及其他各种间接损失，约定保险人不负责赔偿，故保险公司不应对吴××的侵权行为导致原告鱼塘内鱼死亡的损害后果在责任限额范围内承担赔偿责任。综上，原告袁××的经济损失由第一被告吴××承担民事赔偿责任。

五、经验与教训

本案是因他人行为引发的停电赔偿诉讼纠纷。目前，因交通事故、粉尘污染等事故引发电网停电的现象时有发生。本案中，法院主要认定原告鱼塘内鱼死亡造成的损害后果与被告吴××的侵权行为之间有因果关系，而被告电业局在发生停电事故后，立即派员到事故现场查勘，积极抢修，及时恢复电源，没有怠于履行职责的行为，没有过错，对损害后果无须承担民事责任。此类案件给了供电企业重要提示，在遇到类似因第三人故意或过失造成停电事故的，供电企业应当按照《电力供应与使用条例》《电力监管条例》和《供电营业规则》的相关规定，在规定的时限内到达现场，并积极恢复电源，减少当事人损失，避免产生对供电企业不利的判决。

六、启示

按照《合同法》《电力供应与使用条例》和《供电营业规则》有关规定，供电企业有连续供电的义务，这是供用电合同中供电企业的基本义务。供电企业不符合法定条件而中断供电，法院一般会判决供电企业承担相应的法律责任。《合同法》第一百八十一条规定，因自然灾害等原因中断供电，供电方应当按照国家有关规定及时抢修。未及时抢修，造成用电方损失的，应当承担责任。因第三方原因引发的停电行为，被中断供电的用电方多依照与供电企业签订的供用电合同提起违约之诉，若供电企业没有充分的证据抗辩，往往要承担相应的责任。因第三人毁损供电方电力设施引发的停电纠纷，应诉的关键点为：一是在停电行为发生后要第一时间排查停电原因，及时发现肇事者，向有关行政机关或公安机关报案，保全证据；二是要认真核定用电方损失，避免对方漫天要价；三是可以办理保险，由保险公司承担一定的损失赔偿；四是加强日常电力设施维护管理，确保相关电力设施运行安全。

案例 6　曾××诉某供电公司停电损害赔偿案

一、案由

此案当事人中，原告系某村村民，从事废旧金属加工业，被告系某县供电公司，双方因供用电纠纷诉于法院。其具体案由是：原告所从事的废旧金属加工，需要三相 380V 的低压电源，原告向被告申请用电并得到批准，被告于某年 2 月接通了三相 380V 的低压电源，在产权分界处安装用户计量装置，原告的生产经营正常，但双方未签订书面供用电合同。同年 7 月 17 日，该电源线路被他人剪断，致使原告断电，生产经营停止，且被剪断部分的产权属被告所有，原告多次与被告协商恢复供电未果，原告遂向法院起诉。

二、原告理由

原告认为，在使用电力过程中，有个体工商户营业执照、低压用户用电清单、用电申请报告书，媒体报道、配电安装工程合同及证人证言证明其经营合法，用电合规，而且被剪断电源线路属于被告所有，属于被告的过失行为，被告疏于管理的行为给其造成了重大的经济损失，应当承担民事责任并赔偿损失。

三、被告观点

被告认为，原告受损线路的产权属于原告，因该段工程是由原告等出资完成，被告没有义务维护该段受损线路，被告已经完成供电义务。原告自有的线路被他人剪断受损导致停电，被告并无责任，应驳回原告的诉讼请求。

四、法院判决结果

法院认为，原、被告之间虽然没有签订书面的供用电合同，但双方已形成事实上的供用电合同关系，被告应当在合同权利义务终止前履行向原告持续供电的义务。本案因双方没有签订书面的供用电合同，也没有其他证据证明双方对供用电线路产权有明确约定。根据国务院发布的《电力供应与使用条例》第二十六条的规定，用电计量装置应当安装在供电设施与受电设施的产权分界处。故本案输电线路 T 接点至用户计量装置之间的线路的产权应属被告所有。被告在履行供电义务过程中对该供电线路负有维护、管理的附随义务。现供电线路 T 接点至用户计量装置之间被他人剪断，属被告维护管理不善，致使不能向原告持续供电，构成违约。故判令被告在判决生效 10 日内恢复供电。原告诉请要求被告赔偿收入损失 26642.56 元，因其在诉讼过程中并未举示证据证明其每天的损失为 42.56 元，无法判定具体的损失数额，故对此不予支持，驳回诉讼请求。

五、经验与教训

本案双方当事人未签订书面的供用电合同，也没有其他证据证明双方对供用电线路产权有明确约定。根据《电力供应与使用条例》第二十六条的规定，用电计量装置应当安装在供电设施与受电设施的产权分界处。据此，法院认定输电线路 T 接点至用户计量装置之间的线路的产权属于被告，致使供电企业承担违约责任。由于历史原因和安装环境所限，生活中，有相当一部分的用电计量装置未装在供电设施与受电设施的产权分界处。其不利因素包括法律责任延伸，也包括电力电量线损的增加，所以，本案在缺少供用电合同和其他有效证明产权证据的情况下，法院往往会根据《电力供应与使用条例》第二十六条规定认定相关电力设施的产权，进而使供电企业承担不利责任。所以，及时与用电方签订供用电合同是必要的。供用电合同是建立供用电关系的基础法律文件。《电力法》第二十七条规定：电力供应与使用双方应当根据平等自愿、协商一致的原则，按照国务院制定的电力供应与使用办法签订供用电合同，确定双方的权利和义务。《电力供应与使用条例》第三十二条规定，供电企业和用户应当在供电前根据用户需要和供电企业的供电能力签订供用电合同。因此，供电企业基于对双方权益的保障，应确保和用户签订有效供用电合同。通过签订供用电合同，明确双方的供用电线路的产权划分，进而明晰双方的权利义务，是减少此类案件发生的有效途径。

六、启示

根据《供电营业规则》的规定，供电设施的运行维护管理范围，按产权归属确定，产权人对自己所属的供电设施承担运行维护管理的责任，并对在其产权范围内所发生的事故承担相应的法律责任。据此，对于供电企业所属供电设施上发生的人身和财产损害，供电企业应当承担赔偿责任。因此，供用电双方按照《供电营业规则》有关规定划分供电设施产权分界点，并在供用电合同中明确约定，不仅可以认定供用电双方对供电设施财产的所有权，而且可以明确双方对电力设施承担维护管理的范围以及相应的民事责任。

案例 7　黎××诉某电业局财产损害赔偿纠纷案

一、案由

原告黎××与被告电业局（供电公司）系供用电关系。因两次停电而使原告财产损失，双方就是否赔偿发生纠纷而诉于法院。其具体案由是：某年 3 月，原告先后购买了 4 头牛进行养殖，2 头奶牛为成年奶牛，2 头为小牛，2 头成年奶牛在同一栏喂养。同年 8 月 13 日上午 9 时，供电所因线路老化断线检修停电，第二天恢复供电。9 月 4 日下午 4 时许，供电所再次因故停电，原告多次致电供电所要求及时供电，供电所于 5 日下午 5 时恢复供电。当晚，怀孕的黑奶牛被诊断为暑热，兽医对症下药。9 月 21 日，该奶牛治疗无效而亡。原告与供电所经调解未成，遂起诉至法院。

二、原告理由

原告认为，自己之所以请求赔偿有三条理由：第一，当年 8 月 13 日和 9 月 4 日，被告两次停电，因天气太热，造成原告喂养的怀孕奶牛中暑，后经医治无效死亡，造成极大的经济损失，被告停止供电与奶牛死亡有直接的因果关系；第二，在认定停电原因上错误，停电原因不是线路老化检修，而是变压器"令克"（跌落式熔断器）发生脱落故障；第三，认定奶牛死亡原因有兽医证明和治疗的处方为证。故被告应承担赔偿责任。

三、被告观点

被告承认原告所述停电两次的事实，但原告擅自改变电的用途，造成牛中暑死亡是有过错的，且原告没有证据证明其怀孕母牛的死亡是被告造成的，故拒绝赔偿原告的经济损失，请求法院驳回原告的诉讼请求。

四、法院判决结果

（1）一审法院认为，被告因线路老化断线检修停电属正常行为，原告的奶牛之死与被告的正常停电无直接的因果关系，因此，原告要求被告赔偿的诉讼请求因证据不足，本院不予支持。驳回黎××对被告的诉讼请求。黎××不服一审判决以被告电业局"没有按规定提前通知用户停电"为由上诉。

（2）二审法院经审理认为上诉人黎××的上诉理由不成立，不予支持，判决驳回上诉，维持原判，上诉人不服判决又以原判认定"停电原因有错误"，认为不是线路老化而是变压器"令克"发生脱落故障造成，又提起再审申请。

（3）再审法院认为：查明事实与原判一致，维持原判为终审判决。

五、经验与教训

本案是供电方计划检修停电引发的财产纠纷。原告黎××以供电方两次停电造成其饲养的奶牛中暑死亡，造成财产损害为由向法院起诉，但原告提供的证明证据则相对单薄，承担举证不能的法律后果。在审理中，法院认为供电方因线路老化断线检修属于正常的作业，奶牛之死与停电行为无直接因果关系，故对其提出的财产损害赔偿的诉讼请求不予支持。

六、启示

（1）电力设施本身的规律决定计划检修是不可避免的，国家法律法规也明确供电企业有因计划检修停电的权利，但供电企业需要履行事先通知义务。《供电营业规则》第六十八条规定，因供电设施计划检修需要停电时，供电方应当提前 7 天通知用户或者进行公告。供电企业应严格遵守法律规定，在国家法律要求的时限内通知到用户，以避免发生停电引发的财产纠纷。

（2）根据原因力大小，认定停电与造成损失之间的因果关系，停电是否是造成损害的必然诱因。尤其是用户属于农林牧渔或者高新技术行业，应当提供第三方权威鉴定作为是否承担责任的证据，尽可能提供证明力较强的证据。

案例 8　某市供电公司对市工商部门滥收费的行政处罚提起行政复议案

一、案由

某年 3 月 31 日，某市供电公司因涉嫌限定用户购买其指定品牌的计费电能表被工商局立案调查。工商局认为供电公司既然已向用电户明确义务装置属于供电方，但在安装电能表过程中向用户收取费用，对拒不使用指定电能表的用户不予受理用电申请的行为属于违法行为，依据《关于禁止合同企业限制竞争行为的若干规定》和《反不正当竞争法》第二十三条规定，对供电公司予以责令改正，并处罚款五万元整。

二、基本情况

某年 2 月，市供电公司因对该市某镇的个体经营者的用电全部按商业用电进行收费而引起群体投诉，后经双方协商决定，由投诉人增装电能表对居民用电和商业用电实行分开计量。随后，投诉人到供电公司下设的供电所申请安装电能表时，得知需按有关规定交纳300元的工料费（含电能表及表前一切费用），并使用供电人提供的"三星"牌电能表，对投诉人提出自己购买电能表作为用电计量装置的要求供电所亦予以拒绝。此次参与群体投诉的群众中，18户申请增装电能表的用户均被收取了300元的"单相表工料费"。而当事人所使用并向上述用户发放的《福建省居民生活用电申请表》后列居民生活用电须知第二条却明确规定："用电计量装置属供电方资产，由供电方负责维护、周期更换及管理，用户负责保护并不得私自迁移、更动，或开启电能表箱及封印，发现异常应立即向供电企业报告。"

三、行政处罚决定结果

当事人市供电公司既然已向用户明确了用电计量装置属于供电方资产，但在用户申请安装电能表的过程中，仍向用户收取用电计量装置电能表费用，并对拒不交费使用其指定电表的用户不予受理用电申请的行为已属于《关于禁止公用企业限制竞争行为的若干规定》第四条第（六）项所指的违法行为，现依据《关于禁止公用企业限制竞争行为的若干规定》第五条、《反不正当竞争法》第二十三条的规定，决定对供电方的违法行为予以责令改正，并处罚款五万元整。

四、经验与教训

公用企业是指涉及公用事业的经营者，包括供水、供电、供热、供气、邮政、电讯、交通运输等行业的经营者。显然，某市供电公司属于公用企业的范畴，受到国家法律法规的限制，不得利用其市场独占地位，限制其他企业公平竞争。本案中，市供电公司既在用户申请安装电能表的过程中，仍向用户收取用电计量装置电能表费用，并对拒不交费使用其指定电表的用户不予受理用电申请的行为明显触犯了《反不正当竞争法》第二十三条关于"公用企业或者其他依法具有独占地位的经营者，限定他人购买其指定的经营者的商品，以排挤其他经营者的公平竞争的，省级或者设区的市的监督检查部门应当责令停止违法行为，可以根据情节处以五万元以上二十万元以下的罚款"的规定和《关于禁止公用企业限制竞争行为的若干规定》第四条第（六）项"对不接受其不合理条件的用户、消费者拒绝、中断或者削减供应相关商品，或者滥收费用"的规定。因此，工商部门的认定处罚是恰当的。

五、启示

目前我国在立法层面已经建立并逐步完善了与之相适应的市场经济法律法规体系，《反垄断法》《反不正当竞争法》等经济法将供电企业等公用企业纳入反垄断范畴，同时，随着电力体制改革的不断深化，电力监管机制不断完善，特别是《电力监管条例》和《供电监管办法》颁布施行后，政府加大了对供电服务的监管力度。社会民众在接受供电服务过程中，要求公平、平等的维权意识普遍提高，因居民电能表购置权引发的行政复议纠纷等案件都说明了供用电纠纷逐步复杂化的发展趋势，值得供电企业引起高度注意。特别是业扩工程"三指定"一直以来都是电力监督管理机构重点检查的事项，也极易引发纠纷，需要供电企业进一步规范业扩报装工作，构建公平有序、开放竞争的用户受电工程市场秩序。

案例 9　　某市供电公司因不服县工商局行政处罚，提起行政复议及行政诉讼案

一、案由

某县工商局于某年 2 月 11 日认定供电公司领取《供电营业许可证》后其供电所不按规定工商登记，从事经营行为，从中获利，其行为违反了《法人登记管理条例》以及《企业法人登记管理条例实施细则》，因此，对供电公司处以责令改正违法行为，没收非法所得近 90 万元的行政处罚决定。供电公司不服，向上级工商局申请复议，上级工商局作出维持县工商局处罚决定。因此，供电公司作为原告，将市工商局作为被告向法院提起行政诉讼。

二、原告理由

原告认为，供电公司所属供电所是国家农电体制改革的产物，是供电公司为方便广大农民群众而设立的具有班组性质的内部机构和对电力用户的服务机构，其并不是从事电力供应活动的法人，职能仅仅是为了方便用户交费及对供电线路、设施的维护管理，没有财务结算，不能办理预算、结算，也没有任何职能机构，其收取电费全部上缴，需要的设备、原材料也由原告统一划拨，营业场所属原告所有。根据《电力法》第二十五条和《电力工业部、国家工商行政管理局关于供电营业机构持〈供电营业许可证〉办理企业注册登记有关问题的通知》的规定，没有办理《供电营业许可证》的机构不能办理工商注册登记并领取营业执照。被告适用《企业法人登记条例》和《企业法人登记管理条例施行细则》对原告实施行政处罚是错误的，严重侵犯国有电力企业的财产权和国家利益。

三、被告观点

被告市工商局认为，供电所是供电公司依法设立的营业分支机构，自成立以来，一直以自己的名义在对外从事电力经营活动，它是属于依法办理营业执照的经营单位。国家工商行政管理局依《企业法人登记条例》赋予的解释权，在《关于供电营业所是否办理营业

登记问题的答复》中，明确了县级供电企业的分支机构也必须依法办理营业登记。被告市工商局是本行政区域内法定的工商登记行政管理机关，其规范供电所的经营行为和登记行为，是属于依法履行职务，其对供电公司实施的行政处罚未超越职权或者滥用职权；在处罚程序上，符合法律的规定；在事实的查处、认定上，证据确实、充分；在处罚的适用及程度上，考虑了各种因素，是适当、正确的。

四、法院判决结果

（1）该市中院一审认为，原告供电公司属企业法人省电力公司的分支机构，取得了《供电营业许可证》，该许可证确定了原告的供电区域，某县乡镇行政区域内属于原告经许可的供电区域，原告根据《供电营业许可证》向工商行政管理局申请领取了营业执照，其经营活动应不属于无证经营。供电公司所属供电所属原告下设机构，依法不能独立承担责任，其经营行为应视为原告的经营行为。根据《电力法》第二十五条、《电力供应与使用条例》第八条、第九条和《电力工业部、国家工商行政管理局关于供电营业机构持〈供电营业许可证〉办理企业注册登记有关问题的通知》的规定，供电所不能取得《供电营业许可证》，不具有办理营业执照的先决条件。综上所述，被告对原告作出的处罚决定主要证据不足，适用法律法规错误，原告供电局请求撤销的理由成立。依据《行政诉讼法》判决撤销工商局的行政处罚决定。工商管理局不服一审判决向省高院提起上诉，省高院撤销了中院一审判决并发回中院重审。

（2）该市中院重审中重新调取双方提供的证据，并经法庭质证和辩证后认为案件事实清楚，被告对原告的处罚决定证据不足，经审判委员会讨论，判决撤销工商局行政处罚决定。

五、经验与教训

本案是供电企业因工商部门对供电所等非法人单位未领取营业执照作出的处罚不服所提起的行政诉讼。本案是工商行政管理部门对供电企业特殊的企业性质不了解，不清楚供电公司、供电所是非法人单位设立的业务部门，错误地认为其经营活动就必须有《供电营业许可证》，并办理营业执照。目前，大多数省级电力公司的二级单位（地市公司）均已从独立的企业法人变更为非法人分支机构（分公司）。根据《公司法》和《公司登记管理条例》，公司设立分公司，应当向公司登记机关申请登记，领取营业执照。分公司不具有法人资格，由公司法人承担民事责任。由于供电企业原本为政企合一，虽经过改制，但在电业局下仍有许多地方设立供电公司、供电所等内设业务部门。根据《电力工业部、国家工商行政管理局关于供电营业机构持〈供电营业许可证〉办理企业注册登记有关问题的通知》的规定，各省公司的二级单位领取的《供电营业许可证》内均有供电营业范围，因业务需要，在供电营业范围内设立的供电公司、供电所，无须再办理《供电营业许可证》。

六、启示

在处理此类行政处罚时，供电企业应当及时提起行政复议或者诉讼，同时积极主动和有关部门进行沟通，使有关部门了解供电企业的特殊性、机构设置的特殊性。由于供电营业许可证和电力业务许可证是由发改委、能源局分别许可颁发的，因此可以请求发证部门对供电营业或电力业务的许可范围进行必要的说明，使得有关部门明确供电公司或是供电所只是作为省电力公司二级单位的业务部门进行一般经营活动。

案例 10 邓××诉某供电公司、某村民委员会电力财物损害赔偿案

一、案由

被告某市供电公司对某村启动农网改造，后于当年竣工。但时隔几个月于同年 11 月 9 日上午 1 时许，该村线路闸刀处冒火花，引起火灾，致使原告房屋及其他所有财产均被烧毁殆尽，损失 83000 余元。原告邓××遂以供电公司、村民委员会为被告，起诉至法院，请求赔偿。

二、原告理由

原告认为，由于被告供电公司农网改造安装存在瑕疵，以致引起火灾。村民委员会是该线路的产权人，在验收过程中工作马虎，使该线路不能正常使用，造成原告经济损失，二被告应承担全部民事赔偿责任。

三、被告观点

（1）被告村委会认为：电力设备的安装是电力公司进行的，刀闸起火引起火灾，村委会无责任。

（2）被告供电公司认为：一是原告诉讼主体不适格，我方与该村签订了农网改造合同，不应由邓××向我方提出诉讼。二是邓××的线路产权不属于供电公司，维护也是属于该村进行的，供电公司无义务进行维修。三是所有的改造项目，已通过验收合格交付使用，事故发生在改造之后 5 个月。四是缺少消防部门对火灾引起的原因进行的认定，证据不足。

四、法院判决结果

一审法院认为，原、被告的主要争议焦点是新电线碰电路起火及损失的评估未经法定

机关作认定，是否就派出所所证明的内容作认定？原告举示的证据与派出所认定的起火原因是基本一致的，可以认定起火的原因是因原告家中新线碰电起火；损失可以按消防大队所认定的金额予以认定，由该线路的产权人承担责任。参照《供电营业规则》第四十七条"供电设施的运行维护范围，按产权归属确定"。按照规定，该段线路已通过原告的电能表进入了原告的房屋，产权属于原告，原告就有义务承担维修和管理的义务。该段线路在维修后进行质量验收，均为合格，原告指出验收工作马虎缺乏法定的证据。本案适用过错责任原则，对于是否为供电公司安装行为不当引起火灾，原告邓××有举证责任，原告提供的证据不足以证明，承担举证不能的责任。故判决驳回原告的诉讼请求。原告不服，向中级人民法院提起上诉。

二审法院认为《农网改造安装管理协议》签订后施工的工程项目均进行正式验收合格，维护管理按产权归属确定。一审法院认定事实属实，判决结果正确，上诉人上诉理由不成立，驳回上诉，维持原判。

五、经验与教训

本案是因供电设施维护管理争议引起的纠纷。因电力设施起火致使原告房屋及其他所有财产均被烧毁殆尽，原告提起侵权之诉。由于该案只是一般的侵权案件，非高压致人身财物损害案件，应适用过错责任原则，对于是否为供电公司安装行为不当引起火灾，原告未能提供有效证据证明，故承担不利的法律后果。作为一般民事侵权案件，构成要件一般包括：加害行为、损害事实的存在、加害行为与损害事实之间有因果关系、行为人主观过错四个方面。按照民事案件证据规则的要求，对于原告诉称的人身、财产存在的损害以及损害后果与加害行为的因果关系是原告方的举证责任。

六、启示

本案是实际上因为电力设施产权人的电力设施的老化故障而引发的事故，在老旧小区时有发生。一些发生事故的电力设施，设计、安装原本符合国家标准，但在长期的运行过程中，因设施老化、负荷增加、不恰当使用等原因而存在安全隐患，导致事故发生。因此，供电企业要建章立制，加强对电力设施的日常维护管理工作，防患于未然。

案例 11　张××、姬××诉某市电力公司财产损害赔偿纠纷案

一、案由

原告张××、姬××的一台电脑因非正常停电造成损坏，经检验是由于 MODEM 卡、

电话机及其连线串入了较高的电压而造成机器损坏，原告与被告某市电力公司协商未果，遂向法院起诉要求被告赔偿因事故停电造成电脑损坏的折价款 1000 元、电脑维修费 3000 元、往返交通费 141 元、电脑检测费 1000 元。

二、原告理由

原告认为，因刮风下雨导致线路电缆头爆炸，造成事故停电而使家中电脑遭烧毁，被告应承担赔偿责任。

三、被告观点

被告认为，原告电脑的损坏不是被告的原因造成的，如果是电力公司的原因会造成别的电器烧毁，经检查后发现电路没有问题。判断原因，可能是因电话的原因引起，目前有电话线连接到电脑上，却自始至终没有发现电话。原告的诉讼请求不符合事实，没有法律依据。

四、法院判决结果

一审法院认为，原告的电脑经检测是因 MODEM 卡、电话机及其连线串入较高的电压而造成损坏的，该结论与被告的事故停电有因果关系，对原告由此造成的损失，被告应承担赔偿责任。如果烧毁电脑应该也烧毁其他电器，电脑损坏是由于电话机的原因等被告辩称的理由无理论依据及事实依据，本院不予采信。本案中原告未提供电脑维修费用的证据，其可待电脑维修费用实际发生后另案主张权利。原告要求电脑损坏折价款的请求，无法律依据，本院不予支持。对原告支出的电脑检测费及由此而发生的交通费应由被告承担责任，交通费票据以有效票据为准，由被告支付，并驳回原告其他诉讼请求。原告不服上诉。

二审法院认为，原告当事人对自己提出的诉讼请求所依据的事实有责任提供证据加以证明。没有证据或证据不足以证明的，由负有举证责任的当事人承担不利后果。张××、姬××所有电脑的 MODEM 卡、电话机及其连线串入较高的电压而造成机器损坏。二人以市电力公司未尽维修供电设施的责任和义务，造成事故性停电为由，要求该公司承担赔偿责任，故张××、姬××对此应承担举证责任，原告委托的国家电子计算机质量监督检验中心的检验结论，没有涉及停电与涉案电脑损坏之间存在因果关系，现二人也未能提供其他证据证明其诉讼主张，故本院对张××、姬××不予支持，原审法院判决市电力公司赔偿张××、姬××检测费、交通费的处理不当，本院予以改判。撤销一审法院判决，驳回张××、姬××的诉讼请求。

五、经验与教训

本案是一般侵权案件，适用过错责任原则，法律要素上包括了侵权行为、行为人主观过错、损害事实、侵权行为与损害事实之间的因果关系。在举证责任上，应遵循民事诉讼的一般规律，即按照"谁主张，谁举证"原则，本案原告虽然委托国家电子计算机质量监督检验中心对电脑做了检验，但并不涉及停电与涉案电脑损坏之间存在因果关系，也未能提供其他证据证明其诉讼主张，故应当承担举证不能的责任。

六、启示

此类案件中，原告通常会委托专业的鉴定机构出具事故鉴定报告，以证明电气事故系供电企业的原因造成的，对此，我们应当认真地分析事故鉴定报告，确定鉴定人是否适格、鉴定程序是否合法、鉴定分析是否存在重大瑕疵、鉴定结构是否与损害结果有直接关联等，以证明鉴定报告不具有证明效力，也可以另外委托其他鉴定机构作相关报告，并与原告事故鉴定报告进行比较，分析差异，找出应对方法来对原告的观点进行抗辩。

案例 12　蔡××与某县供电公司触电事故纠纷案

一、案由

原告蔡××与被告某县供电公司于某年 6 月 4 日签订了《高压供用电合同》，为其玉石板材厂提供电能。合同中约定了供用电设施运行维护管理责任分界点，明确分界点电源侧供电设施属供电方，由供电方负责运行维护管理，分界点负荷侧供电设施由用电方投资架设，属用电方，由用电方负责运行维护。但在隔年 10 月 17 日下午，蔡××雇请的陈×在未采取通知停电、验电、打接地线等安全措施情况下爬上用户的配电变压器架上拉开杆上高压隔离开关，被高压电当场击死在架上。10 月 18 日蔡××与死者家属达成协议，由蔡××一次性补偿死者陈×丧葬费、抚恤金等费用人民币 103000 元。随后，蔡××以县供电公司违反《高压供用电合同》主要义务为由，向县人民法院起诉。

二、原告理由

原告认为，安装在杆上的高压隔离开关属于《高压供用电合同》第八条第三款中"电力负荷管理装置"，其安装在电力用户现场，能够监视用电单位用电情况，并控制用电负荷的装置，依合同应由县供电公司负起管理维护责任，其行为构成违约。另外，实施该隔离开关违规更换安装的行为系供电方所为。原告还认为，供电公司作为辖区内唯一的供电企业，有先进的经营方式和强有力的技术力量，本案用户的用电是高压用电，只有在供电公司的指导下才能顺利进行，供电公司对于线路直通是清楚的，却未能依职权监督、管理或者通知蔡××，导致雇工陈×在不知情的情况下触电身亡。

三、被告观点

被告认为，县电力公司在履行供用电合同中不存在违约行为，不应承担责任。本案根据双方签订的《高压供用电合同》和相关证据，可以证明事故发生的地点位于用电一方产权维护管理范围内，应由用电方承担管理和维护的责任。蔡××擅自指使其工人在蔡××用电产权范围内违规操作，致使损害发生，应自行承担责任。

四、法院判决结果

一审法院认为，本案双方当事人的争议焦点是：县供电公司在履行供用电合同过程中是否存在违约行为，应否对蔡××因用电事故支付的赔偿金承担一定的赔偿责任。对此，法院认为，本案事故发生在县供电公司与蔡××产权分界点后属于蔡××的产权部分，依照双方《高压供电合同》约定，产权属于用电方蔡××，主要应由蔡××负责管理和维修。蔡××对其所有的产权部分的电路未尽维护和管理职责，电路未经过继电开关而直接与用电设施相连接，且聘请未取得电工证的人员操作，操作中又未能按照有关部门操作规程申请断电和进行验电等程序，对触电事故的发生和陈×死亡应负主要责任；而县供电公司作为高度危险源的提供人和专业的电力部门，依照《合同法》上的诚信义务和保护合同相对人义务，定期不定期地检查高压线路和用电方用电情况，并针对存在隐患提出相应的处理意见。但本案并无证据证明县供电公司有按照合同的约定采取定期或不定期地检查相关线路、善尽谨慎管理义务，从第三人证人证言看，县供电公司对于该出事电线杆存在线路直通隐患是知情的，其未能及时要求用电方排除上述隐患或采取必要的措施，对于事故发生也有一定的过错。因此，根据双方当事人在合同履行中的过错情况和对造成事故的原因力，蔡××承担70%的责任，供电公司承担30%的责任。一审判决后，供电公司不服，理由是违约行为和事故发生均在蔡××产权维护受理范围内，二是蔡××擅自指使其工人违规操作，一审判决扩大了电力企业职责，于法无据，适用法律错误。特提起上诉。

二审法院认为二审审理中双方未提出新的事实与新的证据，认定一审法院判决 7:3 比例责任无有不当，应得支持，判决驳回上诉，维持原判。

五、经验与教训

在用电方产权范围内因违章作业而发生人身触电责任事故，原告一般会以供电企业未按照双方签订的供用电合同的约定履行检查职责，对用电方设施管理不力，由此要求供电企业承担责任。本案中，原告在同雇员陈×的家属达成协议后，以供电企业没有履行管理维护责任为由诉至法院。法院最终判决供电公司对高度危险源的运行没有尽到谨慎管理义务和防止损害发生的义务，定期或不定期地检查相关线路，提出相应处理意见的责任，应当承担部分赔偿责任。此案提醒供电企业的工作人员要及时改变传统观念，不单单以产权分界点来处理人身触电案件，还要充分考虑与用电方的合同关系，确保用电人的用电安全。许多地方性法规，也对供电企业加强用户安全用电的指导作了要求，例如有的省（市）出台的地方性法规规定，供电企业应当加强对电力用户安全用电的指导。电力用户应当依法安全用电，对其受电设施加强维护。

六、启示

对于此类案件，供电企业既要注意侵权责任，也要从供用电合同角度考虑是否承担违约责任。在遇到电力人身伤害案件诉讼时，可以考虑以下几方面因素：

（1）关于举证责任的承担。根据《最高人民法院关于审理人身损害赔偿案件若干问题的解释》的有关规定，1kV 及其以上电压等级的高压电致他人人身损害的，应当适用无过错责任原则，举证责任上适用举证责任倒置原则，1kV 以下电压造成的他人人身损害事故，适用一般民事诉讼举证原则。

（2）证据的收集与免责，对于特殊侵权案件，要注意收集用电方违章违约用电的证据，以证明其主观上的过程，供电企业据此可以免责。对于一般侵权案件，要注意收集供电方主观上不存在过错的证据。

（3）多因一果的案件，应当分析供电企业的侵害行为是否是损害结果发生的唯一原因，如果有证据证明存在第三方原因或被害人故意行为，应当减轻供电企业责任承担。

案例 13　刘××诉某市电力公司停电损失赔偿案

一、案由

原告刘××自某年 1 月起，一直租用某村 92 亩土地，从事南美白对虾的养殖。突然有一天该地区遭遇强雷暴雨及强降雨，原告虾塘配电房因遭雷击起火而停电。因增氧机无法正常工作，虾塘里的南美对虾处于缺氧状态。次日凌晨，第一被告市电力公司得知情况派工作人员到现场，故障得以排除，但 92 亩虾塘中养殖的对虾已大量死亡。事后，原告要求电力公司赔偿，双方当事人就赔偿事宜未能达成一致意见，刘××将市电力公司所属××供电公司为第一被告，市电力公司为第二被告诉至法院，要求市电力公司赔偿损失930470 元。

二、原告理由

原告认为，双方存在供用电合同关系，被告作为供电方按照合同约定负有及时抢修的义务，但是双方在履行合同的过程中，因被告的过错未按承诺及时抢修，拖延了时间导致原告的对虾大量死亡，遭受重大财产损失，故应当承担赔偿责任。

三、被告观点

两被告均认为，原告不是被告的合法用户，双方没有合同关系，被告没有过错，也无违法行为，原告无证据证明断电是造成对虾大量死亡的唯一原因。故请求法院驳回原告的诉讼请求。

四、法院判决结果

一审法院认为，依法成立的合同，受法律保护，并对当事人具有法律效力，当事人应当按照合同的约定全面履行自己的义务，不得擅自变更或解除。本案双方当事人的争议焦点之一是原被告之间的供用电合同关系是否成立。本案中，被告电力公司与村民委员会之间存在供用电合同，但在用电事故发生之前的数月，在被告出具的原告交纳电费的发票中，被告将用户名写为该村虾塘，即为原告所承包的虾塘，故可以认定被告同意权利义务的转移，双方供用电合同关系成立。争议焦点之二是原告对虾在短时间内大量死亡与电力公司未能及时修复有无因果关系。上述因果关系，法院提交鉴定部门进行了检定，结论是两者之间存在因果关系，被告对此辩称为当日业务繁忙，构成不可抗力，存在免责事由，但根据《合同法》第一百八十一条规定，被告有按照国家有关规定及时抢修的义务。被告是在事发次日凌晨赶到现场，显然超过了其对外承诺的 90 分钟，构成违约。争议焦点之三：原告的经济损失如何确定。法院专程前往农委进行调查，结论为当年该地区该品种虾的塘边收购价为每公斤 18～23 元，法院因此将对虾的单价酌定为每公斤 21 元，总计损失 597095.10 元。

综上，法院认为原告与被告之间的供用电合同关系依法成立，该合同对双方当事人都有法律约束力。本案原告的损害事实，与被告的过错和违约行为之间有因果关系，不具备免除法律责任与法定条件，故被告应当承担违约的赔偿责任。至于原告要求被告赔偿律师费及气象查询费等其他损失，无事实依据及法律依据，故不予支持。被告均不服一审判决，提起上诉。

二审法院认为：一审法院认定的事实清楚，进行了调解，双方自愿达成协议，原告（被上诉人）刘××不再要求市电力公司及××供电分公司承担损害赔偿责任，一、二审所用经费均由刘××承担，双方无其他争议，二审法院确认调解协议生效。

五、经验与教训

本案是因雷击造成停电产生的财产纠纷。雷击属于不可抗力的范畴，是法定的免责事由，

《民法通则》和《合同法》均对不可抗力作了免责规定，但却不能成为供电企业免除其法定责任的"尚方宝剑"。供电企业即使在庭审中有充分证据证明不可抗力的情况，但也要证明其积极履行及时抢修的义务。本案被告是在事发次日凌晨赶到现场，显然超过了其对外承诺的 90 分钟，不能够证明其已尽到了及时抢修的法定义务，所以应当承担违约的赔偿责任。

六、启示

水产养殖业对连续供电的依赖性较高，由于不可抗力、外力破坏等因素导致电网故障、临时停电，尤其是遇到雷暴、台风等灾害性天气造成电力系统故障而引发长时间无法恢复电力供应，且养殖户普遍存在高密度养殖，一旦增氧设备无法正常使用，又无自备电源，往往造成水产品死亡，产生较大的经济损失。供电企业在与水产养殖用电客户签订供用电合同时，可以在合同中约定"发生无法连续供电情况时，建议用电人自己能够积极采用与养殖情况相配套的其他应急措施，如必要的电（如自备发电机）或非电（如鱼池增氧剂）等措施"，在发放给客户的《水产养殖用电客户告知书》中也用相关的条款向用户进行告知。同时，也可以对水产养殖户购买商业保险，转移相关的诉讼风险。

案例 14　某县供电公司诉某化工公司和县电力投资公司供用电合同纠纷案

一、案由

原告县供电公司与某化工公司于某年 1 月 1 日，正式签订《高压供用电合同（一）》及《电费结算协议》，建立了供用电合同关系。原告全面履行了合同义务，但化工公司未按照电费结算协议约定的时间交纳电费。经化工公司确认，共欠原告电费总额为 20971493.59 元，违约金总额为 1935744.37 元。被告化工公司曾向原告出具《还款计划书》，被告县电力投资公司与原告签订《电费还款保证协议》，愿意对被告化工公司的债务承担连带保证责任。在此情况下化工公司又出具《新还款计划书》，对每期的还款数额重新进行承诺，同时电力投资公司又与原告签订补充协议，同意继续担保。此年 10 月 11 日，原告与被告三方签订协议，约定化工公司承诺的债务承接履行，县电力投资公司继续提供担保。同年 11 月，化工公司再次要求延期履行债务。鉴于对被告履行能力的不安，原告遂起诉至法院，要求被告化工公司偿还所欠电费，被告县电力投资公司承担连带责任。

二、原告理由

原告认为，被告一再延迟履行债务，也不按其出具的还款计划书如期还款，构成严重违约，并向法院提供了 13 份证据，证明债权债务权利义务的事实存在。

三、被告观点

被告化工公司未出庭也未作任何答辩。被告县电力投资公司认为：①原告起诉时尚有两期的债权没有到期，原告将还未到期的债权起诉，要求其承担连带清偿责任缺乏依据。②根据原告与被告签订的担保合同，并没约定被告必须承担逾期付款利息的连带赔偿责任。③被告是一家国有公司，原告的公司有 40%的股份是原告所有，本案担保合同是在原告企业改制时，由政府部门协调并下发文件要求答辩人必须提供担保而产生的。如承担连带责任，结果是导致国有资产进一步流失。④被告与原告签订的《电费还款保证协议》实质上是一份"股份权利质押合同"，根据《担保法》第七十八条规定，质押合同自股份出质记载于股东名册之日起生效，本案被告与原告签订的股权质押合同没有生效，故原告要求被告承担连带清偿责任没有法律依据。

四、法院判决结果

本案双方当事人的争议焦点是：原告与被告电力投资公司签订的《电费还款保证协议》的性质是否为股份质押合同？被告电力投资公司是否应对本案债务承担连带保证责任？其担保范围是否包括逾期利息？法院认为，原告与被告电力投资公司签订的《电费还款保证协议》是连带保证合同，该合同第二款载明："保证人愿意对债务人的上述还款计划提供连带责任保证，约定每个还款月度进行一次结算，当每个清算期到来之时，如果债务人未能如期兑现还款计划，即由保证人承担连带责任。保证人的连带责任由保证人在债权人所拥有的股东权益及保证人其他可兑现的资产进行兑现。"该条款非常明确地载明被告电力投资公司为该还款计划提供的是连带保证责任，特别指出被告电力投资公司以其资产包括在债权人所拥有的股东权益及保证人其他可兑现的资产来履行其为该还款计划所提供的保证责任。且被告电力投资公司在被告化工公司出具《新还款计划书》时，仍与原告签订《关于〈电费还款保证协议〉补充协议》，电力投资公司表示同意继续为其新还款计划书进行担保。并且电力投资公司事实上也在协议上盖章同意继续提供担保。诉讼中电力投资公司辩称该合同是一份"股份权利质押合同"系对该条款的曲解，抗辩理由不成立。原告供电公司与被告化工公司签订的供用电合同，系双方的真实意思表示，且未违反法律规定，合同合法有效。原告在履行合同约定的供电义务后，被告未依约偿还尚欠的电费，已构成违约，应承担相应的违约责任。被告先后向原告出具了《还款计划书》和《新还款计划书》，将原欠电费 20971493.59 元及违约金 1935744.37 元进行结算，确认欠费总额合计为 22907237.96 元，在约定时限后另行计算违约金。该约定视为原、被告形成了新的债权债务关系，原告请求按 22407237.96 元从某年 10 月 13 日起计算逾期付款利息的诉讼请求予以支持，但其诉讼请求中对逾期利息计算复息没有合同依据，对其多计算的利息部分不予支持。判令被告化工公司承担所欠电费及违约金，被告电力投资公司承担连带保证责任。

五、经验与教训

本案是因用电方拖欠电费发生的电费纠纷诉讼。供用电合同是典型的双务合同，根据《合同法》第一百七十六条规定，用电人支付电费是其合同基本义务。本案中，是因用电方经营困难而拖欠电费，但供电方因行政因素介入，未能采取停电措施，致使用电方拖欠电费越来越多。由于本案被告化工公司系当地政府引进、重点扶植的企业，加上化工产品本身具有一定危险性，在其经营不善发生拖欠电费后，当地政府仍希望企业能摆脱困境，多次协调供电公司继续供电，导致欠费越积越多，破坏了正常的供用电合同关系，最后引发较大标的额的诉讼。尽管最终法院支持了原告供电公司的诉讼请求，但原告仍将面临执行困难的窘境。

六、启示

（1）根据《民事诉讼法》中"谁主张谁举证"的原则，在供电方主动起诉用电方拖欠电费的诉讼纠纷案件中，供电方应当承担举证责任，电费收据往往作为主要依据。但仅仅电费收据能否作为债权依据存在一定的争议，从证据的关联性上看，电费收据作为一种书面凭证，只是证明当事人之间有给付的事实。供电方不能仅凭电费收据要求用电方支付账单上载明的电费，特别是那些实际使用人并非账单上所记载的用户时，还需要提供供用电合同、计量装置的计量等来帮助证明。本案中，原告为证明与被告存在债权债务关系，提供了《高压供用电合同》《电费结算协议》《还款计划书》及《电费还款保证协议》等书面证据。

（2）针对部分可能存在交付电费困难的用户，可以采取不同的电费收取方式，如采用预购电量、预缴电费、IC卡充值等用电方先付费、供电方后供电的方式，这种方式并不违反法律法规的禁止性规定。国家有关规定明确"用电人先付费、供电方后供电是近年出现的一种新型供用电方式。采取此种方式供用电不违反法律法规的规定，但须经供用电双方协商一致"。间接地认可了预购电量和用电方先付费、供电方后供电的合法性。

（3）若发现用电人有履行义务困难时，可以要求对方设定担保，或增加第三人作为保证人，增强用电方清偿债务的能力，使判决后具有可执行性。

第三篇

重大民商事
合同纠纷

第一章

重大民商事合同案件综合分析研究

　　根据电力企业实际发案情况，本篇将买卖合同、借款合同、租赁合同和建设工程施工合同归纳为重大民商事合同。通过研究分析相关民商事合同典型案例，探索该类合同纠纷的内在规律，为电力企业在应对和处理民商事合同纠纷时提供参考与指导。

　　据抽样 95 起重大民商事合同纠纷案件分析。其中，买卖合同案件 45 起，占所报的全部重大民商事合同案件的 47.4%；借款合同案件 27 起，占所报的全部重大民商事合同案件的 28.4%；租赁合同案件 13 起，占所报的全部重大民商事合同案件的 13.7%；工程施工（承包）合同案件 10 起，占所报的全部重大民商事合同案件的 10.5%。而买卖合同与借款合同纠纷共有 72 起，占全部民商事合同纠纷的 75.8%，成为电力企业民商事合同纠纷中最为常见的纠纷形式。

第一节　买卖合同纠纷案件法律分析

一、买卖合同纠纷案件概述

　　买卖合同纠纷是市场经济条件下企业最为常见的纠纷，占有较大的比重。因而分析研究买卖合同纠纷的相关问题，对于处理其他各类纠纷，维护好公司系统各单位的合法权益，是极为重要的。

（一）买卖合同纠纷案件的分类及诉讼请求

买卖合同纠纷案件数量繁多、种类也较多，通过对电力企业抽样的45起买卖合同案件资料的分析，其案由及诉讼请求归纳如下：

1. 根据合同标的物的不同分类

（1）工业品买卖合同纠纷。

（2）房屋买卖合同纠纷。

（3）电量购销合同纠纷。

（4）资产转让合同纠纷。

上述四类买卖合同案件当中，工业品买卖合同纠纷案件与房屋买卖合同纠纷案件发案率最高，其中工业品买卖合同纠纷案件34起，发案率约占发案总数的75.6%；房屋买卖合同纠纷案件9起，发案率约占发案总数的20%。

2. 根据案件的具体诉讼请求分类

（1）出卖人向买受人追偿货款（购房款、电费款）。

（2）买受人向出卖人追返货款（购房款）。

（3）房屋买受人请求确认合同效力，或请求判令出卖人交付房屋或办理房屋产权证书。

上述各类诉讼请求既有共性，又有区别，具体表现如下：

1）诉讼请求的共性表现：①在出卖人追偿货款（房款）的案件中，原告一般主张判令被告立即支付拖欠货款（房款）；②在出卖人追偿逾期或延期付款违约金的案件中，原告一般主张判令被告按同期银行贷款利率支付逾期或延期付款的违约金；③一般案件原告均主张由被告承担案件的诉讼费用；④在二人及以上为共同被告的案件中，原告一般主张判令所有被告共同承担连带责任；⑤在请求确认合同效力的案件中，原告一般主张确认双方签订的买卖合同无效，并判令被告返还货款（购房款）。

2）诉讼请求的主要区别表现为工业品买卖合同与房屋买卖合同之间的区别：①追偿货款的工业品买卖合同案件，原告（出卖人或买受人）一般主张判令被告（买受人或出卖人）立即支付（或返还）货款；而房屋买受人作为原告在维权时，一般请求法院判令出卖人交付房屋或者办理房屋产权登记手续。②工业品买卖合同案件的原告一般主张采取支付违约金的方式保护其合法权益，而房屋买卖合同案件的原告一般主张采取赔偿损失的方式保护其合法权益。

（二）买卖合同纠纷案件的特点

通过对公司系统单位近年已发生的45起买卖合同案件的分析，归纳总结后有如下特点：

（1）从发案时间看，市场机制初步形成期是案件的高发期，占到统计总数的 64.4%。

（2）随着市场机制完善，发案率有所减少。案件纠纷隐患发生率总体呈现逐年降低的趋势。

（3）从发案环节看，多发生于电力企业实施农网改造、房地产开发联合建设、建设工程施工转包分包等非主营业务和多经辅业单位购买或者供应材料设备、商品房买卖的过程中。

（4）从案件发生的原因看，企业管理不规范、不重视合同管理和法律风险防范意识淡漠是导致案件发生的主要原因。

（5）从电力企业在案件中的角色看，多以被告身份参与解决纠纷。以被告身份参与解决纠纷的案件占到统计总数的 80%；以原告身份参与解决纠纷的案件仅 9 起，其中以原告身份通过诉讼主动维权的案件 6 起，占诉讼案件总数的 15%；以申请人身份通过仲裁主动维权的案件 3 起，占仲裁案件总数的 60%。表明通过仲裁主动维权的比例高于诉讼维权的比例，但数量较少。

（6）从案件标的额看，大部分集中在 50 万元以下，扣除电量购销合同 7261.14 万元的案件标的额后，案件平均标的额为 64.57 万元；单起案件经审理裁判的最高金额为 309 万元，表明买卖合同案件的标的额较高。

（7）从案件处理结果看，公司系统单位多因败诉而承担相应责任。在 45 起案件中不承担责任的有 18 起，占抽样案件的 40%；承担责任的有 27 起，占抽样案件的 60%。

（8）从纠纷解决途径看，调解、仲裁、诉讼等多种争议解决方式得到运用，以诉讼方式居多，占统计总数的 77.8%；以调解方式和仲裁方式解决争议的均为 5 起，占统计总数的 11.1%。统计发现，以仲裁方式解决争议的均发生在近几年，明显呈现出逐年递增的趋势。

（9）从案件审理程序看，通过一审的结案率为 55.6%；通过二审的结案率为 28.9%；通过再审程序的结案率为 15.6%。约近半数的案件需要经过二审、再审等程序。

（10）从买卖是否一次完成与发生纠纷隐患的联系看，连续交易的买卖由于是卖方定期或者不定期地供给买方某种货物，发生纠纷隐患的概率较一次性完成的买卖相对要高。

（三）买卖合同纠纷案件的现状及发案趋势

1. 买卖合同纠纷案件的现状

（1）电力企业主多（辅）分离改革前，辅业单位和多经企业成为买卖合同发案的重灾区。原因一是辅业单位和多经企业自身的经营管理水平较主业单位相对薄弱；二是辅业单位和多经企业容易受到社会上一些不良风气的影响，诸如忽视企业诚信建设、有意无意拖欠货款、签订虚假合同等。

（2）因房屋买卖合同纠纷和建设工程转包、分包纠纷引起的案件成为发案热点问题。最典型的是少数电建公司由于管理疏漏，任命经层层转包取得电建承建工程的承包人为工程项目负责人，并向质量监督站出具文件，又将公司的工地专用章交付给其使用。由于人事权、监督权错位，致使承包人为自己承包的工程采购材料，以项目负责人身份签字并加盖工地专用章出具欠条，导致电建公司因相同案由被卷入多起诉讼纠纷，给企业造成了较为严重的诉累和经济损失。典型的系列房屋买卖合同纠纷案件，要数某电力实业公司和房地产开发公司因合作建房与购房人的系列纠纷，纠纷核心系个别房地产开发公司不按规划许可证进行建设，擅自增加阳台面积构成违法建设，致使产权证长期不能办理，导致购房人追究迟延办理房屋产权证书违约责任引起了多起纠纷案件，为系统单位合作开发房地产建设提供了可供借鉴的经验教训。

（3）纠纷隐患的发生在近年呈现下降趋势。究其原因：一是公司系统多年始终不渝地加强法治建设取得了明显成效；二是系统单位深入开展普法教育和依法治企工作产生良好结果，企业领导干部依法决策、管理人员依法管理、员工依法办事蔚然成风，遵法守法觉悟提高了，纠纷隐患自然就减少了；三是各单位强化合同管理，全面建立法律风险防范机制，使法律事务工作重心从过去以事后救济为主转变为以事前防范和事中监控为主，由于事先对纠纷隐患产生的风险进行了有效控制，确保纠纷隐患发生率降到最低限度。

2. 买卖合同纠纷案件的发案趋势

根据对抽样资料的分析，对今后较长时期买卖合同案件的发展趋势有一个基本的判断，将呈现出争议标的额高、选择通过仲裁解决纠纷比例不断提高、纠纷发案率逐渐降低的"两高一低"特点。

（1）争议标的额高，将对系统单位的案件管理和经营效益产生重大影响。如陕西某发电有限责任公司与被申请人陕西某电力公司电量购销合同纠纷案，争议标的额高达7261.14万元，如果申请人的要求得到支持，那么后果将十分严重，将给电力公司造成巨大的经济损失。

（2）选择通过仲裁解决纠纷的比例不断提高，将大大提高纠纷处理的效率。目前，大部分买卖合同在签订争议解决方式条款时，纷纷将通过仲裁方式解决合同争议作为首选方案，一旦合同双方发生纠纷，依仲裁协议条款约定提交仲裁机构裁决，使纠纷通过"一裁终局"及时得到解决，避免诉讼方式要经过两审终审甚至审判监督程序的漫长过程，使争议迅速得以解决，减轻当事人的讼累和负担。

（3）纠纷发案率逐渐降低，主要得益于系统单位不断加强企业管理和合同管理，建立法律风险防范机制和严格的内控制度，规范企业经营行为，使纠纷隐患的产生得到有效控制，确保了较低的发案率。

二、买卖合同纠纷案件重点法律问题分析

（一）合同主体方面的法律问题

买卖合同的主体包括出卖人和买受人，在订立合同时，根据《合同法》第九条规定合同主体应该具备相应的民事权利能力和民事行为能力。

（1）主体资格。作为合同主体的自然人，应年满十八周岁，且具有完全民事行为能力。对于法人和其他组织则应具备以下三点，一要对方提供法定代表人身份证明；二要提供当年经工商年检的营业执照；三是必要时要对方提供经营许可证或资质等级证明书等；如果由非法定代表人的委托代理人签订合同的，要求对方出具法定代表人授权委托书、代理人的身份证明等。

（2）无权代理。在签订买卖合同时，若是由代理人以被代理人的名义签订合同的，主要防范无权代理的三种情况，即行为人没有代理权、超越代理权或者代理权终止后仍以被代理人名义订立的合同，而未经被代理人追认，对被代理人不发生效力，由行为人承担责任。如某市电力树脂厂诉某省某市化工轻工总公司欠款纠纷案，就是因被告签约人没有获得该省某市化工轻工总公司的授权和委托，且事后签约人也未取得被告的追认，造成某市电力树脂厂 16.55 万元的货款无法追偿。

（3）资信情况和履约能力。要通过了解对方近期的经营业绩、商业信誉等，对对方的资信情况、履约能力进行调查，掌握对方是否具有实际履行能力等，以防止所签订合同落空的情形发生。

（二）合同条款方面的问题

合同条款是指出卖人和买受人就买卖合同的具体内容进行的约定，是合同双方权利、义务的具体规定。根据《合同法》第十二条的规定，企业在签订买卖合同时，对涉及买卖合同具体内容的条款，必须约定得具体、明确，否则将会影响到买卖合同目的的实现，并进而引起纠纷。在买卖合同条款的规定上应当注意以下几点：

（1）质量和质量标准。当事人双方应当在合同中明确约定买卖标的物执行的质量标准，如果双方没有约定，则会按有关国家标准、行业标准、通常标准或者符合合同目的的特定标准的次序确定。

（2）检验标准和检验条款。标的物的检验是指买受人收到出卖人交付的标的物时，对其等级、质量、重量、包装、规格等情况的查验、测试或者鉴定。但是有不少买受人却经常忽视这一点，设计完善的检验条款，对避免许多质量纠纷发生具有重要作用。《合同法》对于检验的规定，首先执行双方约定的检验期间；没有约定的，则应当及时检验。作为买

受人，应当在约定的检验期内将标的物的数量或者质量不符合约定的情形通知出卖人。买受人怠于通知的，视为标的物数量或者质量符合约定。例如有的设备合同纠纷案，就是因为双方在合同中对验收标准和验收条款约定不清，而在设备进行预验收时，签署了还不具备验收条件，有些方面需要整改的验收纪要，或供货单方对问题设备进行处理后，购货方在验收纪要上签署"同意验收"的意见，被法院确认为其同意验收，而认定双方已对设备进行验收完毕，最终导致购货方败诉。

（3）价款的结算。合同的结算主要有两种方式：一是现金结算，二是转账结算。价款的结算主要是金额、付款的方式、期限，这些都应当约定的非常明确，因为这是合同最主要的目的之一。

（4）违约责任。违约责任是违反有效合同约定所应承担的不利法律后果。违约责任的形式主要有继续履行、采取补救措施、赔偿损失、支付违约金、定金责任等。在一方违约不按合同履行义务时，另一方可以要求其继续实际履行，或寻求其他救济方式。赔偿损失和违约金的数额或者计算方法，当事人可以在合同中事先作出约定。但要注意，损失赔偿额与遭受的实际损失应当相当，否则不会得到支持。

（三）合同履行中应当注意的问题

《合同法》第六十条规定，当事人应当按照约定全面履行自己的义务。合同一方当事人在履行过程中对合同所约定义务的不完全履行势必将引起合同纠纷。因此，遵循诚实信用原则，按要求履行合同义务，是合同双方基本的法律义务。

（四）合同争议解决应当注意的问题

在解决因买卖合同所产生的违约等纠纷过程中，当事人应当依《合同法》第一百二十八条规定的协商、调解、仲裁和诉讼四种解决方法和途径，选择适当的纠纷处理方式也是十分重要的。

（五）注意纠纷处理的诉讼时效

超过诉讼时效将会使权利人丧失胜诉权，其诉讼与仲裁请求就不能依法获得支持。诉讼时效因提起诉讼或债权人主张权利或债务人同意履行义务而中断，从中断之日起重新计算诉讼时效。所以，对于那些未及时付款的债务人，应及时地提起诉讼或发送书面的催收通知书，以防止超过诉讼时效期间，债权得不到保护。

三、处理买卖合同纠纷案件的应对措施

在遵循案件处理的基本原则上做好以下几点：

（1）注意防止诉讼时效的丧失。诉讼时效直接关系到纠纷发生后当事人的请求能否获得法院或仲裁机构的合法支持。因此，在合同履行出现异常时，要积极地做好防止诉讼时效丧失的工作，一是规范履行与合同对方进行对账的程序要求；二是适时通过公证寄达挂号信、传真以及其他可见证方式向对方发出书面履行催告；三是在诉讼时效即将届满之际，果断采取措施中断或中止诉讼时效。

（2）争取纠纷处理的有利方式与地域管辖。在合同纠纷中，可以约定发生纠纷通过仲裁方式解决，也可约定通过诉讼方式解决。当事人可选择自己所擅长的纠纷处理方式，而对于选择通过诉讼方式解决纠纷的，当事人可以在合同签订地、合同履行地等地域管辖上选择自己方便或有利的管辖法院。如果合同中没有明确约定管辖法院，那么在纠纷处理过程中应当尽可能先于对方提起诉讼，争取主动选择有利于己方的管辖法院。

（3）考量能否反诉和财产保全、先予执行等。当对方当事人提起诉讼时，作为法律顾问，经过对案情的分析，要考虑能否提起反诉的问题。如果己方提起诉讼，还要加强对方当事人履约能力调查，区别情况，采取财产保全、先予执行等措施，以保证诉讼后判决能得到切实的执行，从而顺利实现诉讼目的。

（4）扎实做好证据收集工作，有策略地提交证据。法律工作人员从参与纠纷处理开始，就应当积极开展证据收集工作。要全面而广泛地调取既有证据如合同书、对账单、验收记录等资料；同时，对于掌握的证据，要根据对方的诉讼请求或利益，选择性地、有针对性地提交给法院或仲裁机构，对于那些证明力不强或者关联性不大甚至产生其他证明作用的证据应当审慎使用。

第二节 借款合同纠纷案件法律分析

一、借款合同纠纷案件概述

借款合同是借款人向贷款人借款，到期返还借款并支付利息的合同。出借资金的一方是贷款人，借入资金的一方是借款人。在借贷双方签订借款合同时，通常贷款人会要求借款人为借款合同提供担保，进而产生贷款人与担保人间的担保合同及担保人（非借款人时）与借款人（即被担保人）间的反担保合同。在履行借款合同的过程中，因借款的发放和回收，在贷款人、借款人、担保人间发生的纠纷称之为借款合同纠纷。

借款合同纠纷中各方如不能协商解决纠纷，进入诉讼或仲裁程序的，贷款人的诉讼或仲裁请求一般要求借款人及保证人履行还本付息义务和承担案件诉讼（仲裁）费用。

（一）借款合同纠纷案件的类型

借款合同纠纷多种多样，以不同的标准可简单划分为以下几类：

1. 根据贷款人主体的不同，可分为银行借款合同纠纷和民间借贷纠纷

银行借款合同文本由银行提供，贷款的发放和回收有规范和严格的操作程序，相关金融监管机构对银行贷款的种类、金额、期限、利率、担保等进行严格的监管。在诉讼中各方一般对借款事实和相关法律问题争议不大，借款人及担保人通常在诉讼中处于被动地位。

民间借贷则是指个人将钱借给他人或企业的行为，其借款利息可以由借贷双方自行商定。

由于民间借贷的随意性和往往游走于法律的边缘，因而极易形成纠纷，电力系统的企业如涉案其中，往往不易免责。

2. 根据借款合同有无担保，可分为有担保的借款合同纠纷和无担保的借款合同纠纷

借贷双方在签订借款合同时，贷款人从维护出借资金安全的角度出发，要求借款人提供担保。借款合同的担保方式通常包括抵押、质押、保证三种方式，相应的贷款人与担保人签订抵押合同或最高额抵押合同、质押合同、权利质押合同、保证合同、最高额保证合同，进而贷款人作为担保权人在借款人不能依约归还借款时，对合同项下的抵押物、质押物、各种权利享有优先受偿权，并可要求保证人承担保证责任。

有担保的借款合同纠纷，具有担保方式多种多样的特点，除了常见的以土地、房产、在建工程、汽车担保外，随着金融工具的创新，产生了浮动抵押、应收账款质押、电网收费权质押等方式。

在借款合同纠纷发生后，要了解以土地、房产、在建工程等抵押时，是否办理了抵押登记，否则可能会因抵押合同未生效而致权利落空；在有保证担保的合同发生纠纷时，要了解保证人是承担连带保证责任还是一般保证责任，对连带保证责任的，为了便于实现权利，可向任何一个债务人主张权利；对一般保证责任的，要先向主债务人主张权利，在主债务人不能履行时，才可向保证人主张权利；如此，才有利于维护自己的权益，才不会因举措不当而错失时机。

3. 根据是否违反国家法律法规的强制性规定，借款合同纠纷分为借款有效和无效两种

在银行借款合同纠纷发生后，要看合同中的借款人、金额、利率、资金用途、担保方式等是否符合国家法律法规的规定，合同是否为双方当事人真实意思的表示，从而认定借款合同是合法有效还是无效的。在发生民间借贷纠纷时，也要先看借款合同中借贷资金的来源和利率约定是否符合国家法律法规的规定，合同是否为双方当事人真实意思的表示，以此认定借款合同是合法有效的还是无效的，从而根据合同效力决定处理该纠纷的方式与措施，切实地维护好自身的合法权益。

《合同法》第二百零四条规定"办理贷款业务的金融机构贷款的利率，应当按照中国人民银行规定的贷款利率的上下限确定"，如银行借款合同中贷款利率违反国家利率管理规定而约定了过高的贷款利率，则超出部分不被法律保护。关于民间借贷，2015 年最高人民法院发布《关于审理民间借贷案件适用法律若干问题的规定》，如民间借贷合同中相关当事人违反此规定，则会导致合同无效或部分无效。

由于我国相关法律法规严格禁止非金融企业间的资金借贷行为，因此企业间的借款合同或协议均被认为属无效借款合同，所以资金出借一方请求借入一方支付利息的请求通常不被人民法院支持，甚至合同约定的利息将会被依法收缴；而对于借款本金部分，人民法院会判决借入一方归还借出一方。因此，实践证明在处理这类纠纷时，了解这点是极为重要的。

4. 根据贷款人资金来源不同，借款合同纠纷可分为因委托贷款发生的纠纷和信托贷款发生的纠纷

根据《贷款通则》第七条第二款规定："委托贷款，系指由政府部门、企事业单位及个人等委托人提供资金，由贷款人（即受托人）根据委托人确定的贷款对象、用途、金额期限、利率等代为发放、监督使用并协助收回的贷款。贷款人（受托人）只收取手续费，不承担贷款风险。"委托贷款业务必须有委托人、受托人和借款人三方。因委托贷款产生的纠纷中，贷款人不承担因正常的商业风险导致贷款损失的责任，同时在这类诉讼中，诉讼当事人包括委托人、贷款人及借款人。

信托贷款是指委托人与金融信托投资机构签订信托协议，但委托人只提出一般投资要求，不指定具体对象，由金融信托机构自选确定所存入信托存款的放贷对象。信托贷款合同则系委托人和受托人的双方合意，借款人没有受合同约束直接向委托人还款的义务。

因此，了解委托贷款纠纷和信托贷款纠纷的不同，对于在此类纠纷发生时，采取何种维权措施，向哪方当事人主张权利，是十分必要的。

（二）电力企业借款合同纠纷案件的特点

经对抽样的 27 起案件进行分析，归纳出电力企业借款合同纠纷案件主要具有如下特点：

（1）因提供担保而被要求承担责任的，是企业被牵涉进纠纷中的主要原因。

（2）因地方电力资源划拨给电力企业，因而被牵涉进借款合同纠纷之中，是电力体制改革时期公司系统牵涉进借款合同纠纷的重要原因。因此，在处理这类纠纷时，要在尊重历史、尊重事实，着眼发展与和谐关系的基础上，把握好政策是极为必要的。司法实践中，有的电力企业接收了地方电力资产时是否承接其银行贷款发生争议。最后该案经最高人民法院审理后，判决某电业局不承担借款合同项下的还款责任，认为因电力资产接收而产生的纠纷应当另案处理，从而使得某电业局在本案中不必承担借款合同项下还本付息的责任。

（3）因非金融企业间的借贷违法、无效，但无法免除还款责任，而被牵涉进借款合同纠纷中，也是电力企业发生此类纠纷的重要特点。实践中这类纠纷常有发生。

（4）因民间借贷纠纷中真相难辨，而造成被判承担不该承担责任的情形，是电力企业面临此类纠纷的又一特征。这类案件在诉讼中很难胜诉。

（5）因对所属企业出资不到位，而被牵涉进借款合同纠纷时，这类案件一般事实清楚，最终难免被判承担责任。

这类案件，主要依据的是最高人民法院《关于企业开办的其他企业被撤销或者歇业后民事责任承担问题的批复》中关于"如果该企业被撤销或者歇业后，其财产不足以清偿债务的，开办企业应当在该企业实际投入的自有资金与注册资金差额范围内承担民事责任"及"企业开办的其他企业虽然领取了企业法人营业执照，但实际没有投入自有资金，或者投入的自有资金达不到《中华人民共和国企业法人登记管理条例实施细则》第十五条第（七）项或其他有关法规规定的数额，或者不具备企业法人其他条件的，应当认定其不具备法人资格，其民事责任由开办该企业的企业法人承担"的相关规定来解决纠纷。对自己开办的单位的注册资金未到位的证据如掌握在对方手里，且开办的单位应负还款责任但又处于名存实亡状态，则开办单位难免责任。

二、借款合同纠纷案件中主要的法律分析

（一）金融资产管理公司二次转让银行债权而发生的借款合同纠纷案

为提升国有商业银行的资产质量，防范和化解金融风险，国家组建了华融、信达、长城、东方四家资产管理公司，集中收购、管理和处置从工行、建行、农行、中行剥离出的不良资产。四家资产管理公司在处置不良资产过程中最重要的手段就是二次转让，即通过打包出售、拍卖、招标等方式将其收购的国有商业银行的不良资产转让于第三方或第四方处置。有关金融资产管理公司二次转让银行债权形成的诉讼可以适用的法律法规主要是：2001年4月最高人民法院《关于审理涉及金融资产管理公司收购、管理、处置国有银行不良贷款形成的资产的案件适用法律若干问题的通知》、最高人民法院2002年1月7日的《对〈关于贯彻执行最高人民法院"十二条"司法解释有关问题的函〉的答复》及最高人民法院《关于金融资产管理公司收购、处置银行不良资产有关问题的补充通知》。因此，金融资产管理公司二次转让银行债权是合法有效的，可以通过报纸公告方式作为债权转让的通知，且在司法实践中，人民法院也认可金融资产管理公司二次转让银行债权通过报纸催付方式以中断诉讼时效。

（二）因"私贷公用"而引发的借款合同纠纷案

"私贷公用"案件中包括金融机构、名义借款人及实际用款人三方。关于"私贷公用"案件如何处理，相关法律法规及司法解释并无明确规定。名义借款人以及实际用款人之间的关系可以根据《合同法》第四百零二条以及第四百零三条第二款的规定进行处理。根据《合同法》第四百零二条："受托人以自己的名义，在委托人授权范围内与第三人订立的合同，第三人在订立合同时知道受托人与委托人之间的委托代理关系的，该合同直接约束委托人和第三人，但有确切证据证明该合同只约束受托人和第三人的除外。"《合同法》第四百零三条第二款规定："受托人因委托人对第三人不履行义务，受托人应当向第三人披露委托人，第三人因此可以选择受托人或者委托人作为相对人主张其权利，但第三人不得变更选定的相对人。"具体可以分以下情况进行认定和处理：

（1）名义借款人一直未披露实际用款人的，诉讼主体直接为借款合同的当事人即名义借款人，由其承担民事责任。

（2）名义借款人如果能够举证证明金融机构在订立借款合同时就明知名义借款人与实际用款人之间的委托代理关系的，名义借款人与金融机构之间订立的借款合同直接约束金融机构与实际用款人。诉讼主体直接为实际用款人，由实际用款人承担民事责任。但依据《合同法》第四百零二条的但书的规定，对于当事人虽然举证证明了金融机构在订立借款合同时已明确表示借款合同仅约束金融机构与名义借款人的，诉讼主体仍直接为借款合同的当事人，名义借款人对金融机构承担民事责任。

（3）当事人不能举证证明金融机构在订立借款合同时知道名义借款人与实际用款人之间的委托代理关系的，名义借款人向金融机构披露了实际用款人之后，金融机构可以选择名义借款人或者实际用款人作为相对人主张权利。此时，诉讼主体应根据金融机构的选择来确定。但一经披露并选定相对人后，金融机构不得再变更选定的相对人。

（三）以存单为表现形式的借款而引发的借款合同纠纷案

以存单为表现形式的借贷纠纷案件是目前比较难处理也比较常见的一类借款合同案件，所谓以存单为表现形式的借贷纠纷案件就是指在出资人直接将款项交与用资人使用，或通过金融机构将款项交与用资人使用，金融机构向出资人出具存单或与出资人签订存款合同，出资人从用资人或金融机构取得或约定取得高额利差的行为中发生的纠纷案件。该类案件具有典型的三个特征：①当事人至少有三方，出资人、金融机构和用资人；②有资金流动，资金从出资人流向用资人，金融机构在其中提供帮助；③出资人为追求高额利差，与金融机构或与用资人约定了利差或已扣除利差。以存单为表现形式的借贷行为因规避国家有关贷款规模的限制，搞体外循环，并意欲套取金融机构信用，转嫁风险，实质上形成了由金融机构承担风险的企业间借贷,违反了我国金融法律规定,应确认为违法借贷。对违法借贷中所产生的损失,各方当事人均应根据过错大小承担相应的民事责任。自1997年12月13日起施行的《最高人民法院关于审理存单纠纷案件的若干规定》对以存单为形式表现的借贷纠纷做出了明确规定:

在出资人直接将款项交与用资人使用,或通过金融机构将款项交与用资人使用,金融机构向出资人出具存单或进账单、对账单或与出资人签订存款合同,出资人从用资人或从金融机构取得或约定取得高额利差的行为中发生的存单纠纷案件,为以存单为表现形式的借贷纠纷案件。但符合该规定第七条所列委托贷款和信托贷款的除外。

以存单为表现形式的借贷,属于违法贷款,出资人收取的高额利差应充抵本金,出资人、金融机构与用资人因参与违法借贷均应当承担相应的民事责任。可分以下几种情况处理:

(1)出资人将款项或票据(以下统称资金)交付给金融机构,金融机构给出资人出具存单或进账单、对账单或与出资人签订存款合同,并将资金自行转给用资人的,金融机构与用资人对偿还出资人本金及利息承担连带责任;利息按中国人民银行同期存款利率计算至给付之日。

(2)出资人未将资金交付给金融机构,而是依照金融机构的指定将资金直接转给用资人,金融机构给出资人出具存单或进账单、对账单或与出资人签订存款合同的,首先由用资人偿还出资人本金及利息,金融机构对用资人不能偿还出资人本金及利息部分承担补充赔偿责任;利息按中国人民银行同期存款利率计算至给付之日。

(3)出资人将资金交付给金融机构,金融机构给出资人出具存单或进账单、对账单或与出资人签订存款合同,出资人再指定金融机构将资金转给用资人的,首先由用资人返还出资人本金和法定利息。金融机构因其帮助违法借贷的过错,应当对用资人不能偿还出资人本金部分承担赔偿责任,但不超过不能偿还本金部分的40%。

(4)出资人未将资金交付给金融机构,而是自行将资金直接转给用资人,金融机构给出资人出具存单或进账单、对账单或与出资人签订存款合同的,首先由用资人返还出资人本金和法定利息。金融机构因其帮助违法借贷的过错,应当对用资人不能偿还出资人本金部分承担赔偿责任,但不超过不能偿还本金部分的20%。

因此以存单形式表现的借贷纠纷,包括出资人、金融机构、用资人三方,处理纠纷时视各方在借贷纠纷中的作用和地位承担相应的责任。用资人自始至终负还款责任。金融机构如在其中起主导作用时则负连带赔偿或补充赔偿责任,如处于帮助地位时则承担40%或20%的补充赔偿责任。

以存单形式表现的借款合同纠纷在本分析报告筛选的案件中并未发现,但是电力企业应当注意防范此方面的风险。

（四）"明为联营，实为借贷"而引发的借款合同纠纷案

实践中，企事业单位间由于不具有发放借款的主体资格，于是为了融资的需要，便采取联营的表面形式来进行融资，以规避国家禁止企业间借贷的相关规定。根据最高人民法院《关于审理联营合同纠纷案件若干问题的解答》规定"企业法人、事业法人作为联营一方向联营体投资，但不参加共同经营，也不承担联营的风险责任，不论盈亏均按期收回本息，或者按期收取固定利润的，是明为联营，实为借贷，违反了有关金融法规，利息应予收缴，对另一方则应当处以相当于银行利息的罚款"。

通过上述最高人民法院相关的司法解释或解答，均表明"明为联营，实为借贷"的借款行为无效，利息予以收缴，对另一方处以相当于银行利息的罚款。电力企业应当注意此方面的相关规定，在日常经常活动中防范这方面的风险。

（五）借款合同纠纷案件中的诉讼时效问题

最高人民法院于2008年8月21日发布的《关于审理民事案件适用诉讼时效制度若干问题的规定》（下称《时效规定》）对时效相关制度作了详细和明确的规定。根据这一司法解释，我们对借款合同纠纷中常见的时效问题进行分析。

（1）对于没有约定履行期限的借款合同的诉讼时效期间的计算，依据《时效规定》第六条关于"未约定履行期限的合同，依照合同法第六十一条、第六十二条的规定，可以确定履行期限的，诉讼时效期间从履行期限届满之日起计算；不能确定履行期限的，诉讼时效期间从债权人要求债务人履行义务的宽限期届满之日起计算，但债务人在债权人第一次向其主张权利之时明确表示不履行义务的，诉讼时效期间从债务人明确表示不履行义务之日起计算"的规定来解决时效的计算问题。

（2）对于分期履行借款合同的诉讼时效期间的起算，依据《时效规定》第五条关于"当事人约定同一债务分期履行的，诉讼时效期间从最后一期履行期限届满之日起计算"之规定来解决。

（3）关于金融机构从债务人账户扣收欠款本息是否引起诉讼时效中断问题，《时效规定》在第十条认为"当事人一方为金融机构，依照法律规定或者当事人约定从对方当事人账户中扣收欠款本息的"可引起诉讼时效的中断。

（4）关于当事人在一审期间没有提出时效届满的抗辩，而在二审期间提出，《时效规定》第四条规定"当事人在一审期间未提出诉讼时效抗辩，在二审期间提出的，人民法院不予支持，但其基于新的证据能够证明对方当事人的请求权已过诉讼时效期间的情形除外。当事人未按照前款规定提出诉讼时效抗辩，以诉讼时效期间届满为由申请再审或者提出再审抗辩的，人民法院不予支持"。

（5）关于当事人是否可以为抛弃时效行为，《时效规定》第二条规定"当事人违反法律规定，约定延长或者缩短诉讼时效期间、预先放弃诉讼时效利益的，人民法院不予认可"。

（6）关于四大金融资产管理公司以外的债权人，在债务人所在地报纸上刊登公告，催促债务人履行债务是否可以引起诉讼时效中断问题，《时效规定》第十条认为"当事人一方下落不明，对方当事人在国家级或者下落不明的当事人一方住所地的省级有影响的媒体上刊登具有主张权利内容的公告的，但法律和司法解释另有特别规定的，适用其规定"。

（六）借款合同纠纷案件中的举证责任问题

（1）借款合同纠纷中债权人承担的举证责任。在借款合同纠纷案件中，原告作为债权人行使债权请求权，首先应主张其请求权合法成立并已届期，所以其应该向法院提供其权利发生并已经届期的法律事实以作为证据。为此债权人应当举证证明借款合同的成立和生效，并要证明其已履行了合同义务，主要证据就是借款合同、担保合同、借据、催款函（用于中断时效或在保证期间内向保证人主张权利）。

（2）借款合同纠纷中债务人的举证责任。债务人举证责任主要是依据自己对债权人的抗辩而产生的。如主张借款行为不存在时，可提供自己账户的进账单等证明自己没有收到贷款人给付的款项。

三、借款合同纠纷案件的应对策略、技巧

由于借款合同纠纷案件的种类繁多，对借款合同纠纷案件的应对策略与技巧做了如下总结，以资参考。

（一）诉讼前的材料收集阶段

在诉讼前应当根据案件的情况尽最大可能收集与案件有关的材料，包括不限于借款合同、担保合同、会议纪要、贷款人的催款通知、付款凭证，双方之间有关的往来函件，等等。只有收集好资料，才能对案件进行深入的研究和分析。此外，积极安排与办理或经手过借款、担保、协商等方面事宜的人员的面谈，以尽可能地挖掘对诉讼有价值的线索或事实。

（二）诉讼前的方案制定阶段

在掌握了案件相关材料和事实的情况下，针对对方的诉讼请求及证据材料，以研究制定应诉方案。应诉方案的制定主要应当考虑如下几方面内容，具体包括是否提起管辖权异议，是否提出反诉，是否认可或部分认可对方的诉讼请求等。应诉方案的制定一定要从案件的事实和法律的具体规定出发，使得诉讼方案切实可行，以最大限度保护自己的利益。如在对方的证据确实充分，诉讼请求依法应当被支持的情况下，就不能制定成全部予以否

认对方诉讼请求的诉讼方案，那样做只会事倍功半。另外诉讼方案的制定需要依托具备法律专业知识和诉讼经验的人士，因此，应诉方案应当由公司法律部门人员主持策划和制定，必要时还应聘请律师介入。

（三）诉讼前的证据提交阶段

根据《民事诉讼法》及最高人民法院发布的《关于民事诉讼证据的若干规定》，当事人对自己主张的事实，应当提供证据加以证明，当事人的证据应当在举证期间内提供。因此，在举证期间内，应当根据自己制定的诉讼方案，遴选相关证据提供给法院，或参加证据交换。在此需要说明的是，不是本方所有材料都需要作为证据向法院提供，证据提交前应当对本方所掌握的证据材料有所甄别和区分，对本方明显不利或与案件没有直接关联关系的材料就应当考虑不予提交。另外，证据的提供应根据对方的诉讼请求及对方证据提供的情况有针对性地提交。如对方主张的是合同纠纷并提供了合同成立并生效方面的证据，应诉方就不能将侵权方面的证据不加区分地向法院提供。当然应诉方也可根据案件具体情况在举证期间内提出管辖权异议或反诉。

（四）诉讼中的应对策略

如果是单纯的借款合同纠纷，双方争议的焦点多是利息、复利和诉讼时效的问题。因此可以在诉讼中质疑对方利息和复利计算的方法和标准，并指出正确的计算方法和标准。这方面的专业性较强，必要时可请求专家介入，以排除争议。

如作为担保人参加诉讼，则应当依据《担保法》及《物权法》的相关规定，就保证期间、时效、主合同是否有效、担保合同是否有效等问题进行抗辩。

第三节　租赁合同纠纷案件法律分析

一、租赁合同纠纷案件概述

（一）租赁合同纠纷案件的类型

（1）根据租赁标的物的不同，可以分为不动产租赁（房屋租赁和土地使用权租赁）纠纷和动产租赁纠纷。

在抽样的13起纠纷案例中，不动产租赁纠纷12起，占所报租赁类纠纷的92.3%，其中涉及房屋租赁的案件11起，占所报租赁类纠纷的84.6%；动产租赁纠纷1起，占所报租赁类纠纷的 7.7%。

（2）根据诉讼请求的不同，主要可分为请求支付租金（包括租金、违约金和相关费用、利息）、请求解除合同或确认合同无效、请求赔偿损失、请求返还原物或租金。

在抽样的 13 起纠纷中，请求支付租金及相关费用的有 8 起，请求解除合同或确认合同无效的有 8 起，请求赔偿损失的有 6 起，请求返还原物或租金的有 2 起，且多数案例中诉讼请求是竞合的。

（二）租赁合同纠纷案件的特点

通过对案例分析，此类案件有以下特点：

（1）案发领域多见于多经三产或辅业单位，在 13 起纠纷中，直接涉及多经三产或辅业单位的有 7 起；而直接以主业单位为诉讼主体的有 6 起，且多为委托多经三产或辅业单位经营过程中发生的纠纷。

（2）案件起因多见于承租人不完全履行租赁合同，在 13 起上报案例中，由出租人为原告提起的诉讼 11 起，占 84.6%，以承租人为原告提起诉讼的仅 2 起，占 15.4%。

（3）由于此类案件的数量在整个电力企业中的比重不占多，案件金额也不算多，且涉案标的往往是一些非生产性经营用房，故总体上看该类案件对公司系统的主营业务尚未造成重大影响。

二、租赁合同纠纷案件重点法律问题分析

（一）有关合同主体的重点法律问题

1. 合同主体必须是建立租赁合同关系的双方当事人

例如，某市供电公司委托房产公司在其场地内搞基建，房产公司在施工过程租用了郭某的挖掘机并在使用过程中损坏遂起争议，法院经审理认为郭某与房产公司形成租赁关系，而未与某市供电公司形成合同关系，故对郭某要求供电公司承担赔偿责任的诉请不予支持。

2. 合同主体必须适格并具备相应的民事权利能力和行为能力

例如，实践中有的当事人企业法人被吊销营业执照后，至清算程序结束、被公司登记机关注销前，仍应视其为存续，但只能从事清算范围内的活动，包括进行起诉、应诉并承担相应债务。

（二）有关合同效力的重点法律问题

1. 租赁物所有权变动合同继续有效

例如，在电力体制改革过程中，常常发生体制或产权变更的情况，这种变更不影响合

同执行，所以合同继续有效。

2. 涉及无产权证的房屋出租合同是否必然无效

例如，租赁房屋是出租人房屋的房顶棚房，出租人对此部分房屋无产权证，故承租人有时以此为由主张租赁合同无效，但法院认为租赁合同意思表示真实，且不违反法律、行政法规的强制性规定，应属有效合同。

可见，针对无产权证的房屋出租合同并非必然无效。实际生活中，所有人因各种原因在没有产权证的情况下将房屋出租的情形很多，但并不必然影响到合同的履行。是否办理房屋产权证，我国法律、行政法规没有强制性规定，且不动产登记发证制度是为了将物权进行公示。所以，原告未办理房屋产权证，并不影响其对该房屋行使所有权。至于出租房屋属于违法建筑的，《最高人民法院全国民事审判工作座谈会纪要》第二条第4项指导意见也认为"违章建筑的认定不属于民事纠纷，依法应由有关行政部门处理"，即要根据其建筑形成的原因、是否实体违法等加以区别对待，不应一律认定无效。此外，《物权法》保护合法占有的规定，对这类合同则更不应当然认定为无效。但从法律风险角度分析，建设部有关行政规章和各地方性法规都有"未依法登记取得房地产权证书或者无其他合法权属证明"作为不得出租的情形之一，应尽量避免出租或承租此类房屋。

3. 没有登记备案的房屋租赁合同非无效合同

房屋租赁备案登记是指当事人在签订房屋租赁合同后，向房屋所在地政府房地产管理部门办理登记手续。实行房屋租赁登记备案制度的目的，主要是为了避免国家税款的损失、规范房屋租赁市场及向社会公示以保护第三人的合法权益。但房屋租赁的登记备案并不是合同生效的要件。

4. 未经消防验收合格而订立的房屋租赁合同的效力认定问题

根据《最高人民法院关于未经消防验收合格而订立的房屋租赁合同如何认定其效力的函复》（〔2003〕民一他字第11号）规定，关于房屋租赁合同未经消防验收或者经消防验收不合格，是否应认定房屋租赁合同无效的问题，应根据不同情况分别对待：第一，出租《消防法》第十条规定的必须经过公安消防机构验收的房屋，未经验收或者验收不合格的，应当认定租赁合同无效。第二，租赁合同涉及的房屋不属于法律规定必须经过公安消防机构验收的，人民法院不应当以该房屋未经消防验收合格为由而认定合同无效。第三，租赁房屋用于开设经营宾馆、饭店、商场等公众聚集场所的，向当地公安消防机构申报消防安全检查的义务人为该企业的开办经营者，但租赁标的物经消防安全验收合格，不是认定房屋租赁合同效力的必要条件。

（三）不动产租赁合同解除或被确认无效后，租赁期间添附物如何归属和折价的法律问题

现有法律对添附物无明确规定，但在不动产租赁中一般包括装修物（或称对租赁物的改善）和增设物（或称增设他物），装修物一般指安装、修饰在建筑物或构筑物上的装饰装修材料，增设物一般指扩建、改建物或增设的空调、电梯、水电等他物。

在司法实践中根据司法鉴定进行评估作价并结合其他事实和证据，法院一般的判决是对动产和装修装饰由出租人按剩余租赁期对承租人补偿，对更新改造和新增固定资产部分则在推定出租人同意的前提下，由承租人按评估价值予以补偿。

三、租赁合同纠纷案件主要诉讼技巧

（一）确定好正确的诉讼请求和答辩理由

提起诉讼时要针对哪种情况对原告自身有利的原则来选择，如确定是作合同之诉还是侵权之诉；具体诉请或答辩要看对自身是否有利。

因为该类合同并非一定无效，而是从证据角度证明原告主张租赁于法无据，从而获得法院的支持。

（二）准备好充足的、直接的证据

此类证据包括租赁合同原件；出租人要提供能证明是租赁标的物所有人或合法占有人的证明，如产权证；涉及欠租的，出租人要提供催收证明，最好以经公证后挂号的形式发出；涉及承租人违反约定使用租赁标的物的，如擅自转租、擅自装修或破坏租赁物的，要及时进行现场拍照、录像等取证工作；涉及赔偿的，要有合理的计算依据和损失证据。

（三）《物权法》施行后处理租赁合同应当注意的事项

（1）要确认出租人是否为租赁标的物的权利人，即出租人是否为该租赁动产或不动产的物权人或合法占有人，同时要有相应的证据印证，如房地产证、证明其系合法占有的合同等。

由于《物权法》对不动产物权的确认强调了登记，因此出租人的物权是否登记、登记是否正确等均是不动产租赁纠纷发生后首先应当查明的事实。

（2）根据《物权法》对业主建筑物区分所有权的有关规定，要了解业主对哪些部位享有共同物权，其履行共同物权时权利义务有哪些与租赁相关。因此在处理涉及业主建筑物区分所有权有关的租赁合同时，应着重根据《物权法》规定，从实体上和程序上一并考量。

（3）《物权法》对善意取得制度的规定，使融资租赁中的出租人的所有权面临第三人善意取得的风险加大。在融资租赁中，租赁物所有权被侵犯的情形时有发生，包括承租人转

卖、转租租赁物或用于投资入股、抵押等。

（4）《物权法》对抵押权和租赁权先后顺序的适用予以了明确，规定"抵押财产在抵押合同订立前已出租的，适用'买卖不破租赁'的规则；抵押财产在抵押权设立后出租的，其租赁关系不得对抗已登记的抵押权"。因此如果出现此类问题，弄清每个法律行为发生的时间和先后顺序尤为重要。

第四节 建设工程施工合同纠纷案件法律分析

一、建设工程施工合同纠纷案件概况

（一）建设工程施工合同纠纷案件的现状及对主营业务的影响

1. 建设工程施工合同纠纷的现状

公司系统近年来发生的建设工程施工合同纠纷案件，主要有建设工程施工合同（承包）纠纷、建筑安装合同纠纷等几种类型。这类合同纠纷主要发生在公司系统的主营业务单位，且多发生在电网改造过程及主业单位的办公楼等设施的修建过程中。

在建设工程施工合同纠纷中，诉因主要表现为工程款纠纷。

在建设工程施工合同纠纷处理上，从过去单一的以诉讼处理为主，渐渐转向通过选择以仲裁裁决来处理双方间纠纷的方式，反映了公司系统所属各单位对纠纷处理的理念发生了较大变化，注重讲究纠纷处理的效率与和谐关系的维持。

2. 建设工程施工合同纠纷对主营业务的影响

因建设工程施工合同纠纷多发生在主业单位，虽对公司主营业务的影响不太大，但这类纠纷发生后处理不及时或不当，常会在社会上造成一定负面影响。

（二）建设工程施工合同纠纷案件的特点

（1）产生纠纷的原因众多。电力企业近年来所发生的建设工程施工合同涉及的内容十分广泛，与此相对的是引起纠纷的原因也较多。具体而言，有因工程质量而引发的，有因工程期限拖延引起的，有因工程款支付而引起的，有因未完成合同所约定的附随义务而引起的。

（2）建设工程施工合同纠纷就其内容而言，与电网建设工程直接关联的较少，而与公司系统单位的办公设施、小型基建等建设活动关联则较大。

（3）建设工程施工合同纠纷就其产生的时间而言，多是在一方履行完合同义务后，向另一方主张相应权利时才产生的，尤其是合同款项的支付是这类合同纠纷产生的导火线。即在工程完工后，在完成上述义务的一方催要相关款项时，给付款项的一方因多种原因与理由不愿按合同约定支付的情况下产生的，因此，仅从形式上来说，似单方违约，但具体到个案，则是由多种原因而引发。

（4）建设工程施工合同纠纷的诉讼与仲裁活动，多是由电力企业外相对人主张权利而引发的。因建设工程施工合同发生纠纷后，提起诉讼与仲裁申请的一方，多是电力系统外的相对人，有的是因对审计审减金额不服，要求按其所报金额支付；有的是对检查出的工程（产品）质量问题不服，认为不存在质量问题，而要求按原合同支付金额；而电力企业则多是在诉讼与仲裁活动启动后，处于应对纠纷处理的地位。

二、建设工程施工合同纠纷案件法律分析

建设工程施工合同纠纷指建设工程施工在履行过程中，因分包与转包、竣工验收、工程款结算、工程款项的支付、合同价格调整、停工损失、工程审计及无承包合同关系等引起的纠纷，具体可分为以下几种。

（一）因双方间不存在建设工程施工合同而引发的纠纷

1．发案形式

承包方签订工程承包合同后，自行将工程转给他人，双方间却并未签订转承包协议，于是自以为是转承包人的一方因向承包方主张权利不成，以完成工程施工为由向发包方主张权利时，而在双方间引发纠纷。

2．反映出的问题

承包方在取得了工程的承包权，并与发包方签订了整个工程的承包合同后，由于自身条件的限制或是其他原因，在发包方不知情或虽与发包方取得过联系，但未取得发包方书面认可、同意，擅自将承包合同内的部分项目，转交其他人组织施工。

转承包方在完成转包的工程任务后，由于承包方不履行转承包时的约定，转承包方在自身利益无法获得满足的情况下，找到工程项目的发包方，要求发包方支付其完成转承包工程的费用。在发包方不同意支付的情况下，因转承包方对发包方提起的诉讼或仲裁而致纠纷。

3．法律要因分析

承包方从发包方处取得工程的承包权，并通过工程承包合同来固化双方间的相互权利与义务，是基于发包方对承包方自身直接履约的认可；发包方与承包方间签订工程承包合同，是发包方对承包方以自身的行为来履行合同的信任，并不表明发包方对承包方所实施的所有行为的信任，尤其是不能表明发包方对承包方未经其许可的转承包行为的认可，从

而受承包方所实施的转承包的约束。承包方在取得了工程的承包权，与发包方签订承包合同后，承包方只有通过自身实施相关施工活动，才是严格履行合同所约定的各项义务。若是承包方将自己与发包方所签订合同约定应当由自己直接完成的工作，转由转承包方完成，则是违约。

在转承包方获得承包方转让的部分工程后，一般转承包方与承包方未能签订有效合同时，对双方间的权利与义务也没有有效的凭证，极易在双方间因一些具体事项上的不一致意见而产生纠纷，尤其是在费用的支付上更是如此。此外，一般转承包方与承包方间因未签订工程施工合同，转承包方与发包方间也就更是无法律上的有效连接；因而从法律关系角度来说，转承包方要证明与发包方间存在有效的法律关系，也是十分困难的。因而，在承包方不支付转承包方为完成所承接的转承包工程而应当取得的费用后，转承包方想要求发包方来承担此项费用，发包方因与其不存在合同关系，无法直接向其进行支付，双方间也极易发生纠纷。

4．案件胜败关键点、应诉策略与技巧

对因转包而发生的纠纷案件，其胜败关键点有：转承包人在与承包人签订转承包合同时，一是不要仅为了取得工程的施工权而放弃签订合同的可能，要清楚在转承包的情况下，转承包人的权利更需要通过合同才能得以维护；二是要了解承包人所签订的承包合同对工程建设是怎么规定的，是否有不得转承包的约定，若有，就不宜签订转承包合同。

从法律上来解决这些纠纷，首先要从法律关系的角度来分析问题。若是转承包人没有与承包人签订转承包合同，他们之间只存在事实上的关系（此即通常所说的客观事实），但依法处理双方间的权利义务关系，仅靠客观事实是不够的，有时是无法处理的，要合法地处理当事人间的权利义务关系，还得从法律关系角度着手。因此，若是当事人间仅存在客观上的关系，但未建立起合法、有效的法律关系，就缺少能证明双方间存在转承包关系的直接证据，而无论是法院还是仲裁机构，在处理纠纷时，都十分注重及讲究证据，若是转承包方在没有与承包方签订转承包合同，或是原来的承包合同中就约定有不得转承包的，转承包方要想依转承包关系取得利益，则是缺乏可靠保障的。

（二）因工程分包而引发的纠纷

1．发案形式

主要是：①发包方违反合同约定，强行将部分工程从承包方分包出去导致的纠纷；②承包方违反合同约定，擅自分包部分工程产生的纠纷。如四川某建设公司与某电业局建设工程施工合同纠纷案，就是发包人进行分包引发的纠纷。

2．反映出的问题

发包方为规避因招投标及其他某些因素所带来的限制，在所建工程通过招标确定了承

包方后，由于自身利益的需要，又向承包方提出，要将工程中的部分项目单独列出，交由自己另行指定的、与自己有其他利益关系的施工方组织施工；而承包方因在整个工程建设中处于被动地位，需要发包方的支持，承包方对发包方的此种做法虽然不赞同但因无奈而只能被迫接受；在整个工程完毕后，若是承包方因此而致与当初签订总承包合同时的利益期望与现实间产生较大差距、发生较大变化，且发包方要求承包方承担部分由分包方所应尽的责任，在发包方、承包方与分包方间因这种利益调整不能达成一致意见时，常会引发纠纷，导致诉讼与仲裁活动的产生。此外，承包方在取得项目的承包资格、签订承包合同后，若是将工程中的部分项目进行分包，或是在发包方明确要求不得采取分包的情况下，承包方未经发包方同意，自行将工程中的部分项目分包，从而会因承包方违约，与发包方间发生纠纷。

3．法律要因分析

应该说，发包方在整个工程发包给承包方，并与之签订承包合同后，就应该认真履行合同，严格按合同的约定办事，但有的发包方凭借自身的优势，指定承包方将部分项目分包给自己指定的其他施工单位，是对原来经招标所签订合同的违背，是违约行为，也是导致合同纠纷的主因。

4．案件胜败关键点、应诉策略与技巧

对因分包而发生的纠纷案件，其胜败关键点有：一是在发包方与承包方间签订了工程承包合同后，无论是发包方要将部分项目分包给承包人以外的其他人，还是承包人自行想将部分项目分包给其他人，均是要对原来已签订并生效的合同进行变更，为此，双方均应按合同变更的要求，经与对方协商，并取得对方同意后，方可变更合同，否则就应承担违反合同的违约责任。二是在未与对方协商并取得同意的情况下，单方作出分包的决定，在项目因多种因素延期，而致材料价格、人员工资费用等变动的，尤其是材料上涨幅度较大的情况下，违约的一方还将承担对方因此而产生的上述相应损失。

因此，取得合同变更时的相关凭证，以资证明合同的变更取得了对方的同意或认可，对诉讼与仲裁时确定承担责任与否及责任的大小，是极为有意义的。同时，对材料价格的变动，不仅要查看对方提出的进货单及合同，也要做好相应的市场调查，深入了解市场信息与行情，也是处理此类纠纷时十分必要的。

（三）因工程结算而引发的纠纷

1．发案形式

因双方在合同中未确定工程款项支付的具体时间，一方以他方迟延付款，主张违约金而引发的纠纷。

2．反映出的问题

多见于合同双方未在合同中约定工程款项的具体支付时间，在经收款方多次催促后，付款方已经将合同项下的款项支付完毕后，收款方又以未按合同约定的付款时间支付款项为由，向对方要求支付违约金，对方以已完成了合同约定的付款义务为由，不愿支付违约金所引发的纠纷。

3. 法律要因分析

在双方签订有合同的情况下，除非合同中有明确的约定，当事人一方在对方要求履行合同义务时，其有拒绝先履行的行为，按法律规定并不视为是违反合同的行为。因此，对一般工程合同而言，若是在合同履行的期间，承包方要让发包方支付相关费用，应当在合同中作出明确的约定。但是，在承包方按合同约定，完成了合同中工程的建设任务时，其要求发包方支付工程款的行为，则是应当受到法律保护的；因为，承包方已按合同约定，完成了自己的合同义务，按法律规定，承包方此时有权要求发包方支付相关工程款项，发包方不及时支付工程款，则构成违约。

违约金是合同当事人间为增强合同履行的严肃性，按法律规定自由作出的对双方均具有法律约束力的、以保证合同能有效履行的措施；若是当事人未在合同中明确违约金的条款，事后一般难以就违约金的支付达成一致，若是一方极力主张要求对方支付违约金，双方间容易就此产生纠纷。因此，合同当事人要想通过违约金的方式来约束双方以确保合同履行，就应该在合同中直接约定违约金的条款，或是按合同总价款约定违约金的比例，或是指出一方违约应按《合同法》等法律法规的规定承担违约责任，则在出现一方违约时，未违约的一方要求违约方支付违约金的主张才能依法获得支持。

4. 案件胜败关键点、应诉策略与技巧

对因工程结算而发生的纠纷案件，其胜败关键点有：一是在合同中是否明确约定工程款项支付的具体时间与方式，二是对违约金约定不明的，要想以行政法领域滞纳金的规定，而非民商法领域违约金的规定来要求对方支付违约金，也是不会得到法律保障的。

承包方要按工程进展的具体情况，及时取得工程款项，应当在承包合同中对工程款项的支付作出明确、具体的约定，不然发包方以合同未对款项的支付作出约定为由，拒绝支付款项，就会严重影响承包方的资金安排与工程进度；若是仅有工程款项支付的约定，而无拖延付款应当支付违约金的约定，一是失去了以违约金来保证工程款按合同约定支付的保障手段；二是在出现工程款支付上的违约情况时，无法要求发包方承担违约金。

（四）因工程款项支付而引发的纠纷

1. 发案形式

主要有：①因拖欠工程款而引发的纠纷；②因对工程款是否支付足额认识不一而引发的纠纷；③因工程款延期支付而致工期延长产生的纠纷。

2. 反映出的问题

承包方在完成了承包合同所约定的各项任务后，向发包方提出，要求按承包合同的约定支付相关工程费用，发包方或是直接拒绝支付全部或部分费用，或是以其他各种理由（合同约定的义务未完全履行等），有意拖延相关工程费用的支付，发包方这种不按承包合同中约定的金额与付款方式支付工程款的行为，直接导致了承包方与发包方间的纠纷。

3. 法律要因分析

发包方按工程承包合同所约定的金额与方式，及时、足额地向承包方支付工程款项，是发包方最为重要的合同义务；而承包方按合同取得工程建设费用，则是其依据合同而享受的重要权利。发包方除按合同约定享有抗辩权外，在承包方按合同完成了工程的阶段性建设任务或全部任务后，未按合同约定的付款方式，将相应数额的款项支付给承包方，是违反合同约定义务的违约行为。这种情况下，极易在发包方与承包方间出现纠纷，甚至会因此而被诉讼到法院或因向仲裁机构申请仲裁而形成案件纠纷。

4. 案件胜败关键点、应诉策略与技巧

对因工程款项支付而发生的纠纷案件，其胜败关键点有：一是合同中对款项数额是否有明确的约定或是通过约定的计算方法是否可得出相应具体的款项数额；二是合同中是否对款项支付的时间、方式、条件等有具体、明确的约定；三是对迟延付款的条件及拖延款项支付的违约责任是否有明确的约定。

工程款项的具体金额是工程承包合同中的一项重要内容，若是在合同中对工程款项约定的不确定，则合同双方必将会因应当支付的具体金额发生争议。因此，其一，是在合同中未对工程款项作出约定或约定不明确时，应当以工程量、工程建筑所需材料等方面的市场一般结算价格作为参照，作为认定合同款项费用的相应依据。此时，大量的市场调查与分析工作就显得极为重要。其二，若是合同中仅约定了工程款项的最高限额时，则在对所完成的工程经过合同中要求的审计、对工程造价进行鉴定等方式确认后，在该最高限额以下的审减额，就应当认定是双方所认可的合同工程款项的确定额。发生争议时，可通过由工程审价事务机构对所完成的工程量进行鉴定，得出所完成的工程量对应的工程款项。

而对于在合同所确定的工程款项已确定的情况下，若是因款项的支付拖延而致诉讼与仲裁活动的启动时，若是双方间对合同中的其他事项无大的异议，则应当在尊重事实的前提下，采取灵活的方式来处理已出现的纠纷，否则不仅会支付所应当承担的工程款项，可能还会承担违约金的责任，从而加大责任的承担力度。

对于因受多种因素所影响而表现出来的工程款项支付纠纷，则是要对合同所约定的其他条款进行全面分析，梳理各方所应当完成的合同义务，了解各项合同义务间的关联关系，对于因存在义务履行先后顺序的，要作为抗辩对方的重要理由。在合同中明确了对方某项义务是合同款项支付的先决条件的，若是对方该项义务未能履行或履行该项义务存在瑕疵的，可以拒绝合同款项的支付或是延期支付相应的款项。在双方都存在违反合同的行为的情况下，只有对各方的违约行为分别进行分析、认定其相应的责任，才能形成对该纠纷的整体、客观、全面、正确的处理结论。

（五）因未能完全履行合同约定的附随义务而引发的纠纷

1．发案形式

因承包方没有按合同约定履行附随义务，而与发包方发生纠纷。例如，建筑工程承包合同中，往往发包方在合同中订立要求承包方配合竣工验收、协助办理产权证等附随义务条款，如果承包方不尽此义务可能发生因减扣工程款等而发生纠纷。

2．反映出的问题

承包方虽然完成了承包合同所约定的工程建设任务，但作为整个承包工程合同有机组成部分的相关条款，其约定与整个工程建设的目的间存在紧密联系，因而当承包方不按合同约定，履行这些条款所约定的附随义务，而导致合同双方间出现纠纷的现象，也是时有发生的。这些非建设施工本身事项的相关条款，是整个工程项目实施所必须完成的事项，这些事项对发包方来说，可能直接影响其工程的效用的发挥或是工程建设目的的实现，因此，发包方对承包方完成这些建设施工之外的任务也极为关注，当承包方未能按合同约定完成这些事项时，发包方视其为是对工程承包合同的违约行为，为此发包方常常通过扣留或减少工程款的支付来对付承包方，并要求承包方承担相应的违约责任。

3．法律要因分析

建设工程承包合同虽然是以完成工程的施工为主要内容，但发包方建设该工程的目的是在发挥所建工程的效用，让该工程实现自己所期望的目的、发挥其价值功能；若承包方只是完成了工程建设本身，但对承包合同中所约定的影响发包方建设该工程目的实现的条款却不予完成，使发包方无法实现其建设工程的目的，这是严重违反合同约定的违约行为。对此，发包方除有权要求承包方继续完成相关条款所约定的事项外，还可要求承包方承担相应的违约责任。

4．案件胜败关键点、应诉策略与技巧

对因未能完全履行合同约定的附随义务而发生的纠纷案件，其胜败关键点有：一是在工程承包合同中明确约定工程建设活动之外当事人所应当完成的义务；二是所约定的该项义务与工程建设本身的功效的发挥或建设该工程的目的间存在必然的关联；三是该项义务既可独立于工程建设活动之外，也可能存在于工程建设活动之中，即在合同双方履行完成合同所约定的其他相关义务时，该项义务也随之履行完毕。对此，在处理此类纠纷时，要认真分析此类义务的履行方式与时间要求，只要是以适当的方式履行了此类义务，当事人就全面完成了合同义务；相反，若是未履行或是以不适当的方式来履行此类义务，就有可

能违反合同构成违约。

　　全面履行合同，不仅要求履行合同主要条款所约定的义务，对合同中的其他义务也要完成好，这是起码的契约精神要求。这类其他义务，虽然不是直接规定工程建设活动本身，但却对工程建设具有重要影响，甚至关系到工程建设目的的实现，因此这类其他义务也是合同的重要条款。为此在合同的履行上，不仅要看合同主要条款的完成，也要看合同其他条款的完成情况，只有全面完成了合同所约定的各项义务，才能称得上是完成了合同所约定的义务。

第二章

买卖合同纠纷案例具体分析

案例 1 某省杆塔公司与某供电公司买卖合同纠纷案

一、案由

某杆塔厂与某供电公司有长期供货关系。杆塔厂在地方电网第二期改造中,中标供应水泥电杆共计 3000 根,中标金额为 80 余万元。当年 10 月 17 日,杆塔厂与供电公司签订了一份买卖合同,合同约定了供给水泥电杆的数量和交货时间、地点和交货办法。杆塔厂按合同约定履行完毕了供货义务,供电公司也履行完毕合同约定的付款义务。之后供电公司下设机构电工器材公司曾先后多次向杆塔厂发去传真,载明每次所需水泥电杆的数量、规格和交货地点。杆塔厂按传真的内容向供电公司发运了水泥电杆,履行了供货义务。电工器材公司是供电公司根据市人民政府相关文件要求,经市人民政府与某直辖市电力公司(供电公司上级单位)协商同意,由供电公司及其他公司共同出资而成立,并领取了企业法人营业执照,是独立经营的法人单位。

杆塔厂是另一省杆塔公司下属企业,已被直辖市工商行政管理局吊销企业执照,销毁了公章。同年 9 月 25 日,原告某省杆塔公司在清理杆塔厂债权债务时,发现供电公司欠货款 1490665 元,即向供电公司发去往来的证函。同年 11 月 2 日,供电公司向某省杆塔公司复函:载明截止到当年 10 月 31 日止,农网应付款为 1451605 元,因付款金额发生争议其中生产应付 59238 元,农网应付 1402367 元。某省杆塔公司于同年 11 月 24 日向法院起诉,请求法院判决被告供电公司立即支付货款,给付资金占用损失费 264562 元。原告为某省杆塔公司,被告是供电公司。

本案在开庭审理调解程序中,某省杆塔公司自愿放弃占用资金损失的请求,要求供电公司立即支付 1461605 元货款,承担本案诉讼费用,供电公司因上级电力企业未拨该笔款项,给付时间不能确定,不同意承担诉讼费用,调解未达成一致意见。

二、原告理由

原告称，某年 6 月 22 日起，被告尚欠原告公司 1461605 元，经原告公司催收，被告未履行付款义务。

三、被告理由

被告认为欠原告货款 1461605 元是事实，但未付款有以下原因：①供电公司与原告的下设机构杆塔厂有多年的业务往来，被告供电公司与电工器材公司又是同一企业主体。②欠原告货款是在第二期农网改造时产生的，第二期农网改造是国家严格监管的，尤其是资金管理实行专款专用，封闭进行。按要求，一切材料供应均需招标投标，中标后签订买卖合同，水泥电杆也是招标投标的范围，杆塔厂中了一次标，中标金额为 80 万元，在中标范围内，该杆塔厂供应的水泥电杆货款已经付清。之后提供 100 多万元的水泥电杆，因未中标，无中标手续，没签合同因此无法进行付款。③杆塔厂明知自己供应水泥电杆已经超出中标范围，仍继续供应水泥电杆，导致不能付款，杆塔厂自身有过错，本案诉讼费用不应由被告公司承担。造成不能付款，杆塔厂有过错，原告请求占用资金损失的理由不能成立，不应得到法律的保护。

四、法院判决结果

法院经审理后认为：原告某杆塔公司虽然超标供应，但是供电公司出资的电工器材公司多次发去传真要求供货，根据《合同法》第十六条"要约到达受要约人时生效，采用数据电文形式订立合同，收件人指定接收数据电文的，该数据电文进入该特定系统的时间，视为到达的时间"的规定，原告某省杆塔公司收到传真后，按照传真的要求履行了供货义务，该买卖合同依法成立，应受法律保护。电工器材公司已由供电公司代管，且供电公司在答辩中承认欠原告货款 1461605 元的事实，原告某省杆塔公司请求被告给付货款的事实理由成立，该请求依法予以支持。因合同未约定占用资金损失的条款，该请求不成立，本院不予支持。

法院判决结果如下：①被告供电公司在本判决生效后 15 日内给付原告某省杆塔公司货款人民币 1461605 元。逾期按中国人民银行贷款计息至该笔债务清偿完毕止。②驳回原告某省杆塔公司的其他诉讼请求。诉讼费用 24372 元，由原告某省杆塔公司负担 1851 元，被告供电公司负担 22521 元。被告负担部分已向本院预交。

五、经验与教训

此案争议焦点有二：一是原告明知超出供应量又没有合法招投标并签订合同情况下仍

继续供应，是否应承担民事责任；二是该笔欠款应由供电公司清偿还是由电工器材公司清偿。

焦点一：原告明知超出供应量仍继续供应，是否应承担民事责任。

本案中，电工器材公司在三个月内，先后多次向某杆塔厂发去传真，每次均载明水泥电杆的数量、规格和交货地点。根据《合同法》第十六条规定"要约到达受要约人时生效""采用数据电文形式订立合同，收件人指定接收数据电文的，该数据电文进入该特定系统的时间，视为到达的时间"之规定，电工器材公司通过传真形式向某杆塔厂发出要约，该传真到达某杆塔厂则视为要约到达。同时，《合同法》第二十六条还规定"承诺通知到达要约人时生效。承诺不需要通知的，根据交易习惯或者要约的要求作出承诺的行为时生效。"本案中，杆塔厂因此前在本市地方电网第二期改造中，中标向某供电公司供应水泥电杆，并与某供电公司签订了一份买卖合同，合同约定了供给水泥电杆的数量和交货时间、地点和交货办法。在该中标供应中，杆塔厂履行完毕其合同义务。因此，在电工器材公司先后多次向杆塔厂发去传真，每次均载明水泥电杆的数量、规格和交货地点，杆塔厂根据交易习惯与传真中的具体要求，以行为作出承诺。承诺一旦到达要约人，合同即宣告成立，即杆塔厂与电工器材公司成立买卖合同，根据该买卖合同，杆塔厂向电工器材公司供应水泥电杆系履行合同约定，电工器材公司应按照合同约定履行付款义务。至于后期供电公司未依规招投标，属其企业违规，与供货方无关。

因此，在本案中，即便原告明知超出供应量仍继续供应，也不应承担民事责任。

焦点二：该笔欠款应由供电公司清偿还是由电工器材公司清偿？

当事人之间的相互关系决定本案被告主体是否适格。根据本案相关证据显示，电工器材公司系供电公司的下设机构，那么下设机构与分支机构有何区别？法人的分支机构是根据法人的意志所成立的法人的组成部分，分支机构是根据法人章程、决议的授权从事法人的部分经营业务，一般情况下，法人的分支机构只是隶属于法人的机构，不能作为独立的民事权利主体。法人的分支机构包括领取了营业执照和未领取营业执照的，未领取营业执照的分支机构不得以自己的名义独立从事民事活动，而只能以法人的名义订约，且在诉讼中未领取营业执照的分支机构只能以法人的名义起诉、应诉，在责任承担方面，也应当由其所属法人承担清偿责任。而领取营业执照的分支机构可以对外从事经营活动，并可以以自己的名义起诉、应诉，在责任承担方面，可以先以自己的财产承担责任。

而下设机构是否能够以法人的名义起诉、应诉，并承担清偿责任？下设机构即法人的工作机构，包括承担法人部分业务经营，但并无法人资格，只能以法人的名义起诉、应诉，并由所属法人承担清偿责任。在本案中，电工器材公司被认定为供电公司的下设机构，因此，电工器材公司与杆塔厂的买卖合同纠纷，被告供电公司为适格。但是，因电工器材公司不是供电公司的独资公司，当地市人民政府曾正式委托供电公司代管电工器材公司。代管，是指根据上级领导机关的规定，对非建制内的单位或某些工作实行领导管理。而代管在法律责任的承担方面，是代为管理且并未取代被代管公司的法人资格，类似于委托代为管理，而委托代理的行使，是代理人在代理权限范围内，以被代理人的名义实施代理行为，由此产生的法律效果都应由被代理人承担。但代管人是否承担被代管人的清偿责任，则应从两方面考虑：一是被代管人的法人资格尚在，那么被代管人当然应当承担相关法律责任。二是被代管人的法人资格丧失，是否涉及股权转让等问题，则需进一步探讨。

六、启示

（一）适格主体的确定

根据《民事诉讼法》第六十五条规定，当事人对自己提出的主张应当及时提供证据。本案中供电公司是否为适格被告仍需进一步商榷。

确定原、被告主体适格，就是确定原、被告本身应当为真实、合法的诉讼主体公民、法人和其他组织，否则法院应当裁定驳回起诉。企业法人的职能部门、法人非依法登记领取营业执照的分支机构、合伙组织等均不能作为诉讼主体，如出现上述情况，应当裁定驳回起诉。且企业法人分支机构无论作为原告还是被告，均可作为单一的诉讼主体参加诉讼。在作为单一被告的情况下，如判决后其财产不足以清偿债务，则可在执行程序中直接裁定变更法人单位作为被执行人，以法人单位的全部财产清偿对外债务。

原告提起诉讼，还应当与本案有直接的利害关系及诉讼利益，否则应裁定驳回起诉。与本案有直接利害关系的原告从表现形态来看可以分为两种类型：一种是权力主体当事人，即其所请求法院予以保护的受到侵害或者发生争议的民事权益。另一种是必须有法律的明文规定的。

因此，在确定是否为适格主体时，应当明确法人与分支机构的关系、法人之间的关系等。

（二）要约与承诺

根据《合同法》第十四条的规定："要约是希望和他人订立合同的意思表示。"要约是一种意思表示，但不是民事法律行为，因此要约不能当然产生要约人预期的法律效果，而必须有赖于承诺人的承诺。要约作为意思表示虽不是法律行为，但仍具有法律意义。《合同法》第十六条规定"要约到达受要约人时生效"。对于要约的生效时间，学界普遍认为，一是送达并不是一定要实际送达到受要约人及其代理人手中，只要要约脱离要约人之控制，送达到受要约人所能控制的地方即为送达到。二是在要约人发出要约但是未到达受要约人之前，要约人可以撤回或者修改要约的内容。三是采取数据电文形式订立合同，收件人指定特定系统接收数据电文的，该数据电文进入该特定系统的时间，视为到达时间。本案中，传真的到达即视为要约的到达。

承诺，是受要约人接受要约的条件以订立合同的意思表示。承诺的法律效力在于一经承诺并送达于要约人，合同便告成立。首先，承诺应当向要约人作出，如果要约人是向数个特定人作出的，则该特定人均可以成为承诺人。不是受要约人的第三人向要约人作出承诺，视为发出要约。其次，承诺的方式，根据《合同法》第二十二条规定，承诺原则上应采取通知方式，但根据交易习惯或者要约表明可以通过行为作为承诺的除外。也就是说，根据交易习惯或者要约的内容并不禁止以行为承诺，则受要约人可以通过一定的行为作出承诺。最后，承诺的生效是《合同法》第二十五条规定，"承诺生效时合同成立"，因此承诺的效果在于使合同成立。根据《合同法》第二十六条，"承诺通知到达受要约人时生效。承诺不需要通知的，根据交易习惯或者要约的要求作出承诺的行为时生效"，即承诺的到达不仅包括承诺通知，也包括具体的行为。当事人在作出要约或承诺时，应根据相关法律规定作出，保护自身合法权益。

案例 2　　某电力输配电设备公司与某电力设备公司买卖合同纠纷（仲裁）案

一、案由

申请人某电力输配电设备公司与被申请人某电力设备公司分别签订工业品买卖合同四份，约定被申请人向申请人购买电力变压器共计 6 台，总价款 134490 元。结算方式为货到之日起 10 日内一次性支付总货款 80%，使用合格后付清全部货款。合同签订后，申请人陆续向被申请人交付合同约定的变压器共计 6 台，但被申请人共计支付货款 52600 元，其余 81890 元一直未付。

申请人根据合同中的仲裁条款向西安仲裁委员会提起仲裁，在仲裁委员会仲裁规则规定的期限内，双方均未选定仲裁员。仲裁委员会主任依法指定一名仲裁员组成仲裁庭审理本案。

二、仲裁申请人理由

双方当事人有多年的业务往来，申请人在签订买卖合同后，积极依照合同约定的时间履行了交货义务，但是被申请人一直没有按照合同的约定给付相应的货款，鉴于双方的友好合作关系，申请人一直通过协商方式，希望尽快解决纠纷，但被申请人一直以各种借口拖延，申请人无奈申请仲裁，请求仲裁庭裁决被申请人立即支付拖欠货款。

三、被申请人理由

申请人依约交付了合同约定的变压器情况属实，但由于变压器的实际使用方没有给被申请人结款，导致我们不能及时支付货款。且部分变压器安装后还未投入使用，不知道是否合格，故依据合同也不能全部付清款项。

四、仲裁庭裁决结果

仲裁庭审理后认为：双方当事人签订的四份买卖合同，不违反国家的法律规定，主体适格，应为合法有效，双方均负有严格履行的义务。申请人依约履行了设备的交付义务，被申请人应当在合理的期限内就设备的质量进行验收，而被申请人以设备的实际使用单位没有使用及结算为由，长期拖延货款，不符合诚实信用的原则及法律规定，也损害了申请人的合法利益。仲裁庭对此理由不予认可。在仲裁庭调解下，双方达成调解协议，被申请人同意在 30 日内支付申请人货款 81890 元。仲裁庭出具调解书予以确认。

五、经验及教训

这是一起典型的电力设备买卖合同，由于双方在合同签订及履行中的原因，致使合同纠纷的解决拖延长达几年时间，给申请人造成很大的经济损失。仲裁庭根据相关法律规定及实际的履行情况，积极促成纠纷的解决，达到一个好的结果。从本案中可以总结下列问题：

买卖合同纠纷中，标的物验收的标准和期限是一个非常敏感的问题，合同没有约定或者约定不明，往往为后期的履行纠纷埋下伏笔。而被申请人在法律程序以此提出抗辩，给申请人会造成很大的被动甚至败诉的风险，应当引起风险控制部门或销售人员的高度重视。

《合同法》第一百五十八条规定："当事人约定检验期间的，买受人应当在检验期间内将标的物的数量或者质量不符合约定的情形通知出卖人。买受人怠于通知的，视为标的物的数量或者质量符合约定。

当事人没有约定检验期间的，买受人应当在发现或者应当发现标的物的数量或者质量不符合约定的合理期间内通知出卖人。

买受人在合理期间内未通知或者自标的物收到之日起两年内未通知出卖人的，视为标的物的数量或者质量符合约定，但对标的物有质量保证期的，适用质量保证期，不适用该两年的规定。出卖人知道或者应当知道提供的标的物不符合约定的，买受人不受前两款规定的通知时间的限制"。

该法条规定买受人提出质量异议的时间分为以下三种情形：

第一，当事人约定检验期间的。合同当事人约定检验期间的，买受人应当在约定的检验期内，将标的物的数量或者质量不符合约定的情况及时告知出卖人。买受人在约定的检验期间内没有履行通知义务的，视为标的物的数量或者质量符合约定。这是对买受人怠于履行通知义务的一个惩罚措施。

第二，当事人没有约定检验期间的。合同当事人没有约定检验期间的，买受人应当在发现或者应当发现标的物的数量或者质量不符合约定的合理期间内通知出卖人。"应当发现"是一种推定，根据货物到达的时间、数量大小、检验难易程度来决定买受人能在多长时间之内完成对货物的检验。买受人在合理期间内未通知或者自标的物收到之日起两年内未通知出卖人的，视为标的物的数量或者质量符合约定，但对标的物有质量保证期的，适用质量保证期，不适用该两年的规定。由于在实践中各个买卖合同之间相差甚大，无法在法律中做出统一的规定，因此用"合理期间"的概念做出一个原则性的规定，具体的买卖合同中如何确定"合理期间"，应当根据该合同的实际情况来判断。为了避免出卖人的责任过分沉重，《最高人民法院关于审理买卖合同纠纷案件适用法律问题的解释》第十七条规定，人民法院具体认定合同法第一百五十八条第二款规定的"合理期间"时，应当综合当事人之间的交易性质、交易目的、交易方式、交易习惯、标的物的种类、数量、性质、安装和使用情况、瑕疵的性质、买受人应尽的合理注意义务、检验方法和难易程度、买受人或者检验人所处的具体环境、自身技能以及其他合理因素，依据诚实信用原则进行判断。合同法第一百五十八条第二款规定的"两年"是最长的合理期间。该期间为不变期间，不适用诉讼时效中止、中断或者延长的规定。

第三，出卖人知道或者应当知道货物不符合约定的情况。如果出卖人知道或者应当知道货物不符合约定的，买受人提出货物异议的时间不受前面两款规定的时间限制。

本案中，双方约定货款在使用合格后支付，由于变压器的实际使用人一直没有使用，被申请人以此为借口拒付货款，致使纠纷长期拖延不能解决，对此被申请人是负有一定的责任的，如果实际使用人长期不使用该设备，申请人的权益就会无限地搁置，显然不符合诚实信用和公平的原则。仲裁庭综合货物接受的时间长短、检验难易程度决定被申请人应当承担货款给付的义务。在此认识下，通过对被申请人的解释和说服工作，达成和解协议，解决纠纷，避免了双方因合同签订漏洞造成履行的尴尬。

六、启示

（一）签订买卖合同标的物的验收条款的注意事项

验收条款直接影响双方的合同目的的实现。对购、销双方来说，需要通过这个条款的设定，避免质量纠纷的发生，保护自己的合法权益。所以，如何签订一个明确而有所侧重的"质量和验收"条款，是合同签订的核心内容之一。

从形式上来说，验收条款一般应当具备质量标准、验收的时间和方式、异议期限和相关问题、违约责任和解约权四个部分。

第一，质量标准。货物的质量是否符合合同约定，总归要有个标准，这个标准可以是国家标准、行业标准、地方标准或者其他标准，只要没有低于国家强制性标准，都是可以约定的。合同文字表述要清晰、明确，不能模糊、产生歧义。

第二，验收的时间和方式。作为验收条款，要尽量细致、缜密，避免付款条件仅仅约定为"货物经验收合格后付款"等简单表述。首先，要明确谁来验收，其次，是验收的内容与验收的时间。

第三，验收异议期和相关问题。买卖合同应约定如果一方对货物数量或者质量有异议，提出异议的合理期限，比如，对于货物的数量、规格等物理性参数以及表面的状况存在异议的，应当当场提出；而对于性能等内在性特征，可以适当放宽异议期。逾期提出视为符合合同的约定；提出异议后至争议解决期间，涉及货物的保管、处理、损失等相关问题，最好一并考虑。

第四，违约责任和解约权。在买卖合同标的物的验收中出现严重质量问题，制定相应违约责任措施是必要的，包括增补、更换、解约、承担损失等方式。

（二）仲裁方式的选择

本案解决的另一点启示是通过仲裁方式解决纠纷。仲裁是一种世界上广泛应用的商事纠纷解决机制，遵循公平公正、及时合理解决纠纷的理念，具有与诉讼相对独特的特点。

1．管辖协议性

当事人可以协商确定将可能发生的或者已经发生的纠纷提交选定仲裁机构，不受地域和级别的限制。双方达成仲裁协议的，一方向法院起诉，法院不予受理。

2．程序自主性

仲裁赋予当事人解决实体问题的最大自由。除协议仲裁外，还可以选定仲裁员，协商纠纷审理的地点、语言、适用法律以及审理方式、时间，可以自行和解或者自愿调解；可以约定裁决书是否写明争议的事实和裁决的理由。尊重选择、自主参与、意思自治是仲裁程序的根本特性。

3．办案专业性

审理案件的仲裁员都是来自法律、经贸、科技等社会各方面的专家、学者，有较高的社会威望，具备很深的专业知识和丰富的实际经验，擅长依据法规和行业惯例处理纠纷。

4．审限快捷性

仲裁实行一裁终局制度。纠纷处理程序简便，审限短、效率高。裁决作出后，即发生法律效力。当事人就同一纠纷再申请仲裁或者向人民法院起诉的，仲裁委员会或者人民法院不予受理。

5. 内容保密性

仲裁实行不公开审理原则，未经当事人双方同意，仲裁庭及参与仲裁的各方人员不得公开案件的内容，不得向外界透露有关案件审理的情况。

6. 执行强制性

仲裁庭作出的仲裁裁决具有约束力，一方不履行的，另一方可以申请人民法院强制执行。其中涉及外国仲裁裁决可在世界上一百三十多个国家得到承认与执行。

由于仲裁的独特的特性，在经济领域越来越发挥重要的作用。本案中，申请人基于双方的长期业务关系，并不想通过诉讼渠道将双方矛盾激化，因此迟迟不愿通过法律渠道解决问题。仲裁不公开审理，注重通过调解的理念解决纠纷，尽量不伤及双方的商业合作关系和利益，君子之争，和谐仲裁，是商业纠纷解决的首选。

仲裁案件的审理是由仲裁员担任的，仲裁员是由当事人选定或者委托指定而产生的，这样组成的仲裁庭双方更有信任感，更易于当事人调解解决问题。本案中，双方当事人均放弃了这个权利，可以说是一个遗憾。好在仲裁庭仍然以解决纠纷为理念，通过耐心细致调解工作确定解决方案，并根据《仲裁法》制作调解书完满解决纠纷，使本案有了一个好的结局。

7. 仲裁方式的不利因素

根据法律规定，仲裁为一次性的，如果有不同意见或较大分歧，没有二裁的规定。

案例 3　　某天然气公司与某电力树脂厂买卖合同货款纠纷案

一、案由

某天然气公司与某电力树脂厂买卖合同纠纷案，案由是：某天然气公司（以下简称原告）与某电力树脂厂（以下简称被告）签订甲醇购销合同，原告向被告连续供应甲醇，双方约定自提、送货均可，价格随行就市。但合同履行第一年被告欠原告甲醇货款 486719 元截至原告向法院起诉期间，被告又购买原告甲醇 561.803 吨，货款累计为 1094280.23 元，被告先后累计付款 1482146 元，仍欠余款 98853.23 元未付。经多次催要无果后，原告诉至法院。

二、原告理由

原告认为被告故意拖欠货款，经催要无果，请求法院判令如期如实偿还。

三、被告观点

（1）被告对原告的诉讼请求中包含运费不予认可，认为运费应当由原告承担，且被告不但不欠货款，而且还多付了货款，原告应当退还。

（2）被告认为原告的主张已过诉讼时效。

（3）原被告对账务有异议，在法院委托某会计事务所对双方的账务进行鉴定后，被告对鉴定结果有异议。

四、法院判决结果

法院认为：此案情节明确，法律关系清楚，经审理后作出判决，被告败诉。

（1）判决生效后，由被告给付原告欠付货款 97053.21 元及逾期付款的违约金。

（2）鉴定费 6000 元由被告承担。

（3）案件受理费及其他诉讼费用 5870 元由被告承担。

五、经验与教训

（一）经验

（1）在本案中，原告向法院提起诉讼，依据双方签订的四份购销合同、账务核对回单、进账单和税务发票等证据主张被告欠款的事实。这些证据形成了一个完整的证据链，能够充分地证明原告的主张。即便是被告对运费和债务的诉讼时效提出答辩异议，但原告认为，依据双方签订的四份购销合同，其中仅有一份合同对运费的负担约定为自提由需方负担，送到由供方负担，其余三份购销合同并未对运费进行约定。对于货款的结算时间，签订的四份合同和以后未签订购销合同的供货关系中均未具体约定。被告的答辩意见并未被法院采纳。充分的证据是原告赢得此次诉讼的关键因素。

（2）在被告对账务提出异议后，原告向法院申请司法鉴定，得到了法院的支持。司法鉴定的结果证明了被告拖欠原告货款的具体金额，同时，也证明了被告拖欠原告货款的事实。会计事务所出具的司法鉴定意见是原告赢得本次诉讼的另一重要原因。司法鉴定是指在诉讼过程中，对案件中的专门性问题，由司法机关或当事人委托法定鉴定单位，运用专业知识和技术，依照法定程序进行鉴别和判断的一种活动。当事人对案件的专门性问题发生争议时，法官又无法辨别时，申请司法鉴定是一种比较好的方法，司法鉴定意见一般也会被法官采纳。

（二）教训

（1）在本案中，针对原告提出的诉讼主张和提供的证据，被告提出了运费应由原告承担和货款的结算已过诉讼时效的答辩。但是，依据双方签订的四份购销合同中，仅有一份合同约定运费自提由需方负担，送到由供方负担，其余合同并未对运费进行约定。合同对货款的结算期限也并未进行明确约定。法院认为被告的答辩主张并无依据，并未采纳被告的答辩意见。

被告未能赢得本次诉讼的主要原因在于没有提供充足的证据证明运费应由原告承担和货款的结算已过诉讼时效，仅凭自己的答辩意见并没有任何证据作为依据。

（2）此外，被告对某会计事务所鉴定后出具的审计报告及更正书提出了异议，认为该报告虽然对原告供货的数额及被告的付款数额认定属实，但认定被告欠款的结论超出了其职能范围。司法鉴定意见是证据的一种，在司法实践中，法院、仲裁委容易采纳司法鉴定意见。所以，被告在同意法院进行司法鉴定后又对结论进行否认，显然得不到法院的支持。

六、启示

上述案例，给日常交易的买卖双方带来以下几点重要的启示：

（1）买卖双方在确定买卖关系前一定要签订书面的买卖合同。合同是法律关系建立的基础，当买卖双方发生争议时，往往会以合同作为双方是否履行义务的依据。买卖双方不签订书面的买卖合同，一旦出现法律纠纷，就很难举证交易的约定内容。在上述案例中，买卖双方只签订四份买卖合同，其后的供货关系没有合同佐证，所以被告主张运费由原告承担和结算已过诉讼时效，并没有法律依据。

（2）在签订合同时，买卖双方要对合同的有效性、真实性和完整性进行审查。对合同必备的内容进行明确的约定，如数量、质量、价格、付款方式、交付方式、运费及争议解决方式等内容。合同是双方建立买卖关系的基础，也是在诉讼过程中最重要的证据。在诉讼过程中，当没有其他依据时，合同约定的内容将被认定为案件事实的唯一依据。在上述案例中，合同并未对运费、支付期限等基本内容进行约定。当原告主张货款时，被告欲以结算超过时效和运费由原告为由进行答辩，但合同中却没有任何相关条款反映其主张。

（3）证据是诉讼的核心问题，全部诉讼活动实际上都是围绕证据的搜集和运用进行的。证据是法官在司法裁判中认定过去发生事实存在的重要依据，在任何一起案件的审判过程中，都需要通过证据和证据形成的证据链再现还原事件的本来面目。在诉讼过程中，原被告要十分注重证据的收集。原告对履行供货义务、被告未履行付款义务的证据进行举证，如合同、账单、供货单等；被告对自己履行付款义务、原告未履行供货义务或履行瑕疵进行举证。无论原告还是被告，提交的证据间要形成一条完整的证据链。

（4）在对专业性的问题需要司法鉴定时，当事人可向法院申请司法鉴定。司法鉴定意见是法官参考的重要依据。

案例 4　某市硫酸厂诉电力树脂厂买卖合同纠纷案

一、案由

原告某市硫酸厂（简称硫酸厂）与被告某市电力树脂厂（简称树脂厂）因买卖合同纠纷诉于法院，其案由是硫酸买卖合同拖欠货款和如何计算欠款利息问题发生分歧。

二、原告理由

原告与被告之间多年有业务往来，均已货款两清。但在××年之后，双方开始发生拖欠货款现象，其中原告向被告供应硫酸 1133.91 吨，被告支付部分货款后仍欠 128221.76 元。之后原告与被告签订工业品买卖合同，原告又向被告供应硫酸 305.17 吨，被告却一直未付货款。两笔欠款共计 232656.87 元。因被告长期拖欠，故原告诉求被告偿还欠款，承担按贷款年利率 5.3%计算的利息 12345 元，承担本案的诉讼费及因追要欠款所造成的损失 2000 元。

三、被告观点

被告承认与原告长期发生业务往来，原告长期向被告供应硫酸，但被告认为：双方签订合同后，其中有一次被告收到原告所供应的硫酸 305.17 吨。但是，原告未提供欠款的原始凭证，且双方未对账，故无法确认该欠款的事实。至于所收的 305.17 吨硫酸，由于未到第二个结算单位，所以不存在清款付息问题。同时未到最后履行阶段损失亦未产生，不同意原告所主张的损失要求。诉讼费由法院判决。另外，被告树脂厂账面显示已向原告超付了 16 万元，与原告主张欠款数额偏差较大。

四、法院判决结果

法院审理认为：原被告双方业务往来多年。在庭审中原告曾提供了明细分账页、内部出货凭证、增值税发票、进账单、证人证言以及双方来往函件，证明其欠款事实；但被告认为举证期界限不到不予认可。法院认为被告缺乏证据，所以法院认定不仅合同有效、欠款属实，还款实属合理合法，但利息计算方法不予支持，特判决如下：

（1）被告在判决生效之日起 10 日内给付原告货款 232656.87 元，利息 5235 元，两项合计 237891.87 元。

（2）驳回原告要求被告承担损失的诉讼请求。

（3）本案案件受理费 6594 元，实际支付费用 3297 元，原告已预交，由被告承担。

五、经验与教训

本案中，原告长期向被告供应硫酸，以及被告签订合同后收到原告所供应 305.17 吨硫酸的事实，原、被告均予以认可，不存争议。原告主张的欠款分为两部分，第一部分是签订工业品买卖合同之前的欠款 128221.76 元，第二部分是双方签订工业品买卖合同后原告向被告供应 305.17 吨硫酸的货款。

关于第一部分 128221.76 元的欠款，由于原被告之间交易往来时间较长，付款是滚动式，为证明该笔欠款，原告在第一次庭审中提交了明细分类记账页七页，被告认为该记账页为原告单方记账凭证，且非原始证据。法院最终未采纳原告的该证据。为了充分证明该欠款事实，原告在第二次庭审中补充提交了内部出库单、增值税发票、进账单、证人证言，与被告供应科科长的谈话录音带等，被告认为原告提交上述证据已过举证期限，不应当被采纳。法院最终认定被告拖欠原告 128221.76 元货款的事实，主要依据的就是原告与被告供应科科长谈话录音带，根据录音显示，被告已承认欠款事实的存在，且提出以车辆抵 20 万元。法院最终认为，原告在第二次庭审中所举证据中内部出库单、增值税发票、进账单等虽然可以间接证明向被告供货的事实以及被告欠款的事实，但是这些证据形成的时间较早，原告未在法定的举证期限内提供上述证据。而谈话录音资料属于举证期限届满后出现的新证据，且与内部出库单、增值税发票、进账单等相互印证，可以形成一个完整的证据链，应予以采纳。故原告所述被告拖欠货款 128221.76 元的事实属实，被告应当支付上述欠款。

原告请求的第二部分 305.17 吨硫酸货款，该供货事实双方均认可，被告未付款的抗辩理由是未到第二个结算单位。对此，法院审理查明的事实是：原被告签订的《工业品买卖合同》中约定的结算方式为：每 300 吨为一个结算单位，供方开具增值税发票后 15 个工作日内付款。因此，原告所供 305.17 吨硫酸已满足每 300 吨为一个结算单位的合同约定，在原告开具增值税发票后，被告应当在合同约定的期限内向原告付款。

至此，被告拖欠原告货款 232656.87 元的事实清楚，证据确实充分。被告应当向原告支付上述货款，并承担欠款的利息以及案件诉讼费用。

本案中，原告胜诉的关键就是针对其诉讼请求的举证，《民事诉讼法》对举证期限有明确规定，当事人应当在举证期限内提交证据，在举证期限届满后有新证据的可以向法庭提交。原告在第一次庭审中提交的证据在形式要件和证明力上均存在瑕疵，无法充分证明被告拖欠货款的事实，后又重新收集证据，在多个间接证据的组合下，证据之间相互印证形成一个证据链。

作为原告一方，在诉讼中应当严格按照法律规定程序来为最终取得胜诉做准备，一般在起诉之前就应当对己方的案情和证据做一个全面的了解和掌握，在向法院立案之时就对需要提交的证据做出整理编册。同时，要根据案件审理的进展情况对证据和代理意见及时补充和调整，如对案件事实的证明有关键的新证据，则应当及时提交，以便不影响法庭对案件事实的认定。

本案中，被告的抗辩理由最终未被法庭采纳，原因在于：其一，被告未向原告支付款项，并没有合同中约定的可以不付款的事实和理由，其行为本身就存在违约。且原被告在双方签订的合同中对结算方式有明确的约定，被告所述的未到第二个结算单位的抗辩理由亦不能成立。其二，被告对其抗辩理由并未提交证据证明，被告认为原告提交的录音带仅有前一部分，而后一部分原告未提交。对此说法被告没有提交证据证明。另外，被告认为根据其厂方的账面显示，已经向原告付款超付 16 万元，对此抗辩意见，被告也没有提交证据证明。

六、启示

本案中原告在第一次、第二次庭审中分别提交证据以证明其诉讼请求所依据的事实理由，法院采纳了其在举证期限届满后所提交的新证据。由于该案至今已有十年之多，根据全国人大常委会 2012 年 8 月 31 日修改、2013 年 1 月 1 日起实施的《中华人民共和国民事诉讼法》，以及 2015 年 2 月 4 日起施行的《最高人民法院关于适用〈中华人民共和国民事诉讼法〉的解释》（简称《民事诉讼法司法解释》），关于证据的提交以及新的证据，最新的民事诉讼法以及司法解释有了更为合理更为细致的规定。

《民事诉讼法司法解释》第九十九条规定：人民法院应当在审理前的准备阶段确定当事人的举证期限。举证期限可以由当事人协商，并经人民法院准许。人民法院确定举证期限，第一审普通程序案件不得少于十五日，当事人提供新的证据的第二审案件不得少于十日。据此新规定，举证期限既可以由当事人协商确定并经法院准许，也可以由法院确定，法院对一审案件确定的举证期限不得少于十五日。

《民事诉讼法》第六十五条规定，当事人对自己提出的主张应当及时提供证据。人民法院根据当事人的主张和案件审理情况，确定当事人应当提供的证据及其期限……当事人逾期提供证据的，人民法院应当责令其说明理由；拒不说明理由或者理由不成立的，人民法院根据不同情形可以不予采纳该证据，或者采纳该证据但予以训诫、罚款。《民事诉讼法司法解释》第一百零一条规定：当事人逾期提供证据的，人民法院应当责令其说明理由，必要时可以要求其提供相应的证据。当事人因客观原因逾期提供证据，或者对方当事人对逾期提供证据未提出异议的，视为未逾期。

如果根据最新的《民事诉讼法》及其司法解释的规定，本案中原告某硫酸厂如果超过举证期限提交证据的，法院将会责令原告说明逾期提交的理由，如果理由成立则予以采纳，如果理由不成立或者原告拒不说明的，法院可以根据不同的情形来处理，如果该证据对案件事实的查明具有重要作用，法院可以采纳该证据，但对原告予以训诫、罚款；如果该证据对案件审理没有实质性影响则可以不予采纳。如果被告某电力树脂厂未对原告逾期提交证据提出异议的，可以视为未逾期提交。

新的法律规定更加尊重当事人的意思自治，对证据的采纳也更加严谨。故当事人在诉讼中要高度重视对证据的收集提交，严格按照法律规定来举证质证，在规定期限内因客观原因不能按时提交证据的要及时申请延期举证，以免错过举证期限造成不必要的麻烦和损失。在案件诉讼过程中，作为原告一方，应当对起诉做全面而充分的准备；作为被告一方，要积极地还原事实真相，对己方提出的抗辩理由也要提交充分的证据予以证明，否则抗辩理由不会被法庭所采纳。

案例 5　贺××与某电力实业发展公司挂靠经营合同纠纷案

一、案由

贺××（本案原告）与某电力实业发展公司（本案被告）早期曾签订了合作承包开发协议，合同约定双方合作的项目为外资企业大明油气公司单井风险开发，具体内容依照电力实业发展公司与大明油气公司签订的单井风险开发合同约定执行。单井投资预计不超过100万元，合作承包开发的规模原则上不少于10口井。合作期限以单井风险开发合同约定期限为准，合作期满贺××承包油井生产原油交售后，大明油气公司分得原油总量的20%，贺××分得80%，贺××每生产交售一吨原油给某电力实业发展公司提取合作利润分成150元。合同签订后，贺××陆续支付给某电力实业发展公司油井承包费785万元，之后电力实业发展公司先后给贺××返还1469611.8元。原告认为电力实业发展公司对贺××没有开采石油的资质是明知的，贺××通过注入资金的方式开采石油，违反法律规定，故根据相关法律规定，电力实业发展公司应返还贺××已支付的投资款。

二、原告理由

（1）根据《矿产资源法》第三条、第六条、第十六条的规定："从事矿产资源勘查和开采的，必须符合规定的资质条件。勘查、开采矿产资源，必须依法分别申请、经批准取得探矿权、采矿权，并办理登记。已取得探矿权、采矿权的企业，须经依法批准，可以将探矿权、采矿权转让他人，但禁止经探矿权、采矿权倒卖牟利。"电力实业发展公司与贺××均不具备开采石油的资质条件，亦不具有探矿权证和采矿许可证，均不能勘探、开采石油，而电力实业发展公司与贺××以合作开发投资为名，通过非法承包挂靠某采油厂的方式参与石油资源的开采，违反了法律法规对石油开采的一系列强制性规定，损害了国家和公共利益，扰乱了矿产资源开发的市场秩序，故电力实业发展公司与贺××签订的合作承包开发协议因违反法律的强制性规定而无效。

（2）电力实业发展公司与贺××双方均对贺××没有开采石油的资质是明知的，贺××通过注入资金的方式开采石油，违反法律规定，故根据相关法律规定，某电力实业发展公司应返还贺××已支付的投资款。

三、被告观点

被告经法院传唤，无正当理由拒不到庭，并未向法庭提交任何证据说明，法院依法缺席审理。

四、法院判决结果

电力实业发展公司因合作承包开发协议而收取贺××承包费785万元，应当予以返还，电力实业发展公司已向贺××返还了1469611.8元，还应向贺××返还6380388.2元，因此，贺××的诉讼请求符合法律规定，法院依法予以支持。

五、经验与教训

在本案中，由于原告缺乏开采石油的资质，违反国家强制性规定而导致相关合同被判无效。尽管原告胜诉获得其投资资金，但却无法获得投资合同的预期利润。

六、启示

相关油气区块的权利和义务经过转让后，大明油气公司作为受让方与电力实业发展公司之间签署的合同非常类似于产品分成合同，而电力实业发展公司与贺××之间的协议却类似油气分租协议，目前按照我国的法律规定，必须是获得对外合作专营权的国有石油公司才能与外国石油公司通过产品分成合同的方式进行合作。

案例 6　廖××与商建房地产开发公司、某实业发展总公司买卖合同纠纷仲裁案

一、案由

本案是房屋买卖合同纠纷仲裁案。

仲裁申请人廖××与被申请人商建房地产开发公司（简称被申请人）签订某市内销商品房预售契约发生纠纷，依据预售契约中有关仲裁条款提请仲裁，其内容是：

被申请人（商建房地产开发公司）与某实业发展总公司（简称实业公司）签署了建设项目合作协议书，约定共同投资建设项目工程，并对建设项目的产权及权利、利润进行分配。申请人与被申请人签订预售契约，约定"乙方（指申请人）自愿购买甲方（指被申请人）的某处房屋""房屋建筑面积为 146.32 平方米""双方同意上述预售房屋售价为每建筑平方米人民币 7151.80 元，价款合计为人民币 1046452 元""双方同意房屋符合交用条件时按规定共同到房地产交易管理部门办理房屋买卖过户手续，申领房地产权属证件，并按规定交纳有关税费"。申请人与实业公司又签订了《补充协议》，双方约定："甲方（指实业公司）承诺乙方（指申请人）办理入住手续之日起一年半内，办理完成乙方房产过户发证工作，使乙方取得合法的房产产权证件"；"乙方有责任配合甲方产权过户发证工作"；"由于甲方原因未按规定期限办理完成乙方发证工作，乙方有权要求甲方退还全部房款及延期利息"；"乙方选择不要甲方提供的厨房和卫生间的装修，甲方同意退还乙方装修费用，价格为 17490.88 元，在 10%尾款里扣除"；"本补充协议与正式合同文本具有同等法律效力"。《预售契约》签订后，申请人如期向实业公司支付了房款，并办理了入住手续。

交付房屋后至今，申请人未取得产权证。被申请人于四年后取得了合同项下房屋所在开发项目的产权证（简称《大产权证》），随后向申请人送达了办理产权通知书，通知申请人办理产权证。

二、申请人理由

此案申请人认为事经多年，申请人一再催促，被申请人迄今为止没有为申请人办理房屋过户手续，因此申请人提出仲裁，请求：①解除申请人与被申请人签订的《预售契约》；②被申请人退还申请人全部购房款；③被申请人支付违约金；④被申请人赔付申请人装修损失；⑤律师费和仲裁费用由被申请人承担。

三、被申请人观点

被申请人认为根据其与实业公司签订的合作协议及申请人向实业公司支付购房款项的事实，交易主体应为实业公司；在产权证迟延办理问题上，被申请人无过错，不应承担责任；被申请人不是《补充协议》的当事人，申请人无权依据《补充协议》要求被申请人承担违约责任，申请人请求支付律师费的请求没有事实和法律依据；申请人的仲裁请求已过诉讼时效，申请人的合同解除权已经消灭，被申请人请求仲裁庭驳回申请人的全部仲裁请求。

四、仲裁裁决结果

仲裁庭认为：申请人与被申请人签订契约有效，实业公司未违反《补充协议》，特裁决如下：

（1）被申请人向申请人支付违约金 50000 元。

（2）被申请人向申请人支付其为办案支出的律师费 10000 元。

（3）本案仲裁费用 38779.88 元（已由申请人全部预交），由申请人承担 7755.98 元，被申请人承担 31023.90 元，被申请人应向申请人直接支付代其垫付的仲裁费 31023.90 元。

（4）驳回申请人的其他仲裁请求。

以上应由被申请人向申请人支付的款项，被申请人应于本裁决书送达之日起 15 日内全部给付申请人，逾期按中国人民银行关于逾期付款的规定办理。

五、经验与教训

本案双方争议的焦点有以下几个方面。

（1）被申请人应否成为本案仲裁主体。

被申请人提出其不应成为本案仲裁主体，理由是：第一，本案合同附有申请人与实业公司签订的《补充协议》，其中就价款、办理产权证期限等事项作了约定，该《补充协议》不能约束被申请人；第二，《补充协议》未约定仲裁条款；第三，合同项下房款系申请人向实业公司支付，表明本案合同已由被申请人向实业公司转让，被申请人已不是交易主体。

通过对本案合同自订立至履行的全过程考察，仲裁庭认为，申请人的抗辩不能成立。第一，《合同法》第八十八条规定，"当事人一方经对方同意，可以将自己在合同中的权利和义务一并转让给第三人"。这是转让合同的必经程序，但是被申请人并未就合同转让事宜征得申请人同意，并未完成转让行为。第二，被申请人提供的《大产权证》上标明的房屋所有权人为被申请人，这表明就法律关系而言，实业公司并无交付房屋和办理产权过户登记的资格，亦证明合同并未转让。第三，鉴于《补充协议》与本案合同均以申请人为一方当事人，而《补充协议》甚至不具有标的条款，不能脱离本案合同而独立存在，应为本案合同的组成部分，申请人有理由相信实业公司具有代理权，实业公司与申请人签订的《补充协议》的行为应为代理行为。同样，由于被申请人不能证明已向实业公司转让合同权利，实业公司即不具有收受房款的权利，实业公司收受房款的行为亦属于代理行为。

（2）关于申请人提请仲裁庭裁决解除本案合同的请求。被申请人答辩称：第一，实业公司曾多次通知申请人办理产权过户登记，但申请人置之不理，或者拒收通知，实业公司并未违约。第二，即使认为被申请人应按《补充协议》的约定办理产权过户登记，但申请人在长达三年的期间并未行使解除权，其解除权已经消灭。

（3）关于申请人要求被申请人退还房款 1030710.21 元和赔偿装修损失 200000 元的请求。

退还房款和补偿装修价值属于房屋买卖合同解除后实施恢复原状的法律手段，鉴于申请人要求解除合同的请求未获得支持，不存在恢复原状的法律依据，仲裁庭对申请人要求退还房款和赔偿装修损失的要求亦不予支持。

（4）关于申请人要求被申请人支付违约金 297272 元的请求。

对申请人的此项请求，被申请人提出答辩称，申请人的仲裁请求如果能够获得支持，即意味着申请人自入住至本案仲裁结束近五年的时间无偿居住在实业公司提供的房屋内，在其购房入住的合同目的没受任何影响的前提下，显然违反了基本的公平诚信原则。

案例 7　某电瓷制造公司与某市供电公司买卖合同纠纷案例

一、案由

原告某电瓷制造公司，被告某市供电公司（简称供电公司），因买卖电瓷货款发生纠纷。具体案由是原告电瓷制造公司与被告某市供电公司签订了一份产品购销合同，合同总价款为 2962954 元，按合同要求，原告凭被告电话通知发货，发运不同型号的针式瓷瓶、悬式瓷瓶、拉线绝缘子等产品；交提货时间及数量约定为：以需方电话通知为准备，按需方实收单据结算；结算方式及期限约定为：货到验收合格后一次性付清货款。合同签订后原告凭被告方电话通知陆续向被告发运产品，被告陆续向原告支付了 2628141 元货款，被告尚欠原告货款 672636 元。经协商原被告签订一份协议书。该协议约定：①本协议自生效之日起，甲方（供电公司）即给付乙方（电瓷制造公司）货款 30 万元，其中人民币 10 万元由甲方汇入乙方指定账户，另外用一辆轿车折价 20 万元。②轿车的牌照和车辆的产权人均不是甲方，本协议自生效之日起，甲方将车辆以及机动车行驶证和车辆购置附加费交费凭证一并交给乙方，从交付轿车之时起，车辆的所有权属于乙方，一切责任由乙方自行承担。③本协议一式两份，双方各持一份，由甲乙双方代表签字或者盖章生效。协议书签订后，被告即将轿车及该车的行驶证等文证资料交付给原告，并另分两次支付货款 15 万元，尚欠货款 322636 元未付。但原告在使用这辆车后发现该车的行驶证是伪造的，所以车辆被交警大队扣留，车辆被扣留后原告以电话和派员的方式将车辆被扣留的原因告知被告，并要求被告提供车辆的合法手续，被告未作出明确答复，原告只好诉至法院。请求：①确认原、被告所签订协议书中的车辆抵债条款无效；②请求判令被告偿付货款 522636 元及利息；③诉讼费由被告承担。

二、原告理由

原告认为：

（1）原告电瓷制造公司与某市供电公司签订的产品购销合同合法有效。

（2）原告按照被告通知发货，共计货款2962954元，扣除破损12177元，共应回笼货款2628141元，其中包括被告用一辆车抵货款20万元，因此车在办理过户手续时被交警部门以伪造行驶证为由扣留，由于被告提供的车辆手续不合法，因此该车抵货款20万元无效，故被告尚欠原告共计522636元，应当依法清还。

三、被告观点

被告未到庭参加庭审，出具书面答辩意见认为：

（1）被告认为其与原告电瓷制造公司签订的协议书是合法有效的，其中车辆抵债条款也是有效的，在车辆抵债协议书签订后，其车辆以及机动车行驶证和车辆购置附加费凭证一并交给了原告，被告认为车辆抵债协议是双方真实的意思表示，而且车辆折价抵债条款并不违反法律、行政法规的强制性规定，本案车辆虽然行驶证有瑕疵，但车辆财产本身却是合法财产，同时，车辆购置附加费也是真实的，根据《民法通则》第五十五条的规定，本车辆折价抵债行为是有效的民事法律行为，至于车辆的过户问题，按照协议，应由电瓷制造公司自行负责。

（2）关于抵债的轿车的行驶证是伪造的，被告供电公司并不知道此事，原因是另一家企业因欠被告工程款将此车辆折价50万元交给被告，并且将车辆和相关的手续转交给被告后，一直没有使用该车辆，将其作为资产存放，因此被告供电公司才一直没有办理过户手续。当原告被告发生纠纷后，供电公司将该车辆才折价20万元抵给原告电瓷制造公司。

四、法院判决结果

法院经审理认为：原、被告是多年业务往来单位。被告供电公司不到庭参加诉讼视为放弃举证质证权利，对原告提交的证据予以认定，本院认为本案纠纷也是因被告用于折价抵债车辆没有合法手续引起，因此判决如下：

（1）原告与被告签订的协议书中以车辆折价20万元的抵债条款无效，被告返还原告20万元。

（2）被告偿付原告货款322636元，支付违约金111725元。

（3）本案受理费14535元，财产保全费3400元，其他诉讼费3500元，合计21435元由被告承担。

五、经验与教训

通常供电企业作为原告方或者申请方，应该积极地参加诉讼以维护自身的权利，本案中供电公司作为被告，是被动的一方，应该如何处理纠纷、如何正确地行使权利呢？本案供电企业作为败诉方，应总结以下经验教训：

（1）法律意识薄弱。作为被告的时候应该积极地维护自身的权利，积极地进行应诉。本案中供电公司作为被告，没有到庭参加开庭，而是只进行了书面答辩，这样便放弃了开庭答辩以及庭审的各项权利，这样消极不应诉，不利于维护自身的权利。

（2）日常法律纠纷缺乏管理。涉案的车辆是供电公司从其他公司接受的抵债实物，在接收欠款用或者再次向他方债权折价的时候，应该审查该财产或者债权是否有瑕疵，避免自身的利益受到损害。

（3）合同订立不完善。供电公司在面临买卖的时候应该订立完善的合同，应该对未发生的风险进行防范。

（4）没有积极进行协商协调。买卖合同的履行受到资金和市场经济的影响，出现问题在所难免，在合同的履行过程中出现问题的时候应该积极地进行协调，并且以协议的方式对权利义务进行确定，也应该积极地履行合同和协议。

六、启示

买卖合同纠纷是现实经济生活中最常见的法律纠纷，涉电、涉能源的企业在日常的生产生活中买卖交易更是频繁，不可避免地就会产生买卖合同的纠纷，且买卖合同纠纷在日常纠纷中是占比例很大的纠纷类型，通过本买卖合同纠纷的案例，可以从中获得以下启示：

（1）要强化企业法律风险防范意识，特别是企业主要负责人必须充分认识法律风险防范的重要性和紧迫性，正确认识和了解企业法律风险的形成原因和发展特点，研究工作措施，在思想上真正高度重视企业法治建设。

（2）建立和完善企业法律风险防范体系。尽快建立和完善企业法律风险防范体系是防范企业法律风险的基本保证，要把建立和完善企业法律风险防范机制与加快现代企业制度、完善法人治理结构紧密结合起来，提高企业内部运营效率。

（3）要建立企业内部完善的法务部门，对公司的对外买卖和各项活动进行法律监管以及风险管控。如要特别注重加强对合同审批、签订、履行等流程的管理，对合同实施情况开展效能监察，完善合同管理制度，对合同履行过程中出现的问题作出及时的法律风险评估，并且及时地采取措施防范合同陷阱和风险。

（4）重视和加强企业法律工作者队伍建设。加强企业法律工作者队伍建设是防范法律风险的组织保障。要积极推行法律风险委员会和企业法律顾问制度建设，健全法律事务机构，强化工作职责，选拔、培养和充实一批高素质的专业法律工作者。

（5）企业业务管理部门在日常的业务管理中应该注意证据的保存问题，尤其对于合同，要签订规范的合同并且要对合同进行备案，一方面保障了业务的正常进行，另一方面一旦出现法律上的纠纷，合同是解决争议、维护利益最直接、最有效力的证据。

（6）要积极地面对诉讼，出现纠纷是企业日常生活中不可避免的，不论是作为原告还是被告都要积极地维护自身的法律权利，学会运用法律的手段来维护自身的利益。

第三章

借款合同纠纷案例具体分析

案例 1　上诉人某市电力公司与被上诉人某地交通银行等借款合同纠纷案

一、案由

某镇政府与当地农电站拟建一座 35kV 变电站,由农电站立据向交通银行借款本金 100 万元,由某电力公司作为保证人进行担保,出具了《借款承诺保证书》,约定 "……如借款方农电站经营无力偿还借款本息时,保证人愿意代为偿还借款本息……"。某交通银行以设备租赁的形式发放 100 万元贷款。

同年农电站又与交通银行签订了书面设备租赁合同,约定 "交行(甲方)全权委托农电站(乙方)购买设备,设备购入后乙方则向甲方承租和使用这些设备(注明价格 100 万元的设备明细,供货单位为某市电力公司),租赁设备的所有权属甲方,乙方有设备使用权。租赁期定为 2 年。到期乙方按合同约定结清租金和费用,产权转让给乙方……"。

同年农电站立下 100 万元贷款借据一张,用途为 "35kV 变电站贷款",月利率为 8.1‰,借款期限为 24 个月,农电站及其当时的站长均盖章。同日,交行付贷款 100 万元。

还款期限到时由农电站结还本金 44.9 万元,余欠本金 55.1 万元及相应利息,经交通银行催收未果。

农电站原是具有一定组织机构和财政并独立核算的事业型、服务型组织,隶属于镇政府,根据国办发〔1998〕第 134 号文件,申请注销了企业法人登记,改制为县级电管站,后更名为供电所,乡及乡下农村集体电力资产以无偿划拨方式交电力公司管理;其中由镇政府出资或利用国家规定的电力建设资金形成的资产由镇政府享有所有权。

交通银行一直对原某农电站(之后更名为电管站、再更名为供电所)和电力公司主张债权,先后分别向电管站、镇政府、电力局签订催收函,并且电力公司还在催收函上加盖公章并注明:我公司尽量催促镇政府还款。

交通银行作为原告,把供电所和电力公司作为被告,镇政府作为诉讼第三人,向法院提出诉讼，请求某供电所（原农电站、电管站）和电力公司连带偿还借款本金 55.1 万元及利息。

二、原告理由

（1）交通银行连续多次在法定二年的诉讼时效期间内对农电站（电管站、供电所）主张了权利，镇政府也对其所催收通知书进行了代签收。

（2）保证人电力公司负有保证责任。

但是农电站（电管站、供电所）以及电力公司均未归还借款本息。

三、被告观点

（1）第一被告供电所认为：①本案主债务对原农电站已经超过诉讼时效，原农电站不再具有清偿责任；②改制为供电所后不具有清偿责任。不同意交通银行诉法请求。

（2）第二被告电力公司认为：交通银行已经与电管站及镇政府达成了债务转让协议，未征得保证人电力公司的同意，故不能再向电力公司主张保证担保权利；如果交通银行不承认主债务已经转移给镇政府，则由于其不能证明其在诉讼时效期间内向主债务人主张了权利，也同样不能向保证人主张权利，电力公司不应对本案所涉及的债务承担任何责任。所以，不同意交通银行的诉讼请求。

四、法院判决结果

一审法院认为借款行为存在，原告交通银行催还款，可以被告收到催收通知书为证并表明农电站是独立核算单位，是独立法人。

所以法院判决：电力公司与镇政府应连带清偿交通银行借款本息 78.5 万元（其中本金 55.1 万元，利息 23.4 万元）。电力公司败诉。

电力公司不服一审判决提起上诉，请求判决撤销一审判决，驳回交通银行的诉讼请求。

其理由是：

（1）交通银行与原农电站签订的是一份融资租赁合同，电力公司为该合同提供担保，承租人原农电站依约履行了合同。合同期满后，出租人交通银行与承租人原农电站未签订新的合同，电力公司也未再提供担保，交通银行也未在保证期内向电力公司主张保证债权。电力公司的保证责任实际上早已依法解除。

（2）交通银行已经与电管站及镇政府达成了债务转让协议，未征得保证人电力公司的同意，故不能再向电力公司主张保证权利；如果交通银行不承认主债务已经转移给镇政府。则由于其不能证明其在诉讼时效期间内向主债务人主张了权利，也同样不能向保证人主张权利，电力公司不应对本案所涉及的债务承担任何责任。

（3）电力公司接受了镇政府无偿移交的电力资产后，对电管站不应承担连带清偿责任。

被上诉人（原告）交通银行庭审中答辩称：本案债务未发生转移，原审判决正确，请求维持原判。

原审中诉讼第三人镇政府在庭审中也辩称：本案债务未发生转移。

二审法院认为：①关于合同性质问题：原告与被告签订的名为融资租赁合同实为借款合同；②关于主债务诉讼时效是否丧失、债务是否转移问题：法院认为交通银行与镇政府之间没有产生特定的权利义务，镇政府不是借款人，是借款人的主管部门，且借款时农电站是企业独立法人，因此交通银行对镇政府的催收通知不作为诉讼时效的依据，二审法院还认为电力公司没有签字，不能认定其负保证责任。鉴于此，二审法院的判决结果是：

（1）撤销一审人民法院的民事判决。

（2）驳回交通银行的诉讼请求。

五、经验与教训

本案在终审判决中，电力公司胜诉，交通银行败诉。原因在于：法院最终认定本案中主债务并未发生转移，主债务的诉讼时效已过。

本案的争议焦点集中是两个：①债务是否转移；②主债务的诉讼时效是否丧失。

关于债务转移问题，《民法通则》第九十一条规定：合同一方将合同的权利、义务全部或部分转让给第三人，应当取得合同另一方的同意，并不得牟利。当年镇政府与电管站达成由镇政府负责偿还交通银行所有贷款的备忘录，但交通银行并未在备忘录上签字同意，亦未重新办理立（转）据手续。后又仍向农电站催贷，表明交通银行并未认可本案债务由镇政府清偿，所以该备忘录对交通银行并无约束力。镇政府在二审庭审中亦辩称"不是本案债务人"。故本案债务尚未发生转移，因此镇政府并非本案债务人。《民法通则》第八十四条规定："债是按照合同的约定或者依照法律的规定，在当事人之间产生的特定的权利和义务关系。"本案中镇政府与交通银行之间并未产生特定的权利和义务关系，因此，镇政府对本案债务并没有清偿责任。

关于诉讼时效问题，镇政府在本案中不是借款人，而是借款人原农电站的主管部门，故交通银行在贷款逾期后对镇政府的催收，不能作为本案诉讼时效中断的依据。农电站变更为无企业法人资格的供电所后，交通银行继续对原农电站催收，此次催收即使其能中断诉讼时效，但是，均是由镇政府签收催收通知书，因主债务并未转移给镇政府，故并不构成诉讼时效中断；但到起诉时，已超过了法定的二年诉讼期间，原农电站因此而产生了诉讼时效抗辩权。

电力公司向交通银行承诺"本担保书自签订之日起生效，至偿还全部贷款本息后自动失效"。根据《最高人民法院关于适用〈中华人民共和国担保法〉若干问题的解释》第三十二条的规定，该内容"视为约定不明，保证期间为主债务履行期届满之日起二年"，在保证期间，交通银行一直未向电力公司主张保证责任，保证责任消灭。另外电力公司在催收通知书上签署"我公司将尽量催促镇政府还款"，显然是仍将自己置身于保证人地位，而非主债务人名分，隶属关系几经变更后，是以供电所的主管部门口气签收。根据《最高人民法院关于人民法院应当如何认定保证人在保证期间届满后又在催款通知书上签字问题的批复》："保证责任消灭后，债权人书面通知保证人要承担保证责任或者清偿债务，保证人在催款通知书上签字的，人民法院不得认定保证人继续承担保证责任。"故电力公司免除保证责任。

所以，交通银行的返还借款本金的诉求没有得到支持。

六、启示

《民法通则》第九十一条规定：合同一方将合同的权利、义务全部或部分转让给第三人，应当取得合同另一方的同意，并不得牟利。此条法律规定是为了保护债权人的债权。

因为债务人的履行能力、资信状况等与债务能否履行息息相关，与债权人债权的实现具有直接的利害关系。所以，必须经债权人同意，债务人与第三人签订转让债务的协议才对债权人有效。

这就需要在面临债务转让协议的时候，需要债权人审慎地考查新债务人的履行债务的能力，在同意或拒绝债务的转移后，对新的债务人或者原债务人及时主张权利，切莫弄错债务相对人。与此同时，亦要注意严格按合同约定时间履行合同，于诉讼时效内主张主合同债权与保证合同债权。

案例 2　某电力公司诉某啤酒公司等被告借款合同追偿纠纷案

一、案由

本案当事人：原告，某电力公司；被告人一，某啤酒公司；被告人二，谢某、江某、郑某、刘某四自然人；被告人三，某市工贸开发公司；被告人四，某县东南工贸公司；被告人五，兰光实业股份有限公司；被告人六，香港某贸易公司。

本案原告与被告的纠纷主要是因借款合同追偿引起的诉讼，具体案由是：啤酒公司向某建设银行贷款362万元，隔年又追加贷款300万元人民币。原告电力公司为上述贷款提供担保，啤酒公司以公司财产提供反担保。

借款期间，被告谢某、江某、郑某、庄某出具函件以估值近700万元的私有财产为电力公司反担保，请求电力公司为啤酒公司贷款担保。

贷款期限届满后，啤酒公司未依约还贷，建设银行提起诉讼。一审法院判决电力公司对啤酒公司的贷款承担连带清偿责任。电力公司则通过执行和解办法代啤酒公司偿还贷款530万元。随后，电力公司为挽回担保损失向法院提起追偿诉讼。

二、原告理由

原告电力公司诉称，原告电力公司代为啤酒公司偿还贷款530万元，被告谢某、江某、郑某及已病故的庄某之妻刘某亦作为贷款的反担保人应依约对啤酒公司的还款义务承担连带清偿责任；其中被告某市工贸开发公司，某县东南工贸公司，香港贸易公司，谢某等四人作为啤酒公司的股东，均未缴足股金（依据验资报告分别尚有194.3万元、172.6万元、379.55万元、306.55万元未缴入）。上述被告均应通过补齐资金的方式立即偿还代偿的债务530万元并彼此承担连带责任；各被告支付原告电力公司为行使追偿权所支付的合理费用3.02万元；并由被告承担本案诉讼费用。

三、被告观点

（1）被告谢某、江某、郑某、刘某辩称：①答辩人反担保的借款不是本案原告电力公司代偿的300万元。②某建设银行贷款以新还旧，与原告电力公司串通、骗取答辩人反担保。依据《担保法》第三十条规定，答辩人不应承担民事责任。③原告电力公司未在保证期间内要求答辩人承担连带清偿责任，应免除保证责任。④原告电力公司诉求超过诉讼时效，其请求3.02万元及诉讼费于法无据。请求驳回原告电力公司对答辩人的诉讼请求。

（2）被告某市工贸开发公司辩称：根据《中外合作经营企业法实施条例》以及公司章程，啤酒公司的增资决议需经过董事会一致通过，但关于啤酒公司增资决议未经林某、张某等签字，应属无效。某市外经贸委根据虚假的董事会决议作出的关于啤酒公司增资批复亦无效。根据《公司法》关于再投资的规定，某市工贸开发公司因净资产只有300多万元而不具备再投资的条件。

（3）兰光实业股份有限公司未参加啤酒公司经营、未分得利润及抽回了投资，请求驳回原告电力公司把兰光实业股份有限公司作为被告及对其诉讼请求。

（4）被告某县东南工贸公司辩称：①本公司不应作为被告，因为啤酒公司法人资格仍存在，应由该公司承担对外责任。又因本公司不存在于工商登记记载的股东中，所以东南工贸公司不是啤酒公司法律意义上的股东，对外也不应承担责任。②注资不足只是向其他股东承担违约责任，向工商部门及外经贸局承担行政上的责任，与本案属不同法律关系，原告电力公司要求答辩人补足出资无法律依据。③原告电力公司要求答辩人承担530万元的连带责任无法律依据。④贷款担保责任已超过诉讼时效。⑤第二次增资系无效行为，无证据证明答辩人注资不足。⑥本公司未参与啤酒公司经营，也未分得利润及抽回投资。⑦原告电力公司诉求的费用无依据。请求人民法院驳回原告电力公司对答辩人的诉讼请求。

（5）被告啤酒公司等其他被告经法院依法传唤未到庭，亦未答辩。

四、法院判决结果

（1）被告啤酒公司应于本判决生效后一个月内偿还原告电力公司代为偿还的借款 530 万元；逾期还款，则按《民事诉讼法》第二百三十二条之规定处理。

（2）被告某市工贸开发公司、某县东南工贸公司、兰光实业股份有限公司、庄某应于本判决生效后一个月内完成对啤酒公司的清算。

（3）被告某市工贸开发公司应在 164.3 万元、某县东南工贸公司应在 172.6 万元、兰光实业股份有限公司应在 306.55 万元、庄某应在 379.55 万元范围内对啤酒公司的财产不足清偿部分各自承担赔偿责任。

（4）被告谢某、江某、郑某、刘某应在 300 万元贷款本息范围内承担连带责任，其在承担保证责任后，有权向被告啤酒公司追偿。

（5）驳回原告电力公总司其他诉讼请求。

五、经验与教训

本案中，原、被告围绕的争议焦点有以下几个：某县东南工贸公司应否作为本案被告？某市工贸开发公司、某县东南工贸公司应否承担出资不到位的责任？谢某、江某、郑某、刘某四人是否应承担反担保责任？原告电力公司起诉的合理费用是否应予支持？本案是否超过诉讼时效？

（1）关于某县东南工贸公司应否作为本案被告问题。该公司以工商登记资料否定其股东资格，又主张啤酒公司法人资格仍存在，认为其不应作为本案被告。

依据啤酒公司的合资经营合同及省外经贸委的批准证书，东南工贸公司系啤酒公司的股东，同时，制作工商登记资料的机关某市工商局表明，该资料仅供参考、具体情况以书面档案为准，因此，可认定东南工贸公司是啤酒公司股东。依据工商登记资料，因啤酒公司被吊销，原告电力公司将吊销企业的股东列为被告并无不妥。

（2）关于其他被告应否承担出资不到位责任的问题。某市工贸开发公司主张增资决议无效、认为某市外经委的批复亦无效，且工贸开发公司已不具备再投资条件。某县东南工贸公司则主张仅对工商部门承担行政责任或对其他按约出资的股东承担相应违约责任。

工贸开发公司要否定某市外经委的批复，即否定有关行政部门作出的具体行政行为。通常可通过民事诉讼的判决变更程序性的或形式性的行政行为，如备案、登记等。但是，对于实质性的行政行为，如本案所涉的审批行为，只能通过行政复议程序或者行政诉讼程序予以纠正。而该具体行政行为未撤销之前是有效的。某市工贸开发公司主张的再投资的限制，是其公司内部经营管理问题，不能对抗公司的债权人。

某县东南工贸公司不得排除未按约出资股东对外应承担的民事责任。首先，股东按照公司章程的规定向公司足额投入并保持足额资本，是公司获得独立法人资格的必备法律要件，是其享受有限责任保护的必要条件。其次，股东出资不到位削弱了啤酒公司的偿债能力，使基于公司章程所公示资本而与公司业务往来的债权人的利益受损。最高人民法院有关司法解释确认，公司财产不足以清偿实际发生债务时，股东应在出资不足的范围内承担赔偿责任。现啤酒公司已歇业并被吊销，且其强制执行程序已因无财产可供执行而裁定执行终结，故作为开办单位的某市工贸开发公司及某县东南工贸公司应在差额范围内承担民事责任。

（3）关于反担保问题。从啤酒公司的有关函件中，要求电力公司对某建行的贷款 300 万元提供担保，谢某、江某、郑某、刘某表示愿以四负责人的私有财产作为反担保。至于四被告法庭称借贷款用于贷新还旧。贷款仅是用途不同，仍属于一笔；且四被告未举证证明其所反担保的是何笔贷款，因此应认定系为本案贷款提供反担保；至于四被告所称原告与他人串通、骗取反担保，从有关证据看，四被告是主动出具的反担保函，而且四被告系公司法定代表人、管理人员，对反担保行为是明知的。因此，四被告所示欺诈、胁迫无依据。至于保证期间问题，因担保人行使追索权的前提是其履行担保义务。而原告电力公司经法院裁定代为偿还借款是在前，而其提交诉状时并未超过期间，而且在建设银行起诉的借款合同纠纷一案中原告电力公司已就反担保事项提出主张，因此四被告的抗辩不成立。

（4）关于合理费用问题。因反担保合同并未将实现债权而花费的有关律师费用列为反担保的范畴，因此原告电力公司请求判决由债务人承担本案律师费用无合同依据。

（5）关于诉讼时效问题。仅有原告某电力公司履行担保责任后，才有权主张权利，《最高人民法院关于适用〈中华人民共和国担保法〉若干问题的解释》第四十条第二款规定："保证人对债务人行使追偿权的诉讼时效，自保证人向债权人承担责任之日起开始计算。"在履行保证责任前，其权利并未受侵害，其无权要求反担保人承担反担保责任，同样也不能成为事实上的债权人，也无权请求未足额出资的股东承担责任，因此诉讼时效不应从啤酒公司违约未还款或从建设银行起诉时起算。故本案诉讼时效应自原告电力公司经强制执行承担保证责任的诉讼时起算，故本案未超过诉讼时效。

六、启示

这则案例给我们的启示是：

（1）在订立担保合同或者反担保合同时，要对所担保的债权加以明确，以免日后因所担保债权不够明确而发生纠纷。

（2）在遇到董事会决议等事项时，一定要严格根据公司章程及相关法律法规规定行事，如遇有不遵守规定的情形，应及时通过相应法律手段否定其效力，以避免日后自身权益因不规范的公司决议受损害。

（3）货币债权、担保责任等合同债权须严格按照法律规定的时间向相对人主张，及时行使自己的权利，一旦超过诉讼时效，合法的权益也会失去法律的保护。

案例 3　某电解铝厂诉华泰物业公司、某省送变电公司借款合同纠纷案

一、案由

本案原告为某市电解铝厂，第一被告为某市华泰物业公司，第二被告为某省送变电公司，原告与被告因借款合同纠纷财产保全一案起诉于法院，其案由是：第一被告华泰物业公司从原告处借款 50 万元，还款到期而未及时还，经原告多次催要其欠款，被告虽书面承诺了还款期限但均未履约，这期间第一被告华泰物业又被工商管理部门吊销营业执照，经原告了解，第一被告系第二被告某省送变电公司出资设立的下属分支机构，注册资金 150 万元，亦诉请第二被告承担还款责任。原告先后两次索要 50 万元货款未果。

原告电解铝厂将华泰公司、送变电公司起诉至法院，要求二被告偿还欠款 50 万元及利息，以及承担一切涉诉费用（包括索款差旅费、诉讼费）。

二、原告理由

原告认为：

（1）借款实际是第一被告法定代表人李某代表华泰物业公司借款，而且第一被告公司也已先后三次对此予以承认并承诺还款。

（2）第一被告华泰物业公司被吊销营业执照，作为唯一股东的第二被告送变电公司实际对第一被告人注册资金出资不到位、无实际购置交付固定资产，应对第一被告华泰物业公司承担相应的民事责任。

三、被告观点

第二被告送变电公司答辩认为：

（1）50 万元借款在性质上属于李某个人借款，应由李某个人清偿。

（2）第一被告华泰物业公司是独立核算的企业法人，即便该 50 万元借款性质上属公司行为，也应当由该公司承担清偿责任。

（3）李某在第一被告华泰物业公司被吊销营业执照之后所写的还款计划无效，另外原告电解铝厂起诉已超过诉讼时效。

四、法院判决/调解结果

一审法院经审理后判决如下：

（1）第一被告华泰物业公司向原告电解铝厂偿还借款 50 万元，并承担合理索赔费用 25000 元，于判决发生法律效力后十日内付清。

（2）第一被告华泰物业公司偿还该 50 万元借款和借款到期日起至付清之日止的利息，按同期银行贷款利率计付，于判决发生法律效力后十日内付清。

（3）第二被告某省送变电公司对判决（1）、（2）项在注册资金不实（88 万元）及实物固定资产虚假投资（62 万元）范围内承担连带清偿责任。

一审判决后，第二被告不服，案件进入二审。经二审法院调解，第二被告送变电公司与原告电解铝厂达成和解协议，主要内容是：①第二被告于调解协议生效之日，一次性支付原告电解铝厂借款 45 万元，另行支付索款的差旅费 2 万元整；②本案一、二审诉讼费 20420 元，财产保全费 2600 元，由第二被告负担 10210 元，原告电解铝厂负担 12810 元。

五、经验与教训

本案的争议焦点主要有三个：①50 万元借款是李某的个人债务还是第一被告的公司债务？②第一被告在营业执照被吊销后出具的还款计划是否具有法律效力？原告电解铝厂起诉是否超过了诉讼时效？③第二被告是否应承担该 50 万元借款的还款连带责任？

（1）关于 50 万元借款是李某的个人债务还是第一被告的公司债务问题。无可争议的是第一被告的债务。其原因在于：第一，李某是公司的业务人员，其代表公司向原告电解铝厂借款是一种职务行为；第二，向原告电解铝厂借款 50 万元系被告华泰物业公司的真实意思表示，从未否认过该债务，且之后三次向原告电解铝厂出具书面还款计划，承认该债务并承诺还款，均是对该真实意思表示的一脉相承的确认和表现形式。法院也判决该 50 万元借款为第一被告华泰物业公司债务。

（2）关于第一被告华泰物业公司在营业执照被吊销后出具的还款计划是否具有法律效力，以及原告电解铝厂起诉是否超过诉讼时效问题。第一，司法实务中一般认为，企业被工商行政管理部门吊销营业执照，是工商行政管理机关依据国家工商行政法规对违法的企业法人做出的一种行政处罚，企业法人被吊销营业执照后至被注销登记前，该企业法人仍应视为存续，可以自己的名义从事清算范围内的活动，进行诉讼。从程序上，它仍具有从事民事诉讼的主体资格；从实体上，它仍应以自己的财产对外承担责任。本案中，第一被告华泰物业公司向原告电解铝厂出具的还款计划，仅是对原债务承认和处理安排，并非从事经营活动，该行为具有法律效力。第二，原告电解铝厂一直积极主张债权，故而第一被告华泰物业公司先后三次向出具书面还款计划（均盖有该公司的公章），承诺在期限内还清全部债权，因为第一被告公司的多次承诺误以为诉讼时效而中断，实际上这更表明原告电解铝厂债权诉讼时效的延续性，所以，原告电解铝厂起诉时诉讼时效并未超过。

（3）关于第二被告某省送变电公司是否应承担该50万元借款的还款责任问题。第一被告是第二被告公司开办的分支机构，因为第二被告公司对第一被告公司注册资金出资未到位，且在第一被告公司营业执照被吊销后未依法组织清算，按照《最高人民法院关于企业开办的其他企业被撤销或歇业后民事责任承担问题的批复》，以及《最高人民法院关于适用〈中华人民共和国公司法〉若干问题的规定（三）》第十三条第二款"公司债权人请求未履行或者未全面履行出资义务的股东在未出资本息范围内对公司债务不能清偿的部分承担补充赔偿责任的份额，人民法院应予支持"的规定，第二被告公司对第一被告公司的该50万元债务应承担注册资金范围（即150万元）内承担归还借款的责任。所以，本案中，第二被告公司应承担第一被告公司该50万元借款的还款责任。

本案一审取得了胜诉判决，二审通过调解取得了执行案款，以下经验值得借鉴：

（1）通过积极、及时、多次的沟通，使得出借50万元借款的事实得到债务人第一被告公司的承认和不间断的归还承诺，同时因为债务人第一被告公司的多次承诺使得债权人原告电解铝厂的诉讼时效未中断，以致在长达8年后起诉维权仍未超诉讼时效。

（2）原告采取诉讼保全冻结了第一被告公司的存款，保证了在取得胜诉判决后的执行，同时为二审最终和解执行打下坚实的基础。

需要说明的是，原告电解铝厂出借资金50万元，8年多之后才得以收回，且本金都未能全部收回，没有任何利息，耗费了大量的人力、财力和时间成本，结局不可谓不惨痛。如下教训值得吸取：①诉讼维权不及时，导致处置期限被大大拉长；②借款之前，对债务人调查、了解不够，贸然借出资金，借款单内容约定不具体、手续存在瑕疵，导致了维权困难和诉讼风险；③借款回收过程中，对债务人的经营、财务等关注不够，连债务人营业执照被吊销这么大的变故都未能及时发现，本案能一审胜诉、二审和解并收回部分借款，多少有些侥幸；④企业间借款应依据并遵守当时的法律法规，否则会陷入法律风险。如本案中就出现了根据《贷款通则》第六十一条及《最高人民法院关于对企业借贷合同借款方逾期不归还的应如何处理问题的批复》规定的限制或禁止企业间的拆借行为，根据规定，该签订的合同属于无效合同，虽然本金仍需返还，但因借款产生的利息将会被收缴。

六、启示

（1）公司之间应规范签订借款合同。借款合同中借款方仅有经办人签字，既没有借款方公司的盖章，又没有法定代表人签字授权，存在在发生纠纷时被认定为是经办人个人债务而非公司债务的法律风险。

（2）应依法出借资金。应审查借款发生时相关法律、法规的规定，以免出现触犯法律禁止或限制性借款行为的情况。

（3）开办公司应按规定或约定履行出资。出资不实或未实际出资到位，将面临承担债务的法律风险，并且具有虚假出资的刑事风险。

（4）公司被吊销营业执照后，开办机构应及时进行清算，否则可能会存在被要求承担清算或其他债务责任的法律风险。

| 案例 4 | 某电力实业总公司诉某市华兴房屋开发中心、某市中兴投资公司借贷款保证合同纠纷案 |

一、案由

此案原告电力实业总公司，第一被告某市华兴房屋开发中心，第二被告某市中兴投资有限公司，因中信银行某分行先后三次向第一被告华兴房屋开发中心和另两家案外公司发放贷款共计 2250 万元，原告电力实业总公司为该三笔借款提供了连带责任保证担保。

但第一被告及另二借款人均未按时还款，原告电力实业总公司也未履行保证责任，中信银行某分行对其分别提起诉讼，取得胜诉或达成调解，后又向法院申请强制执行，电力实业总公司成为负连带清偿责任的被执行人。

原告电力实业总公司曾多次催促第一被告履行判决，未果。经交涉，第一被告向原告电力总公司出具《承诺书》，承诺承担全部债务，并保证于当年 8 月还款；同时，第二被告中兴投资公司向原告电力实业总公司出具《担保函》，承诺对第一被告的全部债务承担担保责任。但两被告均未履行承诺。

电力实业总公司只好履行保证责任，代第一被告向中信银行某分行偿还借款 100 万元。并且电力实业总公司与中信银行分行达成《执行和解协议书》，再代第一被告公司和另二借款人偿还 1965 万元，后于当年支付了首期还款 800 万元。

原告电力实业总公司达成并履行执行和解后，及时通知了第一被告和第二被告，并向其主张追偿权，要求履行承诺，偿还债务。同年，原告电力实业总公司与为第一被告、第二被告法定代表人签署了《关于确认债务及其担保的承诺书》，两被告承认了对原告电力实业总公司履行保证责任的事实以及其追偿权的取得，被追偿债务归属主体及其数额，所占用资金的经济损失计算基数、标准、期限和电力实业总公司经济损失的事实以及第一被告公司承诺赔偿的具体数额，提起诉讼的权利保障，诉讼法院的管辖等做了明确而详细的确认和约定；第二被告则同时确认对第一被告上述承认和承诺没有异议，予以承认和认可，并愿意为第一被告上述债务提供无期限的连带责任保证。

第一被告、第二被告承诺后再次不履行承诺,原告电力实业总公司在向中信银行某分行履行了 2065 万元全部担保责任后,对第一被告华兴房屋开发中心第二被告中兴投资有限公司向法院提起了诉讼。

二、原告理由

(1) 原告电力实业总公司履行了保证责任,取得了对借款人第一被告华兴房屋开发中心和另二借款主债务人的追偿权,第一被告也已承认。

(2) 第一被告的两份书面承诺具有合同的约束力,基于此另两主债务人的被追偿债务已转移至第一被告名下,原告电力实业总公司有权向其主张全部追偿债权并按该承诺约定主张其他权利。

(3) 第二被告中兴投资公司两次承诺对第一被告全部债务承担连带保证责任,其应当按约定履行保证义务。

(4) 第一被告、第二被告故意不履行法定义务,应依法追究其法律责任。

三、被告观点

第一被告、第二被告均承认原告电力实业总公司起诉的事实和诉讼请求。

四、法院调解及执行结果

此案事实清楚、案情简单,双方对事实产生没有分歧,人民法院在审理中采取调解办法,原告和被告自行达成了和解协议,由法院出具调解书,其主要内容为:

(1) 第一被告给付原告电力总公司为履行保证责任代其支付的款项 2065 万元,其中原告电力实业总公司已经代为偿付的金额 1190 万元,由第一被告公司在调解协议生效之日起三个月内付清;其余的 875 万元自原告电力实业总公司实际偿付后,第一被告再对原告电力总公司立即付清。

(2)第一被告在调解协议生效之日起三个月内给付原告电力总公司 1190 万元资金被占用的损失,并按同期一年中国人民银行贷款利率的双倍计算原告电力实业总公司尚未代付的 875 万元的资金被占用损失,自原告电力实业总公司实际清偿代付款项之日,按同期一年期中国人民银行贷款利率的双倍计算。

(3) 第一被告在调解协议生效之日起三个月内给付原告电力总公司损失 210 万元。

(4) 第二被告对第一被告的上述给付义务承担连带清偿责任。

调解协议生效后第二被告又未履行承诺,原告电力实业总公司申请法院强制执行。法院最终以未发现被执行人其他可供执行财产、申请执行人亦不能提供被执行人可供执行财产线索为由，裁定本次执行程序终结。

五、经验与教训

本案例既有诉讼成功的经验，又存在最终执行不能的惨痛教训。

（1）经验方面，原告电力总公司的诉讼请求能够最终全部在调解书中得以落实、确认，得益于其之前积极主动与主债务人、担保人交涉并取得全面、详细的书面保障。具体而言：

原告电力实业总公司先后两次取得第一被告的承诺和第二被告的担保，内容全面、详细，不仅包括对于其已履行保证责任、取得全部债务追偿权事实的确认，还涵盖了被追偿债务的归属主体及其具体数额，所占用资金的经济损失计算基数、标准、期限，原告电力实业总公司经济损失的事实及第一被告承诺赔偿的具体数额，第二被告担保的债务范围、期间，法律效力，诉讼权利保障，管辖法院等。鉴于这是当事人的真实意思表示，且内容全面、详细，故而在调解时按原承诺和担保函书面约定条件达成和解，出具具有法律效力以及具有强制执行效力的调解书就是顺理成章、水到渠成。原告电力实业总公司先后两次取得的承诺书和担保函，为该案诉讼阶段及时、顺利取得全面胜诉调解书打下了坚实的事实基础，提供了关键而强有力的证据支持。本案也检验出了原告电力实业总公司一贯严格按照法律和合同办事，积极、主动收集证据，及时完善债务履行中的权利义务，把控合同风险的良好作风，这一宝贵经验值得鼓励和推广。

（2）教训方面。原告电力实业总公司虽然通过诉讼取得了全面胜诉的且具有法律效力及强制执行力的调解书，但在执行程序中查明第一被告、第二被告无可供执行的财产，结果被法院裁定终结执行程序，没有获得任何执行财物，最终原告电力实业总公司虽然胜诉，但仍然遭受了巨大的经济损失。

六、启示

（1）对外提供担保须调查评估。在对外提供担保，订立连带保证合同之前，应对债务人的经营状况、资产状况及偿债能力等进行调查评估，对可能承担的法律风险有清晰的认识，以避免之后因追偿不能所带来的不必要的损失。

（2）担保期间需注意债务人状况变化。在担保合同履行过程中，应注意关注债务人经营、资产及偿债保障等方面的情况，一旦出现重大变故，应及时启动相关法律程序，避免加大损失情况的出现。

（3）诉讼时应尽可能进行财产保全。保证人承担了保证责任后需要启动大额债权诉讼时，应通过多种方式积极查找债务人财产，包括固定资产、现金、股权投资及其他财产，及时申请财产保全，避免出现债务人恶意隐匿、转移财产、逃废债务等行为，防范之后执行不能。

（4）债务无法追偿应尽快提起诉讼，避免损失。正如此案执行裁定书内容所述"二被告公司因经营亏损，负债严重，其资产已被其他法院处理"。可见，电力实业总公司没有及早发现债务人及担保人的现实状况变化，提起诉讼不够及时，缺乏诉讼保全，以致出现最终被终结本次执行的结果。

案例 5 　　某农业银行诉市商业银行和置业有限公司借款合同纠纷案

一、案由

中国农业银行某直属支行（简称农行）与某经济开发区管理委员会（简称管委）、经济技术开发区开发总公司（简称开发总公司）、置业有限公司（简称置业公司）、商业银行股份有限公司（简称商行）、供电公司、财政局等因借款合同纠纷诉讼于法院，一审为省高级人民法院，此案因案情复杂、争议时间长，最终经过最高人民法院二审才得以判决。

其案情是，某市房产公司受管委会委托，分别两次向中国人民银行贷款共计 2500 万元，城陵矶信托公司与财政局为第一笔贷款提供担保；城陵矶信托公司与管委会投资公司为第二笔贷款提供担保。

农行分别委托管委会投资公司及其拥有 50% 股份的城陵矶信托公司发放专项贷款共计 2500 万元。

城陵矶信托公司以特种转账方式将当日已发放给城陵矶房产公司的上述 2500 万元贷款收回，由开发区管委会统一调配使用，主要用于电力、道路及部分项目建设。之后相关电力项目建设的资产被供电公司接收。

根据管委会意见，星辰公司向城陵矶信托公司出具了包含本案欠款在内的共 2438 万元的借据。星辰公司更名为经济技术开发区开发总公司。开发总公司在中国人民银行划转专项贷款情况统计表上签署了愿意承担 2438 万元还款义务的意见。

城陵矶房产公司被正虹公司吸收合并后，被核准注销。其资产、负债及相关权益全部由正虹公司继承参股成立置业公司，占股份的 99.9%。

城陵矶信托公司变更为银丰信用社，成为市商行的分支机构之一，其债权债务由商行承继。

经几次体制变更，上述 2500 万元贷款依政策划归农行承继。农行自接受债权后曾多次向置业公司和商行催收，尚有贷款本金 1960 万元及利息 15607598 元未能收回。

农行将置业公司和商行起诉至省高级人民法院，高院根据当事人申请，追加市财政局、供电公司、开发总公司、管委会为本案第三人，因此案经过多次改革变迁。法律关系显得较为复杂，经多年审理，最后经最高人民法院对本案进行了终审判决。

二、原告理由

（1）置业公司（一审被告，二审被上诉人）承继了城陵矶房产公司的债权债务，且置业公司在诉讼行为中的答辩在法律上构成对借款事实的承认，故其应承担清偿责任。

（2）商行（一审被告，二审被上诉人）承继了城陵矶信托公司的债权债务，故应承担连带清偿责任。

（3）供电公司（一审第三人，二审被上诉人）因接收了本案部分贷款形成的电力资产，从而构成不当得利，应在其接收资产的范围内承担返还责任。

（4）管委会（一审第三人，二审上诉人）为实际借款人与实际使用人，并非因义务主体的变更所致，亦非因贷款法律关系的变更所致，故应承担清偿责任。

三、被告观点

（1）置业公司认为，置业公司与城陵矶房产公司间没有民事法律上的承继关系，不是本案的适格被告。同时，该笔款项的实际用资人是开发总公司和供电公司，市财政局提供担保，管委会为款项调剂人，均与本案有利害关系，故申请追加其为本案的被告或第三人。

（2）商行认为，农行不是当年商行向人民银行的货款当事人，并认为人民银行贷款划归农行时，原贷款协议已经解除，故商行无须承担连带清偿责任；农行要求商行承担保证责任属逾期主张权利。同时，商行亦申请追加管委会和供电公司为本案的第三人。

（3）供电公司认为，该贷款从申请、发放到使用的整个过程，供电公司都未参与，只是依职能对相关电力项目建设资产进行维护，其产权并非供电公司所有，故不是本案债权债务关系的当事人。

（4）财政局认为，自己与开发总公司之间不存在任何法律关系，由于经债权人同意变更了债务人与担保人，故作为保证人的财政局不再存在保证责任。

（5）管委会认为，变更借贷法律关系中的债务人是一种要式法律行为，现有证据不能证明原借贷法律关系中的当事人已依法办理了相关变更手续，原借贷民事法律关系从确立至今没有发生本质变化；管委会与农行签订的《处理债务协议书》中明确管委会仅承担100万元利息（已支付），无须承担其余债务；农行从未对管委会进行追诉，故已过诉讼时效。

（6）开发总公司认为，农行受让债权时未经城陵矶房产公司的同意，对债务人不发生效力，因此农行不是本案的适格原告；开发总公司在人民银行转让债权之前即出具的还款承诺系自愿承担债务的行为，属效力待定合同，而债权人人民银行一直未予以同意，农行受让债权后亦未追认，故该合同无效；农行从未向开发总公司主张过权利，故其要求开发总公司还贷的诉讼请求超过诉讼时效。

四、法院判决结果

（1）一审高院判决，管委会和开发总公司承担贷款本金 1960 万元的清偿责任。

（2）二审最高院在基本维持一审判决的基础上，判决开发总公司承担相关利息。

五、经验与教训

供电公司作为本案一审第三人、二审被上诉人，被两审法院均认定在本案借款合同纠纷中不承担偿还欠款的义务。

（1）供电公司并非借款合同关系的主体，农行自始至终也未将该笔债务落实到电业局的名下，根据合同相对性原则，供电公司无须承担清偿责任。

（2）供电公司接收相关资产是否应当承担偿还义务的问题，是本案借款合同法律关系以外的另一个法律关系，管委会和开发总公司可与供电公司另行解决。

（3）即便农行通过另行起诉主张供电公司接收相关资产构成不当得利，则其需按照《民法通则》第九十二条之规定，证明供电公司接收该资产没有合法依据，同时还需证明供电公司接收该资产与农行的损失之间存在法律上的因果关系。

六、启示

本案产生于我国由计划经济向市场经济转变的过渡时期，在经济体制、管理体制不断变化中，法律关系显得复杂，许多陈年旧案需要追本求源。本案讼争当事人的行为表面上是民事法律行为，实际上政府及其相关部门在借款及担保合同的订立、涉案款项以及相关资产的管理与使用过程中发挥了主导性作用。同时，本案争议长达十余年，涉案相关当事人大都经历了更名、吸收合并、注销登记甚至因政策调整等原因导致债权债务的转移，致使债权债务关系及担保关系的相关主体变得模糊不清，难以辨识。但基于《民法通则》《合同法》《民事诉讼法》等法律规定及其确立的基本原则，两审法院最终在包括政府部门在内的纷繁复杂的众多当事人中确认了相关责任主体，化解了矛盾纠纷。该案争议焦点所涉法律问题主要包括以下几个方面，对涉案当事人特别是供电企业具有一定的启示作用：

1. 合同相对性原则

《合同法》第八条确立了合同相对性原则，这是债的相对性原则在合同法领域的具体体现："依法成立的合同，对当事人具有法律约束力……"该原则包括三方面内容，其一，合同主体的相对性，合同关系只发生于特定主体之间，只有合同当事人一方能够向合同的另一方当事人基于合同提出请求或提起诉讼；其二，合同内容的相对性，除法律、合同另有规定以外，只有合同当事人才能享有某个合同所规定的权利，并承担该合同规定的义务，除合同当事人以外的任何第三人原则上不能主张合同上的权利；其三，违约责任的相对性，违约责任只能在特定的当事人之间即合同关系的当事人之间发生，合同关系以外的人不负违约责任，合同当事人也不对其承担违约责任。合同相对性原则在诸如涉他合同、租赁合同、建设工程施工合同以及合同保全等领域存在例外。供电企业在实务操作中应当从严把握，在起草、审查、修改合同及处理合同纠纷中，灵活应用相对性原则及其例外。

2. 诉讼时效制度

诉讼时效指权利人在法定期间内不行使权利即丧失请求法院依诉讼程序强制义务人履行义务的权利。诉讼时效制度的确立根据在于，若权利人长期怠于行使权利，则会使法律关系处于不确定状态，不利于维护社会交易秩序稳定。在法律规定的诉讼时效期间内，权利人提出请求的，法院就强制义务人履行所承担的义务。而在法定的诉讼时效期间届满之后，权利人则丧失胜诉权，但是起诉权与实体权利并不消灭，法院还需受理。只有在审判中，对方行使诉讼时效抗辩权时，法院才会驳回己方的诉讼请求；如果对方不提出诉讼时效问题，则等于放弃了权利，根据民法上的意思自治原则，法院不能主动依职权干预。供电企业在实务操作中应当关注诉讼时效问题，根据不同性质的权利义务关系，关注不同种类的诉讼时效期间。作为权利方，应在法律规定的诉讼时效期间内及时、积极地主张权利；作为义务方，若对方的权利已过诉讼时效，则应当善于行使诉讼时效抗辩权。

3. 债的转移

债的转移是目前一些企业管理资产负债、拓宽融资渠道的新型方式之一，然而其过程中存在的诸如表见转让、债权瑕疵、二重转让等风险则是供电企业不得不加以防范的问题。债的转移包括债权让与、债务承担以及债权债务的概括转移，《民法通则》第九十一条对上述债的转移方式进行了一并规定："合同一方将合同的权利、义务全部或者部分转让给第三人的，应当取得合同另一方的同意，并不得牟利……"，这一笼统的规定在实务中极易造成混乱，新《合同法》颁布以后，该情况得到了一定程度的改善，《合同法》第七十九条至第八十三条专门规定了债权让与问题；第八十四条至第八十六条专门规定了债务承担问题；第八十八条至第八十九条专门规定了债权债务概括转移问题。供电企业在实务操作中应当注意区分针对不同形式的债的转移法律规定的不同成就条件及相关限制。

4. 债的承继

债的承继解决的是合并或分立后存续的公司或者新设立的公司，对因合并或分立而灭的公司对外的债权与债务是否承担的问题。《公司法》第一百七十三条规定，"公司合并……公司应当自作出合并决议之日起十日内通知债权人，并于三十日内在报纸上公告。债权人自接到通知书之日起三十日内，未接到通知书的自公告之日起四十五日内，可以要求公司清偿债务或者提供相应的担保"；第一百七十四条规定，"公司合并时，合并各方的债权、债务，应当由合并后存续的公司或者新设的公司承继"；第一百七十五条规定："公司分立……公司应当自作出分立决议之日起十日内通知债权人，并于三十日内在报纸上公告"；第一百七十六条规定，"公司分立前的债务由分立后的公司承担连带责任。但是，公司在分立前与债权人就债务清偿达成的书面协议另有约定的除外"。《合同法》第九十条规定，"当事人订立合同后合并的，由合并后的法人或者其他组织行使合同权利，履行合同义务。当事人订立合同后分立的，除债权人和债务人另有约定的以外，由分立的法人或者其他组织对合同的权利和义务享有连带债权，承担连带债务"。此外，最高人民法院《关于审理与企业改制相关的民事纠纷案件若干问题的规定》也对企业分立或合并的债的承继问题进行了较为细致的规定。供电企业在实务操作中应当注意与己方存在债权债务关系的公司其类型的变更对己方债权或债务可能造成的风险。

5. 担保主体资格限制

按照政企分开原则，政府机关不得干预企业的经营活动，其自身也不能从事经营活动。政府机关为企业提供担保，与其法定职责相悖。同时，其经费是保证政府机关履行职责的，不具有代为清偿债务的能力，因此《担保法》第八条明确规定，"国家机关不得为保证人，但经国务院批准为使用外国政府或者国际经济组织贷款进行转贷的除外"。此外，《担保法》第九条至第十一条还规定了学校、幼儿园、医院等以公益为目的的事业单位、社会团体不得为保证人。企业法人的分支机构、职能部门不得为保证人。企业法人的分支机构有法人书面授权的，可以在授权范围内提供保证。任何单位和个人不得强令银行等金融机构或者企业为他人提供保证；银行等金融机构或者企业对强令其为他人提供保证的行为，有权拒绝。供电企业在实务操作中对担保的主体资格问题亦应加以注意，避免出现本案中财政局提供的担保被法院认定无效的情况。

6. 企业终止后的诉讼主体

企业的终止包括多种情况，不同情况需区别对待：其一，企业歇业的，清算组为诉讼主体，如无清算组织，歇业企业和清算主体为共同被告；其二，企业被撤销的，清算组为诉讼主体，如无清算组织，被撤销的企业和作出该撤销决定的机构为共同被告；其三，企业被吊销营业执照的，清算组为诉讼主体，如无清算组织的，被吊销营业执照的企业和清算主体为共同被告；其四，企业被注销登记的，作出承诺的清算主体或第三人为被告，此外，注销后企业资产被开办单位、股东、投资人或第三人接受，而企业尚有遗留债务未清偿时，根据债务随资产转移的原则，债权人可以接受资产者为被告，要求其在接受企业资产的范围内承担清偿责任。供电企业在实务操作中应当根据企业终止的不同情形，根据相关法律、法规及规定，正确确定适格的诉讼主体。

案例 6　某电力实业发展总公司与某电力设备厂之间企业借款纠纷

一、案由

此案原告为电力实业发展总公司；被告为电力设备厂，双方由于历史原因多年前存在着被告向原告借款 250 万元的借款关系。原告与被告清理核对了近年以来的多笔资金往来账目，确认借款关系真实存在而后双方补签了还款合同一份，其合同主要条款如下：被告欠原告借款 250 万元，并承诺于约定期限内全部清偿；原告放弃被告长期违约占用资金所造成经济损失的追偿权；本合同由双方有权代表人签署并加盖公章后即生效，并注明如本合同与此前形成的有关文件不同，应以本合同为准。但被告一直未清偿借款，原告因此提起诉讼。

二、原告理由

原告认为：

借款合同约定的清偿期届满后，被告一直未能自动履行相应的还款义务。故原告向法院提起诉讼，诉请法院判令被告立即偿还借款 250 万元，并负担本案诉讼费。

三、被告观点

被告认为：

（1）本厂与原告签订该借款合同之前，双方还曾签订过会议纪要一份，在此确定的还款金额仅为 60 万元，故原告的诉讼请求 250 万元缺乏必要的证据。

（2）被告现已严重经营亏损，无力足额偿还原告的借款，现在只能向其偿还 30 万元。

四、法院判决结果

（1）在本判决生效后十日内，被告返还原告借款 250 万元。如被告未按本判决指定的期间履行给付义务，则其应依据《民事诉讼法》第二百三十二条之规定，向原告加倍支付迟延履行期间的债务利息。

（2）案件受理费 22934 元，由原告负担 688 元，由被告负担 22246 元。

五、经验与教训

鉴于原、被告签订的借款合同是非金融企业间的借贷，违反了法律法规的强制性规定，属于无效合同，二者在本案中均有过错。本案判决被告返还原告借款 250 万元，而诉讼费用由二者共同承担。

根据法院的判决和被告的抗辩，本案的争议焦点集中在两处：①企业间借贷合同是否有效；②被告经营困难无力偿还借款能否成为不履行债务的理由。

1. 企业间借贷是否有效

在本案借贷行为发生时，我国的金融法规禁止企业之间的借贷。中国人民银行颁行的行政规章《贷款通则》第六十一条规定："各级行政部门和企事业单位、供销合作社等合作经济组织、农村合作基金会和其他基金会，不得经营存贷款等金融业务。企业之间不得违反国家规定办理借贷或者变相借贷融资业务。"此外，最高人民法院《关于对企业借贷合同借款方逾期不归还借款的应如何处理问题的批复》规定："企业借贷合同违反有关金融法规，属无效合同。对于合同期限届满后，借款方逾期不归还本金，当事人起诉到人民法院的，人民法院除应按照最高人民法院法（经）发〔1990〕27号《关于审理联营合同纠纷案件若干问题的解答》第四条第二项的有关规定判决外，对自双方当事人约定的还款期满之日起，至法院判决确定借款人返还本金期满期间内的利息，应当收缴，该利息按借贷双方原约定的利率计算，如果双方当事人对借款利息未约定，按同期银行贷款利率计算。借款人未按判决确定的期限归还本金的，应当依照《中华人民共和国民事诉讼法》第二百三十二条的规定加倍支付迟延履行期间的利息。"

本案中的借款合同违反了上述法律法规的规定，故法院判决借款合同无效并且依据不当得利返还的法律规定，判决被告返还原告借款250万元。

但需要注意的是，2015年8月6日颁布的《最高人民法院关于审理民间借贷案件适用法律若干问题的规定》（法释〔2015〕18号）改变了民间借贷原有的司法解释，首次确认了企业间的借贷效力。该司法解释第十一条规定："法人之间、其他组织之间以及它们相互之间为生产、经营需要订立的民间借贷合同，除存在合同法第五十二条、本规定第十四条规定的情形外，当事人主张民间借贷合同有效的，人民法院应予支持。"根据该条规定，企业间为生产经营需要订立的民间借贷合同有效，但属于《合同法》五十二条规定的无效合同情形的以及该规定第十四条规定的以下五种情形的民间借贷合同无效：①套取金融机构信贷资金又高利转贷给借款人，且借款人事先知道或者应当知道的；②以向其他企业借贷或者向本单位职工集资取得的资金又转贷给借款人牟利，且借款人事先知道或者应当知道的；③出借人事先知道或者应当知道借款人借款用于违法犯罪活动仍然提供借款的；④违背社会公序良俗的；⑤其他违反法律、行政法规效力性强制性规定的。以上案例若适用2015年8月6日颁布的《最高人民法院关于审理民间借贷案件适用法律若干问题的规定》，则为法人之间为生产、经营需要订立的民间借贷合同，当事人主张民间借贷合同有效的，人民法院应予支持。但法不溯及既往，依据当时的法律规定仅能认定为无效合同。

2．被告抗辩经营困难无力偿还借款不能成为不履行债务的理由

被告对原告的欠款属于金钱债务的一种，根据《合同法》的相关规定，金钱债务不存在履行不能的问题，被告借口经营困难无力偿还不能成为不履行债务的理由。

六、启示

1．在签订合同时，审核合同是否满足生效要件至关重要

合同只有符合合同生效要件才能发生法律效力并产生相应的法律后果，因此，每签订一个合同，审核合同时对以下生效要件必须审核：当事人的民事主体资格、真实的意思表示、不违反法律的强制性规定和社会公共利益，这三大要件对任何一个有效合同来说缺一不可。本案原告作为出借方之所以被动，就是因为签订合同时忽略了合同内容违反法律的强制性规定，为无效合同。

2．在处理法律纠纷时，除依据法律外，相关的司法解释和行政法规也必不可少

司法解释和行政法规在填补法律空白和补充说明法律领域有着十分重要的意义。比如本案的企业间借贷合同，《合同法》并无相关规定，但最高人民法院的司法解释就该类合同的效力进行了清晰的界定。因此，在实务操作中，一定要面面俱到，除应用相关法律外，还应时刻关注与该问题有关的司法解释和行政法规，否则将可能导致实际后果与预想结果的偏差，造成不必要的损失。

3．在日常实务工作中，应关注法律、司法解释、行政法规等重要法律渊源的更新

随着时代的发展，法律法规也在不断地作出调整，因此，关注法律法规的更新对于法律实务来说十分必要。以本案企业间借贷合同为例，不同时期法律规定截然不同，对合同效力的认定截然相反。在本案借款发生之时，最高人民法院司法解释及相关行政法规对企业间借贷持否定态度；但2015年8月最高人民法院新出台的司法解释废止了原司法解释，承认了企业间为生产经营而进行的借贷的效力，这对于企业的发展是十分有利的，如果没有及时发现该变化，借款企业可能错失融资的机会；出借企业可能错失维权的法律依据。

综上所述，掌握完备精确的法律法规数据库、与时俱进地更新法律储备是法律实务工作的基础，在此基础上的灵活运用则是出奇制胜的法宝。

案例 7　某县农业银行诉某县水利局、供电公司、发电公司、供水公司借款合同纠纷案

一、案由

原告某县农业银行与第一被告县水利局、第二被告县供电公司、第三被告县发电公司、

第四被告县供水公司借款合同纠纷，原告将四被告诉于某市中级人民法院，其案由主要是：县水利电力开发总公司（以下简称水电公司）向原告某县农业银行贷款836万元本金未归还，其中202万元为抵押担保贷款，634万元为保证担保贷款，保证人是县电力公司。

1. 借款具体事项的经过

（1）抵押担保贷款202万元。

原告某县农业银行与借款人水电公司签订了《最高额抵押担保借款合同》，该合同约定借款最高限额为350万元；并约定了抵押借款期间，水电公司自愿以其所有的土地使用权及地上附着物作为抵押物。同日，该批抵押物在县国土局依法登记。此后几个月间，原告陆续向水电公司发放贷款共202万元。借款人水电公司曾请求原告县农业银行对其中一批80万元的贷款延期还款，双方又签订了《借款展期协议》，约定了展期时限。

（2）保证担保贷款634万元。

对上述借款原告某县农业银行与借款人水电公司和保证人电力公司签订了《最高额保证担保借款合同》，并于同日在县公证处公证。该合同约定借款期限和延长期限为4个月，保证方式为连带责任保证，最高借款余额为411万元，原告县农业银行实际向借款人水电公司发放贷款411万元。

随后，原告县农业银行与借款人水电公司、保证人电力公司签订了《保证担保借款合同》，该合同约定借款金额为300万元，借款期限为3年，保证方式为连带责任保证。期间，借款人水电公司归还了77万元贷款及利息，尚欠223万元贷款及利息没有归还。贷款到期后，借款人水电公司无力归还贷款，向原告提出延期还款申请。

原告与借款人水电公司、保证人即被告县供电公司又一次签订了《借款展期协议》，展期金额223万元，展期为一年半。

综上所述，借款人至此共计有634万元保证担保借款尚未归还。

2. 涉案主体关系介绍

水电公司是由第一被告的前身水利电力局组建并主管的全民所有制企业。第一被告的前身是县水利电力局，在体制改革中将保证人电力公司的全部资产以及所属于借款人的绝大部分资产进行分离合并重组，组建了水利电力产业（集团）有限公司，取得企业法人营业执照。上级主管部门根据《关于水电企业资产重组的通知》精神对借款人的资产进行了划转。在县水利局的前身县水利电力局的主持下，借款人水电公司按照三峡工程库区搬迁工矿企业的标准和程序实施关闭。原告县农业银行以债权人身份申报债权，但受偿额为零，同月，第一被告水利局的前身某县水利电力局签署"同意注销"意见，借款人水电公司被注销。

这过程中新成立的水利水电产业（集团）有限公司，又分离为三，即县供电公司、县发电公司、县供水公司。其中，借款人原水电公司名下的水电站被划归发电公司，原水电公司名下的水电站直供区及网络划归供电公司。经查明，被告发电公司从借款人处接收了223万元的资产。第一被告水利局向某县政府申请撤销水利电力产业（集团）有限公司，县政府批复同意后经某县工商局核准注销。

由于原告向水电公司所借款及利息一直未得到偿还，将向法院提起诉讼，请求判决四家被告偿还原告贷款本金836万元及其利息；诉讼费用由四家被告承担。在庭审中，第三被告县发电公司主动表示愿以其从借款人水电公司处继受的223万元资产，代第二被告县供电公司偿还其作为保证人的《借款展期协议》的223万元保证担保借款。

二、原告理由

原告诉称，第一被告水利局作为借款人县水电公司、保证人县电力公司的主管和开办单位，在公司撤销、注销过程中，未按照相关法律规定依法正确履行清算责任，也未落实债务836万元贷款本息的偿还责任，虽然新成立的县供电公司、县发电公司、县供水公司是经改制并承继借款人、保证人等单位的财产组建的公司，但也不按照法律规定承担债务偿还责任。现贷款均已到期，贷款本金及其积欠利息尚未归还，原告主张债权未果，请求法院判决四被告偿还原告贷款本金836万元及其利息；诉讼费用由四被告承担。

三、被告观点

（1）第一被告县水利局辩称：第一被告及其前身履行的是行政管理职能，而不是企业受益者和实际经营者。第一被告既不是借款人水电公司关闭的决定者，又不是清算事务的执行者，不是借款人，也不是担保人，因此第一被告没有法定和约定义务对借款人关闭后无力清偿的债务进行清偿，原告将其列为本案被告，属诉讼主体的错误。因此，请法院依法驳回原告对第一被告的起诉。

（2）第二被告县供电公司辩称：①原告起诉的836万元中有251万元，借款人已实际偿还，原告与借款人、被告三发电公司签订了《债务落实协议》，明确约定根据债随物走的原则，将用于水电站的701万元的借款全部划归第三被告，现原告方就此笔贷款只能向第三被告催要；②第二被告供电公司没有承继借款人的任何财产；③原告诉讼的634万元的保证担保贷款中的411万元存在以下问题：保证人系县电力公司，根据在工商管理部门调查的情况，没有在工商管理部门办理过任何注册登记，故电力公司自始就没有民事权利能力和民事行为能力，那么该保证合同系无效合同；并且411万元中有149万元借款人已实际偿还，即使保证合同有效，但该合同部分已履行，保证人也不应该承担保证责任；即使该保证合同有效，对411万元中的262万元，原告向保证人主张承担担保责任已超过了法律规定的期限；④634万元中的223万元原告要求第二被告承担保证责任也超过了法律规定的期限，请求驳回原告对第二被告的诉讼请求。

（3）第三被告县发电公司辩称：借款人不是划归其电站的产权人，虽然许多电站称为县水利电力开发总公司电站，但电站始终为集体所有制性质，其注册资金也未并入借款人而将电站性质变为全民所有制性质，借款人水电公司与其电站之间事实上是委托代管关系。

（4）第四被告县供水公司辩称：①本案应当优先适用最高人民法院《关于审理与企业改革相关的民事纠纷案件若干问题的规定》；②应由第三被告县发电公司承担借款人的债务，应由第二被告县供电公司承担担保责任，第四被告不应承担连带责任。

四、法院判决结果

法院判决如下：

（1）由第三被告发电公司在本判决生效后 10 日内偿还原告借款 223 万元。

（2）驳回原告的其他诉讼请求，案件受理费 51810 元，其他诉讼费 20724 元，合计 72534 元，由第三被告发电公司负担。

五、经验与教训

在判决书中法院认定以上各项借款合同均为有效合同，而上述合同所涉及的借款尚有 836 万元本金及相应利息未按期归还、结清属实，故被告的部分抗辩并不成立。本案的争议焦点有以下几个：①被告一县水利局是否应当对借款人水电公司关闭后无力清偿的债务进行清偿；②原告能否要求继受了借款人资产和保证人资产的第二被告、第三被告、第四被告对借款人关闭后无力清偿的债务进行清偿，即原告与借款人、保证人三方签订的《最高额保证担保借款合同》、原告与借款人签订的《最高额抵押担保借款合同》是否属于本案界定及评判范围。

1. 被告县水利局是否应当对借款人关闭后无力清偿的债务进行清偿

在本案中，原告请求被告一承担赔偿责任的理由为第一被告作为借款人、保证人的主管和开办单位，在公司撤销、注销过程中，未按照相关法律规定依法正确履行清算责任，也未落实债务 836 万元贷款本息的偿还责任。即被告一未尽职履行其清算义务。

首先，分立重组合并是被告一县水利局作为行政主体履行行政管理职能的产物，且不属于行政赔偿或行政补偿的范围，因而第一被告并无清偿的法定或约定义务。

其次，借款人水电公司是全民所有制企业，法律未对全民所有制企业的清偿人即其主管机关的赔偿责任作出规定，《公司法》及其司法解释规定的清偿人的赔偿责任仅适用于公司制法人。这是由股东和主管机关在企业法人中的地位决定的。

在公司制法人中，股东等清算人在公司中具有极其重要的地位，因为股东是公司的出资者和最大权利拥有者，董事是公司事务的执行者等，他们实际经营控制公司并从公司经营中获利，根据权利义务的一致性，《公司法》及其司法解释对公司清算人的赔偿责任的规定较为严苛，清算人理所应当为其在清算过程中的侵权行为承担赔偿责任。

而在全民所有制企业中，随着市场经济改革的深入，这些企业主管机关实际上并不参与经营活动，与企业之间的权利义务非常有限。实际上，绝大多数主管机关根本不会也无权行使资产收益、重大决策、选择管理者、分红等类似股东、董事、实际控制人等的权利。如果仅仅基于行政性的批复等非经营性职能，要求政府主管部门作为非公司制企业的开办单位直接承担清算赔偿责任，显然不公平。故在没有法律明确规定的前提下，《公司法》及其司法解释规定的清算赔偿责任不能扩大参照适用于全民所有制企业。

因此，除非主管机关有收受贿赂、恶意隐匿、转移财产等严重违法行为，否则在全民所有制企业中，主管机关作为清算人无清算赔偿责任。故在本案中，原告并不能请求作为全民所有制企业主管机关兼清算人的被告一水利局承担责任。

2. 原告能否要求继受了借款人资产和保证人资产的第二被告、第三被告、第四被告对借款人关闭后无力清偿的债务进行清偿

根据《最高人民法院关于审理与企业改制相关的民事纠纷案件若干问题的规定》，当无特别规定时，按照企业债务随责任财产转移而转移的原则，被改制企业的债务一般由接受该企业资产的民事主体在接受改制企业资产的范围内承担。但是，因政府主管部门对企业国有资产进行划转发生的纠纷，当事人提起民事诉讼的，人民法院不予受理。这与《最高人民法院关于因政府调整划转企业国有资产引起的纠纷是否受理问题的批复》的规定是一致的。

因此，在企业国有资产被政府主管部门无偿划转后，利害关系人依据原企业资产被划转的事实，要求接受资产的企业承担民事责任，不应受法律保护，不应追加接受资产企业为被告承担责任。政府主管部门将企业财产无偿划转后，该企业原资产虽减少，但系政府主管部门行政性划转的结果。利害关系人只能按行政纠纷解决，不得提起民事诉讼。

在本案中，在借款人县水电公司按照三峡工程库区搬迁工矿企业的标准和程序实施关闭时，原告以债权人身份曾申报过债权，但受偿额为零。由于该企业实施关闭的行为不属本案界定及评判范围。故原告与借款人、保证人三方签订的《最高额保证担保借款合同》、原告与借款人签订的《最高额抵押担保借款合同》不属于本案界定及评判范围，原告不能要求继受了借款人资产和保证人资产的被告二、被告三、被告四对借款人关闭后无力清偿的债务进行清偿。而仅能根据原告与保证人被告二、借款人签订的《借款展期协议》就该协议的223万元欠款请求被告二清偿。

本案原告基于《借款展期协议》将被告二、被告三列为被告是本案借鉴的经验。鉴于保证人承担的是连带责任，即便借款人丧失法人主体资格或者债权人参与借款人破产清算没有受偿，借款人有权要求保证人承担保证责任。

六、启示

1. 在分析法律关系时，首先应界定主体性质，然后再根据主体的性质正确选择所适用的法律

在本案中，借款人水电公司、保证人电力公司、某集团公司乃至之后的被告二、被告三、被告四都不是一般意义上的公司，它们均属于国有企业，经营管理国有资产，由政府主管部门设立、变更、注销，带有公有制主体印记。因此，不能将其与私有制主体所有的公司一概而论，而应尽可能地寻找国家对国有企业的专门规定。本案原告忽略了以上企业的特殊性规定。

2. 企业国有资产无偿划转与企业改制资产转移的法律处理

第一，企业国有资产无偿划转后，若该企业变更为接受资产企业的分支机构，其法人资格丧失，则形成企业债权债务的承继关系。根据企业法人财产原则，接受人应承担原企业的原有债务。第二，企业国有资产无偿划转后，接受人将所接受的企业国有资产作为自身资产作价入股与他人组建新公司，被划转企业的原有债务应由接受人承担，包括以接受人在新组建的新公司中的股权承担民事责任。第三，企业国有资产无偿划转后，该企业原资产虽减少，但系政府主管部门行政性划转的结果。利害关系人只能按行政纠纷解决，不得提起民事诉讼。

本案就是属于第三类情况，利害关系人只能按行政纠纷解决，不得提起民事诉讼。但在出现第一、第二类情况时，企业还是可以通过民事诉讼挽回自己的损失的。因此法律适用是十分细密而精准的，法律实务工作必须要全面掌握、对症下药。

第四章

租赁合同纠纷案例具体分析

<table>
<tr><td>案例 1</td><td>某村组诉西电公司、某镇政府土地租赁合同纠纷申诉再审案</td></tr>
</table>

一、案由

本案上诉人西电公司与被上诉人某村组、被上诉人某镇政府因土地租赁合同纠纷诉于法院。其案由是：西电公司和某村组在区土地局、镇政府的见证下，达成 72 亩土地租用协议，租期一年，每年每亩租金 1400 元。该协议到期后，西电公司和镇政府签订了租用地交接协议，约定租用土地 2000 年 9 月 30 日到期，镇政府从承接该地块以后续租和还耕义务，西电公司支付给镇政府各种费用 72 万元，协议签订后，西电公司撤离该地区，原出租人某村组要求西电公司对租用土地复垦后交还，并支付租地费用，起诉到法院。

一审人民法院认为：西电公司与某村组签订的土地租赁合同有效协议到期后如期交回，但西电公司却与镇政府签订了土地交接协议撤离土地属于违约，判决西电公司与某村组租赁合同有效，对所租土地复垦还耕后交还某村组并向某村组交纳土地租赁费。西电公司不服提出上诉，二审某中级人民法院经审理判决如下：①维持一审法院第一条判决即土地租赁合同有效。②撤销一审法院关于退租某村组和向某村组交纳租赁费的判决。③西电公司与镇政府签订协议无效。④镇政府支付复垦还耕费 68 万元。某村组不服，申请再审，某市中院作出民事裁定，决定再审并依法另行组成合议庭公开开庭审理。

二、申诉人申诉理由

（1）申诉人某村组认为一审判决正确。二审法院认定西电公司和镇政府签订的租用地交接协议无效，同时又依据该协议约束上诉人，自相矛盾。

（2）申诉人某村组认为二审法院驳回上诉人土地租赁费诉讼请求，使上诉人遭受了损失。

（3）二审法院判令镇政府将收取的 68 万元交还给某村组，属越俎代庖，帮助西电公司逃避复垦义务。

（4）二审法院判决镇政府向上诉人履行义务，不符合法律规定，应予撤销。

三、被申诉人（原审被告）观点

（1）西电公司认为二审法院驳回上诉人土地租赁费请求正确，应予维持。

（2）西电公司认为二审法院判令镇政府将收取的 68 万元交还给某村组正确，应予维持。

（3）镇政府认为其和某村组没有任何关系，判决镇政府承担义务不合理。

四、法院判决结果

一审法院认为：西电公司和某村组在区土地局、镇政府的见证下，达成 72 亩土地租用协议合法有效。到期后，西电公司未向某村组交地，未提出异议，故租赁合同继续有效，该协议为不定期限。在此期间，西电公司和镇政府在土地局的见证下签订的租用地交接协议，显属违约。对某村组要求西电公司对租用土地复垦后交还，并支付租地费用，请求合法，应予支持。西电公司提出其与某村组协议已经终止、本案已过诉讼时效，缺少法律依据，不予支持。西电公司和镇政府签订的租用地交接协议，因与本案不属同一法律关系，不予论述。一审判决：①西电公司和某村组土地租用协议合法有效。②西电公司将租用土地复垦后交予某村组，双方协议解除。③西电公司付给某村组 72 亩土地租金，每年每亩 1400 元至土地复垦后交还时止。④诉讼费由西电公司负担。一审判决后西电公司不服提出上诉。

二审法院认为：原审法院认定西电公司和某村组土地租用协议合法有效是正确的。但认定西电公司未向某村组交地，未提出异议，故租赁合同继续有效，该协议为不定期限是错误的。根据《土地法》第五十七条及《土地法实施条例》第七条规定，如要续租，该租地协议到期后，应该提前 1 个月办理续租手续，双方未续签协议，也未办理土地部门审批手续，故该协议已终止，不能认定为不定期限租地协议，一审判决西电公司付给某村组 72 亩土地租金，每年每亩 1400 元至土地复垦后交还时止无法律依据，应予改判。原审原告据此诉请西电公司支付租金请求不成立，应予驳回。西电公司和镇政府签订的租用地交接协议，因为双方均非土地所有人，事后也未得到某村组追认，故该协议无效，镇政府据此收取的 68 万元应交还给某村组。故二审法院判决：①维持一审第一项判决，即西电公司和某村组土地租用协议合法有效。②撤销一审判决第二、第三项。③西电公司和镇政府签订的租用地交接协议无效。④镇政府收取的 68 万元在本判决生效后 10 内退还给某村组。⑤驳回上诉人的土地租赁费请求。二审判决后，某村组不服提出申请再审。

再审法院认为：西电公司和某村组土地租用协议，意思表示真实，合法有效。西电公司应当依约付给某村组72亩土地租金，土地复垦后交还某村组。西电公司和某村组土地租用协议及西电公司和镇政府签订的租用地交接协议是属于两个不同的法律关系，二审判令镇政府直接代西电公司向某村组履行交付土地复垦费义务不妥，况且某村组对费用的计算有分歧意见，二审判决有误，应予撤销。一审判决认定事实清楚，适用法律正确，判决结果正确，应予维持。判决：①撤销二审判决。②维持一审判决。一审、二审、再审诉讼费均由西电公司负担。

五、经验与教训

本案是一起电力企业败诉案件，应当从本案中吸取的教训是电力工程临时用地，在办理手续时特别是签订补偿协议时候，应当搞清楚谁是土地所有人，谁有资格签订补偿协议，协议主体一定要适格合法。国有土地要同县级以上人民政府或其土地管理部门签订，集体所有土地要同村民委员会自治组织签订，不能和与土地所有权无关的人签订，包括土地所有权单位的上级机关、政府及政府的有关部门。如，本案再审法院认定西电公司和镇政府签订的租用地交接协议，西电公司和某村组土地租用协议，是属于两个不同的法律关系，二审判令镇政府直接代西电公司向某村组履行交付土地复垦费义务不妥，况且某村组对费用的计算有分歧意见，二审判决有误，予以撤销。

六、启示

电力工程临时用地，对于使用集体所有土地，要紧紧依靠地方人民政府和土地管理部门，做好协调工作，但是签订补偿协议一定要同土地所有人即村民委员会签订，人民政府可以以见证人、批准人身份在协议上签字盖章，增加合同的公平性、合法性。

案例2 三强公司反诉刘某、绿波纹公司房屋资产租赁合同纠纷案

一、案由

反诉原告三强电力有限责任公司（简称三强公司）与被告刘某（系绿波纹商务有限责任公司总经理）、被告绿波纹商务有限责任公司（简称绿波纹公司）因房屋资产租赁合同纠纷诉于法院，其主要案由是：

原告三强公司与被告刘某签订《资产租赁合同》一份，后又签订《资产租赁合同补充协议》一份，合同约定原告将自强路一处$3162m^2$房屋租给被告经营宾馆酒店业务，租期8

年。签订合同之前，双方已经办理了资产使用移交手续，之后，刘某任法定代表人的绿波纹公司将装修完的酒店更名为"绿波纹酒店"开始经营。经营过程中，酒店经营状况恶化，不能按期交纳租金，绿波纹公司多次与三强公司协商，请求延付租金，三强公司同意并签订《还款计划》一份，之后绿波纹公司也未能按照还款计划履行，三强公司多次催缴欠款无果，三强公司封闭了绿波纹酒店大门，酒店停业。绿波纹公司以侵权为由将三强公司诉到法院，法院立案后在诉讼中尚未判决时，三强公司以解除合同为由将绿波纹公司、刘某反诉到法院，三强公司为此案原告，一审判决后，绿波纹公司、刘某不服一审判决，上诉到市中级人民法院。

二、原告理由

（1）原告三强公司诉称，合同履行过程中，被告因交付租金困难，多次书面提出延缓交纳租金，原告也多次同意延缓交纳租金，但被告仍不能按还款计划交纳。

（2）原告三强公司诉称在绿波纹公司履约无望情况下，为防止损失进一步扩大，原告被迫采取措施，书面通知解除合同，并封堵了绿波纹酒店经营场所。

（3）原告诉讼请求是：解除租赁合同；由二被告支付所欠租金、水电费及利息；由二被告承担本案诉讼费。

三、被告观点

（1）被告刘某认为自己是绿波纹公司法定代表人，自己的行为是公司行为，自己不应成为被告，不承担法律责任。

（2）绿波纹公司同意解除合同，认为三强公司强行封门，无法经营并提出反诉。要求三强公司返还押金 20 万元；请求法院认定由于三强公司封门侵权行为导致绿波纹公司无法经营；要求三强公司支付签单消费 22.4 万元；要求三强公司赔偿补偿装修投入费 248 万元。

原告三强公司在法庭审理中对被告观点进行答辩，称 20 万元押金已在欠款中扣除。三强公司并未在酒店签单用餐，不同意支付。装修费应以评估为准，不同意绿波纹公司提出的 248 万元的反诉请求。

四、法院判决结果

一审法院依照《合同法》第九十三条、第九十七条、第一百零七条、第二百二十七条规定，判决如下：

（1）三强公司与刘某签订的《资产租赁合同》《资产租赁合同补充协议》解除。

（2）二被告支付给三强公司租金、水电费、电话费共计 93.36 万元。

（3）原告返还被告押金 20 万元。

（4）原告赔偿被告装修损失 18 万元，支付房费 5.4 万元。

（5）驳回原告、被告其他诉讼和反诉诉讼请求。

一审判决后，二被告不服提出上诉。

二审法院认为：原告与被告签订的《资产租赁合同》《资产租赁合同补充协议》是双方意思的真实表示，内容合法有效。经营过程中，因被告延迟交付租金及水电费，未能与原告协商一致，原告将绿波纹酒店封门，该酒店停业。由于绿波纹公司已经以侵权为由诉至法院，该案尚在另案审理中，故本案不予涉及，绿波纹公司提出中止审理本案或合并审理，本院不予准许。三强公司要求解除租赁合同，被告表示同意，故双方签订的合同和变更协议解除。上诉期内绿波纹公司明确表示对原判决部分内容改判或发回重审。在二审开庭时，被告刘某和绿波纹公司又增加了诉讼请求，请求改判或发回重审。被二审法院认为二被告不服原判决，二项请求不符合《诉讼费用交纳办法》规定，因被告没有在上诉期届满前提出变更申请，没有交纳相关费用，法院对于补充请求不予审理。二被告提出重新评估请求不予准许。原告返还被告经营期间购置的部分财产，不能返还的予以折价赔偿。被告要求原告支付房租及水费理由正当，应予支持。被告要求原告支付签单用餐费、住宿费，证据不足，不予采信。刘某上诉称将其作为被告是错误的辩解，法院不予支持。

二审法院依据《民事诉讼法》第一百五十三条第一款，判决如下：维持一审法院民事判决，即"原被告双方签订的租赁合同和变更协议予以解除；二被告支付原告三强公司租金、水电费、电话费 93.36 万元；原告三强公司发还给二被告押金 20 万元；驳回原告其他诉讼请求；驳回被告其他反诉诉讼请求。"

五、经验与教训

这是一起电力企业胜诉案件，胜诉的重要原因为：

一是合同签订的主体适格，合同的签订内容没有违反国家法律法规和规范性文件，保证了合同合法有效。

二是相关证据齐全。

六、启示

房屋租赁，作为出租方在签订好合同，确保合同合法有效同时，还要保证出租的房屋没有瑕疵，符合合同约定的使用条件，比如要符合合同约定的用途、不存在消防等安全隐患等。

案例 3 原告郭某诉被告某房地产公司、供电公司、王某租赁合同纠纷案

一、案由

供电公司为在本公司场地内搞基建，委托某房地产公司进行开发，房地产公司开发中需平场地，经王某介绍，租用原告郭某一台挖掘机挖掘施工，约定每小时 280 元，原告挖掘机进场在供电公司院内施工时，挖掘机突然掉入地下室，致使挖掘机损坏，原告为此支付费用 23770 元，修理机器期间损失 5000 元，运输费 2300 元，多次要求供电公司、房地产公司和王某予以赔偿未果，起诉到法院，要求三个被告赔偿上述费用共计 31070 元。

二、原告理由

原告郭某的诉讼理由：一是在被告供电公司为场地内搞基建发生的，二是被告房地产公司是施工开发方，事故是在平场地时发生的，三是王某介绍租用原告挖掘机挖掘施工的，四是原告挖掘机进场在供电公司院内施工，是在被告房地产公司的指挥下施工，工作到十一点半时原告的挖掘机突然掉入地下室，致使挖掘机损坏，原告为此支付费用 23770 元，修理机器期间损失 5000 元，运输费 2300 元，多次要求三被告予以赔偿未果，起诉三被告要求赔偿上述费用共计 31070 元。

三、被告观点

（1）被告房地产公司认为，本公司与原告之间不存在租赁关系，与第三被告王某存在承揽关系，原告的挖掘机是在王某指挥下施工的，我们已经告知了原告地下室危险的存在，是原告的驾驶员疏忽大意造成，请求驳回原告诉讼请求。

（2）其他二被告认为此事与自己无关，不应该承担赔偿责任。

四、法院判决结果

（1）法院认为，原告与被告房地产公司已经形成机械租赁合同关系，该合同是双方当事人的真实意思表示，合法有效。房地产公司在施工过程中，未能告知原告在工作场地下面有地下室，引起原告注意，挖掘机在施工作业中，房地产公司工作人员指挥失当，致使原告挖掘机掉入地下室，损坏机器，被告未正确履行告知、协助义务，给原告造成经济损失 12280 元，可得利益损失 5000 元，被告房地产公司应予赔偿。原告要求赔偿工人工资已包含在可得利益损失中，本院不再重复支持。原告要求赔偿其他损失证据不足，不予支持。

原告与供电公司、王某未形成合同关系，要求其他二被告赔偿不予支持。

（2）法院依据《民事诉讼法》第一百四十二条、第一百四十五条、《合同法》第六十条、第一百零七条、第一百一十三条，判决如下：被告房地产公司赔偿原告损失 17280 元；驳回原告其他诉讼请求。

五、经验与教训

本案是一起施工机械租赁合同纠纷案件，法院归纳两个争议焦点之一就是租赁合同关系的主体是谁，法院认定原告郭某与房地产公司形成租赁合同法律关系，是合同两个主体。供电公司只对房地产公司形成合同关系。原告郭某与供电公司、与被告王某没有形成任何合同关系，所以不承担法律责任是正确的。

六、启示

本案提醒我们在签订合同时候，特别是多边合同，一定要分别理顺各方法律关系，分别明确各方对他方独自的权利义务，以及是否承担连带责任等条款。

案例 4　　原告供电公司诉被告食品公司租赁合同纠纷案

一、案由

原告供电公司与被告食品公司签订《电力大厦门面租用协议》一份，包括一楼门面和二楼商场 833m²，租期为四年五个月。租金第一年是 14 万元，以后每年递增 5%。承租方进入租赁房屋。第一年承租人交纳了租金，第二年因电力体制变动，承租人交纳租金不成，也没存入出租人账户或提存，出租人也没有催交。隔年出租人以自己需要使用房屋，以及承租人违约为由要求终止租赁协议，收回出租房屋，承租人不同意解除协议，要求继续履行协议，为此，原告供电公司起诉到法院。

二、原告理由

（1）原告称被告在多方面违约，并举证被告违反了协议中关于不得将门面转让第三人以及电力职工家属、子女必须聘用的约定，要求法院判令终止双方的租赁协议，收回出租房屋自己使用。

（2）由被告恢复房屋原状后退出租赁房屋。

（3）由被告补交拖欠的租金 20.68 万元，并支付同期银行贷款利息。

（4）被告承担本案诉讼费。

三、被告观点

被告食品公司不同意终止协议，辩称拖欠租金是因为对方企业改制，不明确由谁收取导致无法按时交纳，被告没有违约，愿意支付租金，不同意支付利息。

四、法院判决结果

法院认为，被告未按约定交租金，是事实。有关被告违约转让第三方承租房屋、未安排电力职工家属、子女上班缺乏证据证明。因被告对补交租金无异议，应支持原告补交租金诉讼请求。虽然被告未按约定交租金是事出有因，但供电公司接受无异议，视为放弃对被告履行协议违约的请求权。因电力体制之变动，承租人交纳租金不成，也没存入出租人账户或提存，依法应当承担继续履行、采取补救措施或者赔偿损失的违约责任。因为协议中没有约定逾期付款应承担利息，所以原告请求的利息可以从起诉之日算起。同时约定解除合同的条件成熟，解除权人原告可以解除。根据《合同法》，原告向被告主张解除合同的函到达被告时，租赁协议解除。

法院判决：①原被告双方签订的租赁协议已于某年 4 月 14 日解除，被告在判决生效后一个月内将出租房屋交给原告。②被告补交两年的租金 19.33 万元，并承担从起诉至付清期间的同期银行贷款利息。

五、经验与教训

本案是一审判决结案，原告供电公司的诉讼请求主要部分得到了法院支持，即未交租金是违约行为，转租和未安排原告家属子女在其商场超市工作证据依据不足，法院不予支持。所以有经验有教训。

经验：被告未交租金证据充分；合同约定的解除合同的条款明确，按照《合同法》第九十六条约定，原告向被告主张解除合同的函到达被告时双方租赁合同解除，得到了法院的认定不易。

教训：在租赁协议中，对逾期交纳租金的违约责任约定的不够细致，所以法院判决被告承担从起诉到交清租金期间的同期银行贷款利息，起诉之前的利息协议由于没有约定法院不予支持。

六、启示

（1）依据《合同法》第九十三条、第九十四条、第九十五条、第九十六条规定，双方可以在合同中约定解除合同的条款，合同约定的解除合同的条款一定要具体明确，原告向被告主张解除合同的函到达被告时双方租赁合同解除，才能得到法院的支持，否则约定不明确、理由不充分、条件不具备就单方宣布解除，容易造成违约。

（2）通过本案的教训提示我们，同样在其他合同中，对逾期付款或交货的违约责任要明确约定按照同期银行贷款利息承担违约责任或高于银行同期贷款利息的惩罚性违约责任，或解除合同等条款。

案例 5　某电力公司诉永昌公司、某健身俱乐部租赁合同纠纷案

一、案由

原告某电力公司，被告一永昌公司、被告二某健身俱乐部，因房屋租赁合同履行中发生分歧诉于法院，其具体案由如下：

电力公司与永昌公司签订《房屋租赁协议书》，将电力公司所有的某地区部分房屋租给永昌公司开办健身俱乐部，租期 5 年。后因永昌公司未能按照协议支付一年的房租，双方履行合同发生意见分歧，电力公司将永昌公司和俱乐部起诉到法院。一审判决后电力公司不服一审判决提出上诉。此案经两审终审判决。

二、原告理由

（1）原告电力公司诉称电力公司与永昌公司签订《房屋租赁协议书》属实，永昌公司却从承租开始一直未按照约定支付租金。

（2）在双方签订协议书之前，永昌公司就被吊销了营业执照，失去经营资格，所签合同应属无效，要求永昌公司腾出出租房屋。

（3）要求永昌公司按照租金标准赔偿损失，其开办的俱乐部作为实际使用房屋人，对永昌公司承担连带责任。

（4）诉讼费由永昌公司承担。

三、被告观点

（1）被告永昌公司和俱乐部认为健身俱乐部是房屋实际使用人，主体是健身俱乐部，与永昌公司无关。

（2）被告认为未能按照协议约定将房屋完整交给被告，责任在原告。

（3）合同实质上是有效的。

四、法院判决结果

（1）一审法院认为：房屋租赁协议是双方意思真实表示，合法有效。永昌公司虽然在签订租赁协议之前，已经被吊销了企业营业执照，但该公司一直未进行清算及办理工商登记注销手续。吊销营业执照是对企业的一种行政处罚，在注销登记之前，虽然丧失经营资格，但其法人资格仍然存在，并不影响签订合同效力。故电力公司主要依据该公司无经营资格、违反法律规定为由主张双方协议无效，缺少事实法律依据。庭审中经法院向该公司释明权利义务，该公司仍然坚持要求明确双方签订的协议无效，并基于无效提出多项诉讼请求，对此法院不予支持。判决驳回电力公司诉讼请求。电力公司不服提出上诉。

（2）二审法院认为：永昌公司因未参加年检被工商机关吊销营业执照，其民事权利能力、行为能力受到限制，应停止清算以外的经营活动。永昌公司与电力公司签订房屋租赁协议的行为，应视为经营行为，此行为应认定无效。永昌公司应按房屋租赁协议确定标准支付使用费。鉴于房屋一直由俱乐部使用并收益，故俱乐部应对永昌公司付款承担连带责任。

二审法院认为一审法院查明的事实属实，本院予以确认，一审法院适用法律有误，本院予以纠正。依据民事诉讼法第一百五十三条，判决结果如下：①撤销一审法院判决。②原被告签订的《房屋租赁协议书》无效。③本判决生效后三十日内永昌公司将承租房屋交还电力公司。④本判决生效后三十日内永昌公司将租金支付给电力公司，某健身俱乐部承担连带责任。本判决为终审判决。

五、经验与教训

本案是一起电力企业作为原告胜诉的案件，在一审败诉情况下提起上诉，取得二审胜诉，成功的经验是办案人员对吊销营业执照法律法规的正确理解，坚持永昌公司签订合同时营业执照已经被工商行政机关吊销，失去经营资格，其所签订的合同无效，在一审未被采纳情况下坚持上诉，最终得到二审法院支持取得胜诉。

六、启示

关于企业营业执照被吊销以后，注销登记之前，企业的法律地位确认问题在法律顾问当中，甚至在法官当中都有不同的认识和理解。一审法院认为永昌公司签订合同时营业执照虽然已经被工商行政机关吊销，但未经清算和注销登记，虽然失去经营资格，但其法人资格仍然存在，其所签订的合同有效。相反，二审法院认为，永昌公司与电力公司签订房屋租赁协议的行为，应视为经营行为，此行为应认定无效。这是正确的。这启示我们，我们在企业关停并转清算期间，清算组也应停止清算以外的经营活动。

案例 6 江北电力公司诉扶某、李某房屋租赁合同纠纷案

一、案由

原告江北电力公司与被告扶某、李某因房屋租赁合同履行纠纷诉于法院，具体案由如下：

原告江北电力公司与被告扶某、李某签订《房屋租赁合同》，约定将出租人原告的房屋租给承租人即被告使用，租期三年。月租金 400 元，租金按季交纳，签订协议 3 日内交清第一季度租金和保证金，以后每季度末预交下季度租金，拖欠租金 2 个月出租人有权终止合同、收回房屋。在合同履行过程中，被告 6 个月未交房租，拖欠房租 2400 元，经催收未果，原告江北电力公司起诉到法院。

二、原告理由

（1）原告江北电力公司认为：租赁合同有明确约定，拖欠租金 2 个月出租人有权终止合同，收回房屋。

（2）合同履行过程中，被告已经 6 个月未交房租，拖欠房租 2400 元，经催收未果，使原告江北电力公司花费人力财力，不得不起诉到法院。

（3）请求法院判令被告支付房租，解除租赁合同。

（4）被告负担本案诉讼费。

三、被告观点

（1）被告辩称：原告出租的是棚房，没有产权证，故租赁合同无效。

（2）拖欠租金属实，但双方曾商议同意变更为 2～3 个季度或半年交一次。

（3）如解除合同，要求原告赔偿改造房屋、增添设备设施的损失。

四、法院判决结果

（1）法院认为双方签订的租赁合同合法有效。被告认为原告出租的棚房没有产权证，故租赁合同无效，缺乏法律依据，本院不予采纳。

（2）合同中约定，拖欠租金 2 个月出租人有权终止合同，收回房屋。合同履行过程中，被告已经 6 个月未交房租，拖欠房租 2400 元。被告认为经双方同意变更 2～3 个季度或半年交一次。原告不予认可。被告也未举出证据证明，本院不予采信。

（3）原告主张依据合同要求解除合同，符合合同约定和法律规定，本院予以支持，但解除权人据此解除合同的，应当通知对方即承租人，合同自通知到达时解除。本案解除权人江北电力公司在起诉前并未行使合同解除权，其解除权是通过诉讼来表明的，本院已向被告送达起诉状副本的，且江北电力公司行使解除权符合合同约定和法律规定，故本院仅判决确认租赁合同在起诉状副本最后送达合同对方的另一人时，因合同解除而终止履行，而对江北电力公司要求判决终止合同的诉讼请求不予支持。

（4）关于被告要求原告赔偿改造房屋、增添设备设施的损失，被告未依法提起反诉，故本案不予审理。

依据《合同法》第九十三条第二款、第九十六条、第一百零七条，判决如下：①确认双方签订的《房屋租赁合同》因解除而终止履行。②本判决生效后 10 日内被告付清拖欠原告房租 2400 元。如未按照本判决履行给付义务，按照《民事诉讼法》第二百三十二条规定，加倍支付迟延履行期间债务利息。

五、经验与教训

本案是一起供电企业作为原告一审胜诉案件，胜诉的经验就是合同签订的严密，证据充分，法院认定房屋租赁合同真实、合法、有效，得到法院支持。需要吸取的教训是依据《合同法》第九十三条、第九十四条、第九十五条、第九十六条规定，双方可以依据合同中约定的逾期交纳租金单方面行使解除合同权利，但应当通知对方，江北电力公司在起诉前并没有通知对方来行使解除权。

六、启示

通过本案分析，我们注意到今后无论是签订租赁合同还是签订其他合同，为防止逾期付款或逾期交货，都可以在合同中明确约定逾期违约单方面行使解除权的情形，依据约定的解除条件成熟时，即可单方面解除合同。但要注意约定一定要明确具体，不能含糊，否则有可能自己构成违约，另外还要履行通知对方义务，尤其是解除权人解除合同的，应当通知对方，而且要有证据证明通知了对方，合同自通知到达时解除。

案例 7 金线公司诉周某租赁合同与房屋租赁合同资产投资补偿纠纷案

一、案由

原告（反诉被告）金线公司与被告周某，双方因房屋租赁合同纠纷诉于法院，其案由如下：

原告（反诉被告）金线公司诉被告（反诉原告）周某分别签订了四份租赁合同，周某承租金线公司综合楼 1～7 层原客房的经营权。周某投资进行了装修改造，使一个招待所变成了星级宾馆。但由于经营规模不断扩大，资金严重不足，财务状况恶化，特别是不断有债权人常住宾馆催债，甚至有的起诉到法院，部分财产被查封，经营陷入瘫痪，致使周某欠金线公司租金 429303 元，水电费 325360 元，金线公司将周某起诉到法院并采取了财产保全措施，要求法院判令给付欠款。随后，周某提起反诉，要求给付装修补偿金 3810000 元，返还押金 230000 元，给付签单消费金额 119821 元。

二、原告理由

（1）原告（反诉被告）金线公司认为，周某经营期间不信守合同约定，长期拖欠租金及水电费。

（2）由于周某经营管理不当，债台高筑，发生严重的财务和信任危机，宾馆不能正常运营，周某去向不明。为减少损失，无奈向法院起诉并查封保全财产，要求法院判令解除租赁合同，给付尚欠我公司租金、水电费、逾期交纳租金的违约金、赔偿可得利益损失和诉讼费。

（3）对于周某的反诉，金线公司认为被告违反合同约定所致，理应由被告自行承担，但为平息纷争，减少社会矛盾，防止不稳定因素发生，原告同意剔除装修部分后补偿。

（4）同意消费签单和所交押金一并冲减房租、水电费结算。

三、被告观点

（1）被告（反诉原告）周某认为，鉴于已经丧失继续履行合同基础，同意解除租赁合同。

（2）被告（反诉原告）周某提出反诉，要求金线公司给付装修补偿金 3810000 元，返还押金 200000 元，给付签单消费 119821 元。

四、法院判决结果

法院认为：双方起诉书中各自陈述了观点、提供了证据，事实清楚，一是原告（反诉被告）金线公司与被告（反诉原告）周某分别签订了四份租赁合同，周某取得了金线公司综合楼 1～7 层的经营权。上述合同主体适格，内容合法，当事人意思表示真实，据此认定合同具有法律约束力。二是周某经营期间不信守合同约定，长期拖欠租金及水电费构成违约，属于本案责任方，应承担违约责任。周某经营管理不当，债台高筑，发生严重的财务和信任危机，宾馆不能正常运营，周某去向不明，已经表明不再履行租赁合同。金线公司要求法院判令解除租赁合同，给付尚欠租金、水电费和诉讼费，本院予以支持。三是金线公司要求逾期交纳租金的违约金、赔偿可得利益损失请求，虽然符合合同约定，但考虑合同实际履行过程中，双方达成了签单消费抵扣协议，以及宾馆系被原告金线公司申请查封等因素，本院不予支持。

四是被告周某提出反诉，要求金线公司给付装修补偿金，返还押金，给付签单消费款，符合合同约定。金线公司应就周某对宾馆更新改造和新添固定资产，按照评估价予以补偿。据此判决如下：

（1）判决解除双方签订的租赁合同。

（2）被告（反诉原告）周某给付原告（反诉被告）金线公司租金、水电费和垫付诉讼费共计 834973 元。

（3）原告（反诉被告）金线公司给付被告（反诉原告）周某消费签单款、押金和对宾馆更新改造、新添固定资产，按照评估价予以补偿共计 1809645 元。

（4）案件受理费 13000 元由周某承担，财产保全费 40000 元由金线公司承担，反诉费 38000 元，金线公司承担 20000 元，周某承担 18000 元，驳回其他诉讼请求。

五、经验与教训

本案是电力企业一审中大部分胜诉、部分败诉案件，胜诉的原因，首先是双方先后签订的四个租赁合同都是合法有效的，受法律保护的；其次是对方首先拖欠房租和水电费构成违约，不能履行合同，法院判处对方承担违约责任。败诉部分是被告（反诉原告）周某对金线公司消费签单、押金、宾馆更新改造和新添固定资产，依法应当由原告给付。

六、启示

通过对本案的分析得到的启示是合同签订时，要严格按合同法和公司合同管理制度办事，严格审查，确保合同的合法性、有效性；合同履行过程中，坚持讲诚信守合同，不违约，同时要通过合同条款约束对方，防止对方违约给合同履行带来的法律风险。

案例 8　　光源材料厂诉某电力公司租赁合同纠纷案

一、案由

原告某市光源材料厂、被告某电力公司（简称电力公司）因房屋租赁合同纠纷诉于法院，其主要案由是：

某年，原告光源材料厂与电力公司所属电管站达成租赁协议，约定光源材料厂将其闲置房屋及院内空地出租给电力公司使用，租期十年。承租期满后电力公司继续使用该房屋及土地，却未给付租金，因协商未果原告光源材料厂起诉到法院，要求电力公司给付租金。

二、原告理由

原告光源材料厂认为电力公司故意欠交租金，要求电力公司给付 2 年的欠交租金 112590 元。

三、被告观点

被告电力公司辩称，原告对土地没有合法使用权，不同意光源材料厂的诉讼请求。

四、法院判决结果

法院经审理认为原告光源材料厂闲置房屋及院内空地出租，其应具有土地合法使用权，现原告光源材料厂无法提供核发土地使用权证，无法证实其出租的合法性，其向承租人电力公司主张租赁费于法无据，本院对原告光源材料厂索要租赁费的诉讼请求不予支持。判决如下：

（1）驳回原告光源材料厂要求被告给付租赁费的诉讼请求。

（2）诉讼费 3700 元由原告光源材料厂负担。

五、经验与教训

这是一起电力企业为被告的租赁合同纠纷案件，一审胜诉。案件虽然简单，但其经验告诉我们胜诉的原因就是因为出租房屋和闲置空地应具有土地合法使用权。

六、启示

本案中，出租方无法提供合法的土地使用权证，无法证实其出租合法性，主张租赁费于法无据，法院不予支持。司法实践中既然有了这样的判例，尽管是一审判决，也应引起我们的重视，同样的道理，今后我们作为出租方，在签订租赁合同时，也要注意出租标的物的合法性，防止诉讼败诉的法律风险。

案例 9　　某商贸公司诉诚信电线电缆公司房屋租赁合同纠纷案

一、案由

原告（反诉被告）为某商贸公司，被告（反诉原告）为诚信电线电缆公司（简称诚信公司），双方因房屋租赁合同纠纷诉于法院，其具体案由如下：

　　诚信公司是某省送变电公司所属企业，作为出租人与承租人商贸公司签订《房屋租赁意向协议》，诚信公司将属于送变电公司的住宅楼的一部分 1580.2m^2 房屋租给商贸公司，租金每月 31.5 元/m^2，租期 5 年。协议和合同签订后，承租人一次性交纳租房保证金 10 万元给出租人。诚信公司将房屋交给商贸公司，商贸公司开始装修，并进行试营业，酒店装修全部结束后，正式开业，期间，商贸公司二次向诚信公司发函，说明房屋存在工程质量问题，多处漏水，造成经济损失和影响正常营业；前门地基变形；多次更换玻璃门；要求解除租赁合同。经维修，诚信公司向商贸公司发出催款通知，称问题已经解决，之前漏水是商贸公司装修时没有预留检修口、排水不畅造成的，并要求商贸公司交纳拖欠房租。协商无果，商贸公司将诚信公司起诉到法院，诚信公司提起反诉，某省高级人民法院作出一审判决，原告商贸公司不服提出上诉，最高人民法院作出民事裁定，撤销一审判决，发回省高院重审，省高院依法另行组成合议庭，对本案进行公开审理。

二、原告（反诉被告方）理由

原告商贸公司认为：

（1）酒店开业就发现房屋存在严重质量问题，楼顶和管道严重漏水。

（2）门厅地基变形，造成门厅玻璃门破碎，造成经济损失，影响酒店经营。

（3）由于诚信公司未取得消防验收合格证，直接影响酒店经营，造成巨大损失。

（4）要求诚信公司赔偿装修损失、更换玻璃门费用、固定资产损失、员工工资、贷款利息、经营利润、返还履约保证金，因诚信公司未尽合同义务已经丧失要求房租、水电费的权利，同时请求法院驳回其反诉请求。

三、被告（反诉原告方）观点

诚信公司认为：

（1）合同签订后我方已经将房屋交给商贸公司使用，但商贸公司长期拒交房租、水电费、采暖费，属严重违约。

（2）商贸公司违法施工，无合格证和验收手续，违反建筑装修管理规定，造成损失自负。

（3）固定资产损失、工人工资等费用与我方无关。

（4）请求法院驳回其诉讼请求。

（5）反诉请求法院判令商贸公司支付拖欠租金、水电费、采暖费及延迟付款的滞纳金。

四、法院判决结果

重审法院认为：诚信公司与商贸公司签订的房屋租赁合同是双方真实意思表示，

不违反有关法律法规的规定，该合同合法有效。双方当事人应当按照合同约定严格履行合同义务，但鉴于目前已经无法继续履行合同，故依法判决予以解除合同。诚信公司虽然及时交付了房屋，但房屋存在严重质量问题，渗漏水影响了承租人的使用，对此诚信公司应当承担主要责任。商贸公司作为承租人未能按照合同约定按时交纳房租构成违约，装修时未关闭暖气阀门，也没有预留检修口，造成暖气跑水致使装修大面积被浸泡，也应承担一定责任。商贸公司对房屋进行装修，添加物已与房屋形成整体，扣除折旧后由诚信公司给予合理补偿。由于房屋质量问题，给酒店经营造成一定影响，商贸公司依法应交纳的房租适当减少，其余部分由诚信公司承担。水电费、采暖费按照合同约定由商贸公司付给诚信公司。玻璃门损坏经鉴定是因为商贸公司装修地面造成的，商贸公司请求不予支持。商贸公司请求固定资产损失赔偿、工人工资、贷款利息，合同没有约定，且属于商贸公司正常经营活动，是自行组织、自行开展的经营活动，设备资产是商贸公司自有可移动资产，由其自行处理。诚信公司依约要求支付拖欠租金滞纳金主张因为合同约定超出了法律规定，且房屋有质量问题，法院不予支持。重审法院判决如下：

（1）解除双方签订的房屋租赁合同。

（2）商贸公司在本判决生效后 10 日内将承租房屋归还给诚信公司。

（3）诚信公司给付商贸公司装修费 640336.98 元。

（4）商贸公司向诚信公司支付拖欠租金 1367686 元。

五、经验与教训

本案是一起二审法院发回重审的一审判决，作为电力企业部分胜诉、部分败诉案件。胜诉原因是商贸公司作为承租人未能按照合同约定按时交纳房租构成违约，装修时未关闭暖气阀门，也没有预留检修口，造成暖气跑水致使装修大面积被浸泡，也有过错应承担一定责任。败诉是因为诚信公司虽然及时交付了房屋，但房屋存在严重质量问题，渗漏水影响了承租人的使用，对此诚信公司应当承担主要责任。

六、启示

（1）本案提示我们：今后签订租赁合同，当自己作为出租方时候，要保证自己出租的房屋质量、设备合格，没有瑕疵，无可挑剔，如果有不会影响使用的瑕疵，也要明示告知对方，避免合同履行中发生对我方不利的后果。

（2）当自己作为承租方时，应当尽量在合同条款中约定，出现房屋质量情况，可以单方拒付租金或单方解除合同等条款；如合同履行后发现承租房屋、设备有质量问题或瑕疵及时协商，如协商不成应当通过诉讼方式解决，不要因拖欠租金构成违约。

案例 10　　某省火电工程公司诉党某房屋租赁合同纠纷案

一、案由

原告某省火电工程公司（简称火电公司）与被告党某因房屋租赁合同纠纷诉于法院，经过两审结案，案由如下：

被告党某曾是原告火电公司员工，早年开始租住单位火电公司两处公租房近 20 年。期间，双方没有签订任何书面租赁合同。承租人调往锅炉容器厂工作后签订了为期一年的租赁合同，租金交一年，隔年火电公司开始对承租人承租的一处房屋停水停电，并将该处房屋拆除，同时将承租人党某起诉到区人民法院，要求承租人腾交另一出承租房屋，支付租金并赔偿损失。一审法院判决后，承租人不服，上诉到市中级人民法院。中院经过审理对上诉人党某与被上诉人火电公司房屋租赁合同纠纷一案，作出终审生效民事判决后，因此案不仅涉及法律运用是否正确，还涉及当年房改特殊政策如何施行问题，为此，省检察院提出抗诉，省高院函令某市中院再审，市中院裁定依法另行组成合议庭，公开开庭审理本案。再审后出租人火电公司败诉。

二、原告理由

一审原告火电公司将承租人党某起诉到区人民法院的理由是：

（1）被告占用两处公房不当，要求承租人腾交另一出承租房屋。

（2）被告欠交房屋租金，要求承租人支付租金 1133 元。

（3）被告居住房屋有损坏，要求承租人赔偿损失。

三、被告观点

（1）上诉人（一审被告）认为，自己以前是火电公司的员工，由火电公司分配给的两处住房，使用年限已经 21 年，自己调出该单位后一直交纳房租、物业费、水电费，按照房改政策火电公司应该把房子卖给自己。

（2）上诉人（一审被告）认为，原审被上诉人提交的两份房屋租赁合同是格式合同，不是本人所签。

四、法院判决结果

（1）一审法院认为：双方签订的出租房屋合同是有效合同，判决党某支付欠交房屋租金 1138 元，被告党某不服以自己原是原告职工为由上诉。

（2）二审法院认为：①火电公司将其出租给党某居住使用，期满终止租赁合同，未重签合同，以交水电费、房租、物业为由上诉理由不足；②党某以房改政策诉争房屋应卖给党某不属法院审理范围，不予支持；③二审认为一审判决于法有据，据此判决：驳回上诉、维持原判。

（3）抗诉机关省检察院抗诉认为：法院终审判决认定事实不清，适用法律错误，证据材料反映的事实是：党某已在该房屋居住多年，为该公司职工时单位扣房租，调离该单位后，仍向该公司交纳费用，在无书面约定的情况下，火电公司单方提出要求党某返还房屋，从而否定长达30年、党某与该公司已经实际形成的单位自有公房居住使用权，没有事实和法律依据。

（4）检察机关和再审法院共同认为，双方曾签订了的房屋出租合同，明确约定了出租人可以收回出租房屋终止合同的三种情形，承租人没有发生违反合同约定终止合同的情形，以此合同约定火电公司不能单方终止合同，并且该合同就合同到期后的事项未作任何约定，在没有书面约定情况下，火电公司要求承租人返还房屋缺少法律依据。

另外出租人火电公司向承租人曾收取了1100元住房保证金，依据住房建设部和市政府的文件规定，即意味着承租人已经具备了参加房改的资格。

（5）再审法院认为，党某从火电公司得到的分配住房已经居住30多年，是基于当时的历史条件和国家住房政策而取得的公有房屋居住使用权，因此对于单位自有公房出租而发生的纠纷，调整处理的原则和依据主要是不同的历史阶段国家有关公有住房政策和房改政策，不能仅仅以签订的租赁合同为依据，所以承租人对争议房屋仍然有承租权，检察机关抗诉理由成立。

鉴于上诉原因，再审法院判决撤销一审、二审判决；驳回火电公司要求承租人返还房屋的请求；承租人党某支付出租人房租1138元；驳回其他诉讼请求。

五、经验与教训

本案是一起一审、二审原告人火电公司胜诉，检察机关抗诉，再审后原告火电公司败诉案件。败诉的原因：

一是双方签订了一份房屋出租合同，合同虽然约定了出租人可以收回出租房屋的三种情形，但检察机关和再审法院认为承租人没有发生违反合同约定终止合同的情形，依据此合同约定，火电公司不能单方终止合同，并且该合同就合同到期后的事项未作任何约定，在没有书面约定情况下，火电公司要求承租人返还房屋缺少法律依据。

二是出租人火电公司向承租人收取了1100元住房保证金，依据住房建设部和市政府的文件规定，即意味着承租人已经具备了参加房改的资格。

六、启示

通过对本案的分析，我们认识到，由于历史特殊原因，关于房改时期公有房屋的承租、购买的处理，不能简单依据当时双方签订的合同，也不仅仅适用国家今天的法律法规，还要充分考虑当时历史情况，考虑当时政府的房屋政策和房改政策等相关规定，甚至要考虑本单位制定的房改制度、方案等规定。

第五章

建设工程施工合同纠纷案例具体分析

案例 1　某市建设公司诉某市电力公司和某县供电公司建设工程款
纠纷案

一、案由

本案原告某市建设公司与第一被告某市电力公司、第二被告某县供电公司因农网建设
与改造工程承包合同逾期支付工程款，不适当履行合同义务发生纠纷，诉于法院，要求二
被告承担逾期付款的违约责任。

二、原告理由

原告建设公司起诉的主要理由是原告与被告签订"农网建设与改造工程承包合同"后，
完成了全部约定的工程项目，经验收合格，被告向原告送达了决算书，确定工程款总共为
1304626 元；根据合同约定，被告应在结算之日或之后的合理期限内及时付清，并于法定
质保期满后退还质保金。但该工程款连同质保金原告多次催收被告才在长达一年半分五次
付清，并且非法扣除原告电表组装款 6595 元。根据合同第九条违约责任第三项"不按合同
规定拨付工程款，发包方按拖欠费用的余额每天按 5% 支付滞纳金"，据此被告应承担 900
余万元的滞纳金给付义务，原告本着互让互谅的原则要求主张违约金 10 万元，返还扣减的
电表组装款 6595 元。

三、被告观点

第一被告电力公司认为：

（1）原告所述合同签订、工程款给付时间和金额属实。因第二被告某县供电公司是第
一被告所属供电区域农网改造的子项目实施单位，不是资产经营法人实体，第二被告无权

发包农网改造的建设施工，与原告所签的"农网建设与改造工程承包合同"是无效的。

（2）该工程验收后，被告如数付清工程款，已经实际履行完毕。

（3）工程款没能及时付清，一是因为某县农网改造超了概算，上级没能及时拨款；二是原告未能与被告及时对账，被告不存在违约。

（4）电表组装款6595元是材料款，是原告欠被告的，有原告下属公司输变电工程处签章欠某县供电公司材料款6595元的清单为证明。

四、法院判决结果

法院经审理认为：

（1）原告某建设公司与被告电力公司签订的《农网建设与改造工程承包合同》不违反法律、法规的强制性规定，不损害国家、集体和第三人的利益，不损害社会公共利益，双方意思表示真实，合同合法有效。

（2）合同第九条约定的滞纳金是指具有行政征收职能的行政机关，在征收规费的过程中，因义务人迟延缴纳规费而需额外交纳的金钱，它被视为是行政处罚的一种处罚，不适宜平等主体的合同双方。

（3）6595元材料欠款单有原告下属输变电工程处的签章，虽没有证据证明是原告的授权和委托，但原告方拨款一直是原告的下属输变电工程处，且该工程处是农网改造具体实施单位，该行为可以认定是授权行为。

（4）合同没有规定工程款的具体给付时间表，加之双方存在结算问题，原告主张被告给付为违约金缺乏事实证据和法律依据，其主张本院不予采纳。

根据《合同法》第一百一十四条第二款的规定，判决驳回原告某建设公司的诉讼请求。

五、经验与教训

（1）本案中双方争议焦点在于该工程款的支付是否存在迟延，是否需要交纳违约金。从合同本身来看，双方在签订之时并未对工程款的具体给付做出明确约定，导致后续出现的结算问题。从法理角度出发，未约定支付条款的，双方互负有同时履行抗辩权，即工程未结算清楚，被告某供电公司可暂不付款，因而被告胜诉。

（2）原告要求的6595元材料款，因为被告保留有输变电工程处出具签章的证据，并且在庭审过程中列出了一系列的证据链证明原告下属输变电工程处与原告存在直接管理的行为，被法院视为一种授权行为，从而胜诉。

（3）关于滞纳金，因为没有迟延给付工程款，所以也不存在违约金的情况，被告要求的滞纳金所运用合同条文不正确，法院予以驳回。

六、启示

（1）从本案中可以看出，在工程建设过程中，合同的签订是非常重要的一环，是双方权利义务如何体现的重要依据，无论是原告还是被告在这个环节上都存在较大的问题，虽然本案中某供电公司胜诉了，但依然为我们敲响了警钟。如果我们能够在事前将合同上双方责任都约定清楚，并按照合同执行，必然不会有后续纠纷的产生，也会大大增强供电企业的社会信誉。

（2）签订合同时应规范使用国家电网公司统一示范合同文本，并经过本单位法律顾问的审核，确保签订的合同有效、规范，从而最大限度地减少法律风险。如本案中约定的滞纳金每天按拖欠余额的 5%支付，就明显不合理也不现实，极易加重供电企业的负担。

（3）加强工程中的管理。从本案来看，虽然胜诉了，但是确实存在着工程款资金迟迟未到位、超概算施工等问题，如果签订了明确的给付时间，却因为我们自身的问题没能支付，那就确确实实地要为此付出代价。

（4）证据的留存。在施工过程中，任何双方谈判、交涉、交接的证据都要切实保护好，如果本案没能拿出输变电工程处的欠款清单，供电企业就很难胜诉了。再有，尽量避免和非合同对方的交接，输变电工程处仅是原告的一个下属公司，有没有原告的授权并不清楚，所以为了避免风险，工程建设中的相关事务应直接与合同对方当事人对接。

案例 2　电力工程建设承包合同外联劳务纠纷案

一、案由

原告陈某与被告西北某电力建设工程公司因建设工程施工合同纠纷诉于法院，其案由是原告陈某经人介绍到被告施工工地某发电厂施工，后因施工工程款发生纠纷，原告陈某诉被告某电力建设工程公司欠付劳务工程款，要求被告支付原告应得工程款及利息等。

二、原告理由

原告诉称经人介绍，原告到被告某发电厂工地施工，队长为郭某某，郭某某让原告找一些人干活，并答应报销来回车费。后原告组织 5 人到郭某某的安装队干活，由华某某在工地带班，经华某某结算，原告应得工程款 14880 元，扣除已支付的 5000 元，车费 1300元，尚欠原告 11180 元以及利息，其主要证据是原告向法庭出示了"考勤记录"，证明原告携其他 4 人在被告施工队干活施工。

三、被告观点

被告辩称，原被告之间没有签订工程承包合同，原告所称的联系人郭某某与被告没有任何关系，郭某某也不是被告的安装队队长，原告向被告索要工程款无法律依据，应依法驳回原告的诉讼请求。

四、法院判决结果

法庭认为：原告诉被告拖欠工程款，虽提供了施工出勤表，但原被告之间既没有签订施工劳务合同，也没有其他证据证明原告在被告处施工，故原被告之间没有建立工程施工合同关系，原告请求被告支付工程款的理由不能成立，应予以驳回。依据《民法通则》第一百零六条之规定，判决驳回原告诉讼请求。

五、经验与教训

这个案件虽然牵扯金额较小，但是在工程施工领域极为普遍，是一起典型的拖欠劳工工资案件。根据案情审理来看，原告在郭某某处干活是真实的，拖欠工资也是真实的，但是原告并没有搞清楚郭某某与被告某电力建设工程公司之间的关系，郭某某即社会上俗称的劳工头，拖欠原告工资后无法联系，原告在追偿无果的情况下把被告告上法庭，但又拿不出郭某某与被告之间存在关系的证据，因而败诉。

六、启示

这个案件虽然电力建设工程公司胜诉了，但是潜在的问题并没有解决，劳工头一旦欠款逃跑，发包人、建设人就成了追讨的对象，非常容易引起纠纷，甚至引发上访事件。所以，如何规范管理工程应是建设方重点关注的问题，尤其是劳务劳工管理，要在签订工程合同总承包合同时，严格招标，明确使用有资质的劳务公司，并且要求交纳担保金，并且作为发包人、建设人，要加强对劳务工人费用支付的监督作用，只有这样才能从根本上杜绝拖欠劳工工资问题，避免纠纷的产生。

案例 3 工程建设合同工期延误损失赔偿纠纷案

一、案由

本案原告某建设集团有限公司（简称建设集团）经投标程序中标承担被告某市供电公司"电业调度大楼工程"建设施工，因被告供电公司原因使建设拖期并单方解除合同发生纠纷，诉于法院，诉讼请求是：要求被告承担合同履行期合同价款调整责任及工程延停、窝工损失的赔偿责任。

二、原告理由

原告中标电业调度大楼施工图纸范围内的全部工程项目并签订《建设工程施工合同》，包括土建、给排水、电气安装工程及招标文件规定的在本次招标范围内装饰工程，合同开工日期以被告通知为准，合同价款为 10285806.89 元。原告作为总承包者承包工程后，被告要求要求原告寻找施工队伍进行分项工程，基础工程、电梯、外装修、中央空调、电源、供电工程智能弱电、消防、内部精装修、室外配套设施等工程均由被告指定分包工程队。

基础工程开始后，被告告知原告基础工程工期为两个月，两个月后原告可以进场施工，但由于被告确定的基础施工队施工缓慢，原告致函被告，请求按约催促基础施工，但被告不予理会，半年后，才告知可以进场，此时所需材料价格大幅上涨，造成了原告为开工准备聘请的有关人员和施工机械费用损失、材料价格上涨及人工成本上涨损失，被告不按合同约定相应调整合同价款。原告施工期间，因被告发包的分项工程未能按照施工进度实施，导致原告无法进行下一步工序，造成停工损失。同时，被告以工程造价太高为由单方面终止与原告口头约定的外墙装饰工程合同，造成了原告委托图纸设计费用损失、延迟开工损失、周转材料损失、租赁费用及施工人员管理费用损失等。为了阐明其诉讼理由，原告在诉讼中向法庭提供了四组证据：一组：电力调度大工程施工招标文件，《中标通知书》《建筑工程施工合同》《尽快进场土建施工的函》等；二组：关于电力调度大楼机械、人工、材料、工程造价调整的来往函及《司法鉴定书》等；三组：有关工程设计方面有关事实证明；四组：用以证明原告施工过程中因被告发包的分项工程未按工程进度实施，导致原告无法进行下一步工序的来往文书。

三、被告观点

被告认为原告的观点与诉讼理由不完全成立。原、被告双方签订的是可调价格合同，约定具备国家明确规定的法定条件的情况下，才能进行价格调整。至本案开庭前，原告无证据证明出现了调整价格的法定情形，且原告施工时与进场时的价格是一致的。合同未约定开工时间。因此，开工时间应以被告通知的时间为准。原告以固定价格条款适用调整价格合同，理由不能成立。外墙装饰设计费被告愿意支付，但对设计费用有争议。对于外墙装饰工程，原、被告之间未签订合同，不存在履行损失。对于停工损失，当时是让原告对分项工程去协调，但原告没有协调好，损失应由原告自己承担，且停工时间有争议。为了证明被告的观点，在法庭审理中也提供了两组证据。第一组与原告相同，以招标文件、中标通知书、建设工程施工合同及当年建材市场价格、关于进行材料调差的函及附件等，用以证明原告关于材料价格上涨要求调合同价的主张不能成立。第二组是用以证明被告通知原告进场施工的时间，主体工程竣工时间的来往书证。

四、法院判决结果

经法院审理认为：

（1）原、被告通过招投标方式取得的调度大楼工程施工行为合法，双方签订的《建筑工程施工合同》内容未违反法律禁止性规定，应为有效合同。

（2）由于被告将其基础工程另行发包他人施工，形成了原告执行合同任务的前置条件，被告对基础工程进度的控制直接影响着原告的合同权利与造价风险管理，因此，被告对将基础工程发包所造成的原告施工时遇建材涨价造成的损失应承担责任。

（3）由于施工过程中被告将其他相关工程交由他人施工，造成原告施工中发生的窝工、停工，应由被告对原告的停工损失承担补偿责任。因原、被告双方只对停工天数发生争议，被告未对每天停工损失提出异议，法院对每天损失的价款予以确认。

（4）由于原告合同内工程施工完毕后，被告委托原告对外墙装饰工程进行设计，并承诺将外墙装饰工程交由原告继续施工，但由于各种原因承诺不能兑现，造成原告周转材料停滞、不能及时归还和退还租赁物而产生的租赁费及施工人员管理费用产生的损失，应由被告承担赔偿责任。

据此法院依据《合同法》第六十二条、第六十三条、第二百八十四条及《民法通则》第八十五条、第一百零六条之相关规定，作出判决：①被告支付原告建设集团建筑材料调度费45万余元。②由被告补偿原告建设集团因停工、窝工造成的损失48万元。③由被告赔偿原告建设集团因周转材料停滞的租赁费用、管理费用14万余元（以上共计1079509.61元），被告败诉。

五、经验与教训

本案双方争议的焦点是谁应承担停工期间的损失；因工期延误造成的人工工资及材料价格上涨，合同价格是否应调整；被告口头承诺由原告进行外墙装饰工程而未履行是否应承担赔偿责任。由于被告供电公司在和原告签订合同后，仍然指定施工队伍；合同履行过程中，又将相关工程发包给第三方；合同履行完毕后，又承诺可由原告继续施工。建设项目管理的混乱和合同履行不认真、证据不严谨，造成了败诉。

六、启示

（1）"严禁工程转包与违法分包"不仅是承包人的义务，也是发包人的义务。按照《合同法》第二百七十二条、《建筑法》第二十八条、第二十九条及国家相关法规，对工程转包与分包进行了明确规定，虽然侧重于对承包人的要求，但不代表发包人可以逾越法律法规强制性规定对承包人已承包的工程进行任意转包。相反，《房屋建筑和市政基础设施工程施工分包管理办法》第七条明确规定，建设单位不得直接指定分包工程承包人。《最高人民法院关于审理建设工程施工合同纠纷案件适用法律问题的解释》第十二条也对发包人直接指定分包人造成工程质量缺陷承担过错责任。本案中，发包人通过公开招标的形式已经将上述工程发包给承包人，但仍然另外指定施工队伍，最后为其指定的施工队伍无法按期完成工程造成承包人损失。当然，本案中未暴露出来的工程质量问题及后续的质量责任承担问题，也为发包人埋下隐患。

（2）可调价格合同要慎用。在建筑施工合同中，经常出现"固定总价合同"与"可调价格合同"，两者在工程价款结算、工程造价鉴定等方面均有巨大不同。相对来说，"固定总价合同"对发包人更为有利，如在工程造价鉴定中约定了固定总价，施工过程中未发生设计变更、现场签证，法院不支持工程造价鉴定。

（3）任意撕毁承诺要担责。《合同法》第四十二条，对缔约过失责任进行了明确规定，"当事人在订立合同过程中有下列情形之一，给对方造成损失的，应该承担损害赔偿责任：（一）假借订立合同，恶意进行磋商；（二）故意隐瞒与订立合同有关的重要事实或者提供虚假情况；（三）有其他违背诚实信用原则的行为"。这是《合同法》对双方当事人的信赖利益的明确保护，如一方违反，造成了对方的损失，就应承担赔偿责任。所以，在实践中，如果由于一方承诺但是又不能履行该承诺，从而造成了对方损失，那么就要承担相应的信赖利益损失的赔偿。本案中，被告在合同履行完毕后，在未明确相关事项前，作出了签订新合同的承诺，最终又任意撕毁承诺，造成合同无法签订，当然要承担赔偿。因此，在实践中，发包人作出承诺要慎重，推翻承诺更要慎重。尤其是本案告诉我们，电力企业有关人员必须增强法律意识、合同法律效力意识，树立诚信守约的职业道德。

案例 4　用电配套设施建设费纠纷案

一、案由

本案原告某市供电公司与被告某房地产公司因用电配套设施建设费纠纷诉于法院，要求被告承担拟架设的一条专供线路建设费用，共计 3141460 元。

二、原告理由

原告供电公司认为：原告发现被告在其开发建设的某小区 5 号楼不具备送电的条件下，未经原告批准即私自购买电能表后自行安装，并擅自引入电流，并交付业务使用，由此造成重大安全隐患，导致原告需要额外架设一条专供该小区用电的 10kV 送电线路，总造价需 3141460 元，需由被告承担。

三、被告观点

被告答辩认为：被告与原告从未就所谓的新建线路费用达成任何协议，也没有法律规定被告对原告拟建的线路要承担费用，因此被告诉请没有合同依据和法律依据。而且被告自行安装电能表的行为与原告拟新建的线路之间也没有因果关系，因为电力来源没有变化，并未额外增加电量，所以不应承担所建设线路费用。

四、法院判决结果

法院认为：被告某房地产公司未经原告允许私自购买并安装电能表，擅自引入电流，造成其建设的小区从原近 400 户增至 562 户，用电容量由原申报的 800kW 增至 2755kW，由此造成重大安全隐患。被告对需建设供电专线负有责任，其辩称小区电力来源没有变化，并未增加容量显然不成立。但从原告所举证据审查，其诉请的 3141460 元专线总造价只是预算投资，并非实际费用，即原告并未举证证明建设专线实际给其造成了多少损失，而且也没有法律和事实依据说明该投资应该由被告先行垫付，因此对原告的诉请，因其证据不足，本院不予支持。法院判决驳回原告供电公司的诉讼请求。

五、经验与教训

本案双方争议的焦点在当用电容量发生了实际变化后需要重新更改原供电方案，对新增加的用电设施建设费用由谁承担。本案中，法院认为用电容量发生了实际变更的责任是由于被告私自安装电能表并引入电源所致，当由被告对新增加的用电设施建设负责。但是，由于该用电设施实际并未建设，且无合同、法律规定由被告先行垫付，所以驳回了原告诉请。由此，我们可以看出，对于电力设施建设过程中预期发生的费用通过诉讼程序诉请由电力客户承担，在现行司法框架内，确实比较困难，容易让电力企业陷入两难境地。

六、启示

（1）在用电设施建设尤其小区等配电网建设过程中，由于受益主体的复杂，包括开发商、业主、物业公司等，更容易造成供电企业建设成本无法回收的尴尬境地。因此，在建设该类项目的过程中，供电企业首先要做的就是在合同中必须明确约定建设费用承担责任。

（2）在用电设施用电容量发生巨大变化，沿用旧的供电方案会造成巨大安全隐患，但由于社会稳定、政府压力等各种因素，不得不增加建设成本的情况下，对于如何明确建设费用的承担，确实困难重重。虽然本案中原告某供电公司想通过诉讼程序解决，但结果却并不理想。首先，供电企业应坚持《电力法》《供电营业规则》相关规定，对出现重大隐患的用电客户依法采取停、限电措施，确保非因电力企业原因造成不可挽回的安全事故。其次，电力企业更应该在签订委托建设合同、供用电合同、用电方案时就应充分考虑用电容量发生变更后其配套设施如何建设、建设费用由谁承担的情况，从而防范风险。

（3）就本案而言，原告提起供用电合同纠纷相较于提起承担用电配套设施建设费这一赔偿纠纷更为有利。因为相对于赔偿纠纷要求损失事实的发生，供用电合同纠纷更注重于相对人是否应履行合同约定的义务，当然包括承担安全用电责任及建设附属配套设施的义务。

案例 5　建筑安装工程承包合同纠纷仲裁案

一、案由

仲裁申请人为某置业有限公司，被申请人为某市电力建设总公司，双方当事人因签订的建筑安装工程承包合同发生纠纷，申请人向仲裁委员会提起仲裁，要求被申请人支付其工程款、违约金，并请求仲裁委员会解除其与被申请人签订的工程承包合同。

二、申请人理由

仲裁申请人认为：申请人与被申请人签订了田园居生态别墅工程承包合同，约定由申请人采用总承包制，不采用分包承建被申请人名下的 50 幢别墅、1 幢会所及其配套设施等工程。建设过程中，申请人已经完成 6 幢别墅、1 幢会所及部分配套设施等工程，而被申请人则未按照约定给付第 3 期工程预付款，申请人不得不停工撤场。特此申请人向仲裁委员会提起仲裁，请求：①交出《施工许可证》配合办理竣工验收和办理房产证；②依合同被申请人应支付已完工工程款项 3094749.8 元、违约金 10000 元，赔偿一切损失，解除该工程承包合同并由被申请人承担仲裁费用。申请人的证据：《建筑安装工程承包合同》证明发包方是申请人，承包方是被申请人，工程不得分包；被申请人的《内部经营承包合同》，证明被申请人违约分包了；与之相关的裁决书、来往函、竣工报告等书证，用以证明被申请人违约。

三、被申请人观点

被申请人认为：申请人提出的诉求赔偿其经济损失的理由不成立，并对仲裁申请人提供的证据进行了质证，并列证 24 件来往函件，说明申请人违约。

（1）申请人与被申请人代理人刘某某恶意串通，采取欺骗手段诱使被申请人作出错误意思表示订立合同。

（2）申请人在明知工程合同约定不得转包和分包的情况下，私自将部分工程转包给无施工资质的装修队及个体农民周某、欧某。

（3）申请人与被申请人代理人刘某某恶意串通，采取分包工程等各种方式擅自变更合同主要条款、减少合同约定的工程量、延长工期及虚报工程材料，严重损害了被申请人的利益。

综上所述，被申请人认为应认定双方签订的工程承包合同是无效合同，并对申请人提出的工程价款不予认可。

四、仲裁庭裁决结果

仲裁庭经审理认为：

（1）申请人与被申请人签订的合同是双方真实意思的表示，且被申请人提出申请人与其代理人恶意串通的事实，没有足够的证据材料佐证，故仲裁庭对被申请人的主张不予支持，同时认定双方签订的工程合同为合法有效。

（2）按照合同约定，被申请人应向申请人分三期支付300000元工程预付款，被申请人在付完前两期款项后仍余100000元至今尚未支付，违反了合同约定。仲裁庭认为被申请人未按约定支付第三期工程预付款100000元，应承担违约金10000元。

（3）被申请人停工撤场后，其后续工程已由被申请人委托其他建设单位完成，双方已不能继续履行合同，根据《合同法》第九十四条的规定，裁定解除双方签订的工程承包合同。

（4）仲裁庭根据被申请人申请，委托某审计事务所对申请人已完成部分工程进行了审计，根据审价报告，确定已完成部分工程造价为3018029.46元，对该结果，双方均无异议。扣除被申请人已经支付的两期预付款及代申请人垫付被申请人个体农民的工程款共465000元，仲裁庭最终认定被申请人拖欠申请人共计2633184.72元。本案鉴定费65895元已由被申请人预缴，仲裁庭认为应由申请人承担19769元，被申请人承担46126元。本案仲裁费35243元已由申请人预缴，仲裁庭认为应由申请人承担10753元，被申请人承担24670元。

（5）综上，仲裁庭裁决：

1）解除双方签订的工程承包合同，并于裁决书下达5个月内，由被申请人支付申请人各项款项合计2648085.72元。

2）被申请人应配合申请人对其所建房屋办理竣工验收手续并协助办理房产证手续。

3）被申请人向申请人支付违约金1万元。

4）被申请人向申请人赔偿经济损失100余万元人民币。

5）驳回申请人其他仲裁请求。

6）仲裁费按比例分摊。

五、经验与教训

（1）本案中双方争议的第一个焦点是工程承包合同是否有效。被申请人认为合同无效的理由是申请人与被申请人代理人有恶意串通、损害其利益的行为，据此希望认定该合同为无效合同。但是被申请人没有能够提供足够的证据对己方的观点加以证明。所以仲裁庭确定该合同的订立是双方真实意思的表示，认定该工程承包合同为有效合同。

（2）本案中第二个争议焦点是该工程承包合同是否具备了解除条件。由于在申请人停工撤场后，被申请人已经委托其他建设单位完成了工程承包合同中的剩余工程，即以自己的行为表明了其不会再履行合同中应负的主要债务，因此，仲裁庭认定该合同具备了解除条件，裁定解除该合同。

六、启示

本案中，申请人存在着在合同明确约定了不得转包和分包的情况下，将部分工程分包给无资质的施工队和个体农民以及在合同中止履行的条件并不完全具备的前提下，单方面中止履行等诸多违约行为，最终仅仅因为被申请人没有对此提出申请和主张而免于承担责任，这是值得深刻注意和反思的地方，如果被申请人对此提出了明确的主张和申请，则申请人可能面临巨额的经济损失。因此，本案的重要启示是电力企业需要加强对合同履行的管理，从合同开始履行起进行全方位的管控，坚持合法合规履行合同，从而有效杜绝此类事件的发生，减少合同履行过程中的违约风险。

案例 6　　工程建设施工合同纠纷再审案

一、案由

本案的上诉人某安装公司（一审原告、再审被申请人），状告被上诉人某投资公司（一审被告、再审申请人）、某市供电公司（一审被告）一案，三方当事人因工程建设施工合同纠纷，上诉人认为一审、二审判决认定事实错误，要求某高级人民法院撤销再审判决，判令二被告支付其工程建设余款。

二、上诉人的上诉理由

安装公司与某工程建设指挥部（以下简称指挥部、系被上诉人某投资公司前身）签订了施工合同，约定某 110kV 变电站的站内工程由其承建，并约定工程预算采用大包干形式，工程总造价不得突破 1200 万元。工程竣工并通过验收至工程交付止，指挥部共向安装公司支付工程款 10811414.79 元。之后市政府决定撤销指挥部，由被上诉人投资公司接管其全部资产，而后投资公司根据市政府精神，将该 110kV 变电站资产移交给另一被上诉人供电公司。经市审计师事务所出具审计报告，审定上诉人承接的工程总造价为 12195581 元。审计报告认定指挥部已付上诉人 10811414.79 元，尚欠工程余款1384166.12 元，投资公司与供电公司签订资产移交协议，将该工程全部资产移交给供电公司，该笔余款至今仍未支付。而一审法院某中级人民法院在审判中认定事实错误，驳回了安装公司的诉讼请求，安装公司上诉至高级人民法院，请求高院撤销一审判决，判令二被告支付工程建设余款。省高院审理后裁定撤销一审判决发回中院重新审理，中院经审理判决后，安装公司仍不服，向省高院再次提起上诉。

三、被上诉人理由

（1）被上诉人供电公司认为：供电公司在接管变电站资产前曾委托某省电力公司审计分处对该工程进行审计，审计报告中指出安装公司在工程中虚报、多报，低购高报设备款共计 201.7 万元。最终认定工程总造价为 9392972 元，并非安装公司所称的 1200余万元。所以，投资公司与供电公司按此签订了《资产移交协议书》，将该工程资产移交供电公司。本案在市中院二审期间，供电公司和投资公司经中院同意，共同委托华新工程造价会计咨询有限公司（以下简称华新公司）对该工程重新进行鉴定，鉴定结论为该工程造价为 9694827.5 元，不存在欠工程款问题，该鉴定结论合理合法，被上诉人供电公司表示认可。综上所述，上诉人安装公司的请求于理无据，一审中级人民法院认定事实清楚，请法院维持原判。

（2）被上诉人投资公司认为：同意供电公司的答辩观点，并认为一审法院认定的事实清楚、证据充分，请法院依法维持原判，驳回上诉人的诉讼请求。

四、终审法院判决

（1）法院认为本案中的《施工合同》虽然约定了工程采用包工包料，按预算大包干形式，工程总造价不得突破 1200 万元等条款，但并未明确约定合同包干数额，且双方对合同价格也没有达成补充合意，因此认定该合同中的合同价款属于约定不明确。

（2）法院认为在合同价款约定不明确的基础上，应该按照审计或鉴定的价格确定工程造价。在本案的三个审计报告（市审计师事务所、市审计局、省电力公司审计分处）以及一个鉴定结论（华新公司）中，省电力公司审计分处的鉴定结论是被上诉人内部的审计结论，不应作为定案依据。市审计师事务所和市审计局的结论基本一致，但审计报告中未对上诉人购买设备的情况进行查实，审计报告有不实之处，本院不予采信。华新公司的鉴定报告，内容翔实、依据充分，本院对其予以采纳。

（3）根据华新公司鉴定报告，法院认为两被上诉人应付上诉人工程款项为 96947827.5 元，实际已经支付,10811414.79 元，故上诉人要求两被上诉人支付工程余款的请求无事实和法律依据，判决驳回上诉人的上诉，维持一审判决。

五、经验与教训

本案中双方争议的焦点在于投资公司应当给付上诉人的工程价款为多少，是否存在余款尚未付清的情况。从法院认定的事实来看，本案中的工程合同对于合同的价款约定非常笼统，仅有"工程采用包干形式，总价款不得突破 1200 万元"等寥寥数语。因此，判定工程价款的数额这一重要的事实只能通过该工程的审计报告和鉴定结论作出。在本案出现的3 个审计报告和 1 个鉴定结论中，华新公司的鉴定结论由于其依据的是《施工合同》、工程预决算书以及安装公司购买设备的发票等材料，被法院认定为依据充分，且安装公司虽然对该鉴定结论不予认可，但无法提供足够的证据进行反驳，所以法院采信了华新公司的鉴定结论作为认定工程价款的依据，认定工程价款为 96947827.5 元而非安装公司主张的 1200 余万元，据此驳回了安装公司的诉讼请求。

六、启示

（1）本案的启示一是工程建设单位要加强合同的审核与签署管理。本案中，供电公司与投资公司签订了《资产移交协议》，接受了该工程的全部资产，但并未对该工程移交前存在的债权债务如何处理进行明确的约定，从而为之后面临诉讼纠纷埋下隐患。因此，电力企业对外签订经济合同，应当采用统一系统全面的合同示范文本，并通过法务部门、相关业务部门、合同归口管理部门和企业领导审核，通过多个环节的共同管控，可以有效减少因合同条款订立缺陷导致的法律风险，保护企业的合法权益。

（2）启示二是注意及时搜集有效证据。在本案中，一个重要的争议焦点是工程造价，而认定案件事实的关键点是对工程合同造价的鉴定结论（审计报告）。供电公司先是委托本系统内的省电力公司审计分处对工程造价进行审计，由于其属于内部审计，法院对审计结果并不认可。此后 5 年间，经历了本案的一审、再审（持续两年），直到再审判决前夕才在取得法院认可后联系第三方华新公司对工程造价进行鉴定。如果供电公司在知道工程造价已经成为合同纠纷的争议焦点，并在一审前或一审期间就委托有资质的第三方鉴定机构对工程造价进行鉴定，取得足以认定案件重要事实的有效证据，将会大大缩短诉讼进程，节约诉讼资源，并为其挽回更多的经济损失。

第四篇

触电人身损害
赔偿纠纷

第一章

触电人身损害赔偿案件综合分析研究

一、触电人身损害赔偿案件概述

触电人身损害赔偿案件作为传统的电力企业诉讼案件，一直以来处于高发态势，无论是案发数量还是金额均居电力企业诉讼案件的前列。

据对收集的已结触电人身损害赔偿案件资料进行统计分析，在此基础上进行深入的法理分析，进而提出应诉技巧，为公司系统法律顾问今后处理此类案件提供操作借鉴。

（一）案件统计分析基本情况

经抽样近年来发生的 71 起法院已审结触电人身损害赔偿案件（以下简称"触电案件"），涉及总标的额达 1979.78 万元。

从涉案金额分析，原告诉讼要求赔偿金额最低的为 0.51 万元，最高的达到 366 万元。实际赔偿额最低的为 0.25 万元，最高的达到 277 万元，实际赔偿总额占原告索赔总额的 54.1%。涉及精神损害赔偿的案件，原告起诉金额最低为 0.26 万元，最高为 15 万元，实际赔偿额最低为 0.48 万元，最高为 6 万元，实际赔偿总额占原告索赔额的 36.7%。从案件审判结果看，电力企业未承担任何赔偿责任的案件有 30 起，单独承担赔偿责任的案件有 13 起，与其他主体共同承担赔偿责任的 28 起，总赔偿金额为 785.45 万元。

由于法院改变审判方式、司法鉴定及赔偿金额的计算、后续治疗费用等方面的原因，71 起案件中只有 33 起通过一审结案，占 46.4%。多数案件需要经过二审、再审等程序。如沈某某与某供电公司之间的触电案件，从案发，法院由简易程序改为普通程序，后又发生延期审理、技术鉴定等情况，直至一年后才一审判决，后因当事人对一审法院作出的责任认定存在异议，提起上诉直至二审判决间经 4 年最终结案。又如宋某某与某供电公司触电案件中，从案发至结案历经三次起诉，时间长达 4 年，最终以调解结案。

此类案件一旦形成诉讼，对方当事人诉讼请求一般包括两类，一是要求侵权人赔偿医疗费、误工费、住院伙食补助费和营养费、护理费、残疾人生活补助费、残疾用具费、丧葬费、死亡补偿费、被抚养人生活费、交通费、住宿费以及尸体存放费、鉴定费、公证费等。二是要求精神损害抚慰/赔偿金。

此类案件一直处于高发态势，对电力企业主营业务产生一定影响。一是支付大量的赔偿金影响了电力企业的经济效益。二是一旦受害人及家属对判决结果不满意，将会采取缠诉或者上访的方式，影响到电力企业的正常生产经营秩序，同时给电力企业的声誉和社会形象带来负面影响。

（二）触电案件的特点

（1）从触电原因看，受害人违章作业、施工导致触电案件的发生是主要原因，共 22 起，占全部案件的 31%；其他如接触带电树木、拉线的 18 起，占 25%；攀爬杆塔、变压器的 10 起，占 14%；钓鱼的 6 起，占 8.6%，也是引起触电案件的重要原因。

（2）发生触电案件的电力设施产权归属依然是法院认定责任主体的主要依据。产权属于非电力企业的 39 起案件中，电力企业胜诉 23 起，胜诉率为 58.9%。产权属电力企业的 32 起案件中，电力企业胜诉 7 起，胜诉率为 21.8%。在这 7 起案件中有 6 起胜诉原因是因受害人在电力设施保护区内从事了法律、行政法规所禁止的行为。因此电力设施产权人免责的关键依然是证明受害人有法律、行政法规禁止性的行为。

（3）《电力法》适用比例过低。最高人民法院 2000 年已明确复函，根据特别法优于普通法的原则，适用《电力法》而不适用《民法通则》，但是只有 2 起案件是依据《电力法》有关条款审理的，仅占 3.3%，如陶某某与湖北某供电公司触电案件。这一方面说明电力企业在处理此类案件上没有坚持特别法优于普通法的原则，另一方面也说明法院对《电力法》的理解和适用还有一个认识的过程。在以上适用《电力法》的 2 起案件中，电力企业均取得胜诉，因此坚持《电力法》的适用仍然是电力企业需要坚持的原则。

（4）未成年人的监护人多数被判承担监护责任。在全部 21 起未成年人触电案件中，法院判决监护人承担责任的 14 起，占 66.7%，如刘某某与甘肃某供电公司触电案件。其他 7 起法院以监护人不存在过错为由认定其不承担责任。因此电力企业在处理未成年人触电案件时，应坚持监护人须承担一定的责任。

（5）对精神损害赔偿的提起和认定存在差异。一是原告在起诉时大多同时提起精神损害赔偿，共有 46 起提出，占全部案件的 64.7%。二是多数法院支持精神损害赔偿诉求。得到法院支持的有 27 起，占提出诉求案件的 58.7%。在 27 起案件中，呈现出两个特点，第一，未成年人获得法院支持的比例大于成年人。在受害人为成年人的 50 起案件中，原告提起精神损害的为 33 起，判决支持的为 17 起，占 51.5%。受害人为未成年人的 21 起案件中，原告提起精神损害的为 13 起，判决支持的为 10 起，占 76.9%。第二，死亡案件获支持的比例大于伤残案件。在得到法院支持的 27 起案件中，受害人死亡的 19 起，伤残的 8 起。

（6）判决方式结案依然是解决此类案件的主要方式。虽然调解为民事案件的处理原则之一，但是由于触电类案件当事人在责任认定、赔偿金额等方面往往存在较大争议，因此最终有 63 起案件以判决结案，占全部案件的 88.7%，调解结案的只有 6 起。

但是在司法实践中，对于触电伤残的，由于存在后续治疗费的问题，因此以判决方式结案并不能一次性解决问题，还会产生再次诉讼的问题，因此对于触电伤残案件应注意运用调解方式一次性结案。

除以上主要特点外，由于司法实践中对特殊侵权适用无过错责任原则的理解和掌握不同，还存在高压触电案件中没有完全适用无过错责任原则的情形，也需要引起电力企业的注意。

二、触电人身损害赔偿类案件法律分析

（一）我国触电案件适用法律的发展沿革

触电人身伤害作为特殊侵权行为中的一类，审理该类案件适用的法律既要遵从于特殊侵权行为民事法律规范的发展轨迹，又有其自身独有的适用法律的发展过程。

首先，1987 年实施的《民法通则》第一百二十三条中确立了关于"高度危险责任"的规定，即"从事高空、高压、易燃、易爆、剧毒、放射性、高速运输工具等对周围环境有高度危险的作业造成他人损害的，应当承担民事责任；如果能够证明损害是由受害人故意造成的，不承担民事责任"。

随后，1993 年 5 月 5 日最高人民法院针对吉林省高院关于"对延边电业局、姜国政和曹豪哲的监护人应承担责任如何划分的请示"的批复中确立了我国处理此类触电损害赔偿案件适用法律的基本思路。最高人民法院认为，延边电业局作为特殊侵权责任主体，且未能按《电力设施保护条例》采取有力措施消除危险，应负主要责任。姜国政违反《电力设施保护条例》的规定，对损害结果的发生也负有重要责任。曹豪哲无行为能力，被延边电业局和姜国政共同造成的危险致残，如法院认定其监护人未尽到监护职责，要求过苛，不宜这样处理。

从中可以看出我国最高司法审判机关在审理触电案件中适用无过错归责原则的基本态度：①作为高度危险作业人应当承担特殊侵权责任，除非能够证明触电损害是受害人故意造成的。②在具体责任分担上，对各方当事人的过错进行考量，当年政企不分情况下延边电业局的过错在于作为电力设施保护的行政主管部门，未能按《电力设施保护条例》采取有力措施消除危险，姜国政的过错在于其行为违反了《电力设施保护条例》。③无行为能力人的监护人不承担法律责任。

1996 年《电力法》的实施是电力体制改革的结果，其最大的变化就是政企分开。这对司法实践中处理触电案件也产生了影响：一是部分法院逐步区分电力企业的行政职责与民事责任，将民事损害赔偿责任仅限定在与其经营活动有关的领域，仅因其行政监督管理不善不能作为承担民事赔偿责任的依据。二是因政企分开，对电力企业承担责任的关注点从行政管理责任与民事赔偿责任含混，以致电力设施产权人责任被淡化，回归到以《民法通则》第一百二十三条确定的电力设施产权人责任来考量电力企业是否承担责任。三是在免责情形上，部分案件适用《电力法》第六十条，将用户或者受害人自身的过错作为免责情形之一。关于适用《民法通则》第一百二十三条还是《电力法》第六十条的规定免责事由在实践中存在较大争议。为此，最高人民法院于 2000 年 2 月 21 日对黑龙江省高级人民法院《关于从事高空高压对周围环境有高度危险作业造成他人损害的应适用〈民法通则〉还是〈电力法〉的请示的复函》，认为《民法通则》规定如能证明损害是由受害人故意造成的，电力部门不承担民事责任；《电力法》规定，由于不可抗力或用户自身的过错造成损害的，电力部门不承担赔偿责任，这两部法律对归责原则的规定是有所区别的。但《电力法》是《民法通则》颁布实施后对民事责任规范所作的特别规定，根据特别法优于普通法、后法优于前法的原则，应适用《电力法》。

虽然最高人民法院的司法解释作出了释义，但具体案件的判决结果由于地区、案件情况、主审法官审判思路和对无过错责任原则的认识等不同，目前我国触电案件的审判结果并不统一。

正是基于上述状况，2001 年最高人民法院出台了《关于审理触电人身损害赔偿案件若干问题的解释》（以下简称《触电司法解释》），该解释共六条，是对《民法通则》第一百二十三条的细化，针对长期以来触电案件审理中争议较多的几个焦点问题，如电压等级、归责原则及责任划分原则、免责事由、赔偿范围、赔偿金支付方式等做了明确规定。

（二）触电人身损害赔偿责任的法理分析

1. 触电案件的归责原则问题

触电人身损害赔偿，首先有高、低压电压等级之分。如此区分是基于其归责原则的不同。低压触电适用过错归责原则；高压触电就被归入了高度危险作业范畴，因此，对其适用无过错归责原则。

过错责任原则，也有称之为"过失责任原则"，较无过错原则发展要早。一般认为，它产生于罗马法，是随着商品经济的产生对民事主体地位平等提出要求，因此在生产、交易过程中也就要求行为人要对自己的不当行为承担责任（不当行为责任），势必要求对行为人的过错进行考查。过错责任原则经历了产生、衰落和复兴的变迁，成为今天现代侵权行为法归责原则体系中的一个最基本的以及核心原则。所谓过错，实际上是指行为人在实施加害行为时的某种应受非难的主观状态，此种状态是通过行为人所实施的不正当、违法的行为所表现出来的。简单而言，过错是行为人承担法律责任的重要依据。我国《民法通则》中也是将此原则确定为民事责任归责原则的一般原则。

无过错责任原则，产生于资本主义大工业急速发展的时代，是资本主义发展到垄断时期的产物。它的主要功能实际上在于弥补因过错责任原则不能得到补偿的受害者的损失，目的是缓和社会矛盾、恢复权利、修复失衡的社会关系。无过错责任原则是以扩大法律救济为手段，通过国家强制性立法干预得以确立的。这就是所谓"归责方式的客观化"（包括过错推定和无过错责任）和"损失承担的社会化"（包括民事保险和社会保险）。无过错责任原则是指在法律有特别规定的情况下，以已经发生的损害结果为价值判断标准，由于该损害结果有因果关系的行为人，无论其有无过错，都要承担侵权赔偿责任的归责原则。对于上述概念的法律内涵的理解，应当注意的是：第一，在适用无过错责任原则时，对于加害人，是以其造成的损害结果作为归责标准，不考虑其主观过错。但是并不是不考虑受害人的过错，因为受害人的过错对无过错责任的范围确定是有影响的。第二，因果关系是决定责任的基本要件。第三，必须有法律的特别规定。

从以上两者的发展过程可以看出，无过错责任是对过错责任原则的补充和纠偏，是在高度发达的商品经济中，对具有高度危险性作业（如工业事故损害、环境污染致害、产品致损）等致人损害损失补偿的立法对策，实现私权本位与社会本位的结合。无过错责任与过错责任的联系也就不难理解。在适用无过错责任原则中，如果不考虑受害人和第三人的过错，就等于放任了第三人和受害人的行为，允许受害人和第三人做法律所禁止的事情。如此有可能使侵权行为法归责原则的体系设计和社会正义与公平被摒弃。因此，这就决定了无过错责任与过错责任之间的联系，即适用无过错责任应以过错责任为基础和前提，即在法律有明确规定的特殊侵权中，对特殊主体适用无过错责任，对其他主体仍然应适用过错责任。正是在这种意义上，严格责任也考虑过错，所以从广义上说严格责任也要以过错为要素。今天更为普遍的原则是，共同发生作用的作业风险可以导致其他共同侵权人过失责任的降低，共同发生作用的过失可以导致高度危险作业人严格责任的降低。这也就是过失相抵原则及混合过错原则适用于特殊侵权案件（高压触电案件）处理的理由所在。

2. 触电人身损害责任的构成要件

侵权行为的责任构成要件，是指行为人承担侵权责任的法定条件，行为人实施某种致人损害的行为后，只有在符合责任构成要件的情况下才承担民事责任。责任构成要件是由归责原则决定的，非高压触电侵权属于一般侵权行为，适用过错责任原则；高压触电侵权属于特殊侵权的行为，适用无过错责任归责原则。

（1）过错责任原则的构成要件，包括侵权行为、损害结果、侵权行为与损害结果间存在因果关系、侵权行为人主观过错四个基本要件，此处不再赘述。

（2）无过错责任构成要件为：

第一，损害后果。具备损害后果是一切侵权诉讼最重要也最根本的责任构成要件，高压触电侵权诉讼的损害后果主要包括人身损害和财产损害，实践中大多为前者。其中，人身损害包括触电致伤、致残、致死，财产损害包括直接损失和间接损失，其计算与一般侵权行为损害后果的方法相同。高压触电侵权诉讼中，如果人身损害造成受害人精神痛苦的，还可能涉及精神损害赔偿，即向受害人支付相应的精神损害抚慰金。

第二，因果关系。高压触电侵权与损害后果之间须有因果关系存在，即受害人的损害后果必须是加害人的高压电侵权所致，否则产权人不承担高压触电侵权民事责任。从损害赔偿的意义上说，受害人要证明的因果关系应包括两方面：一方面是事实上的因果关系，即受害人应首先证明其受到的伤害为触电伤害。一般来说，可从医疗鉴定结果中得出较为稳定科学的结论，从而确定高压电作业行为与损害后果之间是否存在因果关系。另一方面是法律上的因果关系，即哪些主体的行为与受害人的损害结果有因果关系，并要承担法律责任。前者是一个客观事实，此处不再加以阐述。我们将对后者作深入阐述。

触电案件法律因果关系中，有一因一果，也有多因一果。一因一果，即是引起损害结果发生的为单一原因，引起该原因的行为主体就是承担责任的唯一主体。所谓多因一果，即多种原因构成了损害事实的发生为共同原因，各个主体承担的责任需要进行划分，划分的依据就是原因力。原因力，就是在构成损害结果的共同原因中，各个原因对于损害结果的发生或扩大所发挥的作用力。原因力的大小取决于各个共同原因的性质、原因事实与损害结果的距离以及原因事实的强度。直接原因的原因力优于间接原因；原因事实距损害结果近的优于原因事实距损害结果远的；原因事实强度大的优于原因事实强度小的。

原因力根据行为对损害结果所起作用的大小，可分为主要原因和次要原因。主要原因是指对结果发生起着主要作用的原因事实；次要原因是指对结果的发生起次要作用的原因事实。原因力根据行为作用于损害结果的形式，可分为直接原因和间接原因。直接原因是指直接引起损害结果发生的原因事实，即损害结果是由行为人的行为直接引起的；间接原因是指间接引起损害结果发生的原因事实，即损害结果是由行为人行为所引起的结果而引起的。区分主要原因和次要原因，主要在于确定行为人是否应当承担主要责任。区别直接原因和间接原因，主要在于确定间接原因是否应当承担责任。《触电司法解释》中，将引起触电人身伤害案件的原因分为主要原因和次要原因，并将其作为行为人承担责任的依据。对原因力进行分析和分类，是在适用无过错原则的基础上确定责任主体并运用过失相抵和混合过错等原则确定责任划分的依据。

在以往的触电案件中，涉及多方面原因时，确定责任主体和责任划分的情况通常有以下几种情形：一是作业人、受害人、第三方均有过错的，运用混合过错、过失相抵规则确定责任划分；二是作业人无过错，受害人有过错但不足以免除作业人责任的，适用过失相抵原则，受害人承担一定比例的责任，其余责任由作业人承担；三是作业人、受害人无过错，第三方有过错，审判实践中并不将第三方过错作为作业人责任免除的情形，通常是根据第三方过错的大小，判令第三方承担一定比例的责任（按照过错责任原则），同时判令作业人承担一定比例的责任（按照无过错责任原则，判令承担较小比例的责任）；四是作业人无过错，受害人、第三方均有过错，则受害人按照过失相抵原则承担一定比例的责任；第三方按照过错责任原则承担一定比例的责任，其余由作业人承担；五是作业人、受害人均无过错，则作业人按照无过错责任原则承担全部责任；六是作业人无过错，出现法律规定的免责情形，则责任由受害人承担。上述承担责任的比例是要根据当事人的行为对损害结果产生的原因力大小确定的，但这种原因力的考量仍然更多地取决于审判人员的个人认知和自由裁量，因此具体的比例每个地区、每个案件都会不同。从以往案件判决情况看，有两方面问题有待我们进一步探讨和实践：一是对于第三人的过错，能否作为作业人的免责情形；二是当作业人无过错，受害人或第三人有过错时，与无过错的作业人划分责任比例较为困难，缺乏标准依据。

（三）触电案件中的责任主体与责任分配

1．责任主体

所谓责任主体，即是与损害结果有因果关系的行为人。触电人身侵权责任主体通常包括电力设施产权人、实际占有人、经营人、电力设施维护管理人、受害人、受害人的监护人（受害人为无民事行为能力或限制行为能力）、第三人等。

2．责任主体的责任分配

各责任主体间的责任分配的主要依据即是根据原因力，他们按照过错责任归责原则，依据各自的行为与损害结果之间的原因力确定各自应承担的民事责任。

（1）高度危险作业人。《民法通则》第一百二十三条规定，"从事高空、高压、易燃、易爆、剧毒、放射性、高速运输工具等对周围环境有高度危险的作业造成他人损害的，应当承担民事责任"。该条引用了"作业人"的概念。而《触电司法解释》第二条第一款规定"因高压电造成人身损害的案件，由电力设施产权人依照《民法通则》第一百二十三条的规定承担民事责任"。

"产权人"的概念，本为经济学概念，而非法律概念。但我国法律和司法解释在此之前已经开始使用"产权"的概念。《触电司法解释》中直接引用了"电力设施产权人"的概念，与《民法通则》第一百二十三条尽管表述不同但并不矛盾。它强调了高压电高度危险作业特殊侵权民事责任的首要责任主体是该电力设施的产权人。因为产权人责任，从其实质上说是基于一种"绝对控制说"理论。但随着电力市场化运营的深入，电力设施出租、委托经营等各种法律行为增多。电力设施的实际占有人、经营人等与产权人分离的情况也变得普遍。无论是产权人还是产权人以外的其他作业人，其是否承担责任最终要看其是否对电力设施拥有控制支配权。《触电司法解释》明确了产权人责任只是确定了触电案件中适用无过错的一个最基本的规则，即首要的责任主体是电力设施产权人。但当产权人与其他作业人发生分离时，各主体间对电力设施的控制力则将成为责任认定的直接依据。因此，如果高度危险作业的所有人或者经营管理人将其高度危险作业合法地转移给他人占有（如依承包、租赁合同），并且占有人通过合同关系合法地实际控制并利用该客体从事高度危险作业，而使高度危险作业脱离产权人控制的，合法占有人应当承担责任，除非双方在合同中另有约定。但是产权人依照合同转移占有有过错的，比如违反国家不得转移的规定、选择不具有相应能力和资格的主体或者明知作业客体存在缺陷而不告知的，则产权人应与实际占有人承担连带责任。另外，即使是产权人通过合法的合同关系转移占有，但该高度危险作业并未脱离产权人实际控制的，产权人仍应承担责任。占有人有过错的，以"租赁合同"或"承包合同"等为限承担相应的责任。当然，如果是非法占有高度危险作业，则产权人或合法占有人无论是否有过失，均应承担责任。各主体应依各自的行为与损害结果之间的原因力确定各自的责任。据此，电力企业在签订书面的涉及转移占有高度危险作业的合同时，应对维护管理责任界限进行明确的约定。

另外一个需要说明的问题是，电力设施产权人并不意味着都是电力企业，也包括用户一方。因此各方主体确定责任的界限就涉及产权分界点。《供电营业规则》第四十六条、第四十七条、第五十一条分别规定了电力企业与用户在产权分界、运行维护管理分界的规定。在具体案件处理中，应根据《供用电合同》或《供电营业规则》等确定实际发生触电的电力设施的产权人。

需要注意的是，电力设施产权人无过错责任的承担，是以其在触电案件中无过错为前提的，如果电力设施产权人对触电案件的发生有过错，比如电力设施不符合技术规程要求，或者疏于管理、操作失误、抢修不及时等，仍要依其过错程度承担民事赔偿责任。

（2）受害人的监护人。无民事行为能力人或限制民事行为能力人的触电案件，往往涉及监护人的赔偿责任。在早期的触电损害赔偿案件中，监护人是不承担赔偿责任的，如最高人民法院《关于曹豪哲诉延边电业局、姜国政赔偿一案的责任划分及法律适用问题的复函》。但在司法实践中，如果监护人对受害人因触电造成的人身伤害有重大过错的，法院一般都会判决监护人承担一定的法律责任，相应减轻电力设施产权人的责任。依最高人民法院《关于贯彻执行〈中华人民共和国民法通则〉若干问题的意见（试行）》第十条的规定，监护人的职责包括"保护被监护人的身体健康""对被监护人进行管理和教育"等。被监护人因爬电线杆或变压器、在电力设施保护区内或高压线下放风筝、爬高压线附近的树等触电造成人身伤亡，与监护人未尽职责、加强未成年人用电安全教育有关。如果在所有情况下，监护人都对被监护人触电伤亡不承担任何责任，既不利于人们加强对被监护人的教育管理，也不利于被监护人的安全成长。在监护人有重大过错的情况下，适当减轻电力设施产权人的责任，有利于监护人履行其职责。因此，司法实践中往往判决无民事行为能力人或限制民事行为能力人的监护人承担一定比例的民事责任。

（3）电力设施维护管理人。电力设施产权人通常情况下是对电力设施实施投资并享有占有、使用、支配、经营、处分等权能的主体。但随着电力市场化运营的深入，电力设施出租、委托经营、委托维护管理等各种法律行为越来越多。电力设施的实际占有人、维护管理人、经营人等与产权人分离的情况也逐渐普遍。因此，在实践中需要注意的是，通常情况下，维护管理人、占有人、经营人的责任并不取代产权人的责任，其承担责任的范围应以"委托维护管理协议""租赁协议""承包协议"等为限。但是当上述主体通过合法的形式取得对电力设施的实际控制权时，那么这些作业人可能与产权人共同承担无过错责任。当然在实践中，电力企业作为电力设施维护管理人的情况较多，在此要提示电力企业应注意签订书面的"委托维护管理协议"，并对维护管理责任界限进行明确的约定。

（4）受害人。一些触电案件，受害人（完全民事行为能力人）遭到伤害是由其自身违法行为造成的，这种情形通常是指违反了《电力设施保护条例》及其实施细则的规定，在电力设施保护区内从事违反电力设施保护的行为。如在高压线下放风筝、违章建房、违章挖沙挖土、攀爬杆塔等。需要注意的是，依据《民法通则》的规定，受害人对损害的发生也有过错的，可以减轻侵害人的民事责任。这一点已为司法实践普遍接受。但关键是上述违法行为是否能够构成电力设施产权人的免责事由在实践中还存有争议。产生这种争议的原因在于对上述行为违法性及受害人实施上述违法行为时的主观过错的认定困难。《触电司法解释》第三条第（四）项规定"受害人在电力设施保护区内从事法律、行政法规所禁止的行为"时可以免除产权人的责任。我们认为，关于该条的理解，最高人民法院对该条的表述采用的是客观违法性标准，解决了《民法通则》中关于"受害人故意"难以认定的情况。但实践中，一些司法审判人员仍然苛求其以"主观违法性"的标准，即必须行为人明知其行为违法而故意为之。这无形中将《触电司法解释》的进步又退回到《民法通则》规定不易于司法实践操作的状态。这也就是目前因地区、因审判人员的不同，此类案件结果也呈现很大差异的主要原因。

（5）第三人。触电案件的第三人通常是电力设施产权人、管理人（可统称为"电力作业人"）、受害人之外的其他人，如电力设施的生产者、电力施工安装企业、高压线下违章建筑物或堆放物的产权人或管理使用人、误碰挂高压线的线下作业人或者通行人、与电力线路同杆架设的通信线路产权人、其他用户等。如第三人的行为构成触电案件原因之一的，第三人应当依据其行为与触电人身损害结果之间的原因力，依法承担相应的民事责任。

（6）标志牌的悬挂主体未履行义务的责任主体问题。标志牌从其功能、目的和悬挂主体区分，包括保护区标志和警示标志两种。在实践中常常被人们混淆。审判机关常常会依据《电力设施保护条例》第十一条的规定判令电力企业承担赔偿责任。该条规定要求县以上地方各级电力主管部门应当在必要的架空电力线路保护区的区界上或地下电缆、水底电缆等重要部位设立标志牌，标明保护区的宽度和保护规定、安全距离等内容。因此，设立保护区标志的责任在电力管理部门。而警示标志或者说危险标志应由电力设施的产权人设立。这是产权人在进行高度危险作业中应尽之责。设立危险警示标志的目的在于避免他人触电而进行必要的危险提示；而保护区标志的设立是为防止对电力设施的不法侵害。基于两者上述不同，设立"危险警示标志"是一种民事行为，产生的是民事责任；而设立"保护区标志"是行政行为，如果不作为，导致的是行政不作为责任。因此，在触电案件审理中，电力管理部门并不因未履行设立保护区标志的义务而承担民事赔偿责任。而因未设立危险警示标志或设立的标志牌有瑕疵都会成为电力设施产权人承担民事责任的因素。

如果电力管理部门把设立保护区标志的责任委托电力企业承担，电力企业因未设立或设立有瑕疵的保护区标志，根据委托代理法律制度，电力企业接受委托，并不因此取代电力管理部门应负的责任，其行为的法律后果归属于委托的电力管理部门。即使电力企业有过错，其仅依据委托代理协议或法律规定向委托人承担相应的责任。

（四）触电人身侵权的赔偿范围问题

1. 赔偿范围

关于触电人身侵权的赔偿范围在 2001 年 1 月 21 日施行的《触电司法解释》中作出了明确规定。

《触电司法解释》第四条明确，因触电引起的人身损害赔偿范围包括：医疗费、误工费、住院伙食补助费和营养费、护理费、残疾人生活补助费、残疾用具费、死亡补偿费、被抚养人生活费、交通费、住宿费等十一个项目和具体的赔偿标准。应当说关于人身损害赔偿范围应当确立统一的范围和标准，触电人身侵权仅是其中一部分，但因当时司法实践的迫切需要，并未等待适用于所有人身损害赔偿案件的法律或司法解释出台而先行颁布。

2001 年 3 月 10 日施行的最高人民法院《关于确定民事侵权精神损害赔偿责任若干问题的解释》（以下简称《精神司法解释》），以及 2004 年 5 月 1 日施行的最高人民法院《关于审理人身损害赔偿案件适用法律若干问题的解释》（以下简称《人身司法解释》）相继出台。《触电司法解释》中的部分内容与《人身司法解释》不一致的，均以后者为准。主要变化有：①明确了赔偿权利人和赔偿义务人主体；②受害人因伤致残的，《人身司法解释》的赔偿项目细化和增加，包括了残疾赔偿金、残疾辅助器具费以及因康复护理、继续治疗实际发生的必要的康复费、护理费、后续治疗费等；③丧葬费、被扶养人生活费支付标准明确；④增加了"精神损害赔偿"。

2. 精神损害赔偿问题

由于触电而造成的人身损害通常会涉及精神损害赔偿问题。依据《人身司法解释》以及《精神司法解释》的规定，触电人身损害涉及精神损害赔偿有如下五个方面：

一是因触电而致受害人死亡或者残疾的，依据《人身司法解释》第一条"因生命、健康、身体遭受侵害，赔偿权利人起诉请求赔偿义务人赔偿财产损失和精神损害的，人民法院应予受理"，"赔偿权利人，是指因侵权行为或者其他致害原因直接遭受人身损害的受害人、依法由受害人承担扶养义务的被扶养人以及死亡受害人的近亲属"，触电案件的受害人及依法由受害人承担扶养义务的被扶养人以及死亡受害人的近亲属，有权向法院提起民事诉讼，要求精神损害赔偿。

二是依据《精神司法解释》第十条的规定，精神损害的赔偿数额，要考虑侵权人的过错程度，侵害的手段、场合、行为方式等具体情节，侵权行为所造成的后果，侵权人的获利情况，侵权人承担责任的经济能力以及受诉法院所在地平均生活水平等因素确定。实践中，受害人提出的精神损害赔偿数额很高，但通常法院判决的金额在10万元以下。

三是依据《精神司法解释》第十一条的规定，受害人对损害事实和损害后果的发生有过错的，可以根据其过错程度减轻或者免除侵权人的精神损害赔偿责任。

四是《精神司法解释》将"精神损害抚慰金"明确为残疾赔偿金、死亡赔偿金及其他损害情形的精神抚慰金。而依照《人身司法解释》第三十一条的规定，残疾赔偿金、死亡赔偿金被列入物质损害赔偿金，不再是精神损害抚慰金。精神损害抚慰金另外给付。

五是触电案件中，电力设施产权人适用无过错原则，是否应承担精神损害赔偿问题。依照《精神司法解释》第十条第一款第（一）项关于精神损害赔偿因素的规定，其中第（一）项为"侵权人的过错程度，法律另有规定的除外"，照此理解，通常情况，侵权人有过错的情况下，才承担精神损害赔偿，但是，特殊情况下，即"法律另有规定"的情况下，侵权人即使没有过错，也要承担精神损害赔偿。结合《人身司法解释》第一条"因生命、健康、身体遭受侵害，赔偿权利人起诉请求赔偿义务人赔偿财产损失和精神损害的，人民法院应予受理"的规定，侧重于对受害人人格权的保护，可理解为，在法律有规定的情况下，只要存在侵害，即可要求赔偿精神损害。同时，在计算触电赔偿金额时，精神损害赔偿金连同其他医疗费、误工费、护理费、被扶养人生活费等物质损害赔偿金额一并计算，由各赔偿义务人按照与其原因力相当的一定比例来承担。对于电力设施产权人而言，除其存在免责情形外，只要承担侵权责任，就会依判决承担一定比例的赔偿金额，包括相应的精神损害赔偿金在内。

（五）抗辩事由

1．免责事由

民事侵权行为的免责事由，通常是由法律予以规定的。这一点不同于违约行为的免责事由，法律允许当事人进行约定。根据我国法律规定，触电案件的免责事由主要有两个：

一是不可抗力，《民法通则》第一百零七条规定了"因不可抗力造成他人损害的，不承担民事责任，法律另有规定的除外"。这一规定属于侵权责任的一般规定，即对所有侵权责任都发生效力，当然包括低压触电适用的过错责任原则的案件。

二是受害人故意，《民法通则》第一百二十三条规定"损害是受害人故意造成的情况下，可以免除产权人的责任"。《触电司法解释》第四条根据《民法通则》的规定，将"故意"概括为三种情况：一是直接故意，即当事人故意造成自己受伤害，如以触电方式自杀、自残。二是从事与电有关的犯罪行为，包括盗窃电能，盗窃、破坏电力设施或者进行犯罪活动。三是在电力设施保护区内故意从事法律、行政法规所禁止的行为。这实际上是一种间接故意。受害人虽不希望也不追求损害结果发生，但其仍然抱有放任损害发生的主观，间接故意地实施了违法行为。对于此款，在实践中的认定存有争议，前已详述，在此不再赘述。

2．其他抗辩事由

其他抗辩事由主要是指第三人的故意或过失行为所导致的触电人身损害。这里需要注意的是，第三人的过错如果构成触电伤害的原因力，则第三人按照其行为与损害结果的原因力承担其相应责任，这在司法实践中并无争议。关键是对于完全是因第三人的故意或重大过失行为导致的触电行为能否成为免除电力设施产权人的责任，目前，法学理论界和司法实践界均存有争议。但从前面我们分析的无过错责任原则的立法本义和其与过错责任原则的联系方面，第三人的故意或过失行为构成电力设施产权人的免责事由是顺理成章的。《电力法》第六十条也从立法层面对其予以了肯定，只是基于司法实践以及人们对无过错责任原则过于机械的理解而很少有实际适用。

（六）触电案件适用法律分析

目前，审理触电案件所依据的民事法律规范，不仅包括《民法通则》《电力法》两部法律，还包括最高院的《触电司法解释》《人身司法解释》，另外还有最高院两个关于审理触电案件的复函，国务院的《电力设施保护条例》，原国务院部委颁布的《电力设施保护条例实施细则》《供电营业规则》等。

新法总是为解决司法实践的难题、满足平衡各方利益的现实需要而出台的，因而关于触电人身损害赔偿的立法变化反映了一定时期审判实践中积累的问题和解决问题的基本思路，在分析上述法律依据的基础上，法律顾问在处理触电案件，适用法律时应当注意以下几点：

（1）在《民法通则》与《电力法》的适用上，根据最高院的复函，按照特别法优于普通法、后法优于先法的原则，适用《电力法》。

（2）在电力设施产权人免责情形上，《民法通则》《电力法》和《触电司法解释》有不同的规定，在处理具体业务时应注意按照《触电司法解释》第三条确定的四种不承担责任情形处理，即不可抗力；受害人以触电方式自杀；受害人盗窃电能，盗窃、破坏电力设施或者因其他犯罪行为而引起触电案件；受害人在电力设施保护区内从事法律、行政法规所禁止的行为。

三、处理技巧及应对措施

（一）案件现场勘查、取证

（1）法律顾问接到案发报告后，应与专业人员赶赴事故现场进行勘查。了解事件发生的经过、人员伤亡情况，勘查现场环境，并进行证据的收集和固定。如事故第一现场遭到破坏，应尽可能地通过访谈周围群众等其他方式了解案件事实和收集证据。

收集证据的方式主要包括：对现场进行拍照或录像；收集事故现场各种物证，如工具、遗留物等；向触电人、知情人了解事实情况，当场制作调查笔录，并由被调查者签字或盖章。

（2）根据现场具体情况，进行初步分析，如现场有证据证明触电人可能属于《触电司法解释》中第三条（二）至（四）项电力企业免责的情形，应向当地公安机关报案，请求公安部门协助调查、收集证据。

（二）伤亡原因分析（判断受害人是否为触电伤亡）

（1）通过专业人员对事故现场的勘察和对受害人伤亡情况的分析判断受害人是否为触电伤亡。如难以判定时可聘请相关专家进行分析。

（2）如受害人（家属）自称或经医院诊断为触电伤亡的。电力企业通过事故分析仍对触电原因存有质疑的，成诉后可申请有资质的鉴定机构进行鉴定。

（3）如确认明显属于触电伤亡的，应立即对触电现场相关痕迹、实物、现场环境等进行证据固定和收集，向有关人员了解情况，辅助调度运行记录等证据，确定触电具体位置，确定触电电压等级。

涉及高压触电的，应主要收集、制作具有法定免责情况的证据；涉及低压触电的，应主要收集、制作电力企业没有过错的证据。

（三）核实事故发生的电力设施产权状况

（1）调取产权界定的依据，以证明产权人。包括收集、调取相关资产权证、与用户的供用电合同、产权划分界定书等。如无书面证据，则应依据《供电营业规则》等依法确定。

（2）核实产权的变动情况。虽然与用户有书面约定，但基于某种法律事实或法律行为或者其他政策性调整等原因可能导致约定的产权发生变化。如农村电网改造过程中，电力企业投入了资金对用户资产进行了改造，有的甚至进行了产权移交。还有一种情况是尽管属于用户专用线路，但是电力企业利用该设施同时为其他用户供电，可能会误导对方当事人或法院认定产权在事实上发生了变化。因此针对不同情况，电力企业应落实相关法律依据和证据，做好诉讼应对。

（3）涉案电力设施如非电力企业所有，应努力收集证明其产权归属的其他证据。

（四）落实事发电力设施维护管理责任

对于事发电力设施属电力企业资产的，维护管理责任由电力企业承担。对于属用户资产的事发电力设施，维护管理责任由用户承担。但实践中存在用户将维护管理工作委托电力企业进行的情况，具体方式一般通过与电力企业签订维护管理协议或者向电力企业支付维护管理费用。注意电力企业基于维护管理协议产生的维护管理责任，不能代替用户作为电力设施产权人的产权责任。

（五）分析电力企业是否对事件的发生存在过错

（1）对于电力企业资产的事发电力设施，分析电力企业是否履行了法定义务：

1）证明电力设施的建设和运行维护不存在过错：包括核实事发电力设施是否符合设计、运行、安全标准；核实电力企业是否按操作规程运行、维护、检查、巡视电力设施；核实安全警示标志牌、警示图设置是否符合规定等。

2）对于用户存在违法行为的情况是否按照法律规定采取了措施。如对于电力设施保护区内的违章建筑是否下发了隐患（整改）通知书，有无请求电力管理部门进行处理等。

3）实践中，对于用户存在违法行为的情况，在电力企业下达隐患（整改）通知书后，违章建筑（隐患）所有人拒不整改等原因导致的触电案件形成的案例，部分法院仍以电力企业未穷尽责任或电力企业应尽排除义务而判决电力企业承担一定的责任。因此，电力企业在下达隐患通知书后，对于拒不整改的，应采取进一步措施，主要包括向电力管理部门报告并请求处理或通过诉讼手段排除妨碍。

（2）对于用户资产的事发电力设施，分析电力企业是否对事故的发生存在过错：

1）对于电力企业承担对事发电力设施维护管理的触电案件，应首先落实电力企业按照协议约定或规程规定履行了运行维护义务，不存在维护不当的情形。通过电力企业提供维护协议、标准要求、巡视、维护记录、处理单等进行证明。

2）无论电力企业是否承担维护管理责任，都要核实分析电力企业是否对事故发生存在过错。如是否存在用户报停而电力企业仍进行送电的情况，这一情况是否与事故发生存在因果关系。再如，电力企业是否按规定安装了漏电保护装置，漏电保护装置的正常工作能否避免事故的发生。基于不同的事实情况应收集相应的法律依据和证据。

（六）证明受害人或第三人对事故的发生存在过错

（1）分析受害人或第三人是否存在违法行为。

受害人是否违反规定擅自进入供电设施非安全区域导致了触电案件；受害人是否实施了《触电司法解释》中第三条（二）至（四）项的违法行为。

调查、核实用户电力设施架设、安装是否符合要求，是否因用户电力设施损坏导致触电案件。

是否存在用户或第三人私接电线、擅自改变用电设施等情况；是否存在受害人或第三人违章操作等情况。在此注意，应进一步分析电力企业与用户或第三人的过错是否有关联，以便进行诉讼应对。如电力企业职工协助用户或第三人实施了接线、改变用电设施等行为。

（2）对于因线下建筑引起的触电案件，核实与触电案件关联的线下建筑与电力设施的建设时间先后顺序，以及线下建筑是否有合法的审批程序。对于违法建筑，电力企业是否采取了相关措施（如下达隐患通知书、报告书等）。

（3）对于交通事故碰撞电力设施引起的触电案件，应核查交通事故责任认定情况。

（4）对于因施工作业引起的触电案件，应对施工行为的合法性进行分析，调查核实施工是否已履行了相应的法定程序，施工的安全措施以及施工资质是否存在问题，是否存在违法分包以及转包情况，雇佣情况等。

（5）对于因线下钓鱼引起的触电案件，除了举证行为人过错外，要进一步分析和证明鱼塘所有人、承包人是否存在过错。

（6）对于与电力设施同杆架设的其他设施引起的触电案件，应调查同杆架设的其他设施与电力设施建设的先后顺序，是否符合建设、运行、安全规定。对于后架设的其他设施，是否履行了合法程序，是否经电力企业同意、是否对电力设施造成影响、是否与触电案件存在因果关系等。

（7）对于未成年人触电案件，应分析证明其监护人是否尽到监护义务。

（七）分析是否因不可抗力导致的触电案件

在电力企业作为电力设施产权人的情况下，不可抗力导致的触电案件作为电力企业的免责条件。但应注意不可抗力应是触电案件发生的唯一原因，而并非是出于行为人（包括电力企业）过错和不可抗力的共同作用。也就是说，在发生不可抗力的情况下，如果电力设施产权人对造成损害也有过错，或者是损害事实发生原因之一，或者其过错造成损害事实的扩大，则应当根据其过错程度承担相应的责任。即一是注意不可抗力的认定条件（是否构成不可抗力）；二是注意不可抗力是否是事故发生的唯一原因（因果关系）；三是电力企业是否在不可抗力发生后及时采取了措施。

（八）诉讼思路和技巧

1. 做好诉前准备

出现触电案件，无论是否成诉，都要做好诉前准备。要基于案件事实做好案件分析，案件分析应做到客观。同时针对不同的事故情况，提前采取措施。如受害人的违法行为同时给电力企业造成损失，电力企业可在诉前要求受害人赔偿因其违法行为给电力企业造成的损失。采取此措施目的是震慑受害人或其家属，但注意应在电力企业掌握了充分证据的情况下。

2. 重视民事诉讼前相关部门对事故的处理

（1）对于交通事故引起的触电案件，交管部门对事故的认定可能成为法院对民事诉讼处理的重要依据，因此，电力企业应提前介入或了解交通事故处理过程，对交通事故责任进行分析。某些案例反映出电力企业在交通事故责任引起的触电案件中承担了无过错责任，因此，应从电力企业避免承担无过错责任角度进行交通事故责任分析，一方面促使交通事故责任认定公正，另一方面为可能要发生的诉讼提前做好准备。

（2）对于刑事附带民事或先刑事后民事的触电案件，即使刑事案件与电力企业不具有关联，电力企业亦应提前了解触电案件的发生原因以及刑事案件处理情况，以便提前做好民事诉讼应对。

（3）相关案例表明，在某些地区，触电案件发生后，安全管理部门的事故调查小组介入迅速，其出具的事故调查报告包括了触电案件的发生原因及责任，法院往往以此作为民事诉讼审判的依据。因此，电力企业应积极配合安全管理部门的调查，客观反映或协助调查事故原因，为安全管理部门查清事故事实并进行正确处理提供帮助。同时，电力企业针对安全管理部门的调查情况积极做好行政诉讼准备。

3. 基于事发电力设施产权不同，采取不同的应诉措施

对于用户资产事发电力设施，重点从电力设施产权人责任以及电力企业对事故发生无过错角度抗辩；对于电力企业资产的事发电力设施，重点证明电力企业对事故的发生不存在过错以及受害人、第三人存在过错。特别是高压触电案件，更要证明受害人或第三人过错来减免电力企业产权人责任。

4. 根据不同案件相应调整应诉思路

尽管电力企业对于高压触电案件和低压触电案件的事实调查、事故原因分析和证据准备没有严格的区别，但由于高压触电案件和低压触电案件的归责原则和举证责任不同，在应诉思路上还是需要有所侧重，特别是高压触电案件，重点放在电力企业对事故发生的免责条件以及对第三人的过错行为的举证。特别是对于因高压电引起的未成年人触电案件，重点证明第三人的行为与触电案件发生的因果关系。比如，未成年人通过第三人的违法建筑攀爬电力设施引起的触电案件，当然，此种情况还应举证电力企业对第三人的违法行为采取了措施。

5. 慎重提起司法鉴定

（1）即使是高压触电案件，证明触电事实的责任仍然在受害人（或家属），对于受害人致害原因不清或者证明触电案件不充分的，电力企业不要急于提起司法鉴定。如受害人（家属）自称或经医院诊断为触电伤亡的，电力企业通过事故分析仍对触电事实存有质疑的，成诉后可申请有资质的鉴定机构进行鉴定。

（2）受害人伤残鉴定。一般来讲，受害人单方的司法伤残鉴定往往带有"水分"，此时，为了更好地维护企业合法权益，电力企业可依法申请法院重新委托鉴定或者与受害人在开庭前在法院的主持下共同商定鉴定机构进行鉴定。

6. 正确计算赔偿数额

（1）赔偿范围和标准。触电人身损害赔偿范围的确定主要依据《触电司法解释》，当该解释与《人身司法解释》不一致时适用《人身司法解释》。赔偿范围主要包括医疗费；误工费；住院伙食补助费和营养费；护理费；残疾人生活补助费及残疾辅助器具费；丧葬费；死亡补偿费；被扶养人生活费；交通费、住宿费等。在赔偿标准的确定上，应区分受害人是城镇居民还是农村居民，确定计算标准，即以城镇居民人均可支配收入和农村居民人均纯收入指标作为各自的残疾赔偿金以及死亡赔偿金的计算标准。赔偿范围与受害人因触电而受伤、致残或死亡的不同结果相关。

（2）关于精神赔偿。在触电案件中，受害人若提起死亡赔偿金或残疾赔偿金的同时，又要求精神损害赔偿时，电力企业可依据《精神司法解释》进行抗辩。

（3）在赔偿数额的计算上，电力企业应注意分析赔偿额是一次性支付还是分次支付。因触电造成的损害后果严重，涉及的残疾用具费及后续治疗费用等往往数额都较大，判决责任人一次支付，实践中加重了赔偿责任人负担。但是，由于后续治疗费不可预知，且会增加今后的诉讼成本，因此，在法院对案件事实和责任认定公正的基础上，采取一次性支付的方式对电力企业较为有利。

7. 积极引导审判人员确定正确的审判思路

（1）由于电力人身损害赔偿案件涉及电力专业知识多，审判人员可能对电力法律法规和规程的规定不了解或在适用上存在误区。因此，应适时向审判人员提供与案件相关的电力法律法规和规程标准，并帮助或引导审判人员正确理解和适用。

（2）审判实践中，司法机关往往认为电力企业对电力设施承担管理责任，而无视电力企业与电力管理部门的区别。因此，电力企业应引导审判人员正确认识电力管理部门和电力企业的不同法律地位和责任，避免电力企业承担电力管理部门的责任。

（3）引导审判人员正确认识电力企业的用电检查权。用电检查是为保障电网安全为电力企业设定的权利，但不能因此减免产权人对其设施应承担的责任。根据《用电检查管理办法》❶第六条，用户对其设备的安全负责。用电检查人员不承担因被检查设备不安全引起的任何直接损坏或损害的赔偿责任。

8. 根据案件事实，确定诉讼目标

以对案件事实的深入调查和充分的案件准备作为基础，确定诉讼目标。对于电力企业难以避免承担赔偿责任的案件，应制定赔偿数额的"心理"目标，尽量减少赔偿数额，并力求通过调解方式一次性结案。

（九）人身触电伤害事故保险应对措施

（1）目前多数电力企业投保供电责任险。发生事故以后，符合保险责任条款的，要按照保险合同约定的处理程序及时通知保险公司到达事故现场，开展理赔工作。

（2）供电责任险以电力企业工作期间的过失行为、施工造成的断路、短路、搭错线以及电压不合格等原因为保险责任事故的条件。而往往电力企业在触电案件中承担的是无过错责任，或者尽管电力企业有过错，但在调解结案的情况下，多数不体现责任归属，为此，电力企业难以得到保险赔偿，因此电力企业应探索非电力企业责任的电力事故保险，以降低触电案件对电力企业造成的风险。

总之，由于触电人身损害赔偿案件的特殊性、复杂性，以及我国现有法律、法规和司法解释对触电人身损害赔偿规定的现状，法律顾问在处理该类案件时应力戒片面性，依据国家有关法律、法规、司法解释，重点在产权归属、责任主体、致害原因、赔偿数额等几方面进行分析，结合供电设施归属的实质特征和形式特征进行综合认定，确保触电案件的正确处理，依法维护电力企业的合法权益。

---

❶ 该办法于 2016 年 1 月 1 日废止。

第二章

触电人身伤害赔偿案例具体分析

　蔡某等 4 人诉杨某、某市供电公司因钓鱼触电人身损害赔偿纠纷案

一、案由

原告蔡某等四人（受害人亲属）因钓鱼触电伤亡诉本案被告杨某及某市供电公司，请求人身损害赔偿。具体案由如下：

蔡某（受害人）与朋友陈某等人通过朋友介绍一起来到位于童家村杨某养殖的鱼塘钓鱼，蔡某与陈某在鱼塘西侧由北向南行走过程中，蔡某手持未收缩的约 5m 长的鱼竿与穿过鱼塘堤坝上方的 10kV 高压线相接触，导致蔡某当场被电击倒，经某市急救医疗中心抢救无效死亡，支付抢救费 500 元。

涉案鱼塘土地系某市童家村所有，该村将涉案鱼塘土地发包给村民杨某开挖养殖，并签订了养殖承包合同，合同约定承包期 10 年。

涉案鱼塘上方造成蔡某（受害人）触电死亡的 10kV 高压线的产权人为该市供电公司。经现场勘测，在事发地点上方 10kV 高压线导线最低点离地面的垂直距离为 5.7m。在事发地点的鱼塘堤坝东侧约 10m 远的电杆上，供电公司设置了一块安全警示牌，警示牌上标明了"电力线路附近严禁钓鱼"等内容。为此，蔡某（受害人）的妻子、儿子、父母共同诉至法院，因明知有警示自己有过错，请求杨某、供电公司共同赔偿因蔡某（受害人）的死亡而造成的死亡赔偿金等费用合计 376246.5 元中的 70% 即 263372 元。

二、原告理由

原告认为：

（1）蔡某（受害人）在钓鱼过程中触电死亡其自身要承担一定的责任，但作为鱼塘的养殖承包人杨某，明知在高压线下钓鱼危险，还指引蔡某（受害人）到高压线下钓鱼，且

在承包的鱼塘四周也未设置任何安全警示标志，因此，杨某应对蔡某（受害人）的死亡承担相应的民事赔偿责任。

（2）作为该鱼塘上方 10kV 高压线的所有人和管理人某供电公司，在该鱼塘周围和高压线附近没有设置明显的安全警示标志，对蔡某（受害人）的死亡也应承担相应的民事赔偿责任。

三、被告观点

（1）被告杨某认为自己没有任何过错，不承担责任。理由如下：

1）蔡某（受害人）到鱼塘钓鱼完全是朋友的玩乐，没有支付任何费用，与杨某未形成任何权利义务关系，杨某没有义务为蔡某的活动尽到各项义务。

2）杨某也没有指引蔡某到高压线下钓鱼，是蔡某自己决定的。同时杨某口头向蔡某提出高压线下不能钓鱼。故杨某没有任何过错，不应承担责任。

（2）被告供电公司认为涉案高压线路的架设符合国家有关安全规定，且设置了相应的警示标志。某供电公司没有任何过错，不应承担责任。理由如下：

1）蔡某（受害人）出事地点的高压线路产权属某供电公司，但某供电公司架设的高压线与地面的垂直距离符合国家对安全距离的有关强制规定。

2）根据《电力设施保护条例》的有关规定，只有人口活动频繁的地区才设立警示标志，而杨某承包的鱼塘周围人口活动并不频繁，且人口稀少，没有必要设置警示标志。同时，设置警示标志的主体不是供电公司，而是电力设施管理的行政机关。尽管如此，某供电公司还是在事发地附近的高压线杆上设置了警示标志，警示内容涉及禁止在高压线下钓鱼、放风筝等禁止行为。

3）蔡某（受害人）作为一个具有完全民事行为能力的成年人，对高压线的危险性应当有认识能力，其在高压线下持鱼竿穿行的行为，违反了《电力设施保护条例》的有关规定。

四、法院判决结果

法院认为：

（1）供电公司有一定的过错，应承担相应的赔偿责任。某供电公司作为电力线路的产权人，负有对电力设施保护区进行监管及设立标志的法定义务，现某供电公司虽在事发地点高压线电杆上设置了一块标有"电力线路附近严禁钓鱼"等内容的警示牌，但由于该警示牌设在鱼塘内高堤坝约 10m 远的电杆上，致使一般人很难看清楚警示牌上标注的内容，因而未能起到足够的警示作用。考虑到致害行为与损害后果之间的原因力大小，某供电公司承担 15% 的赔偿责任。

（2）某供电公司辩称蔡某的行为属法律、行政法规所规定的禁止性行为，应免除其赔偿责任的理由不能成立，法院不予采信。

（3）杨某作为鱼塘的实际养殖人，应该知道鱼塘上方有高压线路的存在，应该知道在鱼塘周围钓鱼存在一定的危险，其不仅没有在鱼塘周围设立禁止钓鱼的标志，而且还允许受害人蔡某等人钓鱼。因此，杨某对蔡某的死亡有一定的过错，应承担15%的赔偿责任。

综上，法院判决：

（1）被告供电公司赔偿原告死亡赔偿金等各项费用合计355246.5元中的15%即53286.98元，承担精神损害抚慰金7500元，合计60786.98元。

（2）被告杨某赔偿原告死亡赔偿金等各项费用合计355246.5元中的15%即53286.98元，承担精神损害抚慰金7500元，合计60786.98元。

五、经验教训

这是一起典型的电力设施保护区内钓鱼触电案件，法院对这起钓鱼触电案件的判决是值得商榷的，混淆了电力设施保护区标志与安全警示标志的法定义务与责任主体。

1. 电力设施保护区标志牌与安全警示标志牌的设置主体

标志牌从其功能、目的和悬挂主体区分，包括保护区标志和警示标志两种，这两种标志在实践中常常被人们混淆。司法审判机关常常会依据《电力设施保护条例》第十一条的规定判令供电企业承担赔偿责任。该条规定要求县以上地方各级电力主管部门应当在必要的架空电力线路保护区的区界上或地下电缆、水底电缆等重要部位设立标志牌，标明保护区的宽度和保护规定、安全距离等内容。因此，设立保护区标志的责任在电力管理部门。而警示标志或者说危险标志应由电力设施的产权人设立。这是产权人在进行高度危险作业中应尽之责。设立危险警示标志的目的在于避免他人触电而进行必要的危险提示；而保护区标志的设立是为防止对电力设施的不法侵害。基于两者上述不同，设立"危险警示标志"是一种民事行为，产生的是民事责任；而设立"保护区标志"及"监管"均是行政行为，导致的是行政不作为责任。因此，在触电案件审理中，电力管理部门并不因未履行设立保护区标志的义务而承担民事赔偿责任。而因未设立危险警示标志或设立的标志牌有瑕疵都会成为电力设施产权人承担民事责任的因素。

如果电力管理部门把设立保护区标志的责任委托供电企业承担，供电企业因未设立或设立有瑕疵的保护区标志，根据委托代理法律关系，供电企业接受委托，并不因此取代电力管理部门应负的责任，其行为的法律后果归属于委托的电力管理部门。即使供电企业有过错，其仅依据委托代理协议或法律规定向委托人承担相应的责任。

2. 安全警示标志设置的区域和范围

本案中，法院以供电公司作为电力线路的产权人，负有对电力设施保护区进行监管及设立标志的法定义务，现某供电公司虽在事发地点高压线电杆上设置了一块标有"电力线路附近严禁钓鱼"等内容的警示牌，但由于该警示牌设在鱼塘内高堤坝约 10m 远的电杆上，致使一般人很难看清楚警示牌上标注的内容，因而未能起到足够的警示作用，存在过错应承担赔偿责任。供电企业作为高压线产权人，在日常维护管理中所负安全警示义务应以法律、行政法规、司法解释等相应规定为准，并以此判断是否存在过错。但从民法对高度危险作业人的特殊要求，结合《安全生产法》的角度可以认定供电企业的安全警示义务。《安全生产法》第二十八条规定，"生产经营单位应当在有较大危险因素的生产经营场所和有关设施、设备上，设置明显的安全警示标志"。本案中供电企业已在电杆上设置了一块标有"电力线路附近严禁钓鱼"等内容的警示牌，已尽安全警示义务。不能把"警示牌"扩大到"警示围墙"，否则属于无限制扩大供电企业的义务。

3. 安全警示义务履行的适当性

我们认为，在尚无国家或行业标准的情况下，应以实际上的必要为限度。这种必要性，既非有的法官认为的只要有电力设施就应该设立安全警示标志（不具有操作上的可行性和科学性），也非有的电力设施产权人认为的只要易触电的固体设施上设立即可，而是以电力设施产权人可履行、对一般公众可起到提醒为判定标准。《电力设施保护条例实施细则》第九条规定的"电力管理部门应在下列地点设置安全标志：（一）架空电力线路穿越的人口密集地段；（二）架空电力线路穿越的人员活动频繁的地区；（三）车辆、机械频繁穿越架空电力线路的地段；（四）电力线路上的变压器平台"，具有一定的参照性。

六、启示

1. 供电企业应向司法机关阐明高压线下钓鱼系违反《电力设施保护条例》的行为

《电力设施保护条例》第十四条第（二）、（三）、（十一）项分别对向电力导线抛掷物体或放风筝作了禁止性规定和其他危害电力线路设施的规定。国家经贸委于 2000 年 1 月 5 日，在给新疆维吾尔自治区电力公司的回函《国家经贸委关于触电事故有关问题的复函》（电力〔2000〕1 号）中明确"在电力设施保护区内甩杆钓鱼属于违反《电力设施保护条例》第十四条的规定的行为"。国家电力监管委员会于 2003 年 12 月 1 日，在给江西省经贸委的回函《关于能否在高压线下钓鱼的回复》（政法函〔2003〕8 号）中明确"在依法划定的电力设施保护区内钓鱼甩掷鱼竿属于违反《电力设施保护条例》第十四条的规定"。本案受害人蔡某具有完全民事行为能力，野外高压线具有明显特征，其持钓鱼竿在高压线下钓鱼的行为，属行政法规所禁止行为。

供电企业在钓鱼触电案件中应向司法机关阐明在电力设施保护区内的高压电线下垂钓行为，属于法律、行政法规禁止性的行为，供电企业应免责。

2. 电力设施的"警示标志"应坚持依法合规设立

在生产实践中，在鱼塘、市区、村庄等区域钓鱼触电因警示标志不齐备而被判承担较大责任的案例为数众多，对供电企业来说是不小的遗憾。本案中法院以某供电公司作为电力线路的产权人，负有对电力设施保护区进行监管及设立标志的法定义务，现某供电公司虽在事发地点高压线电杆上设置了一块标有"电力线路附近严禁钓鱼"等内容的警示牌，但由于该警示牌设在鱼塘内高堤坝约 10m 远的电杆上，致使一般人很难看清楚警示牌上标注的内容，因而未能起到足够的警示作用。关于此，目前司法实践中有较大争议。2005 年12 月 26 日，《安徽省高级人民法院审理人身损害赔偿案件若干问题的指导意见》规定："在电力设施保护区内的高压电线下垂钓或新建、扩建、改建建筑物遭受电击伤害的，可认定受害人具有重大过失，根据《民法通则》第一百三十一条的规定，减轻电力设施产权人或供电企业 70%～90%的责任。电力设施的架设、运营及日常维护管理不符合国家标准或规定的，只能减轻电力设施产权人或供电企业 30%～50%的责任。在设有安全警示标志的电力设施保护区内的高压电线下垂钓或新建、扩建、改建建筑物遭受电击伤害的，可以认定损害是受害人故意造成，根据《民法通则》第一百二十三条、第一百三十一条的规定，电力设施产权人或供电企业不承担责任。"可见，依法合规设置"安全警示"标志尤为重要。电力设施产权人或供电企业应在架空电力线路保护区内的鱼塘设置安全警示标志，在可能发生钓鱼的河段设置"有电危险、禁止钓鱼"警示牌。同时，要加强对鱼塘产权人或经营管理者的安全宣传教育，签订有关安全协议等。这些措施是电网安全运行的需要，更是社会安全责任的担当。

3．积极推动地方立法争取相对有利的法律环境

借鉴江苏等地方立法把"禁止架空线路保护区内垂钓"等纳入地方性法规的经验，积极推动地方立法，争取相对有利的法律环境。鉴于国家层面立法和法律修改的难度较大，周期较长，通过地方相关立法，将国家层面已经确认但尚未上升到法律层面的部委复函或解释，及时吸收到地方立法当中去。近年来，江苏、云南、陕西等地已经有较好的、成熟的立法先例。

> **案例 2**　王某等诉某供电公司、李某、某磷化公司因汽车撞电杆造成短路引起的触电伤亡纠纷案

一、案由

本案原告为王某、张某二人，被告为某供电公司、李某、某磷化公司，双方因触电伤亡事故诉于法院。此案涉及民事纠纷、行政纠纷，并涉及初审判决和上诉判决，反复纷争。其具体案由如下：

李某驾驶越野车与本企业职工贺某一道前往某县清泉镇收贷款。当车行至成青路路段时，为避让横穿公路的摩托车而紧急刹车，致使汽车翻下路基，撞在公路旁的 10kV 线路

15号电杆上，引起线路短路；某供电公司按规程在自动合闸不成功的情况下采取人工合闸成功。李某在事发后给厂里打电话请求派人前往施救并从车内爬出，但贺某未下车。不久，该厂职工张某赶至事发现场，将贺某从车内救出，两人站在汽车引擎盖上准备离开汽车时，由于电杆及线路被损坏等原因引起该车带电，致张某和贺某当场触电死亡。后来，汽车也因此起火燃烧报废。

事后，事故发生地公安局消防大队作出事故火灾原因认定书，认为"……车辆翻至路边坎下10kV线路15号电杆上，导致10kV高压线落在铁横担上，引起短路停电，尔后通电，使10kV线路15号电杆与车辆相邻处被击穿，产生大量电弧，引燃左右轮胎，发生火灾"。

随后，该地公安局作出刑事技术鉴定书，认为死者张某、贺某系电击死亡。

同年该地县公安局交通警察大队作出《关于"4·11"事件的认定结论》认定：

（1）李某驾车驶出路外，撞击10kV线路15号电杆，造成车辆部分损坏，电杆及其附属设备损失5700元，属于交通事故，应按《道路交通事故处理办法》处理。

（2）张某、贺某触电死亡以及车辆燃烧报废的事件与20分钟前的交通事故无因果关系，不符合道路交通事故构成要件，不属于交通事故，各方当事人可向人民法院提起民事诉讼。

次年，某供电公司对县公安局交通警察大队作出的《关于"4·11"事件的认定结论》不服，申请行政复议，同年当地人民政府作出行政复议决定书，撤销某县公安局交通警察大队作出的《关于"4·11"事件的认定结论》，限其15日内重新作出具体行政行为。某县公安局交通警察大队又重新作出《道路交通事故责任认定书》，认定："'4·11'事故造成了电杆及其附属设备损失5700元，张某、贺某当场死亡，车辆燃烧报废属于一起特大交通事故，在该事故中驾驶员李某驾驶机动车超速行驶，……应负事故的全部责任。"

随后张某之妻王某及其女张某某以某供电公司为被告提起民事诉讼，请求判令被告某供电公司支付死亡赔偿金等各种费用共计173121.80元。某县人民法院立案后决定追加李某、某磷化公司为共同被告参加民事诉讼。

同年，司机李某不服县人民政府的行政复议决定及县公安局交通警察大队作出的《道路交通事故责任认定书》，向某县人民法院提起行政诉讼。

县人民法院认为"因该案的电力安全事故行政诉讼尚未审结，无法确定当事人的责任"，裁定中止本案民事诉讼。

当年12月25日，某市中级人民法院受理了司机李某提起的行政诉讼，经审理后作出了行政判决，撤销县人民政府行政复议决定书和县公安局交通警察大队依据该行政复议决定作出的《道路交通事故责任认定书》。县人民政府及供电公司不服，提出上诉。某省高级人民法院于次年6月15日作出终审行政判决书，判决认为"张、李二人的死亡属电力安全事故，虽然此电力安全事故与李某违章驾车造成的交通事故有一定的因果关系，但它不是交通事故发生的直接后果，不具有必然的因果关系且张某不是交通事故发生现场的当事人。对这两种性质完全不同的事故，应分别由不同的职能部门予以认定和处理"。遂判决维持本院初审行政判决作出的撤销县人民政府《行政复议决定书》的判决；撤销某市中级人民法院关于初审行政判决作出撤销县公安局交通警察大队作出的《道路交通事故责任认定书》的判决。此后，某县公安局交通警察大队又重新出具了《道路交通事故责任认定书》。

到此案发生后的第 4 年的 5 月 20 日，某县安全生产委员会作出《关于 4·11 电力安全事故的认定》，认定此事故中供电公司无责任，原告李某应负主要责任，贺某、张某二人也有一定责任。司机李某不服，又将县安全生产委员会作为被告向某县人民法院提起行政诉讼。到第 5 年的 9 月 6 日，某县人民法院对此作出初审，撤销了被告某县安全生产委员会《关于 4·11 电力安全事故的认定》。同年 11 月 5 日，某县安全生产委员会又重新作出《关于 4·11 电力安全事故的认定》，认定李某应负事故主要责任，贺、李二人也有一定责任。李某等不服，向某县人民法院提起行政诉讼，县人民法院于事故后第 6 年的 2 月 19 日作出初审行政判决：维持某县安全生产委员会新作出的《关于 4·11 电力安全事故的认定》。李某等原告不服该判决，向某市中级人民法院提起上诉，某市中级人民法院审理后于当年 4 月 29 日作出行政判决：撤销县人民法院初审判决及某县安全生产委员会《关于 4·11 电力安全事故的认定》。

二、原告理由

原告认为：

（1）张某不是交通事故发生现场的当事人，张某的死亡不属于交通事故。

（2）张某的死亡属电力安全事故，虽然此电力安全事故与李某违章驾车造成的交通事故有一定的因果关系，但它不是交通事故发生的直接后果，不具有必然的因果关系，两种性质完全不同的事故，应分别由不同的职能部门予以认定和处理。

（3）张某死亡的直接原因是某供电公司在自动合闸不成功的情况下，未确认线路安全的情况下强行采取人工合闸而导致的。

三、被告观点

供电公司认为：

（1）李某驾驶汽车翻下路基，撞存公路旁的 10kV 线路 15 号电杆上，引起高压线路短路，李某打电话到厂里请求派人前往施救，公司职工张某前往施救，并将贺某救出车外，上述行为是一个连续性的交通事故发生的过程，不应人为地将其分解为两个事故。

（2）在该起交通事故中，驾驶员李某应负事故的全部责任，供电公司系按规程在自动合闸不成功的情况下采取人工合闸，不存在任何过错，不应承担责任。

四、法院判决结果

法院认为：

（1）张某死亡的直接原因是电击，故就死亡原因而言，本案案由应为触电人身损害赔偿，应由电力设施产权人依照《民法通则》第一百二十三条的规定承担民事责任。

（2）某省高级人民法院行终字第 4 号行政判决作为生效法律文书，当具有既判力，但其是针对当事人不服交通事故责任认定的行政复议诉讼所作出的判决。该判决仅是从行政审判角度对张某、贺某死亡的直接原因作出的本案事故的定性，即根据死亡的直接原因认定本案事故属电力事故而非交通事故，并未对本案触电事故中的民事责任中原因力大小作出相应认定。且该判决也明确认定"两种性质完全不同的事故，应分别由不同的职能部门予以认定和处理"。

（3）对因高压电引起的人身损害是由多个原因造成的，按照致害人的行为与损害结果之间的原因力确定各自的责任。根据"致害人的行为是损害后果发生的主要原因，应当承担主要责任；致害人的行为是损害后果发生的非主要原因，则承担相应的责任"之规定，确定本案赔偿责任的关键在于对本案多因一果触电事故中致害人行为与死亡结果之间的原因力主次的分析认定。由于本案之触电事故系交通事故与电力事故结合而致，但本案高压电线系在正常输电过程中因交通事故受损，并致死者在某供电公司正常送电后触电身亡，故就原因力而言，交通事故对触电事故的发生及张某的死亡具有不可替代性，即若无本案交通事故撞击电杆致使绝缘瓷瓶脱落，则正常输送电的电力输电设备不可能导致触电事故。据此，就特殊侵权纠纷中合理分担责任的司法解释精神的角度而言，本案李某的交通肇事行为是本案触电事故的主要原因力，其应当承担本案的主要民事赔偿责任。某供电公司作为电力设施的产权人，虽其输送电行为符合操作规程，但作为高压危险作业，在不具备法定免责事由的情况下，从保护受害人权益的角度出发，其对本案损害后果应承担相应的民事赔偿责任。

综上判决：

（1）某供电公司赔偿张某死亡赔偿金等共计 68832 元的 20%计 13766.40 元。

（2）某磷化公司赔偿张某死亡赔偿金等共计 68832 元的 80%计 55065.60 元。

（3）驳回原告的其他诉讼请求。

五、经验教训

本案是一起典型的因交通事故引发的民事行政交叉案件，该案中供电公司充分行使了相应的行政诉讼权利，及时对《道路交通事故责任认定书》提起行政诉讼，虽然结果不理想但通过法律手段维护企业合法权益的做法值得学习和借鉴。本案肇事司机与事故之间有因果关系，肇事司机未承担责任是法院判决瑕疵。

六、启示

（1）在高压触电案件中，加强无过错责任的免责或减责事由的分析与举证。针对某些案例反映出供电企业在事故责任引起的触电案件中承担了无过错责任，因此，应从供电企业避免承担无过错责任角度进行事故责任分析，一方面促使事故责任认定公正，另一方面为可能要发生的诉讼提前做好准备。

（2）积极介入事故的调查与处理。相关案例表明，在某些地区，触电案件发生后，安全管理部门的事故调查小组将会迅速介入，安全部门出具的事故调查报告将包含触电案发生原因及相关方的责任等内容。同时，法院在后续诉讼审判中往往以安全部门出具的事故调查报告作为民事诉讼审判的依据。因此，供电企业要高度重视安全部门的事故调查，客观反映事实，协助调查事故原因，合理反映观点，避免后续工作被动。当安全部门在事故调查报告中有违事实、显失公正的情况下，供电企业应积极通过行政诉讼等手段维护自身的合法权益。

案例 3 李某与某市供电公司、广电公司因改装有线电视线路触电人身损害赔偿纠纷案

一、案由

本案原告李某，被告某市供电公司、某市广电公司、刘某，双方因通信线路、有线电视线路、广播喇叭线路混搭挂电力线路漏电造成触电人身伤害赔偿问题发生纠纷诉于法院。其案由经过如下：

市广电公司的工作人员范某、缪某、张某、裴某等四人在该市李某北屋东墙改装有线电视线路时，范某触及有线电视电缆附筋（铁丝）被电击跌倒梯下，摔伤左臂，被张某及裴某护送去医院治疗。房主李某闻讯后，拉下闸刀切断电源，上梯查看，触及有线电视电缆附筋时又被击伤，致呼吸、心跳暂停，被送往医院急救，经抢救及治疗虽未死亡，但李某仍神志不清，不能回答问话，不能自主饮食。经伤残鉴定，结论为李某的损伤属于Ⅰ级伤残。

随即房主李某之妻付某、之子李小某向市公证处申请证据保全。同日上午10时，公证员张某与曹某及参加人员吴某、管某、贾某、葛某、拍摄人员赵某、孟某，对事故发生处

的电线现状及现场测试的电压结果进行了保全证据公证，并制作勘验笔录一份，测试结果为：在李某家使用的电能表集装箱闸刀合闸状态下，有线附筋对三角支撑的电压为220V，在分闸状态下，有线附筋对三角支撑的电压为230V，闸刀下端正负极点无电压。用尺子测量出三角支撑与有线附筋垂直距离约5cm，并对现场电线拉架状态进行了现场拍摄，公证处出具了公证书。经询问贾某、葛某，测试说明李某家使用的闸刀完好无损，能够完全切断电源，李某家的表后入户线不漏电，闸刀在分闸与合闸状态下，有线附筋均带电，说明另有电源与有线附筋通电。经市安全生产监督管理局派工作人员到现场督促协调，由供电公司主检，广电公司参与，采取逐户断电测试有线附筋是否带电的方法进行了检测。此次检测未通知李某的家人与刘某参加，对检测结果李某的家人及刘某均不认可，供电公司与广电公司也均未提供出李某与刘某两户漏电的其他相关证据。次年，法院组织各方当事人一同到事故现场进行了勘验，发现刘某家是李某家北边的第三户，各户东墙均有供电公司的三角支撑，其上架设有供电线路。广电公司的有线电视电缆及附筋贯通南北，一部分敷设在供电公司的三角支撑上，与三角支撑搭挂相连。李某家东墙上的供电入户线与有线电缆线路均已进行了改造。刘某家北屋东墙上有线电视电缆及附筋平放于供电公司的三角铁支撑上，附筋与三角铁直接接触。刘某家的两根供电入户线均在三角铁上缠绕一周后入户。广电公司未能在法院审限期内提交刘某家入户线是否漏电导致附筋带电的鉴定申请书。供电公司曾三次向市安全生产委员会及市广电公司提交报告，要求解决通信线、有线电视线、广播喇叭线搭挂电力线的问题，但李某触电线路搭挂问题一直未能得到解决。

二、原告理由

本案原告李某认为：

（1）被告供电公司对供电线路检修维护不当。

（2）被告广电公司有线电视线路架设擅自搭挂供电公司的三角铁支架。

（3）被告刘某入户线漏电。

（4）三被告均有过错，要求被告赔偿医疗费、残疾赔偿金等费用共计498000元。

三、被告观点

1. 被告供电公司观点

（1）李某触电致残的有线电视电缆附筋所有权不归属供电公司。原告违章作业是造成事故的主要原因，广电公司违章架线与事故发生有一定关系。据测试，原告李某与被告刘某两户的表后入户线均漏电，供电公司对表后入户线没有维护管理义务，不应承担赔偿责任。

（2）李某是触及有线电视电缆附筋而导致触电致残的，而有线电视电缆附筋的产权归属市广电公司，根据产权责任原则，供电公司不是该设施的产权人，不应承担原告因触及该设施所产生的法律后果。

（3）有线电视电缆附筋的架设违反有关规定。市广电公司架设的有线电视电缆附筋搭挂在输电线路的支持物三角铁上，属于明显的"搭挂现象"。对此国务院安全委员会、某省安委会以及某市安委会曾专门下发文件，明确要求：凡违章搭挂的，由后建方按有关规定进行整改。市广电公司无视上述规定，对搭挂的有线电视电缆附筋没有清除，理应承担由此产生的法律后果。

（4）供电公司并非电力主管部门，法律没有赋予供电公司对违法用电和妨碍用电设施行为进行纠正的权利，对某市广电公司的有线电视电缆附筋搭挂无权采取相应的有效措施予以制止。

2. 被告市广电公司观点

（1）由市安全生产监督管理局协调，某供电公司主检，某市广电公司参与到原告触电现场进行了检查测试。现场检测人员认定李某、刘某两家的表后线（入户线）外皮磨损，与敷设铁丝搭挂相连，导致漏电。这个结论有安监局盖章证明，有周边居民参与，且还有证据照片，是客观的、无法否定的。

（2）李某、刘某两户将外皮脱落的电源线绑在有线电视附筋或三角铁支架上，致使有线电视附筋带电。

（3）李某不听市广电公司工作人员劝阻，强行攀登工作梯，在无电工资格的情况下，试图修复有事故隐患的电力线路，在因果关系上，李某的行为是此次事故发生的主要原因，故应承担主要过错责任。

（4）李某、刘某两户的漏电保护器未动作，李某、刘某两户应承担此次事故的主要责任，供电公司不能及时检查维护供电线路也应承担相应的责任。

3. 被告刘某观点

（1）对原告的电伤被告无故意或过失，没有证据证明其表后线漏电，不应承担赔偿责任。

（2）安监局的检测是单方自行检测，并且其检测的也不是第一现场，其检测结果无法证明事故发生时的客观情况。

四、法院判决结果

法院认为：

（1）本案原告李某是触及有线电视电缆附筋而被电击致残，而被告市广电公司的电缆附筋是弱电线路，本身不可能对人体造成危害，但由于市广电公司在架设附筋时违规搭挂于供电公司的三角铁支撑与用电线路相连造成附筋带电，致使李某触电致残，根据《电力法》第六十条第三款的规定"因用户或者第三人的过错给电力企事业或者其他用户造成损害的，该用户或者第三人应当依法承担赔偿责任"，市广电公司的违规搭挂是造成该次事故的主要原因，应承担主要责任。

（2）李某作为一个完全民事行为能力人，在市广电公司人员范某刚被附筋电击后，在明知附筋带电的情况下，又登梯子上去不采用仪表测试而是用手触摸附筋及用电线路，对自己触电致残存有疏忽大意的过错，故应承担次要责任。

出事附筋附近与附筋固定在一起的线路是从李某家电能表出来的进入李某家的入户线，该线路及电能表均系李某出资，由供电公司安装的，根据《供电营业规则》第四十七条第一款"公用低压线路供电的，以供电接户线用户端最后支持物为分界点，支持物属供电企业"及第五十一条"在供电设施上发生事故引起的法律责任，按供电设施产权归属确定。产权归属于谁，谁就承担其拥有的供电设施上发生事故引起的法律责任。但产权所有者不承担受害者因违反安全或其他规章制度，擅自进入供电设施非安全区域内而发生事故引起的法律责任，以及在委托维护的供电设施上，因代理方维护不当所发生事故引起的法律责任"的规定，李某的电能表箱为用户与供电公司的产权分界处，表后线的产权人应是李某，李某也是该线路的维护及管理人，其将入户线固定在有线电视电缆附筋上也是导致其触电的原因。

（3）供电公司不是事故线路的产权人，其对线路没有维护及管理的义务，故不承担责任。

（4）对于刘某是否应承担责任的问题，因为证明刘某家线路漏电的只有安监局在事故后的调查报告及处理意见，但由于安监局在事故后做调查时刘某并不在场，其对调查报告结论有异议，故单凭该调查报告不能证明刘某家漏电，故刘某不承担赔偿责任。

（5）对于责任承担比例问题，应由市广电公司承担60%的责任，由李某自己承担40%的责任。

综上事实，法院判决：

（1）市广电公司赔偿李某医疗费、残疾赔偿金等费用共计261004.75元。

（2）驳回李某的其他诉讼请求。

五、经验教训

（1）电力设施的维护管理义务应以产权归属确定。根据《供电营业规则》第四十七条第一款"公用低压线路供电的，以供电接户线用户端最后支持物为分界点，支持物属供电企业"，以及第五十一条"在供电设施上发生事故引起的法律责任，按供电设施产权归属确定"，产权归属于谁，谁就承担其拥有的供电设施上发生事故引起的法律责任。供电公司不是事故线路的产权人，其对线路没有维护及管理的义务，供电公司无须承担责任。

（2）电力设施架设应符合相关法律法规和相关技术规范的要求。市广电公司的有线电缆搭挂供电公司的三角铁支撑违反相关规定，而致使附筋带电，应对原告的被电击致残承担主要责任。公民的生命权受法律保护。市广电公司在经营活动中对公民的生命健康依法应尽合理限度的安全保障义务。市广电公司对其经营设施的线路，在架设、管理过程中应符合法律法规和相关技术规程，并应当预见和避免危险的发生。

六、启示

近年来，电力、通信、广播电视事业的发展，特别是城乡电网改造、"村村通"等工程的实施，对于提高城乡居民的生活质量，促进城乡经济的发展起到了积极的作用，但同时在电力、通信和广播电视线路的架设过程中，违章交越、私自搭挂的现象也比较严重，由此导致的强电侵入电信线路、电信机房，烧毁设备、引发火灾、中断信号、中断电气化铁路正常运输、电力线路短路、倒杆、停电以及检修人员、维护人员和行人触电伤亡等事故也越来越多。因此，治理"三线"交越刻不容缓，应引起政府主管部门的高度重视，做好如下防范措施：

（1）供电单位应加强对设备的巡视、检查、维护，提高设备健康水平，如发现绝缘老化、破损、断线、漏电等安全隐患要及时消除。

（2）按照国务院安全生产委员会〔2003〕5号文《关于对电力线、通信线、广播电视线交越和搭挂进行安全整治的通知》要求，加大对违章搭挂在电力线路通道上的通信线路、广播电视线路的安全整治力度。对未经供电企业允许、电力主管部门批准就擅自搭挂通信和广播电视等线路，应积极寻找产权人或者实际管理人，及时发送《安全用电隐患整改通知书》，并保存好相关资料。

（3）对现有电力线路、通信线路和广播电视线路的交越搭挂情况进行一次详细的普查登记。对于经过供电企业允许电力主管部门批准搭挂的通信和广播电视线路，在穿越带有220V以上电压的地段，要督促相关部门采取必要的安全技术措施，如在拉线上装设绝缘瓷瓶进行绝缘隔离，对电力设备进行有效的接地等。

（4）加强保护电力设施的宣传力度，在电力设施上悬挂"触电危险"警示牌，在拉线上装设防护套管，对行人进行有效的安全警示宣传。

案例4　高某、丁某诉某市供电公司、某省电力公司触电人身损害赔偿纠纷案

一、案由

本案原告为高某、丁某，被告为某市供电公司、某省电力公司，因原告在自家房顶平台搬送长达4.58m的空心方钢碰到电力线路发生人身损害，因赔偿纠纷将二被告诉于法院。其具体案由如下：

　　某市供电公司受省电力公司的委托，在高某家居住的楼房北侧，架设 10kV 线路，线路产权人是省电力公司；所架线路高度与高某家三层楼房顶平台围墙平行，距房墙水平距离约 3.5m；线路建成后通电运行。其间原告高某之父欲将一根长 4.58m 的空心方钢从一楼地面吊到自家三楼楼顶，让未成年人高某、丁某在三楼楼顶放下绳子，自己在地面把绳子系在空心方钢的一端，两小孩合力向上拽拉，当拉到三楼平台围墙边缘时，两小孩用力将空心方钢的上端下压，方钢下端撬起，与距三楼平台水平距离 3.5m 的高压钢芯裸铝线相触，高某、丁某双双被电击伤。高某、丁某被送往当地陆军总医院抢救治疗，住院 62 天。经市公安局作出法医技术鉴定称：受害人高某双上肢为一级伤残，双下肢为三级伤残；丁某上肢为三级伤残，双下肢为五级伤残。事故发生后，市供电公司借支给高某、丁某治疗费 93000 元。

　　根据省假肢中心证明：国产普通适用型肩关节大臂假肢每件 45000 元，小腿假肢每件 12000 元，足部矫形器每件 690 元，未成年患者使用周期为 1~2 年，成年患者使用周期为 3~5 年。

　　经核查高某医治期间共花医疗费 75741.80 元（其中住院费 73741.80 元，补血费 2000 元），住院伙食补助费：每天按 15 元，62 天共计 930 元。营养费：每天按 15 元，62 天共计 930 元。护理费：住院 62 天，每天 2 人，每人按 30 元计算；出院至定残共 97 天，按 1 人计算，长年需 1 人护理，每天按 10 元计算，共计 77690 元。残疾者生活补助费：自定残之日起，按当年全省城镇居民人均消费性支出水平每年 5937.30 元计，一级伤残赔偿 20 年，共计 118746 元。残疾用具费：国产普通型上臂假肢每件 45000 元，上臂肩胛美观手每件 9570 元，国产普通型小腿假肢每件 12000 元，足部矫形器每件 690 元，共计 67260 元，18 岁前每 2 年更换一次，18 岁至我国人均寿命 75 岁，每 5 年更换一次，共需更换 16 次，高某残疾用具费共计 1076160 元。残疾用具维修费：参照相同案例，按假肢费用的 2% 计算，共计 21523.20 元。继续治疗费：按原告已实际发生的费用计算共 1064.40 元，交通费按票据计算共 3184 元。

　　受害人丁某共花医疗费 57282.30 元（其中住院费 56382.30 元，补血费 900 元）。住院伙食补助费：每天按 15 元计，62 天共计 930 元。营养费：每天按 15 元计，62 天共计 930 元。护理费：住院 62 天，每天 2 人，每人按 30 元计；出院至定残共 97 天，每天 1 人，每人按 10 元计，共计 4690 元。残疾者生活补助费：自定残之日起，按当年城镇居民人均消费性支出水平每年 5937.30 元，三级伤残赔偿 20 年的 80%，共计 94996.80 元。残疾用具费：上臂肩胛美观手假肢每件 9570 元，足部矫形器每件 690 元，两件 1380 元，共计 10950 元，18 岁前每 2 年更换一次，18~75 岁，每 5 年更换一次，共需更换 16 次，丁某残疾用具费共计 175200 元。残疾用具维修费，按假肢费用的 2% 计算，共计 3504 元。继续治疗费按实际发生的费用计算共 1247.50 元，交通费按票据计算共 3045 元。

二、原告理由

（1）供电公司架设的 10kV 农电线路造成两未成年人触电伤害，监护人对被监护人触电伤亡不承担任何责任。

（2）在民宅法定保护区突击新架设 10kV 高压钢芯裸铅线，通电前，既未向附近居民告知，也未在线路及变压器周围设立任何安全警示标志，导致两未成年人触电伤害，供电公司应承担全部责任。

三、被告观点

被告供电公司认为：

（1）供电公司所架设的 10kV 农电线路符合建设规划和国家有关行业标准及设计规程，无任何瑕疵责任。本案是受害人的监护人违规作业，引发的触电人身损害赔偿责任纠纷。

（2）《电力法》规定，由于不可抗力或用户自身的过错造成损害的，电力部门不承担赔偿责任。

（3）造成原告触电损害的直接原因是高某之父违反《电力设施保护条例》等法律法规，冒险违章指挥无民事行为能力人从事其无能力完成的作业所致。高某之父只承担监护责任有失偏颇。故请求追加高某之父为本案被告，承担相应的损害责任。

四、法院判决结果

法院认为：

省电力公司架设 10kV 高压线路，属《民法通则》第一百二十三条规定的"对周围环境有高度危险的作业"。高度危险作业致人损害，如果是受害人故意造成，则作业人免责。某省电力公司和县供电公司在此次事故中依法应承担无过错造成人身损害的赔偿责任。被告供电公司并未提交相关证据证明受害人有故意行为，且本案受害人系未成年人，未成年人触电不适用免责规定。《农村电网建设与改造技术原则》规定：10kV 的农网线路，在城镇或复杂地段可采用绝缘导线。这一规定虽不是强制性规范，但高压电系对周围环境有高度危险的物品，产权人应尽最大努力保证其安全运行，产权人未尽到相关义务，在城镇人口密集区未采用绝缘导线，对新架设的线路，送电运行前既不通知附近住户，又未悬挂警示标志，对二原告造成的损失，依法应承担主要赔偿责任。两原告的监护人未尽到监护职责，应承担相应责任。

综上，法院判决：

（1）被告某省电力公司赔偿原告高某医疗费 75741.80 元，住院伙食补助费 930 元，营养费 930 元，护理费 77690 元，残疾者生活补助费 118746 元，残疾用具费 1076160 元，残疾用具维修费 21523.20 元，继续治疗费 1064.40 元，交通费 3184 元，精神抚慰金 10000 元，共计 1385969.40 元的 70%，即 970178.58 元。

（2）被告某省电力公司赔偿原告丁某医疗费 57282.30 元，住院伙食补助费 930 元，营养费 930 元，护理费 4690 元，残疾者生活补助费 94996.80 元，残疾用具费 175200 元，残疾用具维修费 3504 元，继续治疗费 1247.50 元，交通费 3045 元，精神抚慰金 8000 元，共计 349825.60 元的 70%，即 244877.92 元。

双方均不服一审判决，提起上诉，二审法院认为一审法院认定事实清楚，适用法律正确，双方责任适当，提审赔偿数额基本符合实际，判决驳回上诉，维持原判。

五、经验与教训

（1）本案属于高压触电人身损害赔偿案件，产权单位管理不善应承担无过错责任。根据《侵权责任法》第七十三条的相关规定，应由经营者某省电力公司依照上述规定承担无过错民事责任。本案中，法院认定被告某省电力公司不存在"不可抗力""受害人故意"以及"受害人在电力设施保护区内从事电力法律、行政法规所禁止的行为"等免责事项。

（2）原告为未成年人，其监护人未尽到监护职责，应承担次要责任。原告系无民事行为能力人，其监护人负有保护其身体健康和对其进行管理、教育的义务。根据《农村安全用电规程》的有关规定，监护人应当教育孩子不玩弄电气设备、不爬电杆、摇晃拉线、不爬变压器台，不要在电力线附近打鸟、放风筝和有其他损坏电力设施、危及安全的行为，应当教育孩子识别危险物，远离危险区域，而在本案中，原告的监护人却疏于行使监护职责，致使原告被高压电击伤，对事故发生存在过失，应承担相应的过错责任。

六、启示

（1）供电企业在自身产权设备上要做好运维工作，不放过任何安全隐患，同时也要注意在工作中不造成新的安全隐患。作为面向全社会提供公共服务的企业，电力作为"对周围环境有高度危险的作业"，供电企业在自身产权所有的设备上应尽安全防范义务，不留任何安全隐患，例如新架设的线路送电运行前履行通知义务，设置警示牌、围栏、锁好大门、线路下方不得堆放杂物等。

（2）在未成年人高压触电案件中，在责任划分方面，供电企业要重点关注监护人是否履行了监护责任，监护人如若疏于行使监护职责，致使被高压电击伤，对事故发生存在过失，应承担相应的过错责任，在一定程度上可以减轻供电公司的责任。

（3）受害人是未成年人免除责任，但监护人不仅是监护不力，而且还是本人作业的操作人，根据常识他应当知道在电线下吊装操作 4 米多长的金属空心方钢有碰电线的危险，而认为不知，也应属故意或疏忽大意的主观过错。所以，发生此类事故时供电企业应注意收集当事人是否"明知""或轻信"还是"不知"的证据。

| 案例 5 | 武某诉广东某集团有限公司、某市供电公司产品质量引发触电人身死亡赔偿纠纷案 |

一、案由

本案原告：武某、刘某；被告：广东某集团有限公司、某市供电公司，双方因热水器漏电触电致 2 人死亡赔偿纠纷诉于法院，其案由如下：

此案发生于衡水市城区，武某（原告）在某百货大楼购买了广东某集团有限公司（被告）生产的一台 DSZF30-E 型储水式电热水器，并由百货大楼派人予以安装，广东某集团有限公司指派的售后服务人员维修该电热水器时对电源软线插头进行了更换。

涉案电热水器安全绝缘性能符合 GB 4706.1—1998《家用和类似用途电器的安全 第一部分：通用要求》❶的规定要求，电源软线的横截面积不符合 GB 4706.1—1998 的规定要求；更换后的电热水器插头内火线极和接地极间的电气间隙和爬电距离均不符合 GB 4706.1—1998 的规定要求。接地线与火线发生短路，造成热水器外壳带电。

4 年后一天下午，原告武某的儿子武某某（受害人）、妻子刘某（受害人）在使用 DSZF30-E 型储水式电热水器洗脚时，因热水器漏电不幸触电，武某外甥女立即出门求救，待公安人员破门进入房间时，武某的儿子武某某（受害人）、妻子刘某（受害人）已经死亡。两天后，武某的姥姥因悲伤过度离开人世。事故发生后，广东某集团有限公司派员到武某家进行了现场察看，并对热水器贴上封条，之后由于该公司只同意象征性地予以赔偿，双方没能就赔偿问题达成协议。

另外，案发住所电能表上面配置的漏电保护器，案发时未能起到保护作用。该住所系原告武某与其妻从原所有权人王某处购得，用户电能表以下入户之前的漏电保护器在一户一表改造之前就已经存在，非供电公司提供和安装。

鉴于热水器漏电直接导致 2 人死亡，间接导致 1 人死亡的客观事实，以及由此给原告全家带来的严重身心伤害，原告武某向法院提起诉讼，要求广东某集团有限公司和某供电公司赔偿死亡赔偿金等计 900000 元，并承担本案律师费 80000 元，共计 980000 元。

二、原告理由

（1）本案当中的涉案热水器系不合格产品，同时也是缺陷产品。电源软线横截面积远

---

❶ 该标准现已被 GB 4706.1—2005《家用和类似用途电器的安全 第 1 部分：通用要求》代替。

低于 GB 4706.1—1998 的规定要求；产品使用说明书存在严重的警示缺陷。

（2）涉案热水器的插头系由被告广东某集团有限公司指定的售后服务商所更换。事故完全是因为广东某集团有限公司生产的不合格产品所引起，该公司对此应当承担法律责任。

（3）被告供电公司安装的电能表上面配置的漏电保护器没有起到漏电保护作用，而漏电保护装置的产权归供电公司所有，故该供电公司也应当承担相应的责任。

三、被告观点

两被告共同认为：

（1）原告武某未能提供所鉴定的电热水器的购买发票、使用说明书以及插头更换维修记录等证据。

（2）特约维修人员上门维修，是将整条电源线进行更换，并会留下维修报告单让用户留存；原告未提供证据。

（3）原告自行更换后的电源线插头接触不良，会导致发热现象，而涉案电热水器长期处于通电加热的循环状态，从而导致电源线插头内火线对接地极的绝缘层绝缘电阻降低，达到一定极限，进而发生火线极和接地极间的短路，在短路的瞬间，插头内的接地极变成了带电极，由于热水器外壳、插头接地极、进水管、淋浴喷头蛇皮管和上水管与插头内的接地极是同电位，因此在短路的瞬间，热水器外壳、淋浴喷头蛇皮管均带电；原告负有责任。

（4）由于热水器电源线插头内的火线极和接地极间的瞬间短路，切断了从电源到地的回路，造成热水器外壳带电，所以使电热水器的漏电保护开关不再起保护作用。造成此次事故的唯一原因是原告自行更换了插头，请求法院判决被告不承担赔偿责任。

四、法院判决结果

法院认为：

生产者应当对其生产的产品质量负责。产品质量应当不存在危及人身、财产安全的危险，有保障人体健康和人身、财产安全的国家标准、行业标准的，应当符合该标准；应当具备产品应当具备的使用性能和符合在产品或者其包装上注明采用的产品标准，符合以产品说明、实物样品等方式表明的质量状况。我国《产品质量法》所称的缺陷，是指产品存在危及人身、他人财产安全的不合理的危险；所称产品有保障人体健康和人身、财产安全的国家标准、行业标准的，是指不符合该标准。只有当生产者能够证明未将产品投入流通或者产品投入流通时引起损害的缺陷尚不存在，或将产品投入流通时的科学技术水平尚不能发现缺陷的存在时，才能免除生产者的赔偿责任。

本案中，原告虽未能提交涉诉的电热水器的购买发票，但被告广东某集团有限公司对该热水器系其公司所生产并无异议。上述涉诉热水器的安全绝缘性能虽然符合 GB 4706.1—1998 的规定要求，但电源软线的横截面积不符合该国家标准的规定要求，应属缺陷产品。根据该被告说明书的有关声明，可以确定被告存有关于本案涉诉热水器的销售商记录和维修记录，原告在诉讼中主张上述记录的内容不利于该被告，被告亦未能提交上述记录，依据《最高人民法院关于民事诉讼证据的若干规定》，应当推定原告的主张成立，亦即该被告所提供的其在北京区域的维修报告单不能推翻原告方所提供的三位现场目击证人就电热水器电源软线插头更换问题所作的证言。而恰恰是由于更换后的电热水器插头内火线极和接地极间的电气间隙和爬电距离均不符合 GB 4706.1—1998 的规定要求，"插头内接地线安装的不规范：接地线和火线相距太近，由于插头与插座接触不良造成插头接触发热，导致接地线发热引起绝缘失效。接地线与火线发生短路，造成热水器外壳带电"，并由此造成武某某和刘某受电击死亡；该被告公司所提交的三份电工产品认证合格证书并不能证明本案涉诉热水器必定是合格产品，且其亦未能就法律规定的免责事由提供证据予以证实，故被告广东某集团有限公司应当承担对原告的赔偿责任。

但受害人对同一损害的发生或者扩大有故意、过失的，可以减轻或者免除赔偿义务人的赔偿责任。考虑受害人刘某在对武某某实施救助过程中存在违反用电基本常识的过错，则关于刘某的死亡赔偿金等各项的赔偿费用的 90%由被告广东某集团有限公司予以赔偿，其余 10%部分由原告方自行承担。被告供电公司对于损害事实的发生没有过错，故依法不承担对原告的赔偿责任。

综上判决：

（1）被告广东某集团有限公司赔偿关于刘某的丧葬费 6618.15 元、死亡赔偿金 163926 元、被扶养人生活费 14620.5 元、精神损害抚慰金 45000 元，共计 230164.65 元，于本判决生效后 10 日内给付原告。

（2）被告广东某集团有限公司赔偿关于武某某的丧葬费 7353.5 元，死亡赔偿金 182140 元，精神损害赔偿金 50000 元，共计 239493.5 元，于本判决生效后 10 日内给付原告。

（3）被告广东某集团有限公司于本判决生效后 10 日内给付原告武某律师代理费 50000 元。

（4）鉴定费 15000 元，由被告广东某集团有限公司担负。

（5）驳回原告对被告供电公司的诉讼请求；驳回原告的其他诉讼请求。

本案诉讼费用 26658 元，由原告担负 12529 元，被告广东某集团有限公司担负 14129 元。

五、经验与教训

本案是一起典型的因产品缺陷造成他人人身触电损害的事故，应由生产者承担民事赔偿责任。该触电事故是因为电热水器漏电造成的。本案诉讼争议的漏电保护器产权不归属该供电公司，因此供电公司与此案无关，不应承担责任。

六、启示

（1）规范供用电合同签订，明确好产权分界点。在生活用电触电赔偿案件中，低压触电用户产权范围内的触电居多，供电企业通常以《供电营业规则》第五十一条"供电设施产权归属"确定责任，而受害人则认为供电企业未尽到职责，要求分担部分民事责任。在当前司法实践侧重保护受害人权益角度，供电企业的"产权区分"观点与司法实践还存在一定的争议。

（2）加强不同漏电保护器工作原理和保护对象的宣传。作为一个普遍存在的争议是"剩余电流动作保护的原理、功效、安装、管理、维护责任以及供电企业的送电行为正当性方面"，供电企业首先应当从科学的角度认识剩余电流动作保护器的原理功效，再从权利与义务配置合理性角度分析供用电双方的可能责任。剩余电流动作保护器因安装位置、规格不同而发挥不同作用，电源侧剩余电流动作保护器和用户末端剩余电流动作保护器在保护的范围、作用上互有分工、相互配合，实现具有选择性的分级保护。剩余电流动作总保护仅对网络中出现的间接接触触电进行保护，不具备防止人身直接接触触电的功能。一般人身触电为直接接触电击（指人与带电体的接触）。直接接触又分为相线对地的接触、相线与另一相线的接触以及相线对零线的接触 3 种。实践表明：剩余电流动作保护器对被保护线路内二线（零线和火线）引起的电击危险不起保护作用。亦即剩余电流动作保护器并不能对所有的人身触电情形起到防范作用，同时也可能因接线、环境条件等影响而发生误动作或拒动作，本应起到的触电保护功能因此受到制约。把剩余电流动作保护器理解为"保命器"的观点是不正确的。

案例 6　　靳某诉某市电力公司人身损害赔偿纠纷案

一、案由

本案原告靳某，被告某市电力公司，因原告雇工触电身亡，发生损害赔偿纠纷，诉于法院，其案由如下：

靳某承包某养猪场。之后某市电力公司（被告）下属供电公司电管站对该村进行低压电网改造，同时为原告承包的猪场进行了受电工程服务。四年后原告的雇工焦某在该猪场猪舍工作中触电身亡。原告认为此次事故的责任在被告，要求被告给付原告死亡赔偿金 76000 元；其他损失 23300 元（其中包括死者家属来猪场处理后事五天住宿费 10000 元、餐费 8750 元。死者弟弟拿走的善后事宜款 4000 元，善后事宜款包括寿衣 1000 元、骨灰盒 2000 元、火化 455 元、运尸车费 115 元、搬运尸体人工费 50 元、停尸费 215 元、消毒费 15 元、纸棺材 15 元）；证据保全费 1000 元。共计 100330 元，诉讼费用由被告承担。

事故后国家电力监管委员会华北监管局接到靳某对某供电公司的投诉，经监管局调查查明，被告施工的受电工程，从入户电缆横担连接点与架空线连接点间的表箱、漏电保护器、开关等设备质量和线路接法符合规定。事发时漏电保护器不动作的原因是由原告维护管理的横担以下用电线路动力、照明全部接线于另一个不具有漏电保护作用的空气开关上所致。

二、原告理由

原告认为：被告下属电管站对该村进行低压线路整改，受理从表箱下闸口到猪舍的工程。原告的雇工焦某在猪舍工作中触电身亡，之后得知：电管站在整改施工中没按照规定在表箱内安装漏电保护开关及三级漏保，而其他整改户均有漏电保护开关。因此该供电公司应当承担这次事故的责任。

三、被告观点

被告认为：

（1）下属电管站履行了电力安装合同的义务，工程已交付使用，得到原告的认可，且远远超过保修期，被告安装合法无过错。

（2）漏电保护器不是保命器，只起到触电辅助性保护，在使用电力设备时，主要应通过加强绝缘防护及安全操作进行安全保护。雇工的死因不明，不能认定是由于漏电电流所致。

（3）原告首先在管理上存在过错，在自有产权范围内末端缺失漏电保护器，没有设备安全管理制度，其次没有证据证明支付赔偿款的真实性及合法性。故此，不同意原告的诉讼请求。

四、法院判决结果

法院认为：

被告供电公司对原告的猪场进行了受电工程。几年后原告的雇工在猪舍工作中触电死亡。经有关部门认定事发时漏电保护器不动作的原因是横担以下用电线路动力、照明全部接线于另一个不具有漏电保护作用的空气开关上。该段线路处于用户产权范围内，原告理应进行妥善管理，消除安全隐患。现原告未举证证明上述线路的施工人为被告，也未举证证明安装末级保护装置是被告法定或约定的义务。另外对支付死者家属的赔偿款数额的真实性与合理性，原告亦缺乏依据。故本院对原告的主张不予支持。

综上，法院判决驳回原告靳某的诉讼请求。

五、经验与教训

该案件中，供电企业对用户进行了受电工程服务，几年后发生触电死亡事件。经有关部门认定事发时漏电保护器不动作的原因是横担以下用电线路动力、照明全部接线于另一个不具有漏电保护作用的空气开关上。该段线路处于用户产权范围内，原告理应进行妥善处理，消除安全隐患。

DL 493—2001《农村安全用电规程》❶第 4.3.5 条关于剩余电流动作保护器的运行维护管理责任界定：电力使用者"必须安装防触漏电的剩余电流动作保护器，并做好运行维护工作"。农网改造后二、三级剩余电流动作保护器的产权属于用户，维护管理责任也应由用户承担。供电企业对一级剩余电流动作保护器的运行维护责任在于保持其正常运行。供电企业对二、三级剩余电流动作保护器的运行维护没有法定义务。对于用户不愿意安装二、三级剩余电流动作保护器的，供电企业并没有权力强制其安装、维护。

本案中原告未能举证证明安装末级保护装置是被告法定或约定的义务，另外原告对支付死者家属的赔偿款数额的真实性与合理性亦缺乏依据。因此法院对原告的主张不予支持。

六、启示

一是规范供用电合同签订。《供电营业规则》第五十一条规定："在供电设施上发生事故引起的法律责任，按供电设施产权归属确定。产权归属于谁，谁就承担其拥有的供电设施上发生事故引起的法律责任。但产权所有者不承担受害者因违反安全或其他规章制度，擅自进入供电设施非安全区域内而发生事故引起的法律责任，以及在委托维护的供电设施上，因代理方维护不当所发生事故引起的法律责任。"因此，供电企业要规范做好与用户的供用电合同签订，一定要严格按照法律、法规的规定，明确产权分界点和电力设施维护管理责任分界点，分界点电源侧供电设施属于供电企业，分界点负荷侧电力设施归客户。

二是明确电力设施维护管理责任与义务。在用户产权设施代维护协议中应当合理确定双方的权利与义务，明确委托管理的电力设施的范围，维护管理费用的承担。供电企业应在合同中明确日常管理工作仍由产权人负责，即在协议中明确维护管理工作与日常管理的具体内容分别是什么，两者的具体工作各有哪些，以及各自应当承担什么责任。尤其要明确在该电力设施上发生各类事故的责任承担主体仍为产权人，受托人只应承担属于维护管理方面的责任，不属于维护管理权限范围引发的安全责任不予承担，以免卷入不必要的纠纷中。

三是保管好档案资料。在日常工作中要做好资料和档案的归档及保管，一旦发生非供电企业产权的电力设施上发生的触电案件，能够及时找出产权分界点及责任划分的证据，

---

❶ 该标准现已被 DL 493—2015《农村低压安全用电规程》代替。

确保在诉讼中处于主动地位。

<table>
<tr><td>案例 7</td><td>王某与周某、某县供电公司因修建厨房触电人身损害赔偿纠纷案</td></tr>
</table>

一、案由

本案原告王某，被告一周某，被告二某供电公司，因修建厨房发生触电人身损害引起赔偿纠纷诉于法院。其案由如下：

被告周某修建厨房，将"人"字形房顶改为平顶。以"包工不包料"的方式交由原告王某的哥哥徐某组织施工，原告王某受徐某指派在屋面向上抽取钢圆时，钢圆与被告供电公司架设的经过被告周某屋面的 10kV 高压线相碰触电致伤，经某市第一人民医院诊断为双手、下腹部、会阴部电击伤，在医院诊疗和住院期间原告支付了医药费计 89527.4 元，其中被告周某给付 7500 元。

二、原告理由

（1）原告王某认为：受雇于被告周某，为其修建违章建筑厨房抽钢圆时，其钢圆与被告供电公司架设的 10kV 高压线相碰，致原告触电致伤。请求人民法院判令被告赔偿医疗费 89527.4 元，今后治疗费 30000 元。

（2）被告周某、被告供电公司负连带责任，诉讼费由被告承担。

三、被告观点

被告周某认为，被告与徐某约定修建厨房，原告是受其哥哥徐某雇佣，原告触电受伤的事实与被告并无关联，被告不应承担赔偿责任，请求人民法院驳回原告的诉讼请求。

被告供电公司认为，被告按照国家规定架设高压线，符合 GB 50061《66kV 及以下架空电力线路设计规范》规定，原告触电受伤的事实与被告无因果关系，请求人民法院驳回原告的诉讼请求。

四、法院判决结果

法院认为：

（1）高度危险作业致人损害应当承担民事责任，该责任的承担是基于高度危险源致人损害的高度概然性，其责任的承担不以高度危险作业人是否违法，是否有过错为前提，即使高度危险作业人符合法律规定，主观上没有过错，如发生损害事实，又无法律上的免责情形，其仍应承担法律上的民事责任。被告供电公司是高度危险作业人，原告王某触电致伤不是出于故意，被告供电公司亦不存在法律上其他免责事由。故其应当承担相应的民事责任。

（2）原告王某的损害发生是多因一果，是无共同过失的共同致害行为，故应根据原因力的大小确定当事人相应民事责任。

1）被告供电公司 10kV 高压线架设穿越被告周某屋顶的行为，是一种高度危险作业行为，是造成触电损害发生的最基本前提，也是发生触电不可或缺的因素，如果没有高压线穿越居民屋顶的行为也就不会有本案原告触电事故的发生。被告供电公司是高压危险源的利益获得者，也是高度危险源的危险控制者。因此被告供电公司的危险作业行为是最主要的原因力。而且被告供电公司在农网改造、重新架设高压线时亦未向相关当事人履行告知、提示、警告等义务，未悬挂任何提示危险的标志，故被告某供电公司应承担主要民事责任，占全部责任的 70%。

2）被告周某将厨房屋顶修建事项以"包工不包料"的方式交由徐某承建，但其仍然对施工人员的安全以及高压线穿越屋顶存在的高度危险有提示、告诫义务，其在原告触电事故的起因上有一定的关系，被告周某的行为也有一定的原因力，故应承担相应的民事责任，占全部责任的 10%。

3）徐某以"包工不包料"的方式承建被告周某的屋顶改建事项具有承揽性质，其对施工人员安全负有法定义务，故对原告王某的损害应当承担相应的民事责任。原告王某由于疏忽大意未充分注意高压线的过错以及徐某的过错也是本案损害发生的原因，也应当承担相应的民事责任，占全部责任的 20%。本院在审理过程中已依法向原告王某释明相关法律，原告放弃对共同致害人徐某的民事赔偿责任的请求，故对相应的法律权利亦视为放弃，相应的法律后果由原告自负。

（3）原告王某伤后在某市第一人民医院诊治，支付医疗费人民币 89527.4 元，有医院出具的收费票据为证，而被告未提出证据及理由否认，故其医疗费 89527.4 元，本院予以认定。原告诉请今后治疗费 30000 元，虽然出具了医疗证明，但原告王某的损伤较复杂，实践中具体治疗数额难以明确、固定。医疗证明亦未说明治疗费的详细情况，两被告对此又提出明确异议。而且今后治疗情况同原告的残疾程度又存在一定的关联，故本院认为对其今后治疗费暂不作认定为宜。

综上，法院判决：被告供电公司赔偿原告王某医疗费 62669.1 元，被告周某赔偿原告医疗费 8952.7 元（先行支付的人民币 7500 元予以冲抵）。

五、经验与教训

这是一起典型的电力设施保护区内非法建设施工，导致人身伤害案，本案焦点有两个，一是供电企业是否具有法定免责理由，二是电力线路保护区内是否有标志牌与安全警示标志。

（1）高压触电案件处理过程中电力设施产权人应注意法定免责事由。高压电造成人身损害属于特殊侵权行为，适用无过错责任原则，电力设施产权人的免责情形仅限于在法定免责事由范围之内。根据《民法通则》第一百二十三条及《侵权责任法》第六十九条、第七十三条规定，因不可抗力、受害人触电自伤和自杀的故意行为、正当防卫和紧急避险等行为造成人身损害的，应当主张电力设施产权人不承担赔偿责任。本案中不存在法定免责事由，某供电公司应承担相应的民事责任。

（2）电力线路保护区内应设置明显可见的电力保护区标志牌或电力设施安全警示标志。现有的若干判例表明，原告往往诉称电力设施产权人未履行安全警示义务而要求承担触电人身损害赔偿责任，法院往往以事发现场无警示标志而让电力设施产权人承担责任，电力设施产权人通常也以没有过错、履行了安全警示义务为抗辩理由。由此可见，安全管理已经被认为是供电企业的法定义务。这种高度危险作业人的安全管理义务大致包括三个方面的内容：一是确保设施的设置符合安全距离、建设时根据规定采取了必要的安全防护措施；二是设施在运行中没有安全隐患或瑕疵；三是设施管理人应当在合理时间内进行安全巡查，对发现的不安全因素采取告知等措施，提示安全风险。该案某供电公司在架设高压线或日常安全巡视时未向相关当事人履行告知、提示、警告等义务，未悬挂任何提示安全警示标志，故应承担相应的民事责任，为责任承担的主要原因。

六、启示

1. 对电力设施保护区内的违章建设进行源头控制

《电力设施保护条例实施细则》对已建电力设施或已批准的新改扩、规划的电力设施两侧新建建筑物审批、规划应会同当地电力管理部门审查作了明确规定。因此，应全力促成地方"联审制"，即在电力设施保护区的建设项目审批应征询电力管理部门意见，考虑到目前电力管理现状，可考虑争取电力管理部门"授权"或联合供电企业实施。即在电力设施保护区内的建设和其他可能涉及电力设施安全的建筑项目申请，必须先征求电力管理部门的意见，由电力管理部门授权供电企业进行科学的勘察和测量，以勘察和测量的结果作为办理申请的先决条件，否决一切可能威胁电力设施安全申请，把隐患消除在萌芽状态。在地方政府的支持下，建立健全地方各项规章制度，以明确各部门的责任，建立健全电力设施保护工作的长效机制。

2. 及时采取适当措施规避"告知义务不到位"等风险

虽供电企业没有行政执法权，但《电力设施保护条例》第四条第二款明确供电企业是保护电力设施安全的法定主体，在发现保护区内有违章建房行为后，如不及时采取适当措施制止，如向实施违章建筑行为人发出排除隐患（或危险）告知书，或未向当地政府报告，争取政府用行政权力排除隐患，而自行采取"强制措施"，都有法律风险。国内曾有类似案例，供电企业虽已送达隐患通知书，但没有及时提请政府管理部门责令停止违法作业，发生触电事件供电企业被判承担相当比例的"补充清偿责任"。因此，在送达隐患通知书后，要尽量依法合规"用足"措施，进一步规避风险。

3．加强法律含义解释工作和电力法律普及工作

在触电伤亡案件中容易产生分歧的是：如何理解《民法通则》第一百二十三条之规定，常常把已运行的电力设施称为"作业"，本案是原告在已运行的电力设施保护区内施工作业，已构成危害电力设施安全（即危害不特定人的公共安全）的违法行为。由于被告抗辩不力受害人在电力设施下方违法作业，法院判决中却变成了电力设施危害了违法者的安全、混淆了"运行"与"作业"的含义，值得电力企业重视。

> **案例 8**　　王某诉某供电分公司、某村民委员会触电人身损害赔偿纠纷案

一、案由

本案原告王某，被告一是某市电力公司下属某供电分公司（以下简称供电分公司），被告二是某村民委员会。原、被告因触电人身损害赔偿纠纷诉于法院。其具体案由如下：

王某系未成年人，与其他未成年人在某滤材器厂周围玩耍时，进入附近的变压器保护区范围内，被该变压器电击伤。王某被送往市第三医院住院治疗近三个月后出院，医院诊断为双手双肢电击伤，身部组织潜行性烧伤。期间发生医疗费33994.31元，其中某村民委员会（简称村委会）支付3000元。之前供电分公司与村委会曾签订高压供用电合同，该合同第九条第2项规定为保证供电、用电的安全，供电方将定期或不定期对用电方的用电情况进行检查，用电方应当予以配合。合同所涉的供电设施即导致王某损伤的变压器登记在某滤材器厂名下，实际使用人为村委会，村委会为实际产权人。该变压器底部堆放有杂物，事后村委会在该变压器上安装警示标志牌，并将杂物清除。

二、原告理由

原告认为，依据《电力法》第十九条和第六十条规定，供电分公司有义务对电力设施定期进行检修和维护，造成第三人损害的，某供电分公司应当承担赔偿责任。

三、被告观点

被告供电分公司认为，供电分公司不是电力设施的监督管理部门，且双方没有维护协议，供电分公司没有义务在变压器上安装警示标志及督促清理变压器下堆放的杂物的义务，要求撤销被告承担责任的判决，驳回王某对某供电分公司的诉讼请求。

被告村委会认为，其与某供电分公司签有高压供用电合同，合同约定某供电分公司应承担定期或不定期检查义务，供电分公司未履行该义务，应对变压器造成的人身损害承担赔偿责任。另外，造成王某触电被击伤的触电点是高压还是低压没有查清，要求对触电点是高压还是低压进行鉴定。

四、法院终审判决结果

终审法院认为：

（1）根据《电力供应与使用条例》第十七条第三款规定"用户专用的供电设施建成投产后，由用户维护管理或者委托供电企业维护管理"，本案所涉变压器是村委会专用，应由其自身负责变压器的维护管理，除非村委会委托供电企业维护管理。该合同是村委会与某供电分公司就供电与用电方面权利义务的约定，虽然该合同第九条第（二）项约定了供电方将定期或不定期对用电方的用电情况进行检查，但没有委托供电企业维护管理供电设施。

（2）《电力法》第十九条第二款虽规定供电企业应当对电力设施定期进行检修和维护，保证其正常运行，但《电力供应与使用条例》第十七条第三款对专用供电设施的维修管理义务已作出专门规定，因此《电力法》的上述规定中所指供电企业的检修和维护义务应是对供电企业自己所有或公用的电力设施进行检修和维护。因此某供电分公司对属于用户专用的供电设施没有法定检修和维护义务，王某要求某供电分公司承担相应的赔偿责任于法无据。

（3）关于王某要求某供电分公司依据《电力法》第六十条承担赔偿责任一节，该条规定"因电力运行事故给用户或者第三人造成损害的，供电企业应当依法承担赔偿责任。"因本案不是因电力运行事故导致第三人损害，因此本案不适用《电力法》第六十条规定。

（4）根据最高人民法院《触电司法解释》第二条第一款"因高压电造成人身损害的案件，由电力设施产权人依照民法通则第一百二十三条的规定承担民事责任"的规定，作为变压器产权人的村委会应对王某的人身损害承担赔偿责任。但本案王某的监护人应该预见到在变压器附近玩耍会有被电击伤的危险而未加以防范，未尽到保护被监护人的身体健康和对被监护人进行管理、教育的义务。根据《触电司法解释》第二条第二款"但对因高压电引起的人身损害是由多个原因造成的，按照致害人的行为与损害结果之间的原因力确定各自的责任。致害人的行为是损害后果发生的主要原因，应当承担主要责任；致害人的行为是损害后果发生的非主要原因，则承担相应的责任"的规定，王某的监护人也应对损害后果承担相应的责任。综合王某的伤情及王某监护人没有尽到监护责任的过错程度，酌情确定王某监护人承担损害的百分之二十责任为宜。

（5）村委会提出要求鉴定造成电击伤的触电点是高压还是低压，因村委会就一审法院认定的高压触电造成王某电击伤的事实未提出上诉，应视为其对一审法院认定的该部分事实予以认可并生效，现村委会要求对触电点是高压还是低压进行鉴定于法无据。

综上所述，王某要求村委会承担因其所有的变压器造成电击伤的损害应予支持，要求供电分公司承担该损失的赔偿责任不予支持。依据《触电司法解释》第二条第一款，《民法通则》第一百二十三条、第一百三十条、第一百三十一条，《民事诉讼法》第一百五十三条第一款第二项、第一百八十四条，最高人民法院《关于适用〈中华人民共和国民事诉讼法〉若干问题的意见》第二百零一条规定，判决如下：撤销一审、二审民事判决。某村民委员会承担王某损失费 36311.7 元的 80% 即 29049.36 元。驳回王某其他诉讼请求。

一审案件受理费 50 元，其他费用 535 元，二审案件上诉费 50 元，合计 635 元，由王某承担 117 元，某村民委员会承担 518 元。

五、经验与教训

（1）准确认定《侵权责任法》第七十三条所指的"经营者"。在专用产权的电力设施上发生触电事故，主要是指在低压用户自有生产、生活用电设备、用户高压电气设备、农村集体电力资产等非供电企业所有的电力资产上发生的触电人身伤害事故。本案电力设备属于用户高压电气设备，诉讼焦点在对专用产权电力设施上发生触电案件时的责任主体认定。《民法通则》第一百二十三条及《侵权责任法》第六十九条和第七十三条规定，从事高压等高度危险作业造成他人损害的，作业人或经营者应当承担侵权责任。基于高压电或非高压电必须依靠电力设施作为载体才能实现有效控制的技术性特征，尽管触电是高压电或非高压电造成的人身侵权行为，但是造成损害的电力必然是与电力设施建设或运行维护管理紧密联系在一起的。按照供用电合同的约定，经过产权分界点之后的电已经完成了交付，电的所有权已发生改变。对于责任人的认定，要根据电力设施产权关系、维护管理义务或危险源控制情况来主张确定承担责任的作业人或经营者。产权人、维护管理义务人或危险源控制人是《侵权责任法》第七十三条所指的"经营者"。

（2）用户委托供电企业维护管理供电设施时，供电企业承担维护管理不当的过错的责任。本案中变压器为某村委会所有，该电力设施维护管理义务应由村委会承担，并不归属于某供电分公司。另外，再审法院认为，《高压供用电合同》第九条第 2 项规定，对电力设施进行定期或不定期检查，属于用电方与供电方权利义务的约定，并不是委托供电企业维护管理供电设施。可以认定，电力设施产权所有应当履行的义务并不因合同约定而转移，供电企业理应向人民法院主张不承担赔偿责任。

六、启示

1. 供电企业日常运维工作应以"产权"为界，明确运行范围及责任

本案中，某供电企业不是事发电力设施的产权所有人，不负有对该电力设施进行维护、

检修、管理的职责。同时，电力设施所有人某村委会也没有委托供电企业进行维护，自身在日常也疏于管理，因此理应对王某的损害承担赔偿责任。现实中，许多人只要是因触电造成人身财产损失，统统都会归咎于供电企业监管不力，殊不知，发生触电事故的设备的产权人才是真正应该对该设备负起监管责任的人。供电企业应与高压客户签订《高压供用电合同》，并需明确产权分界点。《高压供用电合同》有效地划分了供电企业和高压用户的产权分界点及各自所应承担的运行、维护责任，有条件的话，如复印产权分界点照片作为合同附件，双方的产权分界就更加清楚明晰，可以更有效地区分双方设备归属，明确责任，避免不必要的争议。日常工作中，由于种种原因，供电企业的部分配电设施，特别是农村地区的配电房、台上式变压器也有类似的安全隐患存在，如不有效消除，一旦发生触电事故，作为产权人供电企业难逃其责。

2. 供电企业如果接受无偿移交的用户设备，应规范移交手续，并在日后认真予以运行维护

现实中，有很多公用配电设施，如小区公配房等，无偿移交给供电企业进行管理、运行和维护。在用户设备无偿移交给供电企业的过程中，双方都要签订好移交书面协议，不能仅凭诸如会议纪要等内容就武断地认为已经完成移交。移交协议中应对电力设施的移交范围、产权分界点、权责划分等予以明确。供电企业在协议签订后也要切实担负起对接收的电力设备进行维护、检修、管理的职责，否则一旦发生触电事故就要承担相应的赔偿责任。

3. 供电企业应履行好用户委托维护设备的维护、检修、管理职责

对于所有权非供电企业的电力设备，如果用户已将设备委托给供电企业维护管理，那么供电企业一定要尽到维护管理的职责，否则一旦发生触电事故，供电企业也是要承担相应的民事责任的。本案中，如果变压器所有人某村民委员会在事发之前已经将电力设施通过书面协议委托给某供电企业代为维护，那么对于王某的损害，某供电分公司将不可避免地因怠于履行维护义务而承担相应的赔偿责任。

4. 供电企业应以开展优质服务活动为契机在广大农村地区做好安全用电和普法宣传工作

供电企业在平时要负担起应尽的社会责任，多向村民们宣传安全用电知识，以及相关的电力法律法规，让安全用电深入人心。同时，还应结合类似本案的案例，应告知发生这类事件，供电企业是不承担赔偿责任的，村委会以及个人都是需要承担相应的责任。对于村委会，供电企业也要做好用电安全知识和法律知识的宣传，提醒加强对村民违章用电和私拉乱接现象的查处整改力度，加强对所属农村电力线路及设备的巡查维护工作，不仅是尽到作为电力设施产权所有人应尽的义务，也是对本村村民的生命财产安全负责，更能够在关键时刻减轻甚至免除自身所负的法律责任。

5．处理触电伤亡纠纷案件要注意的事项

此案例是具有很好借鉴意义的典型案例，目前，审理触电案件所依据的民事法律规范，不仅包括《民法通则》《电力法》和《侵权责任法》等法律，还包括最高法的《人身损害赔偿司法解释》，另外还有最高院两个关于审理触电案件的复函，国务院的《电力设施保护条例》，原国务院部委颁布的《电力设施保护条例实施细则》《供电营业规则》等。法律总是为解决司法实践的难题、满足平衡各方利益的现实需要而出台的，因而关于触电人身损害赔偿的立法变化反映了一定时期审判实践中积累的问题和解决问题的基本思路，在分析上述法律依据的基础上，供电企业在处理触电案件时，应当注意以下几个方面：

（1）供电企业应积极主动介入国家层面法律的完善与细化。

供电企业应积极与立法、司法部门沟通，在触电人身损害赔偿案件中更加准确适用《民法通则》《电力法》和《侵权责任法》，积极介入《电力法》等相关法律法规的完善或修改。在《触电司法解释》废止后，进一步加强与地方法院的沟通，明确原《触电司法解释》第一至三条规定的高压电的标准、产权归责原则、免责事由等与《侵权责任法》并不冲突，仍应适用，从而解决《侵权责任法》《民法通则》《电力法》、司法解释适用上有冲突的问题。

（2）供电企业在司法层面应积极争取，依法减免非责任的相关赔偿。

审判实践中，司法机关往往认为供电企业对电力设施承担管理责任，而无视供电企业与电力管理部门的区别。因此，供电企业应引导审判人员正确认识电力管理部门和供电企业的不同法律地位和责任，避免供电企业承担电力管理部门的责任，并尽可能地明确以下具体内容：

1）因高压电造成人身损害的案件，由电力设施产权人依照《民法通则》第一百二十三条和《侵权责任法》的有关规定承担民事责任。

因低压电造成人身损害的案件，由电力设施产权人或相关行为人根据过错承担相应责任。

2）因高压电造成他人人身损害，有下列情形之一的，电力设施产权人不承担民事责任：不可抗力；受害人以触电方式自杀、自伤；受害人盗窃电能，盗窃、破坏电力设施或者因其他犯罪行为而引起触电事故；受害人在电力发施保护区从事法律、行政法规和地方法规所禁止的行为。

3）因高压电造成受害人人身损害的，电力设施产权人能够证明受害人有过失的，可以相应减轻其赔偿责任。

4）架空电力线路保护区是为了保证已建电力线路设施的安全运行和正常供电的法定区域。

在电力设施保护区从事垂钓及相关行为，属于违反法律、法规禁止的行为，应当构成高压电力设施产权人的免责事由。但是，电力设施的架设、运营不符合国家标准或规定的，产权人应当承担相应的过错责任。

在电力设施保护区内未取得许可兴建建筑物、构筑物或实施其他施工行为，造成触电人身损害的，电力设施产权人不承担责任，由建设人、施工人或其他行为人根据各自与受害人的法律关系承担责任；建设、施工取得许可的，由作出批准的行政部门承担相应责任。但是，电力设施的架设、运营不符合国家标准或规定的，产权人承担相应的责任。

5）因第三人过错造成触电损害的，由第三人向受害人承担赔偿责任。但是，电力设施的架设、运营不符合国家标准或规定的，电力设施产权人承担相应的责任。

因第三人违规同杆架设通信线路、广播电视线路或私自搭电、狩猎、捕鱼、爆破、放风筝、交通肇事等行为造成触电人身损害的，应主张由第三人承担责任，受害人有过错的，也应依法承担相应的民事责任。

6）电力设施产权人未在变压器等具有较大危险因素的高压设施上采取标注电压等级、安全标志、警示标语、表明电力设施存在的文字、图案等合适方式进行必要安全警示，构成高压触电人身损害原因力的，电力设施产权人应承担相应的过错责任。

7）在电力设施保护区及周边从事养殖、施工等生产经营活动以及管理相关场所的生产经营人或管理人，未设立并维护安全警示标志、未制止相关危险活动而造成他人触电损害的，应承担相应的过错责任。

8）因使用灯头、电线、开关、插座、电动工具等电器、设备而造成触电人身损害的，由使用人依法承担民事责任；受害人有过错的，应依法承担相应的民事责任。

（3）供电企业在处理具体类型触电案件时应注意以下具体问题。

1）对于因线下建筑引起的触电案件，核实与触电案件关联的线下建筑与电力设施的建设时间先后顺序，以及线下建筑是否有合法的审批程序。对于违法建筑，供电企业是否采取了相关措施（如下达隐患通知书、报告书等）。

2）对于交通事故碰撞电力设施引起的触电案件，应核查交通事故责任认定情况。

3）对于因施工作业引起的触电案件，应对施工行为的合法性进行分析，调查核实施工是否已履行了相应的法定程序，施工的安全措施以及施工资质是否存在问题，是否存在违法分包以及转包情况，雇佣情况等。

4）对于因线下钓鱼引起的触电案件，除了举证行为人过错外，要进一步分析和证明鱼塘所有人、承包人是否存在过错。

5）对于与电力设施同杆架设的其他设施引起的触电案件，应调查同杆架设的其他设施与电力设施建设的先后顺序，是否符合建设、运行、安全规定。对于后架设的其他设施，是否履行了合法程序，是否经供电企业同意、是否对电力设施造成影响、与触电案件是否存在因果关系等。

6）对于未成年人触电案件，应分析证明其监护人是否尽到监护义务。

（4）建立健全供电责任保险机制，通过保险有效转移高压触电人身损害赔偿无过错责任的相关法律风险。

近几年供电企业通过参加供电责任险，有效降低了供电企业各类侵权责任赔偿成本。供电责任险在保险有效期限内，被保险人在本保险单明细表中列明的供电区域内，由被保险人所有或管理的供电设备及供电线路，因下列原因导致第三者的人身伤亡或财产损失，依法应由被保险人承担的民事赔偿责任，保险人负责赔偿：①被保险人工作期间的过失行为。②被保险人施工造成的供电线路断路、短路、搭错线。③被保险人造成的供电线路电压不符合国家规定的质量标准。被保险人的下列费用，保险人也负责赔偿：①事先经保险人书面同意的诉讼费用。②发生保险责任事故后，被保险人为缩小或减少对第三者人身伤亡或财产损失的赔偿责任所支付必要的、合理的费用。此外，供电责任险还扩展了无过错责任承担的情况和精神损害赔偿情况。供电企业可通过供电责任保险等方式处理触电人身损害赔偿事宜，建立、完善责任分担和风险转移机制。

第五篇

一般人身损害
赔偿纠纷

第一章

一般人身损害赔偿案件综合分析研究

第一节　一般人身损害赔偿案件总体情况

抽样、整理、研究公司系统典型的一般人身损害赔偿案件（触电人身损害赔偿案件除外，以下简称：人身损害赔偿案件）57 起，涉案金额近 1000 万元。此类案件发案类型、案件数量、涉案金额，各地不尽相同。

一、案件类型

参照《民法通则》有关规定和最高人民法院《关于贯彻执行〈民法通则〉若干问题的意见（试行）》和《关于审理人身损害赔偿案件适用法律若干问题的解释》（以下简称《人身赔偿解释》）对人身损害赔偿案件的分类标准和方法，考虑案件发生原因和归责原则等因素，可将在电力企业常见的此类案件细分为五个类型，即物件致人损害赔偿案件（以下简称物件致损案件）、道路交通事故人身损害赔偿案件（以下简称交通事故案件）、受雇人在雇佣活动中受害案件（以下简称雇佣致损案件）、地面施工致人损害案件（以下简称施工致损案件）和其他类型案件。

二、案件数量、金额情况

从抽样 57 起案件数量看：物件致损案件为 25 起，数量最多，占抽样案件总数的 43.86%，此类案件相对高发，影响较大；交通事故案件为 12 起，雇佣致损案件为 10 起，分别占抽样案件总数的 21.05%、17.54%。施工致损案件为 5 起，占抽样案件总数的 8.77%。其他类型案件发生比较偶然，多为原告滥用诉权或恶意索赔案件，但其中有一件经营者未尽安全保障义务致人损害案件，值得引起关注。

从涉案金额看：物件致损案件金额为 532.40 万元，数量最大，占抽样案件总金额的 53.29%。其次为交通事故案件和雇佣致损案件，分别占总金额的 17.73%、17.06%，施工致损及其他案件所占比例较小。

三、案件处理、责任承担情况

从案件结案方式看：39 起判决结案，14 起调解（包括达成和解协议后原告撤诉）结案，4 起原告撤诉（包括原告当庭放弃诉讼请求）。

从审理程序看：45 起一审结案，11 起二审结案，1 起再审结案。可见，案件处理难度不大，在案件事实认定和法律适用方面，双方当事人和法院都无太大分歧。

从供电企业责任承担方面看：26 起未承担责任，占 45.61%；11 起承担全部责任，12 起承担主要责任，6 起承担次要责任，1 起承担同等责任，此外有 1 起正在审理中。综上，承担责任的共 30 起，占 52.63%。表明此类案件供电企业方面存在过错的情况超过 50%，管理中确有风险和漏洞。

第二节 一般人身损害赔偿案件的法律问题研究

一、人身损害赔偿的概念

人身损害赔偿制度是指民事主体的生命权、健康权、身体权受到不法侵害，造成伤、残、死亡及其他损害，要求侵权人以财产赔偿等方法进行救济和保护的侵权法律制度。从法律关系的角度看，人身损害赔偿体现为一种债的法律关系，即侵权损害赔偿之债。

（一）权利保护范围

《人身赔偿解释》第一条将权利的保护范围列举为生命权、健康权、身体权三项具体人身权。

（二）赔偿权利人

赔偿权利人，又称赔偿请求权人，是指基于损害事实，有权请求损害赔偿的受害人。根据《人身赔偿解释》第一条，包括因侵权行为或者其他致害原因直接遭受人身损害的受害人和依法由受害人承担扶养义务的被扶养人以及死亡受害人的近亲属。

（三）赔偿义务人

赔偿义务人是指对造成受害人人身损害的损害事故依法应当承担赔偿责任的自然人、法人或者其他组织。赔偿义务人包括以下情形：因自己或者他人的侵权行为依法应当承担民事责任的人；因其他致害原因依法应当承担民事责任的人。具体可分为以下四种类型：

1．承担自己责任的赔偿义务人

因故意、过失侵害他人生命、身体或者健康的，行为人应当就其行为承担损害赔偿责任。在此情况下，行为人即加害人就是赔偿义务人，责任主体与行为主体相一致。

2．承担替代责任的赔偿义务人

替代责任，即为他人的侵权行为承担赔偿责任。其较为典型的适用领域为雇主责任领域；此外，未成年人的监护人就未成年人致他人人身损害的行为承担赔偿责任，其性质上也是一种替代责任。替代责任，改变了传统的过错归责原则，其主要根据在于公共政策，即危险分担的思想。因为雇主的替代责任可以通过责任保险或社会保险方式向社会分摊。就替他人的侵权行为承担责任而言，行为人的加害行为本身应当符合侵权构成要件，如系一般侵权行为，其主观上应有过错。但就赔偿义务人而言，则其承担责任系基于其与行为人的雇佣关系或者监护关系。此时赔偿义务人与行为人不一致。

3．因动物致人损害承担赔偿责任的赔偿义务人

动物致人损害，与因人的行为致人损害发生原因不同，前者系属一种自然事实。但理论上认为动物的所有人、管理人或者饲养人，对防止动物致他人损害负有管理的义务。发生损害事故的，所有人、管理人或者饲养人即为加害人，应当承担赔偿责任，即作为赔偿义务人。此时，赔偿义务人与加害人一致。

4．因物件致人损害承担赔偿责任的赔偿义务人

物件，指建筑物、构筑物等土地上的工作物或者所有人、使用人管理、使用、支配下的任何财产。物件致人损害是人身损害事故发生的一项重要原因。《民法通则》第一百二十六条规定："建筑物或者其他设施以及建筑物上的搁置物、悬挂物发生倒塌、脱落、坠落造成他人损害的，它的所有人或者管理人应当承担民事责任。"在责任承担上，一般采取过错推定确定民事责任。此时，所有人或管理人为加害人即赔偿义务人。

（四）诉讼请求的内容

诉讼请求的内容就是对损害的填补。人身损害赔偿损害包括两个方面，即财产损失和精神损害。财产损失又称财产上损害，是指一切财产上不利之变动，包括财产的积极减少和消极的不增加。现有财产的积极减少，称为所受损失，或称积极损失；应增加的财产而未增加，称为所失利益，或称消极损失。具体内容见《人身赔偿解释》第 17～36 条。

精神损害，相对于财产上损害而言，指没有直接财产内容或者不具有财产上价值的损害。精神损害指肉体痛苦和精神痛苦，须以自然人生理和心理的感受性为基础，故其主体范围限于自然人。具体内容见最高人民法院《关于确定民事侵权精神损害赔偿责任若干问题的解释》（以下简称《精神赔偿解释》）。

（五）主要法律规定

处理此类案件的主要法律依据包括：

（1）《民法通则》。

（2）《消费者权益保护法》。

（3）《产品质量法》。

（4）《道路交通安全法》。

（5）《关于贯彻执行〈民法通则〉若干问题的意见（试行）》（最高人民法院，法办发〔1988〕6 号）。

（6）《关于审理人身损害赔偿案件适用法律若干问题的解释》（最高人民法院，法释〔2003〕20 号）。

（7）《关于确定民事侵权精神损害赔偿责任若干问题的解释》（最高人民法院，法释〔2001〕7 号）。

（8）《人体损伤程度鉴定标准》（司法部，2004.4.14）。

（9）《职工工伤与职业病致残程度鉴定》（国家技术监督局，1996.10.1）。

（10）《职工非因工伤残或因病丧失劳动能力程度鉴定标准（试行）》（劳动和社会保障部，2002.4.5）。

（11）《人体重伤鉴定标准》（最高人民法院、最高人民检察院、公安部、司法部，司发〔1990〕70 号）。

（12）《人体轻伤鉴定标准（试行）》（最高人民法院、最高人民检察院、公安部、司法部，法司〔1990〕6 号）。

（13）《人体轻微伤的鉴定标准》（公安部，中华人民共和国公共安全行业标准　GA/T 146—1996）。

二、人身损害赔偿的构成要件

（一）损害事实的存在

人身损害的内容包括：

（1）侵害身体权所造成的损害，不以受害人感受身体上的痛苦为必要，也不以肉体上的实际损失为必要。

（2）人体致伤。以伤害治愈为临界点，与人体伤残相区别。

（3）人体伤残。以造成人体伤害为前提，以经治疗仍留有残疾为必要条件。

人体损伤的等级确定，按照《人体损伤程度鉴定标准》，将人体损伤程度分为重伤、轻伤、轻微伤三等。

（4）致人死亡。

（5）侵害身体权、健康权、生命权所致的精神损害。

（二）违法行为

包括作为和不作为。

（三）损害事实与违法行为之间的因果关系

判断违法行为与损害结果的因果关系，就是要研究特定的损害事实是否为行为人的行为所必然引起的结果。

（四）行为人主观过错（故意和过失）

在适用过错责任的损害赔偿中，以上四个构成要件有机统一，缺一不可。

在适用过错推定原则情况下，首先推定加害人主观上存在过错，加害人不能证明自己无过错或证明不足的，推定成立。

在适用无过错责任的情况下，不需要考虑加害人的主观过错。

三、人身损害赔偿的归责原则

对人身损害案件而言，归责原则决定损害赔偿责任的构成要件、举证责任分担、免责条件、减轻责任的根据、损害赔偿责任的范围和方法等。依据我国法律，主要包括以下四种归责原则。

（一）过错责任

过错责任是侵权行为最基本的归责原则，一般侵权行为而引起的人身损害都应当适用。

过错责任原则下，按照"谁主张、谁举证"的民事证据原则，加害人是否有过错由受害人承担举证责任。

（二）过错推定责任

在法律有特别规定的场合，若受害方能证明其所受的损害与加害方行为有因果关系，而加害人不能证明自己没有过错，那么法律上就依据损害事实本身推定加害人有过错，并据此确定其承担损害赔偿责任。

该原则适用举证责任倒置，无须受害人对加害人的主观是否存在过错予以证明，需加害人举证自己没有过错。根据我国法律法规和司法解释的规定，下列情形适用过错推定原则：

（1）地面施工致人损害的赔偿责任。在公共场所、道旁或者通道上挖坑、修缮安装地下设施等，没有设置明显标志和采取安全措施造成他人损害的，施工人应当承担民事责任。在实践中，经常发生因施工安全防护标志不清而导致行人损害的事件，对此，施工单位要负赔偿责任。

（2）物件致人损害的赔偿责任。《民法通则》第一百二十六条及《人身赔偿解释》第十六条规定，建筑物、构筑物、堆放物、树木、果实等地上物致人损害的，由所有人或管理人承担民事责任，但能够证明自己没有过错的除外。

（3）责任事故，包括交通事故、医疗事故、工伤事故和学生伤害事故的责任。

（4）定作人对定作、指示或者选任有过失的人身损害赔偿责任。承揽人在完成工作过程中对第三人造成损害或者造成自身损害的，定作人不承担赔偿责任，但定作人对定作、指示或者选任有过失的，应当承担相应的赔偿责任。

（三）无过错责任

根据法律规定，以下几种情形适用无过错责任。

（1）产品责任。因产品质量不合格造成他人人身损害的，产品制造者、销售者应当依法承担民事责任。

（2）高度危险作业致人损害的赔偿责任。从事高空、高压、易燃、易爆、剧毒、放射性、高速运输工具等对周围环境有高度危险的作业造成他人损害的，应当承担民事责任；如果能够证明损害是由受害人故意造成的，不承担民事责任。

（3）环境污染致人损害的赔偿责任。违反国家保护环境、防止污染的规定，污染环境造成他人损害的，应当依法承担民事责任。

（4）动物致人损害的赔偿责任。饲养动物造成他人损害的，动物饲养人或者管理人应当承担民事责任；由于受害人的过错造成损害的，动物饲养人或者管理人不承担民事责任；由于第三人的过错造成损害的，第三人应当承担民事责任。

（5）雇主对雇员在执行雇佣活动中致人损害的赔偿责任。

《人身赔偿解释》第九条规定：雇员在从事雇佣活动中致人损害的，雇主应当承担赔偿责任；雇员因故意或者重大过失致人损害的，应当与雇主承担连带赔偿责任。

本规定对雇主责任采取严格责任。其基本理由为：第一，最高人民法院《关于适用民事诉讼法若干问题的意见》第四十五条规定个体工商户、农村承包经营户、合伙组织雇佣的人员在进行雇佣合同规定的生产经营活动中造成他人损害的，其雇主是当事人。该《人身赔偿解释》从程序意义上为雇主责任采取严格责任提供了依据，并为长期的审判实践所遵循。第二，根据现代民法中的报偿责任理论，享受利益者亦应承担责任。雇佣他人从事劳务活动，本质上是通过使用他人劳动扩大雇主的事业范围或者活动范围，雇主因此获得利益；同时，这种事业范围、活动范围的扩大也增加了其他人因此受到损害的风险。按照利益和风险一致、风险和责任一致的原则，雇主应当为使用他人劳动过程中对第三人造成人身损害承担责任。第三，从受害人的立场来看，如果雇员没有能力承担赔偿责任，雇主又以自己已尽到对受雇人的选任监督义务、主观上没有过错为理由主张免除其赔偿责任，对于无辜遭受人身损害的受害人不公平。雇主承担严格责任，不仅有利于对受害人给予及时和充分的救济，也有利于雇主加强对企业的管理，加强对雇员的教育，提高自身的风险防范意识。《人身赔偿解释》在对雇主责任采取严格责任的同时，规定雇员因故意或者重大过失致人损害的，也要为自己的侵权行为负责，与雇主一起对受害人承担连带赔偿责任，进一步增加了对受害人赔偿请求权的保障。

（6）职务侵权致人损害的赔偿责任。《人身赔偿解释》第八条规定，法人或其他组织的法定代表人、负责人以及工作人员，在执行职务中致人损害的，由该法人或者其他组织承担民事责任。

（7）监护人对无行为能力人和限制行为能力人致人损害的赔偿责任。无民事行为能力人、限制民事行为能力人造成他人损害的，由监护人承担民事责任。

（四）公平责任

在当事人双方对损害的发生均无过错，法律又无特别规定适用无过错责任时，由法院根据公平观念，责令加害人对受害人的财产损害给予适当补偿，由各方当事人合理分担损失的一种归责原则。主要适用于：

（1）无行为能力人、限制行为能力人造成他人损害的，如果监护人尽到监护责任，主观上没有过错的，依公平责任原则可以适当减轻监护人的民事责任。

（2）因紧急避险采取措施不当或者超过必要限度致人损害的，紧急避险人应当承担适当的民事责任。

（3）义务帮工人因帮工活动遭受人身损害的，被帮工人明确拒绝帮工的，不承担赔偿责任；但根据公平原则，被帮工人可以在受益范围内给予帮工人适当补偿。

（4）为维护国家、集体或者他人的合法权益而使自己受到人身损害，若没有侵权人、不能确定侵权人或者侵权人没有赔偿能力的，根据公平原则，赔偿权利人可以请求受益人在受益范围内予以适当补偿。

四、人身损害赔偿的抗辩事由

依据法律规定，此类案件赔偿责任的抗辩事由包括：

（一）正当理由

加害人虽实施了对受害人造成损害的行为，但其行为是正当的、合法的。包括：

1. 依法执行职务的行为

构成条件：执行职务的权限来自法律规定或法律的授权；执行职务的行为不超过必要限度。

2. 正当防卫行为

构成条件：防卫的目的是为了保护自己或他人的合法利益或社会公共利益；防卫的条件是侵害行为正在实施；防卫的手段只能针对加害人；正当防卫不能超过必要的限度。

3. 紧急避险行为

构成条件：必须有正在发生的危险，威胁到本人、他人的利益或社会公共利益；除了采取紧急避险的方式外，没有其他可以排除危险的方式；紧急避险行为不应超过必要的限度。

4. 受害人同意的行为

受害人事先明确表示愿意自行承担某种损害结果，而且不违反法律和社会公共利益。构成条件：有同意承担损害后果的意思表示；意思表示应采取明示的方式；受害人同意的损害后果不应违背社会公共利益与法律；受害人的同意应当在损害发生前作出。

（二）外来原因

损害的发生不是被告的行为造成的，而是之外的其他原因造成的。一般有以下几种：

1. 不可抗力

《民法通则》第一百五十三条规定：不可抗力是指不能预见、不可避免并不能克服的客观情况。不可抗力的范围包括下列三种：自然原因的不可抗力，该种不可抗力是指如地震、台风、洪水和海啸等自然现象；社会原因的不可抗力，该种不可抗力是指战争，而罢工只能有条件地作为不可抗力；国家原因的不可抗力，是指国家行使行政、司法职能导致损害的发生或扩大。不可抗力作为免责事由的条件为：

第一，对于过错责任侵权行为，《民法通则》第一百零七条规定：因不可抗力不能履行合同或者造成他人损害的，不承担民事责任，法律另有规定的除外。所以，除法律另有规定外，若不可抗力为构成损害结果发生的唯一原因，当事人将完全免除责任。不可抗力导致全部免责，必须是不可抗力成为损害发生的唯一原因，如果当事人的行为也是损害的发生或扩大的原因之一，对损害的发生也有过错，即发生不可抗力与当事人过错的原因竞合，当事人不能以不可抗力要求免责，只能要求减轻部分责任，剩余的责任当事人仍应当承担。

《邮政法》第三十四条规定，汇款和保价邮件的损失即使是不可抗力造成的，邮政企业也不得免除赔偿责任。这是不可抗力作为免责条件的一个例外。

第二，对于过错推定责任侵权行为，单纯由不可抗力而致损害，如果构筑物有一般瑕疵或缺陷，可以免责；如构筑物有重大瑕疵或缺陷，又加不可抗力的原因致害，仍构成该种赔偿责任，如发生地震，无瑕疵或缺陷之公共构筑物并未毁损致害，而有瑕疵或缺陷之公共构筑物则致人损害，应予赔偿，不得以不可抗力为由免责。

第三，对于无过错责任侵权行为，不可抗力也是免责事由。

2．受害人的故意或重大过错

（1）过失相抵规则。

《民法通则》第一百三十一条规定了过失相抵规则，即"受害人对于损害的发生也有过错的，可以减轻侵害人的民事责任"。

《人身赔偿解释》第二条规定：受害人对同一损害的发生或者扩大有故意、过失的，依照《民法通则》第一百三十一条的规定，可以减轻或者免除赔偿义务人的赔偿责任。但侵权人因故意或者重大过失致人损害，受害人只有一般过失的，不减轻赔偿义务人的赔偿责任。

适用《民法通则》第一百零六条第三款规定确定赔偿义务人的赔偿责任时，受害人有重大过失的，可以减轻赔偿义务人的赔偿责任。

该条第一款明确了一个重要的原则，即加害人有故意或者重大过失，而受害人只有一般过失的，不适用过失相抵。第二款规定对适用无过错责任原则的侵权行为，也实行过失相抵的规则。

（2）过失相抵规则的适用方法。

第一种方法，将双方当事人的过错程度具体确定为一定的百分比，从而确定出责任范围。对损害后果应负主要责任者，其过错比例为51%～95%；对损害后果应负同等责任者，其过错比例为50%；对损害后果应负次要责任者，其过错比例为5%～49%；过错比例不足5%的，可以免除其赔偿责任，不认为其有过失。

第二种方法，是比较原因力。原因力是指在构成损害结果的共同原因中，每一个原因行为对于损害结果的发生或扩大所发挥的作用力。

第三种方法，就是对过错的程度进行等级区分，根据不同的过错程度来决定责任范围。将双方的过错具体确定为不同的过错等级，若一方具有故意或重大过失，则将导致另一方责任的免除或减轻。

（3）过失相抵归责原则在审判中的适用。

根据《人身赔偿解释》第二条第一款规定，首先，对于损害的发生和扩大，加害人为故意，受害人为过失，此时应限制过失相抵规则的适用，使加害人承担完全赔偿责任。其次，对于损害的发生和扩大，加害人为重大过失，而受害人为一般过失，此时也应限制过失相抵原则的适用，应不影响加害人完全责任的承担。再次，对于损害的发生和扩大，受害人为故意，而加害人为过失，此时可导致加害人责任的免除或减轻。最后，对于损害的发生和扩大，受害人为重大过失，而加害人为一般过失，此时应按照案件的具体情况使加害人减轻责任或免责。

该条第二款实质规定了过失相抵制度在无过错责任案件中的适用。无过错责任是一种归责原则，其解决的是确认侵害人应否承担责任的问题，它只要求造成他人损害的一方即使无过错也要承担责任，而并非无论受害人有无过错均负同样的责任。过失相抵在民法上是作为赔偿的法则和方式存在的，其意旨在依据一定标准，公平合理地分配损害，以确定赔偿责任。

3．第三人过错

根据其构成情况，可以分为：

第三人完全过错，即原告的损害完全是由第三人造成的，原告与被告均无过错，被告因此可以免责。

第三人与其他人（原告或被告或一并）共同造成损害，构成共同侵权或共同危险。

（1）共同侵权行为。

《人身赔偿解释》第三条规定：二人以上共同故意或者共同过失致人损害，或者虽无共同故意、共同过失，但其侵害行为直接结合发生同一损害后果的，构成共同侵权，应当依照《民法通则》第一百三十条规定承担连带责任。二人以上没有共同故意或者共同过失，但其分别实施的数个行为间接结合发生同一损害后果的，应当根据过失大小或者原因力比例各自承担相应的赔偿责任。

共同侵权存在四种类型：

第一，共同故意致人损害。

第二，共同过失致人损害。

第三，虽无共同故意、共同过失，但加害行为直接结合发生同一损害后果的，亦构成共同侵权。例如，两车相撞致行人伤亡。

以上三种共同侵权人应当依照《民法通则》第一百三十条规定承担连带责任。

第四，原因竞合。所谓原因竞合，即数个原因间接结合发生同一损害结果，也就是所谓多因一果。传统民法理论认为，多因一果系数人无意思联络的独立行为间接结合在一起，相互助成而发生同一损害后果。此种情况各行为人不承担连带责任，而是根据过错大小或者原因力分别承担相应的民事责任。

（2）共同危险行为。

共同危险行为理论上称为准共同侵权，属于共同侵权的类型之一。最高人民法院《关于民事诉讼证据的若干规定》从证明责任负担的角度首次对共同危险行为作出规定。《人身赔偿解释》则对共同危险行为的构成要件和免责事由从实体上进行规定，"二人以上共同实施危及他人人身安全的行为并造成损害后果，不能确定实际侵害行为人的，应当依照民法通则第一百三十条规定承担连带责任。共同危险行为人能够证明损害后果不是由其造成的，不承担赔偿责任。""高楼抛物致人损害"不属共同危险行为，不能适用共同危险行为的责任承担规则。

五、人身损害赔偿案件的诉讼时效

（一）普通诉讼时效

（1）时效期间。

一般适用《民法通则》的短期时效的规定，即一年。

（2）时效的起算。

人身损害赔偿的诉讼时效期间，从当事人知道或者应当知道权利被侵害时起计算。

（3）时效的中止。

在诉讼时效期间的最后 6 个月内，因不可抗力或者其他障碍不能行使请求权的，诉讼时效中止。从中止时效的原因消除之日起，继续计算。

（4）时效的中断。

诉讼时效因提起诉讼、当事人一方提出要求或者同意履行债务而中断。从中断时起，诉讼时效期间重新计算。

（二）特殊诉讼时效

（1）人身损害赔偿中当事人身体受到伤害要求赔偿的，其诉讼时效为 1 年。伤害明显的，从受伤之日起计算；伤害当时未发现，后经检查确诊并能证明是由侵害引起的，从伤势确诊之日起计算。

（2）因产品存在缺陷造成人身损害要求赔偿的时效期间为 2 年，自当事人知道或者应当知道其权益受到侵害时起计算。

（3）环境污染造成人身损害赔偿提起诉讼的时效期间为 3 年，从当事人知道或应当知道受到污染损害时起计算。

（4）因人身损害而要求国家赔偿的诉讼时效为 2 年。

（三）最长诉讼时效

（1）一般人身损害赔偿的最长时效为 20 年。如果受害人不能知道自己的人身权利受到损害的事实，那么从权利被侵害起，受害人在 20 年内不提出诉讼请求的，法院不再予以保护。

（2）因产品存在缺陷造成损害要求赔偿的请求权，在造成损害的缺陷产品交付最初消费者满 10 年丧失，但尚未超过明示的安全使用期的除外。

六、人身损害赔偿数额的计算

（一）计算依据

2003 年最高人民法院《人身赔偿解释》出台，自 2004 年 5 月 1 日实施，其中第 17～36 条，对赔偿范围、标准等作出了详细规定，一般按照其计算赔偿数额。但一部分现行法律和行政法规中，对一些特殊侵权类型的损害赔偿作了专门规定，如《民用航空法》《医疗事故处理条例》《工伤保险条例》等，在这些特定领域，优先适用特殊（专业）法律、行政法规的规定。

（二）最高人民法院《人身赔偿解释》的财产损害赔偿计算

1. 财产损害的常规赔偿范围

受害人未达到残疾、死亡的一般损害的赔偿范围，应赔偿包括医疗费、误工费、护理费、交通费、住宿费、住院伙食补助费、必要的营养费。

2. 因伤致残的赔偿范围

受害人因伤致残的，在上述第 1 项赔偿范围基础上，还包括因维持生活需要所增加的必要支出以及因丧失劳动能力导致的收入损失，包括残疾赔偿金、残疾辅助器具费、被扶养人生活费，以及因康复护理、继续治疗实际发生的必要康复费、护理费、后续治疗费。

3. 受害人死亡的赔偿范围

除应当根据抢救治疗情况赔偿第一部分规定的费用外，还应当赔偿丧葬费、被扶养人生活费、死亡赔偿金以及受害人亲属办理丧葬事宜支出的交通费、住宿费和误工损失等其他合理费用。

4．几种具体费用的范围和计算标准

（1）医疗费。

医疗费根据医疗机构出具的医药费、住院费等收款凭证，结合病历和诊断证明等相关证据确定。

挂号费：门诊、专家、法医验伤挂号费。

医药费：购买药品、医疗器材等合理需要的医药费。

检查费：血液、X光、CT、B超、彩超等费用。

治疗费：手术、打针、换药、理疗、化疗、骨牵引、固定、矫形、激光等治疗措施发生的费用。

住院费：住院治疗需支付的费用。

其他医疗费：例如器官移植、聘请专家会诊等。

器官功能恢复训练所必要的康复费、适当的整容费以及其他后续治疗费，赔偿权利人可待实际发生后另行起诉。根据医疗证明或者鉴定结论确定必然发生的，可以与已发生的医疗费一并赔偿。

（2）误工费。

根据受害人的误工时间和收入状况确定。误工时间根据医疗机构证明确定。因伤残持续误工的，计算至定残日前一天。

受害人有固定工作的，按照实际减少收入计算；无固定收入的，按照其最近三年平均收入计算；不能证明的，参照受诉法院所在地相同或者相近行业上一年度职工的平均工资计算。

（3）护理费。

护理人员有收入的，参照误工费规定计算。护理人员没有收入或雇佣护工的，参照当地护工从事同等级别护理的劳务报酬标准计算。护理原则上为一人，医疗机构或者鉴定机构有明确意见的，可以参照确定护理人数。

护理期限计算至受害人恢复生活自理能力时止。受害人因残不能恢复自理能力的，可根据情况确定合理的护理期限，最长不超过20年。

（4）交通费。

指受害人及必要的陪护人员因就医或者转院治疗实际发生的费用。应当以正式票据为凭，应符合就医地点、时间、人数、次数。

（5）住院伙食补助费和住宿费。

参照当地国家机关一般工作人员出差伙食补助标准。

（6）营养费。

参照医疗机构的意见确定。

（7）残疾赔偿金。

根据受害人丧失劳动能力程度或伤残等级，按照受诉法院所在地上一年度城镇居民人均可支配收入或农村居民人均纯收入标准，自定残之日起按 20 年计算。60 周岁以上，每增一岁减少一年，75 周岁以上，按 5 年计算。受害人因伤致残但实际收入未减少，或者伤残等级较轻但严重影响劳动就业的，可以对残疾赔偿金相应调整。

丧失劳动能力程度或者伤残等级，通常由专业机构鉴定，适用《人体损伤程度鉴定标准》《职工工伤与职业病致残程度鉴定》《职工非因工伤残或因病丧失劳动能力程度鉴定标准（试行）》等标准。

上一年度城镇居民人均可支配收入或农村居民人均纯收入数据应当采用政府统计部门公布的数据，并且该数据指一审法庭辩论终结时的上一统计年度数据。

（8）残疾辅助器具费。

按照普通适用器具的合理费用计算，有特殊需求的，参照配制机构意见确定。更换周期、赔偿期限参照配制机构意见。

（9）丧葬费。

按照受诉法院所在地上一年度职工月平均工资标准，以六个月总额计算。

（10）被扶养人生活费。

扶养指《婚姻法》上的赡养、抚养和扶养。包括两类：不满 18 周岁的未成年人和虽成年但没有劳动能力又无其他生活来源的人，如精神病人、植物人等。

根据扶养人丧失劳动能力程度，应以死亡或伤残等级评定，或劳动能力丧失程度鉴定为依据。

按照受诉法院所在地上一年度城镇居民消费支出标准计算。应按照政府统计部门公布的数据确定。

被扶养人未成年的，计算至 18 周岁；其他被扶养人计算 20 年。60 周岁以上的，每增一岁减一年，75 周岁以上，按 5 年计算。

被扶养人有数人的，年赔偿总额累计不超过上一年度城镇居民人均消费支出额或农村居民人均年生活消费支出额。

（11）死亡赔偿金。

以受诉法院所在地上一年度城镇居民人均可支配收入或者农村居民人均纯收入为标准。

赔偿期限 20 年，60 周岁以上的，每增一岁减一年，75 周岁以上，按 5 年计算。

（三）精神损害赔偿

1. 精神损害赔偿的适用范围

仅适用于自然人赔偿请求，对于法人或其他组织的赔偿请求，法院不予受理。

2．精神损害赔偿责任的构成

（1）加害人构成侵害身体权、健康权、生命权。

（2）受害人蒙受了相当严重的精神痛苦。

（3）精神痛苦与侵权行为具有因果关系。

按照有关司法解释，精神损害赔偿适用于一切人身伤害领域，但司法实践并非如此。如山东省高级法院规定精神损害赔偿主要限于受害人因伤致残或死亡等情形，损害结果不是很严重的，原则上不予支持。

3．精神损害赔偿数额的确定

以抚慰为主，补偿为辅，法院酌情确定。

考虑主要因素：

（1）侵权人、受害人的过错程度，受害人对损害事实和损害后果发生有过错的，可以减轻或免除侵权人的精神损害赔偿责任。

（2）侵害的手段、场合、行为方式等具体情节。

（3）侵权行为所造成的后果。

（4）侵权人的获利情况。

（5）侵权人承担责任的经济能力。

（6）受诉法院所在地平均生活水平，这是计算的基准数据。

4．精神损害赔偿与残疾赔偿金、死亡赔偿金的关系

最高人民法院《精神赔偿解释》第九条规定：精神损害抚慰金包括以下方式：①致人残疾的，为残疾赔偿金；②致人死亡的，为死亡赔偿金；③其他损害情形的精神抚慰金。依此解释残疾赔偿金、死亡赔偿金即精神损害赔偿。

《人身赔偿解释》关于精神损害抚慰金的规定，同以前的一些法律和司法解释存在较大差异。其中，对残疾赔偿金、死亡赔偿金等原先理论上和司法解释上认为是精神损害抚慰金性质的赔偿，在性质认定上出现了变化。具体有以下依据：

首先，解释将残疾赔偿金与死亡赔偿金规定在第十七条，而将精神损害抚慰金规定在第十八条，在逻辑上给人一种死亡赔偿金与残疾赔偿金不属于精神损害抚慰金的感觉。其次，解释第三十二条明确规定："人民法院应当按照《民法通则》第一百三十一条以及本解释第二条的规定，确定第十九条至第二十九条各项财产损失的实际赔偿金额。前款确定的物质损害赔偿金与按照第十八条第一款规定确定的精神损害抚慰金，原则上应当一次性给付。"这一条文明确地将残疾赔偿金与死亡赔偿金认定为对财产损失的实际赔偿，认为其性质上是物质损害赔偿金，不属于精神损害抚慰金。最后，在最高人民法院民事审判第一庭编著的《最高人民法院人身损害赔偿司法解释的理解与适用》一书中，认为根据《人身赔偿解释》第三十六条的规定，受害人或者死者近亲属遭受精神损害，赔偿权利人向人民法院请求赔偿精神损害抚慰金的，不得适用最高人民法院《精神赔偿解释》第九条的规定。

在司法实践中，往往认为残疾赔偿金、死亡赔偿金的性质是财产损害赔偿，而不是精神损害赔偿，权利人可以另行请求精神损害赔偿。

（四）赔偿计算基准

出于公平原则的考虑，在赔偿权利人的住所或者经常居住地城镇居民人均可支配收入或者农村居民人均纯收入高于受诉法院所在地标准的情况下，残疾赔偿金或者死亡赔偿金按照受诉法院地的标准进行计算，无法填平受害人因受害所导致的财产损失，有必要进行调整的，按照其住所地或者经常居住地标准计算。

1. 举证责任

如果赔偿权利人主张其住所地或经常居住地人均收入高于受诉法院所在地标准，权利人对此负有举证责任，证明是否高于以及高于多少。如果不能提出充分证据证明则按照受诉法院地标准进行计算。被扶养人生活费的相关计算标准也可以根据此规定进行调整。

2. 住所地与经常居住地的认定

按照《民法通则》的规定，自然人以户籍所在地为住所地；经常居住地与住所地不一致的，经常居住地视为住所地。经常居住地指公民离开住所地最后连续居住1年以上的地方，住院治疗的除外。未成年人以父母或者监护人的住所地为住所。

（五）赔偿金给付方式

1. 一次性给付

2. 定期金赔偿

对受害人的赔偿金，在未来一段时间按照一定的期间计算，由赔偿义务人按期支付。可以适用定期金赔偿的赔偿项目包括：

（1）残疾赔偿金。

（2）被扶养人生活费。

（3）残疾辅助器具费。

七、人身损害赔偿与工伤保险赔偿的关系

（一）性质、特点不同

人身损害赔偿与工伤保险的相互关系问题，由于工伤保险赔付是基于工伤事故的发生，与劳动安全事故或者劳动保护瑕疵等原因有关，因此工伤事故在民法上被评价为民事侵权。

这就产生了工伤保险赔付与民事损害赔偿的相互关系问题。在理论界和审判实践中长期存在争论。从性质上看，工伤保险属于社会保险范畴，与民事损害赔偿性质上存在根本差别。工伤保险实行用人单位无过错责任，并且不考虑劳动者是否有过错，只要发生工伤，工伤保险经办机构就应给予全额赔偿。民事损害赔偿考虑受害人自身是否存在过失，实行过失相抵，即根据受害人过失程度相应减少赔偿数额。

（二）普通人身损害赔偿与工伤赔偿的差异

按照国务院《工伤保险条例》和最高人民法院《人身赔偿解释》的有关规定，工伤赔偿与普通人身损害赔偿在赔偿范围和计算标准等方面存在一定差异。详见下表：

工伤赔偿与普通人身损害赔偿项目与标准对照表

项目	工伤赔偿	普通人身损害赔偿	差异比较
死亡补助金/死亡赔偿金	一次性工亡补助金标准为48个月至60个月的统筹地区上年度职工月平均工资	按照受诉法院所在地上一年度城镇居民人均可支配收入或者农村居民人均纯收入标准，按二十年计算。但六十周岁以上的，年龄每增加一岁减少一年；七十五周岁以上的，按五年计算	前者主要取决于统筹地区的上年度职工月平均工资；后者主要取决于受诉法院所在地（受害人死亡前经常居住地）上一年度城镇居民人均可支配收入或者农村居民人均纯收入以及死者的年龄
伤残津贴/残疾赔偿	一级伤残为本人工资的90%，二级伤残为本人工资的85%，三级伤残为本人工资的80%，四级伤残为本人工资的75%。伤残津贴实际金额低于当地最低工资标准的，由工伤保险基金补足差额。五级伤残为16个月的本人工资，六级伤残为14个月的本人工资，七级伤残为12个月的本人工资，八级伤残为10个月的本人工资，九级伤残为8个月的本人工资，十级伤残为6个月的本人工资	根据受害人丧失劳动能力程度或者伤残等级，按照受诉法院所在地上一年度城镇居民人均可支配收入或者农村居民人均纯收入标准，自定残之日起按二十年计算。但六十周岁以上的，年龄每增加一岁减少一年；七十五周岁以上的，按五年计算。受害人因伤致残但实际收入没有减少，或者伤残等级较轻但造成职业妨害严重影响其劳动就业的，可以对残疾赔偿金作相应调整	前者的基准为受害人本人的工资；后者的基准是受诉法院所在地上一年度城镇居民人均可支配收入或者农村居民人均纯收入标准以及受害人的年龄。具体案件计算的结果差异较大
医疗费	享受工伤医疗待遇；职工治疗工伤应当在签订服务协议的医疗机构就医，情况紧急时可以先到就近的医疗机构急救	医疗费根据医疗机构出具的医药费、住院费等收款凭证，结合病历和诊断证明等相关证据确定	前者强调固定的医疗机构；后者无此要求
住院伙食补助费	按照本单位因公出差伙食补助标准的70%发给住院伙食补助费	参照当地国家机关一般工作人员的出差伙食补助标准予以确定	前者以70%打折，后者无折扣
营养费	无	根据受害人伤残情况参照医疗机构的意见确定	前者无此项内容，后者有
护理费	按照生活完全不能自理、生活大部分不能自理或者生活部分不能自理三个不同等级支付，其标准分别为统筹地区上年度职工月平均工资的50%、40%、30%	①护理人员有收入的，参照误工费的规定计算；护理人员没有收入或者雇佣护工的，参照当地护工从事同等级别护理的劳务	均分为几种具体情况处理，具体案件的计算结果差异较大

续表

项目	工伤赔偿	普通人身损害赔偿	差异比较
护理费	按照生活完全不能自理、生活大部分不能自理或者生活部分不能自理三个不同等级支付，其标准分别为统筹地区上年度职工月平均工资的50%、40%、30%	报酬标准计算。护理人员原则上为一人，但医疗机构或者鉴定机构有明确意见的，可以参照确定护理人员人数。②护理期限应计算至受害人恢复生活自理能力时止。受害人因残疾不能恢复生活自理能力的，可以根据其年龄、健康状况等因素确定合理的护理期限，但最长不超过二十年。③受害人定残后的护理，应当根据其护理依赖程度并结合配制残疾辅助器具的情况确定护理级别	均分为几种具体情况处理，具体案件的计算结果差异较大
继续治疗费	工伤复发确认需要治疗的，同医疗费、残疾辅助器具费	赔偿义务人继续给付相关费用五至十年	后者限定了继续治疗费的给付期限
供养亲属抚恤金/被扶养人生活费	配偶：死亡职工死亡前每月工资的40%；其他亲属：每人每月死亡职工死亡前每月工资的30%；孤寡老人或者孤儿每人每月在上述标准的基础上增加10%	被扶养人生活费根据扶养人丧失劳动能力程度，按照受诉法院所在地上一年度城镇居民人均消费性支出和农村居民人均年生活消费支出标准计算。被扶养人为未成年人的，计算至十八周岁；被扶养人无劳动能力又无其他生活来源的，计算二十年。但六十周岁以上的，年龄每增加一岁减少一年；七十五周岁以上的，按五年计算。被扶养人生活费的相关计算标准，依照死亡赔偿金的计算标准确定	前者标准较确定，取决于死者死亡前的工资水平；后者主要取决于被扶养人的年龄和受诉法院所在地上一年度城镇居民人均消费性支出和农村居民人均年生活消费支出。具体案件计算的结果差异较大
丧葬补助金/丧葬费	6个月的统筹地区上年度职工月平均工资	受诉法院所在地上一年度职工月平均工资标准，以6个月总额计算	计算的结果大致相同
残疾辅助器具费	辅助器具，所需费用按照国家规定的标准从工伤保险基金支付	按照普通适用器具的合理费用标准计算。伤情有特殊需要的，可以参照辅助器具配制机构的意见确定相应的合理费用标准。更换周期和赔偿期限参照配制机构的意见确定	前者强调国家规定的标准，后者注重"合理费用"和专业部门的意见
误工工资（收入）	在停工留薪期内，原工资福利待遇不变，由所在单位按月支付（原则上不超过12个月）	误工费根据受害人的误工时间和收入状况确定。误工时间根据受害人接受治疗的医疗机构出具的证明确定。受害人因伤致残持续误工的，误工时间可以计算至定残日前一天。受害人有固定收入的，误工费按照实际减少的收入计算。受害人无固定收入的，按照其最近三年的平均收入计	计算的结果大致相同；前者强调12个月，后者强调实际误工的时间和定残时间

续表

项目	工伤赔偿	普通人身损害赔偿	差异比较
误工工资（收入）	在停工留薪期内，原工资福利待遇不变，由所在单位按月支付（原则上不超过 12 个月）	算；受害人不能举证证明其最近三年的平均收入状况的，可以参照受诉法院所在地相同或者相近行业上一年度职工的平均工资计算	计算的结果大致相同；前者强调 12 个月，后者强调实际误工的时间和定残时间
交通费	经同意外出治疗的交通费，按因公出差标准报销	交通费根据受害人及其必要的陪护人员因就医或者转院治疗实际发生的费用计算	后者的范围更广，包括必要的护理人员的交通费
康复（治疗）费	到签订服务协议的医疗机构进行康复性治疗的费用，符合工伤保险诊疗项目等规定的，从工伤保险基金支付	器官功能恢复训练所必要的康复费、适当的整容费以及其他后续治疗费，赔偿权利人可以待实际发生后另行起诉	前者强调"符合规定"，后者强调"必要"
精神损害赔偿	无	有（按照《最高人民法院关于确定民事侵权精神损害赔偿责任若干问题的解释》予以确定）	后者增加的项目

由上表可以看出：①普通人身损害赔偿的赔偿范围大一些，有些项目是工伤保险给付所没有的；②工伤赔偿的许多项目的赔偿标准十分具体而且缺乏弹性，而普通人身损害赔偿的相当多项目的赔偿标准具有较大的弹性或可选择性；③一些相同的赔偿项目，依据工伤保险给付计算出来的赔偿数额较低，而依据普通人身损害赔偿标准计算出来的赔偿数额则较高。综合观察，普通人身损害赔偿的赔偿范围较宽泛、赔偿标准较高、赔偿的金额较大。

（三）我国现行法律关于两者关系的规定

1. 对《人身赔偿解释》（法释〔2003〕20 号）第十二条的理解

2003 年，最高人民法院《人身赔偿解释》对工伤保险赔偿与普通人身损害赔偿的关系作出了解释。该司法解释第十二条规定："依法应当参加工伤保险统筹的用人单位的劳动者，因工伤事故遭受人身损害，劳动者或者其近亲属向人民法院起诉请求用人单位承担民事赔偿责任的，告知其按《工伤保险条例》的规定处理。因用人单位以外的第三人侵权造成劳动者人身损害，赔偿权利人请求第三人承担民事赔偿责任的，人民法院应予支持。"

对该司法解释存在着不同的理解，有的人认为：该司法解释"对工伤保险与民事损害赔偿的关系按照混合模式予以规范。混合模式的实质，就是在用人单位责任范围内，以完全的工伤保险取代民事损害赔偿。但如果劳动者遭受工伤，是由于第三人的侵权行为造成，第三人不能免除民事赔偿责任"。

司法解释对工伤保险基金的追偿权没有作出规定。所以有人认为：在发生工伤事故时，如果不存在第三人加害行为，单位按照规定参加了工伤保险的，权利人（受害人一方）只能依工伤保险制度请求工伤保险赔偿，单位不承担赔偿责任；单位违法未参加工伤保险的，按照《工伤保险条例》的规定承担给付工伤职工相应保险待遇的责任。如劳动行政主管部门没有做出工伤认定的，则按照一般民事人身损害赔偿处理。

由于伤害存在第三人加害行为的场合，所以有人认为：用人单位仍应承担劳动者的工伤保险待遇，劳动者也可追究第三人的请求赔偿责任，即劳动者可以在工伤事故中获得双重赔偿，但因工伤事故产生的直接费用，原则上不予重复计算。有些地方法院一般采取类似做法。

2. 对《职业病防治法》和《安全生产法》有关规定的理解

《职业病防治法》和《安全生产法》均属于特别法，2002年5月1日施行的《职业病防治法》第一次涉及了职业病工伤赔偿与民事赔偿的关系。该法第五十二条规定："职业病病人除依法享有工伤保险外，依照有关民事法律，尚有获得赔偿的权利的，有权向用人单位提出赔偿要求。"2002年6月29日全国人民代表大会颁布的《安全生产法》第四十八条规定："因生产安全事故受到损害的从业人员，除依法享有工伤保险外，依照有关民事法律尚有获得赔偿的权利的，有权向本单位提出赔偿要求。"对《安全生产法》的这条规定存在三种不同理解：第一种观点认为属于兼得模式；第二种观点认为属于补充模式；第三种观点则认为《安全生产法》的规定不同于补充模式，受害雇员只是在特定情况下有权选择民事赔偿作为补充。中国人民大学张新宝教授认为，第三种观点更能反映立法者的本意，至于何种情况可以选择民事赔偿作为补充，则应当是指发生的损害属于工伤保险赔偿没有覆盖的项目，例如对安全生产事故中遭受的财产损失的救济、对精神损害的救济等。对于工伤保险已经覆盖的项目，应当认为法律规定采用了替代模式，只能依工伤保险请求赔偿，不得依侵权法请求赔偿。《职业病防治法》第五十二条的规定也应作此解释。

第三节 几类常发的一般人身损害赔偿案件

一、物件致人损害案件

《民法通则》第一百二十六条规定，建筑物或者其他设施以及建筑物上的搁置物、悬挂物发生倒塌、脱落、坠落造成他人损害的，它的所有人或管理人应当承担民事责任，但能够证明自己没有过错的除外。

最高人民法院《人身赔偿解释》第十六条规定：下列情形，适用民法通则第一百二十六条的规定，由所有人或者管理人承担赔偿责任，但能够证明自己没有过错的除外：

（一）道路、桥梁、隧道等人工建造的构筑物因维护、管理瑕疵致人损害的；

（二）堆放物品滚落、滑落或者堆放物倒塌致人损害的；

（三）树木倾倒、折断或者果实坠落致人损害的。

前款第（一）项情形，因设计、施工缺陷造成损害的，由所有人、管理人与设计、施工者承担连带责任。

（一）总体情况分析

此类案件共 25 起，在人身损害赔偿案件中数量最多，占到 43.86%。涉案金额最大，5323973 元，占总金额的 53.29% 。此类案件相对高发，影响较大。

从解决方式看，17 起判决结案，5 起调解（包括达成协议后原告撤诉）结案，3 起原告撤诉（包括原告当庭放弃诉讼请求）。从审理程序看，21 起一审结案，4 起二审结案，无再审案件，表明对案件事实认定和法律适用方面，双方当事人和法院都无太大差异。

从供电企业责任承担方面看：13 起未承担责任，4 起承担全部责任，4 起承担主要责任，3 起承担次要责任，1 起正审理待定；承担责任的共 11 起，占 48%。表明此类案件供电企业方面有过错的情况不足一半，多数致害设施非供电企业所有和管理。

（二）常见发案原因

1．常见发案设施

造成的伤害的设施主要为电线杆、拉线和电缆。

2．常见事故地点

依次为：公路上、人行道上、小区内、变电站外引水渠、排水渠。

3．事故原因和过错

（1）由于道路改造，原在路边的电线杆变成在路中，汽车、摩托车、电动车等与线杆相撞造成伤害，法院认为供电企业的过错是未及时迁移；未设置警示标志；未采取安全防护措施。

（2）汽车、摩托车、电动车与路边电线杆相撞，法院一般认为产权人、管理人无过错，不承担责任。

（3）行人被人行道上或小区内拉线、路灯、钢筋等绊倒，被废弃线杆倒塌砸伤，法院一般认定产权人、管理人存在过错，承担全责。

（4）空中电缆断开落下、汽车挂断电缆砸伤等，法院一般认定产权人、管理人有过错，承担全责；如有其他致害方，根据过错和原因力大小分担责任。

（5）电能表、电缆燃烧致伤，法院一般认定产权人、管理人有过错，承担全责。

（6）行人跌入变电站外引水渠、排水沟、电缆沟等致伤，结合现场分析认定沟渠是否需要采取警示、防护措施，如应防护而未防护，则承担相应的责任。

（三）重点法律问题分析

1．物件类型

具体包括以下物件：

（1）建筑物或者其他设施以及建筑物上的搁置物、悬挂物。此类物发生倒塌、脱落、坠落致人损害的，统称"建筑物致人损害"。实践中电线杆、拉线、电缆等致人伤害案件属于此类。

（2）构筑物。在土地上建设不供人们直接在内生产、生活活动的场所，如道路、桥梁、隧道、水井等。人工建造的构筑物因维护、管理瑕疵致人损害的，统称"构筑物致人损害"。实践中的井盖丢失致人损害以及跌入排水渠、引水渠致人损害等属于此类。

（3）堆放物。一般应为动产，堆放物品滚落、滑落或者堆放物倒塌致人损害的，统称"堆放物致人损害"。

（4）树木、果实。树木倾倒、折断或果实坠落致人损害的，统称"树木致人损害"。

2．归责原则

根据《民法通则》第一百二十六条及《人身赔偿解释》第十六条的规定，物件致损案件适用过错推定原则，即推定物件的所有人或者管理人有过错，但物件的所有人或者管理人可以举证证明自己没有过错而免责。

3．举证责任

最高人民法院《关于适用〈中华人民共和国民事诉讼法〉若干问题的意见（试行）》第七十四条规定："在诉讼中，当事人对自己提出的主张，有责任提供证据。但在下列侵权诉讼中，对原告提出的侵权事实，被告否认的，由被告负举证责任：……（4）建筑物或者其他设施以及建筑物上的搁置物、悬挂物发生倒塌、脱落、坠落致人损害的侵权诉讼"。最高人民法院《关于民事诉讼证据的若干规定》第四条规定："下列侵权诉讼，按照以下规定承担举证责任：……（四）建筑物或者其他设施以及建筑物上的搁置物、悬挂物发生倒塌、脱落、坠落致人损害的侵权诉讼，由所有人或者管理人对其无过错承担举证责任"。

采取举证责任倒置，加重被告举证责任。受害人需要证明：存在人身损害事实和人身损害事实为产权人、管理人的物件所致，受害人对产权人、管理人、其他加害人是否存在过错无须证明。被告需举证证明非自己所有或管理物件致人损害，或自己没有过错。

4．构成要件

（1）有物件致害行为。即发生了物件的坠落、倒塌、脱落等可能致人损害的行为，具体物件不同，致害行为的表现方式也不同。

（2）有受害人遭受损害的事实。

（3）人身损害事实与物件致害行为之间有因果关系。

（4）推定物件的所有人或管理人有过错。

这种主观过错，一般是指管理不当或欠缺，均应以过失方式为之。这种过失的心理状态，是疏忽或者懈怠。其过失的确定形式，采用推定方式。

建筑物、构筑物所有人或管理人过错表现为维护、管理有瑕疵。指建筑物、构筑物维护和管理上的不完全、不完备的状态，因而致该建筑物、构筑物缺少通常应具备的安全性。维护瑕疵，是指在维护中存在不完备的问题，致使公共构筑物的维护存在缺陷。管理瑕疵，是指构筑物存在维护不周、保护不当、疏于修缮检修等不完善的问题，使构筑物不具备通常应当具备的安全性。确定维护和管理瑕疵，通常采用客观说作为标准，认为对维护管理瑕疵应进行客观的判断，唯以瑕疵的存在、不安全状态的存在为标准，至于其产生原因如何，无须过问。根据这一标准，检验构筑物是否具有瑕疵，强调其是否具备通常应有之安全性，凡不具备通常应有的安全性，即可认定维护和管理的瑕疵。证明维护和管理瑕疵，可以采用初步推定的理论，即于损害事故发生时，先推定管理和维护有瑕疵的存在，如果维护和管理者认为无瑕疵，则须举证证明，足以推翻该项推定始可免责。

另外，该司法解释还对构筑物的设计、施工缺陷的致害人身损害赔偿责任作了规定，由所有人、管理人与设计、施工者承担连带责任。构成这种连带责任，必须在设计、施工上存在缺陷，在现实生活中许多道路、桥梁等因偷工减料等施工缺陷致害的现象。对这种设计、施工的缺陷应当由设计人、施工人证明缺陷的不存在，证明不能即应当承担责任。

堆放物所有人、管理人过错表现在堆放或管理不当或欠缺，也可能是使用方法不当，均应以过失方式为之。故意以堆放物品致人损害，是犯罪行为，不构成这种侵权责任。这种过失的心理状态，是疏忽或者懈怠。

凡树木倾倒、折断或者果实坠落致人损害，首先推定树木果实所有人或管理人有过失，认定其未尽注意义务，无须受害人证明。树木果实的所有人或者管理人只有证明自己已经尽到相当注意，即无过失，才能推翻推定，免除自己的人身损害赔偿责任。不能证明自己没有过失的，其所有人或管理人即构成人身损害赔偿责任。

5．赔偿义务人

赔偿义务人是物件的所有人或管理人。当所有人直接占有、管理物件期间发生致人损害的,该所有人承担责任;非所有人依据法律规定或者合同约定对物件进行经营管理的,是管理人。有其他加害人的,与所有人、管理人共同赔偿。如交通事故导致电缆坠落、拉线挂断等,肇事车辆所有人、司机共同赔偿。

(1) 建筑物致人损害的,赔偿义务主体是建筑物的所有人或者管理人,两者不承担连带责任,只需按照具体侵权情形承担相应责任。

(2) 构筑物致人损害的,赔偿义务主体是构筑物的所有人、管理人;因设计、施工缺陷而造成损害的,则由所有人、管理人与设计、施工者一起对外承担连带责任,任何一方承担责任以后,享有对其他赔偿义务主体的追偿权。

(3) 堆放物致人损害的,只有在所有人、管理人确已证明自己没有过错并成立时,才适用公平原则酌情处理。

(4) 树木致人损害的,如树木属于道路等构筑物旁的护路林时,依构筑物致人损害处理;如树木独自成林,所有人、管理人出现管理瑕疵致人损害的,承担责任。

6. 抗辩事由

(1) 所有人、管理人无过错。

依《民法通则》第一百二十六条规定与《人身赔偿解释》第十六条的规定,所有人或管理人证明自己无过错的,免除其赔偿责任。

(2) 不可抗力。

单纯由不可抗力而致损害,如果构筑物有一般瑕疵或缺陷,可以免责;如构筑物有重大瑕疵或缺陷,又加不可抗力的原因致害,仍构成该种赔偿责任,如发生地震,无瑕疵或缺陷之公共构筑物并未毁损致害,而有瑕疵或缺陷之公共构筑物则致人损害,应予赔偿,不得以不可抗力为由免责。

(3) 受害人故意或重大过失。

依据《人身赔偿解释》第二条,完全由于受害人自己的故意或重大过错造成损害的,免除物件所有人、管理人的人身损害赔偿责任;损害是由双方过错行为造成的,则依混合过错原则实行过失相抵。

(4) 其他加害方共同侵权或共同危险。

完全由于第三人的过错造成损害,物件所有人、管理人免责,人身损害赔偿责任应由第三人承担。如果第三人过错行为与物件所有人、管理人的过错行为相结合而发生致害结果,依共同侵权或共同危险规则处理。依据《人身赔偿解释》第三条规定,属于共同故意、共同过失和数个侵权行为直接结合导致损害后果构成的共同侵权,各侵权人承担连带责任。无共同故意或共同过失,数个侵权行为间接结合导致损害后果的侵权行为,各侵权人根据过失大小或者原因力比例各自承担相应的赔偿责任。依据《人身赔偿解释》第四条规定,对共同危险行为,各侵权人承担连带责任。

（四）应对措施及处理技巧

1．案件前期初步调查

（1）物件致人损害案发生后，法律顾问应当立即会同专业人员赶赴事故现场进行调查并搜集相关证据，掌握第一手资料。主要调查：受害人受害与物件的管理（设计、施工、维护、管理）是否存在因果关系；受害人（可能）有何证据，证据的关联性、客观性、合法性如何；物件的所有人、管理人（设计人、施工人）是谁；物件设置（设计、施工）是否符合相关（法律、规程）规定；受害人自身是否存在过错；有无证人等。

（2）根据初步掌握的情况，进一步分析本案物件致害侵权行为是否成立；如成立侵权行为，分析是否存在免责或减轻责任的情形：①是否完全由不可抗力造成，所有人或者管理人有过错的，应承担相应的责任；②是否存在第三人过错；③受害人对损害的发生是否具有过错。若损害是由受害人故意造成的，应由受害人自己负责；若受害人对损害的发生有过失的，适用过错相抵的原则，减轻所有人或者管理人的责任。

2．明晰举证责任

侵权行为的构成需要具备四个要件：①损害结果；②损害行为；③损害行为与损害结果具有因果关系；④加害人具有过错。一般情况下，受害人必须举证证明加害人同时满足上述四个要件，侵权行为方能成立。物件致损案适用过错推定原则，即推定物件的所有人或者管理人有过错，但物件的所有人或者管理人可以举证证明自己没有过错而免责，实行举证责任倒置。这里要注意几个问题：

（1）受害人的举证义务。

受害人以物件致人损害为案由起诉的，必须举证确定所有人或者管理人为谁。所有人或管理人不明，且受害人无其他证据证实的，法院应当驳回其诉讼请求。关于受害人的受损与建筑物等物件倒塌、脱落、坠落等加害事实之间的因果关系，也应该由受害人举证。具体说，受害人应对如下事实承担举证责任：

1）加害事实，即法律主体所有或者管理的建筑物及其他地上物等物件发生倒塌、脱落、坠落等事实。具体言之，还包括：道路、桥梁、隧道等人工建造的构筑物等物件发生倒塌、脱落、坠落；堆放物品滚落、滑落或者堆放物倒塌；树木倾倒、折断或者果实坠落等事实。

2）损害事实。包括构筑物等物件倒塌、脱落、坠落、堆放物品滚落、滑落或堆放物倒塌、树木倾倒、折断或者果实坠落等物理力直接作用于或不直接作用于他人的财产、人身，所造成的人身、财产损害事实。

3）关于加害事实与损害事实之间的因果关系。作为侵权责任的构成要件之一，受害人在诉讼中也要提供特别的证据予以证明。

（2）倒置的仅仅是被告证明自己无过错。

自己无过错，即没有维护、管理上的瑕疵，一般是通过证明加害事实的发生具有不可抗力的因素、受害人的因素、物件所有人或管理人以外的其他人的因素这些法定的免责事由才能达到证明自己无过错的目的。物件所有人或者管理人不能通过简单证明自己做到注意事项、尽到各项注意义务就免除其赔偿责任。

（3）举证责任倒置必须有法律的明确规定。

举证责任是否倒置不能由法官自由裁量。在法律没有规定举证责任倒置的情况下，只能根据"谁主张，谁举证"的一般规则分配举证责任，贯彻程序正义。实践中，有些法院以举证责任倒置为由，要求被告举证证明自己不是所有人或者管理人，证明不了的，推定其为物件的所有人或者管理人，这是错误的。在余某等诉某供电公司、某建筑工程构建公司等人身损害赔偿一案中，因供电公司无法举证证明砸伤人的废弃电线杆非自己所有，法院推定为供电公司所有，判决承担了全部责任。该判决存在问题，本案涉及两个问题：一是线杆所有人的确定，二是所有人是否有过错的确定。《民法通则》第一百二十六条规定，在这种情况下，"它的所有人或者管理人应当承担民事责任，但能够证明自己没有过错的除外"。显然，在这里首先要举证证明谁是所有人或者管理人，这应是原告举证的，不能实行推定。在确定了所有人或者管理人后，再由所有人或者管理人举证证明自己没有过错。法院错误地将本由原告举证的责任强加给供电企业，显然曲解了立法本意，但在实践中法院往往不能正确地运用举证规则。

3. 明确致害物件责任划分

（1）明确事故设施产权人和管理人是关键。此类案件主要是设施产权人、管理人责任，若非产权人、管理人，一般可免责。判决供电公司不承担责任的 13 起案件中有 11 起是非供电公司资产，无管理责任。因此明确产权人和管理人是首要问题。需要收集、调取相关资产权证，证明产权归属情况。如没有书面资产权证，根据"谁投资，谁所有"的原则确定产权人。

（2）区分所有人与管理人责任。根据责权利相统一的原则，物件所有人应当承担因其过错导致的对他人损害后果；但是如果通过协议等方式将物件交由他人管理和使用的，因管理人的过错导致他人损害的，应当由管理人承担民事责任。当然，所有权人选任管理人有过错的，所有权人也应承担相应责任。一般情况下，所有人与管理人不承担连带责任。

（3）对于人工构筑物，因设计、施工缺陷造成损害的，由所有人、管理人与设计、施工者承担连带责任。如果所有人、管理人没有过错，应由设计、施工者承担民事责任。

4. 分析物件管理瑕疵与损害结果间是否存在因果关系

在翟某某诉某市电力公司人身损害赔偿纠纷中，原告诉称骑自行车回家途中被被告的线杆拉线挂倒，但未能提供证明受伤系被告行为所致，法院判决驳回诉讼请求。

在王某某诉江苏某市供电公司人身损害赔偿纠纷中，原告驾驶摩托车为避让电瓶车冲下路基撞上被告配电房致伤残。原告认为被告配电房违反公路管理法规规定，与道路安全距离不足，是导致其受伤的主要原因。法院认定在当时情况下，原告撞上任何设施都会受伤，与配电房是否合法设置无关，两者之间不存在因果关系，一审认为损害后果是其违反交通法规、过于自信、措施不当所致，判决驳回诉讼请求，二审维持原判，免除了产权人责任。

5. 分析电力企业是否对事件的发生存在过错

从下面几个角度，分析作为所有人、管理人的电力企业是否有过错：

（1）物件的设计、施工、管理、维护是否符合相关规定及规程要求。

（2）是否履行了基本的安全保障义务。

（3）物件存在危险，是否采取措施消除危险。

（4）所有人选任设计人、施工人、管理人是否有过失。

证明已尽管理职责的重点和难点是取证。有些情况下，可以通过现场照片和现场勘查、调查等方法证明。如同样是跌落到变电站外的沟渠内摔伤，在谢某某诉浙江某市电力局人身损害赔偿一案中，法院现场勘查认为沟渠两侧道路高度相同，无必要设置防护措施，供电公司已尽到安全管理责任，判决不承担责任；而在谭某某等诉重庆某县供电公司人身损害赔偿一案中，现场勘查后认为供电公司在引水渠其他经过房屋、院子地段加盖了防护，说明供电公司已意识到存在安全隐患，而在原告家地段却未加盖防护，属于未尽到安全管理责任，有一定过错，判决承担了30%的责任。

6. 分析受害人或第三人对事故的发生是否存在过错

（1）受害人是否存在故意或重大过错。如是否违反安全管理有关规定，受害人为无民事行为能力人、限制民事行为能力人的，监护人是否尽到监护责任。如在李某某等诉福建某县供电公司、某市电业局人身损害赔偿一案中，因受害人不足法定年龄、未考驾驶证，却驾驶摩托车撞上杆塔，而且杆塔上已设置醒目警示标志，尽到管理义务，被法院认可，原告撤诉。

（2）损害事故完全由第三人造成的，应当由第三人承担民事责任。第三人与被告共同侵权的，可以减轻被告责任。

7. 分析是否因不可抗力导致发生事故

（1）如果不可抗力是发生事故的唯一原因，则物件的所有人、管理人不承担民事责任。

（2）发生了不可抗力导致物件致人损害，并且所有人、管理人对损害的发生也有过错，所有人、管理人应当承担相应的民事责任。

8.处理物件致人损害案件的思考顺序

发生物件致害案件后，按下列顺序思考：

（1）是否为致害物件的所有人、管理人、设计人、施工人。

（2）受害人受害与物件的设计、施工、管理、维护是否具有因果关系。

（3）所有人、管理人、设计人、施工人是否存在过错。

（4）是否存在免责的情形：不可抗力、受害人过错、第三人过错。

二、道路交通事故致人损害案件

（一）总体情况分析

据抽样案件数据显示，此类案件共 12 起案件，在人身损害赔偿案件中数量第二，占到 21.05%。涉案金额 1771451 元，占总金额的 17.73% 。此类案件相对高发。

从解决方式看，8 起判决结案，4 起调解结案。

从审理程序看，10 起一审结案，2 起二审结案，无再审案件，表明对案件事实认定和法律适用方面，双方当事人和法院都无太大差异。

从责任承担方面看：3 起案件为供电企业作为原告向对方索赔，其他 9 起案件供电企业都作为被告之一被索赔。经交警部门事故责任认定，2 起供电企业无责任，3 起负次要责任，1 起负同等责任，2 起负主要责任，4 起负全部责任。发生事故原因主要还是存在违章驾驶行为。

（二）重点法律问题分析

1.交通事故的定义

《道路交通安全法》第一百一十九条第（五）项规定，"交通事故"是指车辆在道路上因过错或者意外造成的人身伤亡或者财产损失的事件。确认了机动车在道路上的运行是一种高度危险作业，道路交通事故的责任问题原则上应该按照《民法通则》第一百二十三条的规定来处理。对于《民法通则》第一百二十三条所规定的高度危险作业致人损害，多数学者认为应当适用无过错责任。该条同时规定，只有受害人的故意能作为免除加害人责任的事由。

2.归责原则与免责事由

《道路交通安全法》第七十六条规定，机动车发生交通事故造成人身伤亡、财产损失的，由保险公司在机动车第三者责任强制保险责任限额范围内予以赔偿。超过责任限额的部分，按照下列方式承担赔偿责任：

（1）机动车之间发生交通事故的，由有过错的一方承担责任；双方都有过错的，按照各自过错的比例分担责任。

（2）机动车与非机动车驾驶人、行人之间发生交通事故的，由机动车一方承担责任；但是，有证据证明非机动车驾驶人、行人违反道路交通安全法律、法规，机动车驾驶人已经采取必要处置措施的，减轻机动车一方的责任。

交通事故的损失是由非机动车驾驶人、行人故意造成的，机动车一方不承担责任。

《道路交通安全法》确立的道路交通事故责任的归责原则，既不能简单地理解为一概适用过错责任原则，也不能简单地理解为一概适用无过错或严格责任原则。它确立一个归责原则体系，对于不同情况下的责任承担适用不同的归责原则。这样的规定最有利于对受害人保护，同时也不至于让加害人承担过重的赔偿责任。《道路交通安全法》第七十六条规定的归责原则体系，体现了人本主义的法律观和社会财富通过损害赔偿机制再分配的正义性。

1）第三者责任强制保险限额范围内保险公司承担无过错责任。

《道路交通安全法》第七十六条第一款规定，机动车发生交通事故造成人身伤亡、财产损失的，由保险公司在机动车第三者责任强制保险责任限额范围内予以赔偿。对于该款规定的理解应注意以下两点：第一，如果肇事车辆参加了机动车第三者责任强制保险，那么一旦发生交通事故导致他人人身伤害或者财产损失，保险公司就应当首先予以赔偿，不论交通事故当事人各方是否有过错以及当事人的过错程度如何。第二，保险公司在机动车第三者责任强制保险责任限额范围内承担责任。如果交通事故所导致的各种损害（包括人身伤亡和财产损失）超出了责任保险的责任限额，对于超出部分保险公司不予赔偿，由交通事故当事人按照下文所确定的归责原则进行分担。

在诉讼法意义上，《道路交通安全法》第七十六条赋予了受害人直接请求权，即受害人可以直接以保险公司为被告提起诉讼主张损害赔偿。在保险责任限额内保险人对受害人负有无条件支付义务；这种请求权是法定的请求权，并且独立存在。

2）机动车之间的过错责任。

第七十六条第一款第（一）项规定，机动车之间发生交通事故的，由有过错的一方承担责任；双方都有过错的，按照各自过错的比例分担责任。该款规定确立了机动车之间发生交通事故时适用过错责任的原则。司法实践中确定过错比例大小的原则应当是：故意大于过失；恶意大于一般故意；重大过失大于一般过失，一般过失大于轻微过失。

3）机动车对行人、非机动车的过错推定与无过错责任。

依据第七十六条第一款第（二）项和第二款之规定：第一，过错推定部分。机动车与非机动车驾驶人、行人之间发生交通事故的，由机动车一方承担责任。但机动车一方有证据证明非机动车驾驶人、行人违反道路交通安全法律、法规，并且机动车驾驶人已经采取必要处置措施的，机动车驾驶人可以主张减轻责任（比如依据受害人过错的大小程度，直至减轻责任到 10%）。实际上，这是稍改良的过错推定责任。说其为过错推定，是因为机动车一方可以通过证明自己没有过错（已经采取必要处置措施）减轻责任；说其为经过改良的过错推定，是因为机动车一方不仅要证明自己没有过错，而且还要证明受害人有过错（非机动车驾驶人、行人违反道路交通安全法律、法规）方能减轻责任。第二，无过错责任部分。该条仅规定在机动车一方没有过错而受害人一方有过错的情况下减轻机动车一方的赔偿责任，而不是免除其赔偿责任。在适用上，即使机动车一方没有过错而受害人一方有过错，机动车一方也要承担一小部分赔偿责任（如损害的 10%）。对于这部分损害赔偿而言，机动车一方承担的是无过错责任。第三，免责事由仅为受害人故意。如果交通事故的损失是由非机动车驾驶人、行人故意（如自杀）造成的，机动车一方不承担责任。保险公司在先行赔付后，也有权向受害人一方追偿。

但是，在机动车一方不能证明自己没有过错却能够证明受害人有过错或双方都有过错的情况下，如何处理？第七十六条似未作出明确规定。对此存在两种不同理解：①不减轻机动车一方的责任（依据无过错责任原理）；②减轻机动车一方的责任（依据比较过错或与有过失的规则）。如果是后者，可以依据《民法通则》的有关规定（第一百三十一条）处理。我们倾向此种观点。对此，还需要由最高人民法院将来通过司法解释予以确定。

（3）赔偿项目和标准。

根据新的《道路交通安全法》及其实施条例以及最高人民法院《人身赔偿解释》等规定，赔偿制度有所变化。

1）赔偿项目增多。

主要包括：医疗费、误工费、住院伙食补助费、护理费、残疾者生活补助费、残疾用具费、丧葬费、死亡补偿费、被扶养人生活费、交通费、住宿费和财产直接损失。

2）赔偿标准提高。

以死亡为例，国务院原规定的死亡补偿费为 5 万多元，新的死亡赔偿金标准是城镇居民为 8 万～20 万元，农村居民为 6 万～12 万元；丧葬费由 800 多元提高到 5000 多元。其他项目的赔偿标准也分别提高。

3）赔偿范围扩大。

如精神损害抚慰金是独立于死亡赔偿金和残疾赔偿金之外的项目；残后护理费，原来未规定，现可以根据伤残等级一次要求赔偿 20 年的护理费。

（4）关于交通事故责任认定。

1）交通事故责任认定由公安机关交通管理部门出具。主要根据各方当事人的违章情况、事故的成因等从专业的角度对事故进行认定。

2）交通事故责任分为全部责任、主要责任和次要责任、同等责任。

第一，下列情形负全部责任：

（a）一方当事人的违章行为造成交通事故，有违章行为的一方应当负全部责任，其他方不负责任。

（b）当事人逃逸或者故意破坏、伪造现场、毁灭证据，使交通事故责任无法认定的，应当负全部责任。

（c）当事人一方有条件报案而未报案或者未及时报案，使交通事故责任无法认定的，应当负全部责任。

第二，下列情形负主要责任和次要责任：

两方当事人的违章行为共同造成交通事故的，违章行为在交通事故中作用大的一方负主要责任，另一方负次要责任。

第三，下列情形负同等责任：

（a）双方都有违章行为，在交通事故中作用基本相当，双方负同等责任。

（b）三方以上当事人的违章行为共同造成交通事故的，根据各种的违章行为在交通事故中的作用大小划分责任。

（c）当事人各方有条件报案而均未报案的或者未及时报案，使交通事故责任无法认定的，应当负同等责任。

3）对于交通事故责任认定不服的，可以在接到交通事故责任认定书后15日内，向上一级公安机关申请重新认定；上一级公安机关在接到重新认定申请书后30日内，应当作出维持、变更或者撤销交通事故责任认定书的决定。

4）效力。在交警调解中，交通事故责任认定书是当然的依据；在民事诉讼中，是证据的一种。

（5）交通事故涉及工伤保险赔偿、雇主责任的处理。

交通事故中的受害人同时为单位职工，单位参加工伤保险的，则可以按照工伤保险与民事损害赔偿的关系处理，司法实践中既可以要求工伤保险赔偿，也可以要求事故责任方承担赔偿责任。如单位应参加而未参加工伤保险，则单位应按照工伤保险规定进行赔付。一般直接费用（如医疗费、交通费等）不能重复计算。

如果交通事故中存在雇员职务行为致人损害，则应当按照《人身赔偿解释》第九条规定，由雇主承担责任，雇员有故意或重大过失的，雇主与雇员承担连带责任。雇主承担责任后可以追偿。

如果交通事故中存在雇员职务受害，则应当按照《人身赔偿解释》第十一条规定，分情况予以处理。事故完全由于雇员方责任造成，由雇主承担赔偿责任。除雇员责任外，有第三方责任的，赔偿权利人可以请求第三人承担赔偿责任，也可以请求雇主承担赔偿责任。雇主承担赔偿责任后，可以向第三人追偿。

（三）诉讼应对措施及处理技巧

1．诉前准备

（1）保护现场，留存证据。

发生事故后注意保护事故现场，及时报案，及时拍照、录像等，固定证据。对于因处理事故而发生的其他相关费用（吊车费、交通费等），注意留存相关单据。

（2）尽早介入交通事故处理。

法律顾问尽可能与有关人员一起赶赴现场，收集保存证据。但此类案件绝大多数情况法律顾问无法勘查第一现场，因交通事故部分发生在外地，事故发生后当事人一般只报告交通管理部门和保险公司，不会向单位的法律顾问报告。通常情况下，法律顾问要到案件进入诉讼程序后才会介入。发生交通事故后，应尽早通知法律顾问，以便尽早参与交通事故的处理，了解事故经过情况，为诉讼做好准备。

（3）注意争议处理程序变化。

对交通事故赔偿的争议，原来规定交警的调解是必经程序，交通事故造成损害的必须经交警两次调解，调解不成的，必须有交警出具的调解终结书，才能到法院起诉。新《道路交通安全法》规定，当事人既可以请求交警调解，也可以不经调解直接向法院起诉。调解的，必须各方当事人一致书面请求，调解期间，当事人起诉的，调解终止。

2．诉讼注意事项

（1）明确交通事故责任认定书的效力。

交通事故认定在民事诉讼中同其他证据一样，要经过质证才能确定其证据效力。

在民事诉讼中，交警的认定书是比较重要的证据，不是当然依据。法院基于当事人各方举证质证的情况，根据相关法律的规定，可能会作出与认定书的责任分担比例不同的赔偿责任判决。多数情况下，民事赔偿责任比例与交通事故责任认定的责任比例相一致。

（2）明确保险公司的无过错责任。

如果肇事车辆参加了机动车第三者责任强制保险，那么一旦发生交通事故导致他人人身伤害或者是财产损失，保险公司就应当首先予以赔偿，不论交通事故当事人各方是否有过错以及当事人的过错程度如何。

（3）保险公司是否可以直接作为被告。

新《道路交通安全法》不仅规定机动车必须投保第三者责任险，并且直接规定保险公司为赔偿义务人。在诉讼法意义上，赋予了受害人直接请求权，即受害人可以直接以保险公司为被告提起诉讼主张损害赔偿。在保险责任限额内保险人对受害人负有无条件支付义务；这种请求权是法定的请求权，并且独立存在。

实践中，有的地方法院认可将保险公司直接列为被告，直接判决保险公司承担赔偿责任，省却了理赔环节，减少保险争议。如在杨某某等诉梁某、南京某电管站、某保险江苏分公司、武某交通事故赔偿纠纷中，由于肇事车辆在某保险江苏分公司投保第三者责任保险，所以将该保险公司直接列为被告，并且判决其在保险合同约定的第三者责任保险限额内赔偿。

有的地方法院只允许将保险公司作另案处理。如山东省高级法院规定在交通事故纠纷中不能将保险公司列为被告或第三人。个案需根据各地法院做法处理。

（4）分析是否存在减轻责任的情形。

分析是否存在法定的可以减轻机动车责任的情形，并提供相关证据。

第一，分析其他机动车是否存在过错。《道路交通安全法》第七十六条第一款第（一）项规定，机动车之间发生交通事故的，由有过错的一方承担责任；双方都有过错的，按照各自过错的比例分担责任。一般按照交通管理部门认定或法院认定的责任比例分担责任。在杨某某等诉梁某、南京某电管站、某保险江苏分公司、武某交通事故赔偿纠纷中，交通部门认定双方各负 50%责任，法院判决双方各承担 50%损害赔偿。

第二，分析行人、非机动车方一方是否存在违反交通法律法规的行为。机动车一方有证据证明非机动车驾驶人、行人违反道路交通安全法律、法规，并且机动车驾驶人已经采取必要处置措施的，机动车驾驶人可以主张减轻责任（直至减轻责任到10%）。

（5）分析是否存在免除责任的情形。

如果能够证明交通事故的损失是由非机动车驾驶人、行人故意（如自杀）造成的，机动车一方可以不承担责任。保险公司在先行赔付后，也有权向受害人一方追偿。

（6）明确单位和车主的赔偿责任。

按照雇主责任理论及有关司法解释，驾驶员在执行职务中发生的交通事故，负有责任的，由驾驶员所在单位或机动车所有人承担赔偿责任；驾驶员存在故意或重大过失，应承担赔偿责任的，由驾驶员所在单位或机动车所有人与驾驶员承担连带责任，可以先由单位或车主垫付，再向驾驶员追偿。在杨某某等诉梁某、南京某电管站、某保险江苏分公司、武某交通事故赔偿纠纷中，由于肇事车辆司机梁某是电管站职工，是在执行职务时发生交通事故致人死亡，判决由电管站承担赔偿责任。

（7）判决理赔比调解容易。

根据法院判决书向保险公司理赔比较容易，根据当事人之间签订的调解书理赔则较容易产生争议，保险公司有时以调解书内容未经其认可为由拒绝理赔，从而引发新的保险争议。

（8）注意赔偿项目是否齐全。

不仅要关注判决书或调解书确定的赔偿总额，对于所包含的具体赔偿项目也要注意，不能遗漏，否则当事人可能会事后（若干年后）要求补赔遗漏项目。

（9）精神损害赔偿一般不在保险范围之内。

保险合同一般排除精神损害赔偿，判决或调解书中的精神损害赔偿部分无法向保险公司理赔。在杨某某等诉梁某、南京某电管站、某保险江苏分公司、武某交通事故赔偿纠纷中，法院认定保险公司不赔偿精神损害抚慰金的抗辩理由成立，判决由电管站赔偿精神损害抚慰金。

三、雇员在雇佣活动中受害案件

（一）总体情况分析

抽样中此类案件共 10 起，在人身损害赔偿案件中数量第三，占到 17.54%。涉案金额不大，占总金额的 17.06% 。此类案件数量、涉案金额与影响不大。

从解决方式看，8 起判决结案，2 起调解（包括达成协议后原告撤诉）结案。从审理程序看，6 起一审结案，3 起二审结案，1 起再审案件，对案件事实认定和法律适用方面，双方当事人和法院有一定差异，案件处理存在一定难度。

从供电企业责任承担方面看：6 起未承担责任，1 起承担全部责任，3 起承担主要责任。承担责任的共 4 起，占 40%，表明供电企业在雇佣活动管理方面存在一定问题和漏洞。

（二）常见发案原因

1．常见发案时间

多在农网改造期间，发案比较集中。

2．常见发案地点

全部在农村，集中在农网改造村镇。

3．常见事故原因

（1）将农网改造工程中抬运线杆、挖坑、立杆等改造承包给村委会或个人，再由村委或个人雇佣人员帮工，在施工中发生安全事故，如砍树坠地、运杆被砸受伤等。

（2）在从事雇佣活动或帮工中个人突发急病。

（3）从事被雇活动（施工、收费）中遭人殴打致伤亡。

（4）村镇电管所人员擅自找非供电公司人员帮忙，如找人帮忙维修线路，致人摔伤。

（三）重点法律问题分析

1．雇佣关系的认定

雇佣关系，指受雇人与雇佣人约定，由受雇人为雇佣人提供劳务，雇佣人支付报酬而发生的社会关系。常见的雇佣形式有：家庭雇佣保姆、钟点工、司机、聘用离退休人员。

涉及电网工作较常见的如雇人扛电线杆、挖坑、立杆，雇人打扫卫生、擦变压器等。

实践中认定雇佣关系时，一般考虑以下标准：第一，双方有无书面或口头雇佣合同；第二，雇员是否领取报酬；第三，雇员有无提供劳务；第四，雇员是否受雇主监督。对此认定，以事实上雇佣关系的存在为标准，没有订立书面合同不当然影响雇佣关系的认定。

2. 赔偿责任认定

《人身赔偿解释》第十一条规定，雇员在从事雇佣活动中遭受人身损害，雇主应当承担赔偿责任。雇佣关系以外的第三人造成雇员人身损害的，赔偿权利人可以请求第三人承担赔偿责任，也可以请求雇主承担赔偿责任。雇主承担赔偿责任后，可以向第三人追偿。雇员在从事雇佣活动中因安全生产事故遭受人身损害，发包人、分包人知道或者应当知道接受发包或者分包业务的雇主没有相应资质或者安全生产条件的，应当与雇主承担连带赔偿责任。属于《工伤保险条例》调整的劳动关系和工伤保险范围的，不适用本条规定。该条规定了雇主对雇员受害时的赔偿责任，以及雇主对雇员受害时的不真正连带责任。这在我国立法及司法实践中属于新的规定。具体分为三种情况：

（1）雇主对雇员直接赔偿。排除由第三人造成雇员损害的情形之外，雇主对雇员在从事雇佣活动中遭受的人身损害应当承担赔偿责任。

重点把握以下几点：

1）伤害发生在从事雇佣活动中。雇员从事雇主授权或者指示范围内的生产经营活动或者其他劳务活动。雇员致害是否在执行职务范围内，是雇主赔偿责任的决定性因素。职务范围应包括一切与雇主要求执行的职务有合理关联的事项。雇员行为超出授权范围，但其表现形式是履行职务或者与履行职务有内在联系的，也应当认定为从事雇佣活动。

2）造成人身损害。

3）不以过错为要件。雇主对雇员损害承担责任不以自身存在过错为要件，但是，如果雇员本身存在故意或者重大过失的，可以免除或减轻雇主的赔偿责任。

（2）雇主的不真正连带责任。

雇员在从事雇佣活动中遭受的人身损害是由雇佣关系以外的第三人造成的，赔偿权利人可以请求第三人承担赔偿责任，也可以请求雇主承担赔偿责任。无论哪一方承担了对受害雇员的人身损害赔偿责任，另一方对受害雇员的赔偿责任都消灭。雇主承担赔偿责任后，可以向第三人追偿，法律上称为不真正连带责任。

1）不真正连带责任的含义。不真正连带责任，最终责任人的确定仍依照过错来确定，只是中间多了个先期承受人，具有垫付的性质，先期承受人享有向最终责任人追索全部款项的权利。如产品责任，受害人可以向销售者主张赔偿，销售者承担责任后，有权向生产者追索。不真正连带责任不同于连带责任，也不同于补充责任。连带责任只可部分追索，且其自身也是最终责任人之一；补充责任存在先向直接责任人求偿的问题，只有在直接责任人不能或不能完全承担责任时,受害人才能向补充责任人请求赔偿;在不真正连带责任中,受害人可以向任何一方请求赔偿责任,不受顺序的限制。

2)雇员受害的不真正连带责任,应当具备一定的条件:

雇员在从事雇员活动中受害;致害原因在于第三人,而非雇主;实行过错归责原则,当然雇员自身存在过错的可以适用过错相抵归责。

3)赔偿范围的确定。在雇主向受害人承担了赔偿责任后,有权向第三人追偿。追偿是雇主因赔偿所遭受的损失,因为雇员遭受人身损害而耽误工作对雇主造成的损失能不能追偿,《人身赔偿解释》对此未作规定,我们认为原则上不能追偿,这也是追偿的性质所在。但是,如果第三人主观上就是为了通过对雇员造成人身损害的方式导致雇主的损失,对此应当允许雇主请求第三人赔偿,因为这实际上是第三人对雇主构成侵权,对于这种恶意应当予以惩戒。

(3)发包人、分包人与雇主的连带责任。

雇员在从事雇佣活动中因安全生产事故遭受人身损害,发包人、分包人知道或者应当知道接受发包或者分包业务的雇主没有相应资质或者安全生产条件的,应当与雇主承担连带赔偿责任。

1)适用情形。发包人、分包人知道或者应当知道接受发包或者分包业务的雇主没有相应资质或者安全生产条件的,违反了法定的加强劳动保护的义务,与造成实际损害后果的雇主具有共同过错,对损害承担连带赔偿责任;不知道或者不应当知道的,由雇主自己承担赔偿责任,与发包人、分包人无关。

2)赔偿义务主体。既然发包人、分包人与雇主对雇员在从事雇佣活动中因安全生产事故遭受人身损害承担连带责任,那么受害雇员可以向任何一方、数方或全体请求人身损害赔偿责任,被请求方都有义务承担赔偿责任。

3)内部责任划分。在发包人、分包人与雇主内部还存在一个责任份额的问题,以各方对人身损害发生的过错程度与原因力大小来决定。一方全部赔偿后可以向其他各方追偿。

3. 雇员受损的赔偿责任与工伤保险赔偿的关系

(1)概念、性质上的区别。

雇员受损的雇主赔偿责任从性质上是一种民事责任。工伤保险赔偿从性质上属于社会保险范畴,由保险机构对受害人予以赔偿,用人单位不承担赔偿责任。民事侵权考虑受害人自身是否存在过错,实行过失相抵,即根据受害人的过失程度相应减少赔偿数额;而工伤保险实行绝对的无过错责任,即不考虑用人单位和劳动者是否存在过错,只要发生工伤,保险机构就应全额赔偿。

(2)适用上的区别。

雇员职务受害,如无第三人致害,则由雇主承担赔偿责任,按《人身赔偿解释》进行赔偿。如存在第三人致害，则赔偿权利人有权选择雇主或第三人要求赔偿，但不能获得双份赔偿。

一旦发生事故认定为工伤，就应当按照《工伤保险条例》享受工伤赔偿待遇，一般不能再通过民事诉讼活动获得双重赔偿。但如果工伤事故是由用人单位以外的第三人侵权造成的，工伤职工及家属在按规定获得工伤保险待遇的同时，还可以通过民事诉讼的途径向侵权人提出索赔。例如，职工因公出差遇交通事故，职工依法享受工伤保险待遇，同时仍可要求交通肇事责任人承担民事赔偿责任。

（四）应对措施及处理技巧

1. 审查确定是否存在雇佣关系

审查供电企业是否为雇主。多数情况下，供电企业并非雇主，只是发包人，承包人或分包人、转包人才是雇主。此种情况下，供电企业一般都能减轻或免除责任。本类型案件中6起供电企业免责，其中4起都是因为供电公司非直接雇主，只是发包人。

2. 审查雇员受害与从事雇佣活动是否存在因果关系

如两者之间无因果关系，雇主不应承担赔偿责任。在刘王氏等诉某电力公司人身损害赔偿纠纷中，受害人突发疾病死亡，与雇佣活动无必然因果关系，法院认定雇主无责任。

3. 审查是否存在减轻、免除雇主责任情形

一要审查受害人是否存在故意或重大过错。在杜某某等诉重庆某县供电公司、某县某镇政府、村委会、姚某某人身损害赔偿纠纷中，因受害人自身有病，从事雇佣活动劳累过度而伤亡，减轻了雇主责任。二要审查是否存在第三人致害情形。按照《人身赔偿解释》的规定，第三人造成雇员人身损害的，权利人可以请求第三人承担赔偿责任，也可以请求雇主承担。雇主承担赔偿责任后，可以向第三人追偿。在某村民诉山东某市供电公司人身损害赔偿纠纷中，原告亲属在收水、电费过程中被村民杨某伤害致死，后杨某自杀身亡，其财产由妻子儿女继承，原告遂将杨某妻子、儿子、村民委员会、供电公司作为被告起诉，因是第三人致害，法院判决供电公司不承担责任。

4. 审查电力企业作为发包人是否已尽到资格审查义务

在赵某某诉山东某市供电公司、某集团等人身损害赔偿纠纷中，电力三产企业作为发包人，发包前已按规定严格审查承包人资质，尽到了资格审查义务，无过错，所以，依法不承担责任。

5. 雇主责任一般不包含精神损害赔偿

四、施工致人损害案件

此类案件是指施工人在公共场所、道旁或者通道上挖坑、修缮、安装地下设施等，没有设置明显标志和采取安全措施，造成他人损害的案件。

（一）总体情况

抽样中此类案件共 5 起，数量较少，占人身损害赔偿案件的 8.77%。涉案金额最小，403475 元，占总金额的 4.04%。此类案件影响不大。

从解决方式看，3 起判决结案，2 起调解（包括达成协议后原告撤诉）结案。从审理程序看，4 起一审结案，1 起二审结案。对案件事实认定和法律适用方面，双方当事人和法院差异不大。

从供电企业责任承担方面看：2 起未承担责任，2 起承担全部责任，1 起承担主要责任，承担责任的共 3 起，表明供电企业在地面施工活动管理方面存在一定问题和漏洞。

（二）常见发案原因

1. 常见发案地点

城市道路、小区道路、农村农网改造村镇。

2. 常见发案时间

夜间、雾天等光线不好时段。

3. 常见事故原因

（1）为埋设、维修地下电缆而开挖路面和沟渠，未设置明显警示标志，未采取必要安全防护措施，致汽车、摩托车、自行车驾驶人、行人碰伤、跌伤。

（2）农网改造工程承包给施工单位，施工中未尽安全管理义务，致路人受伤。

（三）重点法律问题分析

1. 构成要件

（1）地点。施工地点是在公共场所、道旁或者通道。公共场所是指公民共同的活动场所，如公共道路、广场、影视剧场、体育馆、商店、集贸市场等。在公共场所施工，因行人较多，故危险性大，必须设置明显标志或采取必要安全措施。道旁与公共道路相连，也是公共危险场所。通道指一般行人通过的地方，是公共通行场所。非上述情况下的地面施工行为，不能适用此处的地面施工致人损害的相关规定。

（2）行为人未尽安全保护义务。行为人没有保证行为安全，设置明显标志和采取其他必要安全措施，如在施工现场设置护栏，晚上设置红灯等。

（3）造成他人损害后果。

（4）安全措施的欠缺与损害后果之间有因果关系。有关损害是由行为人的地面施工造成。只有在施工行为与损害事实之间有因果关系时，行为人才承担民事责任。

2．免责事由

《民法通则》第一百二十五条对此损害的赔偿责任实行过错推定原则，即行为人如能证明自己采取了必要的防护措施或设置了明显的标志，主观上没有过错，就可以减轻或者免除赔偿责任。

判断标准：是否足以使普通人采取通常的注意而避免损害的方式。

此外，加害行为的一般免责事由，如不可抗力、第三人过错、受害人故意或重大过错也可作为施工人免除或者减轻责任的理由。

（四）应对措施及处理技巧

1．保护现场、保存证据

尽早赶赴现场，保护现场，拍照、录像留存证据。这是证明施工人是否采取必要防护措施，尽到安全保障义务，是否存在过错的关键证据。

2．审查供电公司是否为施工人

一般情况下，本类型案件只有施工人是责任主体，发包人无责任。但是，如果发包人在选任施工人时存在过错，如发包人将工程发包给无资质的施工人导致损害的，发包人亦应承担相应的责任。在马某某诉某市政开发公司、某中铁建设公司、某市供电公司、某电力工程公司人身损害赔偿纠纷中，四被告在一路段施工开挖路面和沟渠，安装地下设施，第一被告为建设单位，第二被告为施工单位，第三被告为地下电缆业主，第四被告为电缆施工单位。被告未设置明显标志和警戒区，也没采取安全措施，导致原告骑自行车连人带车摔进沟渠，经鉴定为八级伤残。各被告都否认是自己挖的，法院根据各种证据推定某电力工程公司为施工人，违反安全保障义务，负90%责任，其他被告不承担责任。在董某某诉某市城区供电分公司、龙某某、某县四建公司人身损害赔偿纠纷中，供电公司作为发包人，法院认定不是责任主体。

3．审查损害结果与施工行为是否存在因果关系

在王某某诉某市供电公司人身损害赔偿纠纷一案中，原告诉称其步行时，因天色昏暗，掉进被告挖的没有任何警示标志的电线杆坑内，供电公司经认真调查施工纪录，发现该路段开、竣工时间与对方受伤的时间不符，因此原告无法证明其受伤与施工存在因果关系，欠缺侵权行为的构成要件，法院判决驳回其诉讼请求。

五、其他类型案件

抽样中其他类型案件5起，4起属于偶然发生案件或原告滥用诉权案件（如交通事故受害人认为出事路段照明灯不亮，供电单位对事故发生有过错而起诉），影响不大。

其中有一起未尽安全保障义务致人损害案件（张某某诉某市供电公司、省电力公司人身损害赔偿纠纷），值得关注。原告在供电公司交纳电费，因地面有积水摔伤而索赔，法院认为供电公司系从事经营活动的组织，应负有在合理限度范围内保障交费人安全顺利地在其营业场所内通行的安全保障义务。认为在本案中，供电公司未尽安全保障义务，具有一定过错，判决供电公司承担 60%责任。本案判决代表了一种方向：供电企业必须要根据诚实信用的原则，在合理限度内履行安全保障义务，消除危险，排除妨碍，否则将承担法律责任。此类案件在供电企业中应当具有一定的典型性、代表性，但目前抽样案件中仅一例，如将来发生更多的同类案件，有必要再作进一步分析研究。

第二章

一般人身损害赔偿案例具体分析

案例 1　　杨某等三人诉某电管站交通事故损害赔偿案

一、案由

本案原告杨某等三人与本案被告梁某、某电管站及平安保险某分公司、武某因交通事故引发纠纷，诉于区级人民法院。

二、原告理由

原告杨某等三人诉称：被告梁某驾驶轿车在某路口越路中双黄实线提前左转弯时，与由南向北行驶的两轮摩托车相撞，造成摩托车上钱某、武某二人受伤，钱某是乘客，武某是驾驶员，钱某经医院抢救无效死亡。市公安局某分局交通巡逻警察大队作出交通事故认定书，认定此事故经现场勘察、调查取证，无法查证摩托车驾驶人。三原告认为事故发生时由被告武某驾驶两轮摩托车，梁某有违章行为，钱某是摩托车乘坐人，不应承担事故责任。钱某系精神发育迟滞，无劳动力。梁某驾驶的肇事车在被告平安保险某分公司投保有效期限内，要求法院判令被告赔偿三原告因钱某死亡的经济损失：误工费 2640 元、护理费 680 元、交通费 4600 元、住院伙食补助费 378 元、营养费 210 元、丧葬费 10478.50 元、被扶养人生活费 35670 元、死亡赔偿金 246380 元、亲属办理丧事误工费 189 元、精神损害抚慰金 50000元，合计 351225.50 元。

三、被告观点

被告一梁某、被告二某电管站、被告三平安保险某分公司、被告四武某对三原告主张的发生交通事故致钱某死亡事实、交通事故认定书认定的基本事实、肇事车投保第三者责任险的事实均无异议，但对三原告主张赔偿费用的范围和数额有异议，要求按证据依法确定，应按农村居民标准计算死亡赔偿金。

被告三平安保险某分公司辩称其不是本案适格被告，按保险合同约定，其不赔偿精神损害抚慰金。

被告一梁某辩称死者钱某为两轮摩托车驾驶员，钱某应当承担事故责任。

被告某电管站辩称梁某系其单位职工，在执行职务活动中发生交通事故致人死亡，另其垫付给三原告现金 10000 元。

武某辩称其是肇事车辆的乘坐人，不负此事故责任，不应当承担赔偿责任。

四、法院审理事实认定

对上述各方当事人不持异议事实，法院予以确认。

本案的争议焦点为：①两轮摩托车的驾驶人及交通事故的责任如何认定；②三原告主张赔偿的范围和数额如何确定的。

上述事实，根据交通事故认定书、询问笔录、事故现场图、保险单、发票、收据、证明、鉴定书、户口本、当事人陈述等证据材料证实的事实，人民法院认定如下：

（1）关于当事人争议的两轮摩托车的驾驶人及交通事故责任认定问题，法院认为，经市公安局某分局巡逻警察大队现场勘查、调查取证，无法查证涉案两轮摩托车驾驶人。证明人胡某在公安机关陈述：事发当天他从花神庙离开时是被告武某驾驶的摩托车，但从花神庙离开到事故发生中途有无更换过驾驶人，无法查清，且武某对胡某的陈述不予认可，陈述摩托车一直由钱某驾驶。胡某在公安机关的陈述是单独证据，无其他证据相印证，法院不予采信。被告梁某事发当天在公安机关的陈述更接近于客观事实，且钱某为摩托车车主，结合各方当事人陈述的钱某、武某头盔的颜色，本院推定钱某为事故发生时摩托车驾驶人。证人黎某在公安机关陈述事发时未注意路口信号灯情况，而在出庭作证时陈述摩托车闯红灯，黎某的证言前后不能相互印证，对黎某的证言法院不予采信。梁某驾驶机动车越路中双黄线提前左转弯，是引发事故的原因之一；钱某酒后驾驶机动车、未在最右侧机动车道内行驶，也是引发事故的原因之一；且事故发生时路口信号灯的情况已无法查清。故法院认定梁某、钱某负事故的同等责任，武某不负事故责任。根据有关规定，法院认定梁某、钱某各承担 50%的民事责任。被告某电管站系肇事车辆车主，梁某系电管站的职员，是在执行职务时发生交通事故致人死亡，根据有关规定，应由电管站承担赔偿责任，梁某不承担赔偿责任。《道路交通法》第七十六条规定："机动车发生交通事故造成人员伤亡、财产损失的，由保险公司在机动车第三者责任强制保险责任限额范围内予以赔偿。超过责任限额部分，按照各自过错的比例分担责任。"被告平安保险某分公司承保了限额为 20 万元的不计免赔第三者责任保险，按照有关规定，平安保险某分公司应作为本案被告参加诉讼，并按保险合同约定在 20 万元第三者责任保险限额内承担该肇事车辆应承担的赔偿责任。平安保险某分公司的赔偿款视为强制保险限额。超过限额部分，由钱某、电管站各承担 50%民事责任。平安保险某分公司辩称其不是本案适格被告的理由不能成立，本院不予支持。根据保险合同约定，平安保险分公司抗辩其不赔偿精神损害抚慰金的理由成立，本院予以支持。三原告要求武某承担赔偿责任，没有事实和法律依据，本院不予支持。

（2）关于当事人争议的三原告主张的赔偿范围、数额问题，本院认为，钱某户口性质为家庭户，死前在外从事家庭装潢已有二、三年，按照有关规定，死亡赔偿金应按城镇居民标准计算。被告方抗辩死亡赔偿金应按农村居民标准计算的理由不能成立，本院不予采信。三原告要求赔偿营养费，依据不足，本院不予支持。

五、法院判决结果

依照《民事诉讼法》第六十四条第一款、《民法通则》第九十八条、《道路交通安全法》第七十六条第一款及第（一）项、《最高人民法院关于审理人身损害赔偿案件适用法律若干问　题的解释》第十七条第三款、第十八条、第二十条、第二十一条、第二十二条、第二十三条、第二十七条、第二十八条、第二十九条之规定，判决如下：

（1）原告杨某等三人因钱某死亡后的经济损失误工费、护理费、交通费、住院伙食补助费、丧葬费、被抚养人生活费、死亡赔偿金、亲属办理丧事误工费，合计 297111.46 元，由被告平安保险分公司赔偿 50%即 148555.73 元；超过限额部分 148555.73 元，由被告电管站赔偿 50%即 74277.87 元，另电管站赔偿三原告精神损害抚慰金 30000 元，电管站合计赔偿三原告 104277.87 元，扣除已付款 10000 元，电管站还应赔偿 94277.87 元，上述赔偿款均于本判决发生法律效力之日起十日内付清；其余损失由三原告自理。

（2）驳回原告杨某等三人要求被告武某、梁某共同承担赔偿责任的诉讼请求。

（3）驳回原告杨某等三人要求被告赔偿营养费的诉讼请求。

本案应收案件受理费 3966 元，鉴定费 1000 元，其他诉讼费 4212 元，合计 9178 元，由原告杨某等三人负担 1000 元，被告平安保险分公司负担 1485 元，被告电管站负担 6693 元。

本案一审判决后，电管站不服上诉，后又主动提出撤诉申请，二审法院最终裁定：准其撤诉、执行一审裁决。此案终结。

案例 2　　赵某诉某供电公司架线施工人身伤害事故赔偿纠纷案

原告赵某与被告中铁工程公司、供电公司、许某、华通项目部因人身损害赔偿纠纷一案诉于法院，法院受理后依法组成合议庭，公开开庭进行了审理。原告赵某及其委托代理人申某、被告中铁工程公司的委托代理人周某、被告供电公司的委托代理人张某、被告华通项目部负责人周某及委托代理人刘某到庭参加了诉讼；被告许某经合法传唤无正当理由未到庭参加诉讼。此案一审审理终结。

一、原告诉讼理由

原告赵某诉称，原告受被告中铁工程公司雇佣，在为被告架设 220kV 高压线时人身受到伤害，后被送往医院治疗，经某司法鉴定所鉴定已构成十级伤残，被告支付部分费用后，仍有部分未付，要求被告赔偿其伤残赔偿金、误工费等计 15000 元。

二、被告答辩理由

被告中铁工程公司认为：原告诉称与我公司存在雇佣关系，没有事实根据和法律依据，原告与被告没有书面或口头雇佣合同，不存在客观上的雇佣关系，原告不是我单位的招聘人员，原告赵某的报酬发放由许某掌握，原告提供劳务创造的效益直接由施工队负责，与中铁工程公司无关，我公司中标后与许某施工队签有建设工程施工合同，原告与许某是雇佣关系，原告的伤害与我公司没有直接法律关系，应依法驳回原告的诉讼请求。

被告供电公司认为，原告以我公司为被告主体不适格，我公司作为发包方与原告不存在劳动关系和雇佣关系，我公司作为发包方与承包方中铁工程公司签订建设工程合同，合同明确约定在工程施工过程中发生人身伤亡事故由对方承担，原告在施工过程中发生人身伤害应由雇佣方承担责任，因此应依法驳回原告对我公司的起诉。

被告华通项目部辩称：项目部不具有企业法人资格，原告追加项目部为被告是错误的，应当依法裁定驳回。原告的损失与我公司无因果关系，原告与项目部不存在雇佣关系，故应驳回原告对我公司的起诉。

被告许某未答辩。

三、法院查明的事实

经审理查明，被告供电公司下属的电气集团有限公司与被告中铁工程公司华通分公司签订了 220kV 送电线路施工承包合同。由被告中铁工程公司华通分公司承包部分工程的施工。中铁工程公司华通分公司又与许某签订了承包合同。原告赵某系许某的雇佣人员，原告赵某在工地进行施工作业时，因工地施工的需要暂停了某村的电，致使某村村民阻拦施工，并将施工人员原告赵某致伤，经市公安局某分局鉴定原告赵某损伤属轻伤，经某司法鉴定所鉴定，原告赵某的伤已构成十级伤残。经鉴定，原告赵某误工损失日为 120 天。被告华通项目部不具备独立承包电力工程建设的相关资格，不是独立承担民事责任的主体。许某作为自然人不具有承包电力工程相关资格。在原告赵某住院治疗期间，被告华通项目部已为原告支付医疗费 21231.7 元、交通费 468 元。

以上有当事人陈述、承包合同书、证人证言等记录在卷。

四、法院的判决结果

一审法院认为，原告赵某受许某的雇佣，在从事雇佣活动中，人身遭到第三人的侵害，造成了损失，依据有关法律规定，原告起诉雇主许某理由正当。被告许某依法应承担民事责任。被告中铁工程公司，明知华通项目部不能独立承担民事责任，不具备发包工程的资格，疏于监督管理，又将工程转包给既没有资质又没有相关监理经验和安全保障措施进行电力线路架设的自然人许某，在施工过程中，被告中铁工程公司作为承包该工程单位，未采取合理措施，履行停电通知义务及相关安全保障义务，未提供安全施工的环境，致使原告赵某在为其施工时，遭到村民的殴打，故被告中铁工程公司应承担连带责任。由于某电气集团有限公司是独立的法人，故原告起诉供电公司要求承担赔偿责任无事实和法律依据，供电公司依法不应承担赔偿责任。因华通项目部是中铁工程公司的内部机构，不能独立承担民事责任，该项目部在本案不承担责任。原告主张其护理费 3000 元，数额过高，有失客观公正性，应酌情按农民一人护理为宜。原告诉请仅 15000 元，符合法律规定，其余数额应视为放弃，故原告要求被告赔偿 15000 元应予支持。依照《民事诉讼法》第六十四条第一款、第一百三十条，《民法通则》第九十八条、第一百一十九条，并参照最高人民法院《关于审理人身损害赔偿案件适用法律若干问题的解释》第十一条第一款、第二十条、第二十一条、第二十二条、第二十三条、第二十五条、第二十八条之规定，判决如下：

（1）原告赵某误工费 1436.6 元（4368 元/年÷365 天×120 元/天）、护理费 1436.6 元（4368 元/年÷365 天×120 天）、住院伙食补助费 720 元（120 天×6 元/天）、交通费 224 元、被扶养人生活费 1100.4 元（3144 元/年×7 年÷2 人）、鉴定费 153 元。被告许某赔偿 15000 元。

（2）被告中铁工程公司承担连带赔偿责任。

（3）驳回原告要求被告华通项目部及要求被告供电公司赔偿的诉讼请求。

案件受理费 62 元，由被告许某负担。被告中铁工程公司承担连带责任。

如果未按本判决书指定的期间履行给付金钱义务，应当依照《民事诉讼法》第二百三十二条之规定，加倍支付迟延履行期间的债务利息。

如不服本判决，可在判决书送达之日起十五日内向本院递交上诉状，并按对方当事人的人数提出副本，上诉于市中级人民法院。

申请执行的期限为一年，自生效判决书规定的履行期间的最后一日止。

一审判决后，此案未有当事人上诉，纠纷案件终结。

案例 3　马某诉某市亿力电力工程公司等人身损害赔偿纠纷案

一、案由

本案原告马某；被告一某市亿力电力工程公司（简称亿力公司），被告二某市市政建设开发公司，被告三中铁某建设有限公司（简称中铁公司），被告四某市供电公司，案由是原告骑车跌入沟渠致人身伤害赔偿发生纠纷故诉于法院。此案经二审终结。

二、一审法院查明的事实经过

经一审法院查明事实是：原告骑自行车连人带车跌进法海路旁一沟渠内致使身体受到损伤。原告当即被"120"救护车送往医院门诊治疗，当日转住院治疗，入院时诊断：颈椎过伸性损伤伴不完全截瘫，颈腰椎骨质增生，闭合性颅脑外伤，左眉弓裂伤。出院诊断：颈椎过伸性损伤伴不完全截瘫；颈腰椎骨质增生，闭合性颅脑外伤、左眉弓裂伤术后，双侧髋部、左眼眶部软组织挫伤，左颞部皮肤擦伤，脑动脉硬化，器质性精神障碍。出院后用药及建议为：①门诊随访；②注意保护颈部；③建议康复治疗；④出院带药；⑤日后如果神经功能恢复不良，建议可行颈椎手术减压治疗。原告即转入某省金鸡山疗养院第一康复中心住院治疗，出院诊断为：颈椎过伸损伤伴截瘫；阿耳茨海默病。出院后用药及建议为：①门诊随诊；②再普乐维持半年，据其身体情况逐步减少，安理申、弥可保长期维持使用；③患者自理能力较差，建议加强家庭康复锻炼及护理，防止脊伤各类并发症；④避风寒，慎起居，增加营养，改善状况。原告因此共花费医疗费等共计 36169.95 元。后经某司法鉴定所法医临床学鉴定，结论是：①马某颈髓损伤致肢体的不完全性截瘫，属道路交通事故受伤人员伤残第四级；②马某颈部活动功能丧失 69%，属道路交通事故受伤人员伤残第八级。伤残鉴定费人民币 500 元。一审法院还查明：原告跌入的沟渠是被告施工电缆沟。

三、一审法院对原告、被告不同观点的认定情况

一审法院认为：

（1）原告致伤的缘由问题。原告摔入沟渠致伤已是不争的事实，而沟渠是谁挖的以及是否有在原告摔伤处设置明显的警示标志成为本案担责的关键。根据原被告提供的证据来看，一审法院认为，监理单位是依法批准的对涉案道路工程进行监理的单位，其对该工程质量进行监督和工程验收是其法定职责，其既不隶属于市政公司，也不隶属于中铁公司，该公司在其职责范围内出具的证明和证人证言，具有真实性、合法性，且与本案有关联性。

就真实性而言，原告及其他被告并无相反证据予以推翻，而只是口头提出被告中铁公司与监理单位及证人有利害关系或者证据形式有瑕疵的理由，不足以否定监理部门依职权出具的证据和证人证言的证明力，因此对原告及其他被告提出的抗辩理由不予采纳，对中铁公司提供的监理部门的证明和证人证言本院予以采信，由此认定事故发生路段水泥层稳定层已施工完毕，验收合格，路面不存在任何沟渠。因此可以认定原告摔伤地点就是亿力公司维修地下电缆开挖的沟渠。根据《民法通则》第一百二十五条的规定：在公共场所、道旁或者通道上挖坑、修缮安装地下设施等，没有设置明显标志和采取安全措施造成他人损害的，施工人应当承担民事责任。亿力公司提供的证据不足以证明其在开挖沟渠维修电缆中已尽到安全保障义务，故应对原告摔伤造成的损失承担民事赔偿责任。供电公司虽是电缆产权所有人，但其委托的施工方亿力公司系一独立的法人单位，因此亿力公司应对其在施工过程中给原告造成的损害承担民事赔偿责任，供电公司不负连带赔偿责任。综上，被告市政公司、中铁公司、供电公司对原告遭受的损害不负民事赔偿责任。

（2）原告骑车摔入沟渠自身有无过错问题。原审法院认为，原告具有完全民事行为能力，其骑车上路自身就必须具备安全防患意识。事故发生时天气能见度较高，路况也较清晰，原告在路过施工地段时本应尽到谨慎注意义务，但原告在路面骑车通过施工地段时自身未尽到安全注意义务，造成连人带车摔入沟渠，故原告对自己未尽到安全注意义务造成的损失，自身也存在一定的过错，也应承担相应的过错责任。

（3）原告请求的赔偿数额是否合理问题。原、被告意见不同。原审法院对原告请求的赔偿额认定如下：①医疗费。原告主张 37543.36 元（该数额为本案辩论终结前的数额）。被告中铁公司认为应为 32488.6 元。被告供电公司和亿力公司认为原告的脑动脉硬化、器质性精神障碍等疾病诊断证据证明是在事故摔伤后造成的，原告主张的赔偿项目中有一部分用药是治疗与原告摔伤无关联的药品，治疗上述疾病产生的费用应由原告自负。原审法院认为，原告遭受损害而支出的医疗费用，包括住院期间的治疗费及出院后的治疗费用，疗养院出具的出院小结中明确记载：安理申、弥可保长期维持使用，再普乐维持半年。被告提出其部分用药与原告的摔伤无因果关系，根据最高人民法院《关于民事诉讼证据的若干规定》第二条规定，当事人对自己提出的诉讼请求所依据的事实或者反驳对方诉讼请求所依据的事实有责任提供证据加以证明。没有证据或者证据不足以证明当事人的事实主张的，由负有举证责任的当事人承担不利后果。被告没有证据证明原告的用药与其摔伤无因果关系，故被告的辩解本院不予采纳。根据原告提供的病历及用药票据，原告在出院后在药店自行购置的药品也是在门诊治疗期间遵医嘱而购买的，故该部分费用中有药店正式发票的本院予以确认，另外一部分费用是药店出具的购物小票没正式发票，该部分费用本院不予认定。经核算，本院确认原告治疗费合计为 36169.95 元。②误工费。原告请求 11200 元。被告市政公司认为应进行审查，被告中铁公司认为应为 6400 元。被告供电公司、亿力公司认为应为（1600 元/月－病假工资或疾病救济费）×7 月。原审法院认为，原告在其退休后仍在外就职，由于身体受到损害而无法继续工作，因而丧失了之后无法得到的利益，因此原告的误工损失计算至定残日前一天。根据原告的就职单位出具的工资表，原告请求每月工资以 1600 元计算并无不当，共 7 个月，其误工损失应为 1600 元/月×7 月－1600 元/月÷20.92 天/月×3 天＝10971 元。③住院伙食补助费。原告主张 1800 元，被告中铁公司无异议，被告供电公司、亿力公司认为原告住院天数为 118 天，补助费应为 1770 元。原审法院认为，原告在医院住院治疗，共计 120 天，住院伙食补助费为 15 元/天×120 天＝1800元。④营养费。原告主张 5250 元。被告中铁公司认为酌情 3000 元。被告供电公司、亿力公司认为原告主张赔偿至定残日前没有依据。本院认为，由于原告受伤住院治疗，且伤情较严重，客观上确实需要加强营养，故原告请求赔偿营养费本院予以支持，但请求数额偏高，被告中铁公司的意见本院予以采纳，酌情以 3000 元计。⑤护理费。原告主张定残日前的护理费 12250 元。被告中铁公司认为原告护理人员为两人没有医生证明，故只能支持一人为宜，认为护理费应为 8550 元。被告供电公司、亿力公司认为护理人员原则上是一人，没有医疗机构的意见认为原告需要二人护理，故原告住院期间的护理人员只能以一人计算。本院认为，根据最高人民法院《关于审理人身损害赔偿案件适用法律若干问题的解释》第二十一条的规定，原告未提供医疗机构或鉴定机构需要两人护理的意见，护理费只能以一人计算。被告中铁公司的计算金额合理，本院予以采纳，护理费确认为 8550 元。⑥交通费。原告主张 4440 元。被告中铁公司认为酌情 500 元，被告供电公司、亿力公司认为原告提供的交通票据均为的士发票，从中计算原告就医的次数与客观事实不符。法院认为，根据原告就诊等合理的交通费用，原告请求的交通费 4400 元过高，酌情考虑以 1500 元较为适宜。⑦残疾赔偿金。原告主张 164115.72 元。被告中铁公司认为应为 146619.9 元，被告供电公司、亿力公司认为原告的伤残等级评定标准依据《道路交通事故受伤人员伤残评定》于法无据，且原告的伤残赔偿指数应为 73%，不是原告主张的 74%。法院认为，鉴定机构依据《道路交通事故受伤人员伤残评定》的标准评定，并无不妥，根据鉴定，原告伤残为四级和八级，被告供电公司、亿力公司提出的计算标准较合理，根据当年城镇居民人均可支配收入为 12321 元/年计算，原告的残疾赔偿金为 12321 元/年×18×73%＝161897.94 元。原告主张的超出部分本院不予支持。残疾鉴定费 500 元，原审法院予以确认。⑧残疾辅助器具费。原告主张 2130 元。被告对此无异议，原审法院予以确认。⑨后续治疗费。原告主张21900 元。被告中铁公司认为后续治疗费待实际发生后再行支付，被告供电公司、亿力公司认为，原告主张的后续治疗费是用来购买安理申、弥可保等药品，这些药品是用来治疗器质性精神障碍的药品，原告无证据证明器质性精神障碍是由原告在事故现场摔伤后造成的情形下，不应当认定为后续治疗费。原审法院认为，金鸡山疗养院第一康复中心在出院后用药及建议中明确"再普乐维持半年，据其身体情况逐步减少，安理申、弥可保维持使用",但由于无明确的费用标准,故根据最高人民法院《关于审理人身损害赔偿案件适用法律若干问题的解释》第十九条的规定,原告请求的后续治疗费可待实际发生后另行主张,故被告中铁公司提出的辩解原审法院予以采纳。原告请求的该项费用原审法院不予支持。⑩精神损害抚慰金。原告主张 60000 元,被告认为过高。被告市政公司提出原告既已提出残疾赔偿金赔偿请求,就不应再提出精神损害抚慰会的赔偿请求;且原告未能提出证据证明事故给其精神造成损害后果,原审法院认为,根据最高人民法院的司法解释,残疾赔偿金的性质是对赔偿权利人劳动能力丧失予以定型化的赔偿。故被告市政公司的辩解无理,原审法院不予采纳。考虑到因被告亿力公司的侵权造成原告的身体遭受伤害,致四级和八级伤残;对其造成了严重的精神损害,原告诉请被告赔偿精神损害抚慰金 60000 元过高,精神损害抚慰金以 50000 元较合理,但原告在事故中也存在一定的过错,故原告也应承担相应的过错责任。综上,原告因被告的侵权造成的各项损失本院确认为人民币 226518.89元和精神损害抚慰金 50000 元。

四、一审判决

原审法院认为,公民的身体健康权受法律保护,对身体健康权的侵害构成民事侵权,侵权人应当承担相应的民事责任。被告亿力公司在进行地下电缆维修作业时,在建设中未在施工现场设置明显的警示标志,未采取安全防护措施,导致原告骑车路过此路段时连人带车一并摔入维修电缆的沟渠中致伤,故被告亿力公司应对其违反安全保障义务造成原告摔伤承担赔偿责任。原告作为一名完全民事行为能力人,对其骑车摔入维修电缆的沟渠自身也存在一定的过错,故原告对损害的发生也应承担一定的过错责任,在诉讼中被告提出原告自身也有一定过错的辩解本院予以采纳,原告承担 10%的过错责任。被告亿力公司承担 90%的过错责任。被告市政工司、中铁公司、供电公司不承担赔偿责任,原告请求被告市政公司、中铁公司、供电公司承担连带赔偿责任的请求依据不足,本院不予支持。原告遭受损害造成的各项损失根据本院确认金额为 226518.89 元及精神损害抚慰金 50000 元。被告亿力公司承担 90%的费任,即赔偿原告各项损失人民币 203867 元和精神损害抚慰金45000 元,原告自行承担其各项损失 22651.89 元和精神损害抚慰金 5000 元。原告的请求超出本院确认部分的本院不予支持。依照《民法通则》第一百一十九条、第一百二十五条、第一百三十一一条,最高人民法院《关于审理人身损害赔偿案件适用法律若干问题的解释》第十七条第一、二款、第十八条第一款、第十九条、第二十条、第二十一条、第二十二条、第二十三条、第二十四条、第二十五条、第二十六条第一款和最高人民法院《关于确定民事侵权精神损害赔偿责任若干问题的解释》第八条第二款的规定,判决如下:①被告亿力公司应于本判决生效之日起十日内一次性支付原告各项损失人民币 203867 元及精神损害抚慰金 45000 元,合计人民币 248867 元。②驳回原告的其他诉讼请求。

五、二审庭审当事人的各自观点与理由

审判后，被告亿力公司不服，提起上诉，上诉人认为：一审判决认定原审原告路经法海路段摔伤的沟渠就是上诉人开挖的沟渠，明显违背客观事实。上诉人在召开法海路电缆搬迁协调会后才前往由道路施工单位开挖完毕后出现电缆损伤的现场进行维修的，若如中铁公司所述法海路路面稳定层施工在这之前已经全部结束，如何有地下电缆被损坏。一审法院仅凭与道路施工单位有紧密业务联系的利害关系人某监理公司的一个内部项目部及员工的证言就认定沟渠系上诉人所挖是完全错误的，且该证言与现场目击证人证言相反。一审认定的赔偿数额有误，应予以纠正。①一审法院没有对受害人治疗其他疾病所支出的费用予以扣除；②伤残等级鉴定书由于没有加盖鉴定单位的公章，不能作为判决的依据；③受害人在起诉时已经年满63周岁，残疾赔偿金只能按17年计算；④受害人没有提供医疗机构关于护理需要两人的意见，一审不应判决两人的护理费。因此，上诉请求撤销一审判决，判决由被上诉人承担本案的诉讼费用。

被上诉人马某答辩称：①协和医院出具疾病证明书证明受害人的伤是由摔伤引起的，出院小结中说其有动脉硬化等，说明是治疗后的后遗症，上诉人主张与摔伤无关不成立。②根据法律规定的无过错原则，上诉人应承担全部责任。

被上诉人市政公司答辩称：①被上诉人市政公司是建设单位，依法不承担施工现场的安全责任。根据市政公司与中铁公司签订的《建设工程施工合同》第"20.1条"的约定"由于承包人安全措施不力造成事故的责任和因此发生的费用，由承包人承担"及《建筑法》第四十五条的规定 "施工现场安全由建筑施工企业负责"，因此，市政公司依法不承担施工现场的安全责任。被上诉人马某所遭受的人身损害与市政公司无关。②被上诉人马某的人身损害赔偿责任应由上诉人承担。首先，市政公司在一审提交的证据已充分证明作为施工单位中铁公司已于事故前将路面稳定层施工完毕并通过验收。中铁公司在监理单位的监督下不可能也没有必要进行与其道路施工无关的电缆沟渠开挖工作。上诉人在一审提交的证据施工现场照片可以证实其工作人员于事发前一天在电缆沟渠现场进行电缆施工。根据因果关系判断，只有上诉人为了对电缆进行施工，才有必要和可能将已施工完毕的路面开挖。因此，上诉人作为电缆沟渠的开挖单位应承担损害赔偿责任。其次，不论上诉人是否是电缆沟渠的开挖单位，都应该承担其因安全措施不力造成的损害后果。不论上诉人是否实际开挖了电缆沟渠，从电缆沟渠开挖目的看是为了方便上诉人对电缆进行施工，因此，上诉人即使没有挖电缆沟渠，其也是实际受益人。况且上诉人在事发前一天已进入电缆沟渠的施工现场，根据《民法通则》第一百二十五条规定，此时上诉人作为修缮安装地下设施的单位有义务采取相应的安全防护措施。由于上诉人安全措施不力导致损害结果发生，应由上诉人承担损害赔偿责任。

被上诉人中铁公司答辩称：被上诉人马某摔伤的电缆沟渠是上诉人亿力公司因电缆维修开挖造成的，与被上诉人中铁公司没有关系。理由如下：①一审判决有关被上诉人马某摔伤的电缆沟渠是上诉人亿力公司因电缆维修开挖的认定，事实清楚，证据充分。②上诉人在二审过程中没提出任何新证据及新理由可证明某监理公司及证人李某与被上诉人中铁公司有利害关系，监理公司的证明及现场监理人李某的证言具有证据效力。③除了监理公司的证明及现场监理人李某的证言外，根据逻辑推理及日常生活经验，亦可证明被上诉人中铁公司不可能是地下电缆沟渠的施工人。

原审被告供电公司答辩称：本案事故发生地沟渠是被上诉人中铁公司在道路施工中形成的，由此造成人身损害与供电公司无任何因果关系，供电公司无须承担任何民事责任。

二审法院经审理查明，上诉人认为原审判决认定上诉人进行电缆维修时间不够准确，双方当事人对原审认定的其余事实无异议，本院对无异议事实予以确认。

二审法院认为：对于原审认定事故发生地沟渠由上诉人开挖是否准确的问题，依据上诉人与被上诉人在原审中提交的证据看，被上诉人中铁公司提供了工程项目的土建监理单位出具证明及土建监理工程师出庭作证，和被上诉人马某申请的二位目击证人出庭证实发生事故前约两三天沟渠已存在，路当时已经修好。分析上述二方所提交的证据，两组证据间对于沟渠开挖前路面稳定层已经施工完毕及完工时间等事实不存在严重出入，依上述证据本院可确认沟渠开挖前路面稳定层已经施工完毕。原审判决依据地下电缆维修必须开挖沟渠才能进行维修作业的常识以及上诉人无法提供充分反驳证据推翻被上诉人中铁公司关于事发地沟渠非其道路施工所开挖的主张，认定沟渠为上诉人开挖，符合民事证据审核认定规则，对该项事实基本认定清楚。上诉人在之前已经进入施工现场，着手进行地下电缆维修，其又不能提供充足证据证明其已经履行安全保障义务，依法应对受害人的损失承担民事赔偿责任。

六、二审审判结果

上诉人对于原审判定的部分赔偿数额提出异议，二审法院分析认定如下：①医疗费。上诉人主张应扣除受害人治疗其他疾病的费用，但却无法证实何笔医药费为治疗其他疾病的费用，金额亦不明确。对其上诉主张，本院不能支持。原审依据被上诉人马某提供的病历及药费正式票据核算确定治疗费为 36169.95 元正确。②残疾赔偿金。上诉人在一审诉讼质证中对受害人提供的伤残鉴定书的真实性无异议，对该鉴定书的形式要件亦无提出异议。本院经核查，该鉴定书落款处盖有司法鉴定专用章，在附件司法鉴定许可证一页上印有司法鉴定所公章，该鉴定书具有真实性、关联性、合法性，可作为本案证据使用。受害人马某出生时间为 1943 年 7 月 15 日，至定残之日，受害人未满 63 岁。上诉人主张残疾赔偿金只能按 17 年计算没有法律依据，本院不予支持。③护理费。原审已经认定护理费以一人标准计算，上诉人主张护理费应减半收取无任何事实和法律依据，本院不予支持。

综上，原审判决程序合法，事实基本清楚，适用法律正确，依照《民事诉讼法》第一百五十三条第一款第（一）项的规定，判决如下：

驳回上诉人上诉请求，维持原判。

本案二审案件受理费人民币 6243 元由上诉人负担。

本判决为终审判决。

案例 4　张某诉某市供电公司一般人身损害纠纷案

一、案由

原告：张某，被告一为某市供电公司，被告二为某省电力公司，案由是因原告交纳电费办理手续时因人身损害赔偿问题发生纠纷诉于法院。

原告张某与被告某市供电公司及其上级单位某省电力公司人身损害赔偿纠纷一案，法院立案受理后，依法适用简易程序公开开庭进行了审理。

二、原告诉讼理由

原告张某诉称：原告至被告市供电公司下属的城南供电公司交纳电费。当原告从城南供电公司的底楼准备到二楼办理交费手续时，原告突然脚下一滑，失去重心，摔倒在大理石地面上。当时，原告发现地面有积水，原告的衣裤也已潮湿。之后，原告被送至省人民医院治疗。事发后，原告单位与城南供电公司就事件发生经过及暂付医疗费等问题达成协议。被告市供电公司为原告支付医疗费 14440 元。经司法鉴定部门鉴定，原告的伤残等级为 9 级。原告多次要求被告支付其他医疗费等相关费用，但被告却一直未予解决。原告请求法院判令两被告承担连带责任，共同支付原告医疗费 7158 元、残疾工具费 370 元、误工收入 36480 元、护理费 3000 元、住院伙食补助费 468 元、营养费 1080 元、残疾赔偿金 46406.72 元、被扶养人生活费 2504.9 元、交通费 29.7 元、伤残鉴定费 500 元、精神损害抚慰金 10000 元、二次手术费 5000 元，共计 112997.32 元。

三、被告答辩理由

被告市供电公司、省电力公司辩称：被告市供电公司的办公院落设施及建筑设计均无瑕疵，近二十年来在被告处从未发生过人员摔伤现象，原告跌倒受伤完全是因其自身原因所致，所以，被告不应对此承担责任。

四、法院认定的事实

经法院审理查明：原告张某脚穿凉拖鞋，至被告市供电公司下属的城南供电公司交纳电费时，摔倒在城南供电公司二楼的楼梯口。当日，原告被送至省人民医院住院治疗，该院诊断原告为左股骨粗隆间粉碎性骨折。原告在该院进行了左股骨粗隆内固定术。原告出院时。医院出具诊断证明书一份，建议原告休息三个月，并向原告开具数份疾病诊断证明书，均建议原告休息。原告所在工作单位市水产经营公司与城南供电公司曾签订《协议书》一份，主要内容为：市水产经营公司职工张某因到城南供电公司交纳电费时，因地面积水不幸摔倒在上二楼的楼梯口，经双方单位协商，由城南供电公司与市水产经营公司共同负责原告的住院医疗费用（医疗费为 30000 元人民币，双方各支付 50%；如医疗费超出 30000元，双方继续按照各支付 50%的原则执行），此比例不作为责任认定比例。之后经某司法鉴定所出具法医鉴定书，鉴定结论为张某的残疾等级为 9 级。事发后，原告发生医疗费21558.92 元、步行器费用 240 元、腋下拐费用 130 元、法医鉴定费 500 元等费用，其中，被告市供电公司已给付原告医疗费 15000 元。关于原告的治疗、休息及护理等情况，经本院向省人民医院咨询，张某的医疗费 21558.92 元系其在该院治疗期间用于治疗跌伤的医疗费，医院的数份疾病诊断证明书系根据原告的恢复情况及实际需要向原告所开具，原告出院后需要护理，需 1 至 2 个月的护理期限，护理费的标准一般为每天 30 元，原告二次手术的具体时间及所需的具体金额目前尚不能确定。关于误工费，原告主张 12 个月，所以其误工费共计为 36480 元（3040 元/月×12 个月）。对此项主张，原告提交市水产经营有限公司的证明，载明因原告受伤后休息，该公司已扣发原告工资等 36480 元。审理中，原告陈述其治疗尚未完全结束，日后还需二次手术。被告省电力公司对原告提供的司法鉴定所出具的伤残鉴定结论持有异议，认为系原告单方委托鉴定，原告申请伤残鉴定时其治疗已经结束，目前原告尚处于恢复期，要求在原告二次手术后且其身体恢复期满后，对原告的受伤结果进行重新鉴定。原、被告双方一致认可原告的下述各项费用：步行器费用 240 元、腋下拐费用 130 元、护理费 2200 元、住院伙食补助费 468 元、营养费 1080 元、交通费 29.7元，但双方对原告主张的其他项目的数额及两被告是否应承担赔偿责任意见不一。

上述事实，有双方当事人陈述、病历、出院记录、诊断证明书、法医鉴定书、医疗费单据、市水产经营有限公司证明、《协议书》等证据证明，本院予以认定。

五、法院意见与判决结果

法院认为：从事经营活动或者其他社会活动的自然人、法人、其他组织，未尽合理限度范围内的安全保障义务致使他人遭受人身损害，赔偿权利人请求其承担相应赔偿责任的，人民法院应予支持。受害人对于损害的发生也有过错的，可以减轻侵害人的民事责任。被告市供电公司系从事经营活动的组织，其作为向社会大众开放的办理交纳电费等有关业务的机构，应负有在合理限度范围内，保障交费人安全顺利地在其场所内通行的安全保障义务。本案中，因被告市供电公司下属的城南供电公司的场所内地面积水，致原告摔倒在楼梯口而受伤，故市供电公司未尽到合理限度范围内的安全保障义务，对该损害具有一定过错，应当承担相应民事责任。但原告张某在行走时其自身亦负有谨慎注意之义务，如其完全尽了一个谨慎之行人应尽之注意义务，并不至于摔倒受伤。因其脚穿凉拖鞋，在行走时疏于注意及观察，其对该损害的发生亦有过错，故本案中应当减轻市供电公司的民事责任，以市供电公司对原告的损害承担60%的民事责任为宜。原、被告双方对原告的护理费等相关费用的数额达成一致意见，本院对此予以确认，被告市供电公司赔偿其中的60%。对原告的医疗费21558.92元，市供电公司亦应按此比例赔偿原告12935元。关于原告主张的误工费，应结合原告的出院记录及医院开具的诊断证明书合理确定原告的误工时间。自原告住院至原告出院，共住院26天。原告出院后，医院建议原告休息2周，原告的误工时间在本案中应定为共计217天。所以，原告的误工费应为21989元（3040元÷30天×217天），被告市供电公司应赔偿原告13193元（21989元×60%）。因原告还需二次手术，目前其治疗尚未完全结束，伤情亦尚未完全稳定，被告对原告单方委托鉴定的伤残鉴定结论持有异议，所以，对原告要求被告赔偿残疾赔偿金、鉴定费、被扶养人生活费及精神损害抚慰金的诉讼请求，原告宜待其伤情稳定后，根据重新鉴定所作出的伤残结论另行处理。原告主张的二次手术费待实际发生后另行处理。因被告市供电公司无法人资格，故其主办单位省电力公司应在市供电公司不能付款的责任范围内，承担相应民事责任。综上，为维护当事人的合法权益，依照《民法通则》第五条、第一百三十一条、第一百三十四条，《最高人民法院关于审理人身损害赔偿案件适用法律若干问题的解释》第六条第一款、第十七条、第十九条、第二十条、第二十一条、第二十二条、第二十三条、第二十四条之规定，判决如下：

（1）被告省电力公司下属市供电公司于本判决生效之日起十五日内一次性赔偿原告张某医疗费12935元、步行器费用144元、腋下拐费用78元、误工费13193元、护理费1320元、住院伙食补助费281元、营养费648元、交通费18元，共计人民币28617元（扣除被告市供电公司已给付原告的15000元，市供电公司实际应给付原告13617元）。

（2）被告省电力公司在被告市供电公司不能付款的责任范围内，承担给付原告上述款项之责。

本案诉讼费650元由原告承担485元，两被告承担165元（原告已预交650元，两被告执行时一并将165元给付原告）。

如不服本判决，可在判决书送达之日起十五日内，向本院递交上诉状，上诉于市中级人民法院。

判决后，双方当事人均未上诉。

案例 5 　罗某等 2 人诉某市供电公司赔偿案

一、案由

本案原告罗某、陈某二人与被告某市新区建设指挥部（简称某新区指挥部）、被告市供电公司，因人身损害赔偿纠纷诉于法院。

二、原告诉讼理由

原告罗某、陈某诉称，两原告系被害人罗某某的父母。罗某某驾驶一辆轻型普通货车驶往汤溪，途经市宾虹路二段白沙桥地段时，与两被告设置在车道上的水泥墩发生碰撞，导致车辆损坏。罗某某受伤后经抢救无效死亡。原告认为，原告已依法按时交纳养路费，公路建设养护部门有义务保障交付使用的道路能安全通行。两被告为保护电力设施而不顾车辆通行安全，在道路中违法设置无缓冲设施的水泥墩，导致罗某某事故死亡。该事故是罗某某驾驶差错和两被告在道路中违法设置水泥墩共同造成，罗某某本人和两被告应当承担同等责任。两原告请求法院判令两被告赔偿给两原告医疗费 18524.50 元、死亡赔偿金 133200 元、丧葬费 1278 元、车辆损失 5718 元、误工费 238.87 元、施救费 400 元、精神损害抚慰金 5 万元，合计 220457.37 元中的 50% 即 110279.69 元。

三、被告答辩意见

第一被告某新区指挥部辩称，对事故发生经过无异议。但由于宾虹路二段的隔离带内有部分高压线塔拉线，根据电力法关于保护电力设施的有关规定，以及市安全生产监督管理局、供电公司等部门的要求，为保障电力设施安全，避免发生电力安全事故而设置水泥防护墩，主观上并无任何过错，在本案中无须承担民事赔偿责任。水泥防护墩是设置在道路中间的隔离带处，只要来往车辆驾驶员尽到安全注意义务，并不会对行车安全构成隐患。该道路从开通至今只有罗某某 1 人驾驶的车辆与防护墩发生碰撞，也说明防护墩未构成安全隐患。本事故是由于罗某某本人驾驶不慎造成的。交警部门认定罗某某负事故全部责任；故损害后果应由其本人承担，原告要求两被告赔偿损失，无事实和法律依据。此外，被告是政府为了便于新区的统一开发及管理，从相关部门抽调人员设置的临时机构，并不是独立法人，不具备诉讼主体资格。综上，请求法院依法驳回原告对我方的诉讼请求。

第二被告市供电公司辩称：对罗某某因发生交通事故而死亡无异议。但我方并非防护墩的设置者、所有者或维护管理者，也未要求包括第一被告在内的任何单位和个人设置防护墩。我方在本事故中并无过错，不应当承担民事赔偿责任。请求法院依法驳回原告对我方的诉讼请求。

法院认定的事实：原审法院认定，原告罗某、陈某是罗某某的父母。罗某某驾驶其自有的轻型普通货车，从金华市区驶往兰溪市。当行驶至市宾虹路二段白沙桥地段时，撞向路边的防护墩，造成罗某某受伤，经医院抢救无效，于当日死亡。金华市公安局交警支队直属三大队调查后，认定罗某某负事故全部责任。另查明，该防护墩是被告某市新区指挥部为防止过往车辆撞上宾虹路二段隔离带中间的 220kV 杆塔及其拉线而设置在隔离带旁，涂有反光漆，较为醒目。电力设施的产权单位是被告市供电公司。两原告已当庭自愿放弃对被告市供电公司的诉讼请求。

四、一审法院意见和判决结论

原审法院认为，对本起道路交通事故，交通部门作出的责任认定准确，予以采纳。第一被告为保护第二被告的电力设施、保障车辆通行安全，而在铁塔旁紧贴隔离带设置防护墩，主观上并无过错。第一被告设置的防护墩涂有反光漆，较为醒目。罗某某在驾车行驶过程中，未注意路面情况，未在确保安全的情况下通行。本事故是因罗某某的疏忽大意而造成的，损害后果应当由其本人承担。第一被告依法成立，虽无行政法人资格，但有独立的机构、场所、编制及人员，符合民事诉讼中"其他组织"特征，其民事诉讼主体适格。综上所述，两原告诉讼请求无事实及法律依据，不予支持；两被告要求驳回原告诉讼请求的抗辩成立，予以采纳。据此，依照《民事诉讼法》第四十九条、第六十四条，《民法通则》第一百一十九条、最高人民法院《关于审理人身损害赔偿案件适用法律若干问题的解释》第十七条第一、三款、第十八条第一款、第十九条、第二十条、第二十七条、第二十九条、第三十一条、第三十五条，最高人民法院《关于确定民事侵权精神损害赔偿责任若干问题的解释》第一条第一款第（一）项、第七条、第十条第一款、第十一条等规定，判决：驳回原告罗某、陈某的全部诉讼请求。案件受理费 3716 元、其他诉讼费 200 元，合计人民币 3916 元，均由两原告共同负担。

宣判后，原审原告罗某、陈某不服，提起上诉称，其理由：

（1）原审判决认定被上诉人新区指挥部设置水泥墩主观上不存在过错认定事实错误。①某新区指挥部拿不出宾虹路二段项目立项审批、设计施工、验收的合法依据。该项目的实施不具有合法性。②某新区指挥部在建设宾虹路西段工程时并未根据《电力法》第五十五条规定与电力部门协商达成协议，而且市安办已确立该线路要迁移，至罗某某死亡止线路仍未搬迁。故某新区指挥部不按照法律规定和会议纪要迁移电力线路，却在车辆通行道路上违法设置水泥防护墩，主观上存在严重过错。

（2）一审法院以交通事故责任认定书认定为由免除某新区指挥部的责任，系认定法律关系及适用法律错误。综上，请求二审法院查明事实，依法改判。

五、被上诉人答辩理由

被上诉人某新区指挥部答辩称：

（1）被上诉人设置防护水泥墩是为了保障电力设施安全，避免来往车辆撞到高压线的拉线。同时，被上诉人设置的水泥墩是在隔离带位置，而防护墩上有反光漆，前面有强制减速带，并不妨碍来往车辆的正常通行，驾驶员只要尽到谨慎驾驶义务，遵守交通规则就不会撞到防护墩。故被上诉人设置防护水泥墩不存在任何过错。

（2）被上诉人设置水泥防护墩符合道路交通安全要求。上诉人之子罗某某在驾驶过程中，由于未尽到谨慎义务撞上防护水泥墩导致事故发生，交警部门责任认定书明确认定由罗某某负事故全部责任。一审以此免除被上诉人责任，在适用法律及认定事实上是正确的。综上，请求二审法院驳回上诉，维持原判。

被上诉人市供电公司答辩理由：

（1）一审中上诉人已放弃对我方的诉讼请求，二审也未要求我方承担责任。

（2）被上诉人某新区指挥部事先未与我方协商基于对事发路段进行施工，事后又未按要求对安全隐患进行整改，存在明显过错。

（3）事发地点危险隐患依然存在，类似的交通事故屡有发生，为防止事故不再发生，确保电力设施及人民生命、财产安全，希望二审法院依法予以判决。

六、二审法院观点和判决结果

二审法院经审理查明，原审认定的事实清楚，证据确实充分，本院予以确认。

另查明，事故发生后，罗某某经医院抢救，花费医疗费18524.50元，施救费400元，事故造成车辆损失5718元。

本院认为，被上诉人某新区指挥部因宾虹路二段的隔离带内设有高压送电线路，为保护电力设施，以防止过往车辆撞上该路段拉线塔及拉线，在未对设置防护墩是否会造成行车安全隐患进行科学论证的情况下，即在宾虹路二段车辆通行的主干道上设置防护墩，人为地将该路段主行车道变窄，客观上给过往车辆的通行构成安全隐患，导致事故发生，理应承担相应过错责任。但鉴于某新区指挥部设置防护墩的主观目的和出发点是善意的，同时也在防护墩上涂有反光漆，采取一定的防范措施，作为安全警示，故可适当减轻其责任。罗某某在行车过程中，未注意路面情况，未尽到谨慎驾驶义务，造成事故的发生，其本人应承担主要责任。一审仅以交警部门的交通事故责任认定书为依据而免除被上诉人的全部责任，属处理不当，应予纠正。综上，本院认为，上诉人部分上诉理由成立，本院予以支持。根据本案的实际情况，应由被上诉人某新区指挥部承担20%的赔偿责任，并赔偿两上诉人精神损害抚慰金 10000 元为宜。据此，根据《民事诉讼法》第一百五十三条第一款第（三）项，《民法通则》第一百十九条、第一百三十一条，最高人民法院《关于审理人身损害赔偿案件适用法律若干问题的解释》第十七条第一、三款、第十八条第一款、第十九条、第二十七条、第二十九条、第三十一条，最高人民法院《关于确定民事侵权精神损害赔偿责任若干问题的解释》第七条、第十条第一款、第十一条之规定，判决如下：

（1）撤销一审人民法院民事判决。

（2）由原审某新区建设指挥部于本判决生效后十日内赔偿原审原告罗某、陈某医疗费 18524.50 元、死亡赔偿金 133200 元、丧葬费 12786 元、车辆损失 5718 元、误工费 238.87 元、施救费 400 元等各项损失合计 170867.37 元中的 20%，计 34173.47 元，精神损害抚慰金 10000 元，共计 44173.47 元。

（3）驳回原审原告罗某、陈某的其他诉讼请求。

如果未按本判决指定的期间履行给付金钱义务，应当按照《民事诉讼法》第二百三十二条之规定，加倍支付迟延履行期间的债务利息。

一审案件受理费 3716 元、其他诉讼费 200 元，合计 3916 元，由两上诉人罗某、陈某负担 2350 元，由被上诉人市某新区指挥部负担 1566 元；二审案件受理费 3716 元，由两上诉人罗某、陈某负担 2230 元，由被上诉人市某新区指挥部负担 1486 元。

本判决为终审判决。

第六篇

电磁环境纠纷

第一章

电磁环境纠纷案件综合分析研究

一、电磁环境问题引发的侵权纠纷概况

（一）电磁环境问题引发纠纷的概况

根据抽样汇集的涉及电磁环境问题纠纷案件 36 起。目前尚无电力企业败诉的判例。但从发案趋势看数量逐年上升。

1. 案件分类

按地区分类：华北区域 7 起、华东区域 16 起、华中区域 8 起、东北区域 4 起、西北区域 1 起。

按案件性质分类：行政案件 4 起，民事案件 32 起。

按案由分类：民事案件中，排除妨害纠纷有 15 起、财产损害赔偿纠纷有 17 起；行政案件中，4 起均为请求撤销行政机关对电力设施的规划、建设用地许可等行政行为。

从案件结果看，36 起均是电力企业取得胜诉。胜诉率 100%。

2. 民事案件

20 世纪 90 年代以来，随着电网建设步伐的加快及公民环保维权意识的增强，工频电磁场对居民环境影响日益受到公众的关注，电磁环境引发的民事纠纷日益增多。

出于对新闻效应的追求，有媒体称 "电磁污染已经成为继噪声污染、大气污染、水污染之后的第四大公害"，并且将舆论的矛头直指输变电行业。同时，有部分学者提出一些无试验支持的学说，认为电磁环境是引起多种疾病的重要原因。受这些学说及媒体舆论导向的影响，部分公民将自身发生的损害与电磁环境联系起来，针对电磁环境问题的信访、投诉甚至诉讼呈逐年增加的趋势。

该类案件以往主要发生在农村地区，但随着城市电网建设的发展，目前已逐步向城市延伸。

3．行政案件

近年来，在输电线路、变电站的建设过程中，电磁环境问题变成了相关政府部门审批的重点，同时也是建设项目附近和途经的居民所关注的焦点。在电力企业基于社会公共利益发展电力事业而进行电力设施建设时，建设项目附近的居民往往认为其个人利益、群体利益因建设项目的电磁环境受到损害而反对电力设施的建设，他们认为通过行政程序、行政司法救济程序要求排除妨害比通过民事救济途径要求损害赔偿更为重要和有效，为此往往将矛头直接对准负责项目建设审批的行政机关的行政许可行为，于是便产生了行政听证、行政复议和行政诉讼的电磁环境问题等行政案件。

行政听证、行政复议和行政诉讼是公众参与行政决策过程中的最基本、最重要的途径。在电力设施建设、运行过程中电磁环境问题行政案件主要体现为行政听证、行政复议和行政诉讼三种方式，而且是三种方式相互结合，齐头并进。在行政机关作出行政行为过程中"利害关系人"要求依法举行行政听证程序，以求达到行政机关不予行政许可的目的；在行政机关准予行政许可后往往是行政救济和司法救济并用，另一方面是行政复议，另一方面是进行行政诉讼，以期达到撤销行政机关作出的具体行政行为的目的。

近年来电力建设、运行过程中电磁环境问题行政案件中"利害关系人"主要通过撤销行政机关作出的具体行政行为之诉或课以义务之诉（履行法定职责之诉）等环境行政诉讼与行政机关进行抗争。具体涉及的行政机关主要是项目建设的政府规划部门和环境评价部门，而进行施工建设的电力企业，则不可避免地成为与该类行政争议有关的"第三人"。

4．非诉案件

所谓电磁环境问题非诉案件纠纷，是指公民、法人或者其他组织采用书信、电子邮件、电话、传真、上访等形式向各级政府环保或相关部门就电磁环境对其居住或工作环境可能造成影响的情况反映意见和投诉引发的各类矛盾和法律纠纷。

近年来，电磁环境等问题引发的民事诉讼、行政复议和信访等纠纷及案件逐年增多，据有关资料显示，从信访及相关纠纷各地区比例情况分析，华北、华东、华中等经济发达地区与西北等偏远经济滞后地区比较，其发生数量相对较大，且逐年上升。有些城市，环保部门接到有关电磁环境问题的信访、咨询和投诉多达1000多起。

目前，有关电磁环境的信访及相关纠纷主要反映出三个方面的问题：

（1）把变电站及高压输电线等产生的工频电场和工频磁场与电磁辐射污染混同。

（2）受部分专家和舆论宣传的影响，无科学根据地投诉输变电设备产生的电场和磁场对人体健康产生危害。

（3）信访及相关纠纷的指向集中在输变电工程建设对居民居住环境的影响上，其投诉比例占整个电磁环境信访及相关纠纷的 95%以上，由此造成许多经过建设项目环境评估和政府部门核准的电网工程建设项目迟迟不能开工建设，一些项目被迫迁址，既造成企业经济损失，又影响了电网的建设和发展。

（二）电磁环境问题引发纠纷的特点

1．东部地区发案数量较多

从抽样提供的案件材料看，东部地区的发案数量较多，如华东区域因电磁环境问题引发的案件高达 16 起，占总数的 44.4%。

2．发案数量呈增加的趋势

2000 年，因电磁环境问题引发的案件仅为 1 起，从 2004 年之后，每年发案数量都在呈上升的趋势，尤其是在《行政许可法》《物权法》等法律颁布后，此类案件增长的趋势明显。

3．解决纠纷的途径多样

因电磁环境问题引发的纠纷，当事人解决争议的途径多样，包括民事诉讼、行政诉讼以及信访等。由于法律诉讼的程序性特点，导致此类案件的审理周期较长，另外诉讼的成本一般较高，当事人往往选择信访渠道来反映问题。

4．案由具有多样性

电磁环境民事案件案由多样，其中以高度危险作业损害赔偿纠纷、环境污染侵权纠纷、相邻污染侵害纠纷、消除危险纠纷为主。

5．民事案件数量高于行政案件

在解决因电磁环境问题引发的纠纷中，当事人多数选择使用民事法律救济解决争议。民事案件的数量是行政案件数量的 8 倍左右。

6．具有群发性或潜在的群发性

此类案件中，原告通常是多人共同诉讼，周边居民持观望态度，一旦原告胜诉，将会有连锁反应，周边居民起诉的可能性极大。进一步而言，一旦出现电网企业因电磁环境侵权而败诉的案例，在传媒如此发达的今天，电网企业面临的电磁环境侵权诉讼的数量将急剧增加。

7．具有较强的技术性和政策性

输变电设施产生的工频电场、工频磁场对人体健康、财产等是否会产生危害、危害的大小等涉及物理、医学等多个专业领域，此外，其中还涉及大量的行业标准及科学监测结论。电磁环境诉讼通常与宅基地问题、拆迁安置问题等联系在一起，道路和房屋在规划建设时是否充分考虑了电磁环境因素等都可能成为电磁环境诉讼的原因。同时，电网项目的审批手续是否合法、线路选择是否合理等也通常会成为讨论项目是否构成对原告不合理妨碍的争论对象。

（三）电磁环境问题引发纠纷的要因分析

1．民众环保意识和法律意识普遍提高

随着民众法律意识和对生活质量要求的提高，对电磁问题的关注程度也随之增加，因而此类案件发案增多。其次，部分人为了达到额外拆迁补偿或房屋拆迁置换目的，在通过正常的拆迁补偿协议或其他补偿方式未能满足的情况下，往往利用环境问题，包括电磁环境、电力设施噪声污染等，提出环境侵权诉讼，以期达到目的。此外，输变电工程有时并不能给当地居民带来直接利益，相反会给其财产利用带来若干限制，并影响社区景观，使当地群众内心产生抵触情绪。

2．个别案件的示范效应

虽然所有已结案件总体形势较好，但部分案件历时较长，影响较大。尤其是个别案件审时长达 11 年之久，历经一审、二审及两次再审，引起了社会媒体、地方政府、司法机关的高度关注与重视，曾一度在司法界和新闻媒体上引发了关于电磁环境问题的大讨论，具有较大的社会影响力和社会示范效应。

3．舆论的诱导

新闻媒体在对案件的追踪报道中，由于缺乏必需的关于电磁、环境污染和电力的专业的科学知识，容易错误地将电力设施周边的一切人畜损害均归咎于"电磁辐射"，从而引起社会关注与议论，激发了民众的诉讼欲望。当然，其中也存在个别媒体通过对损害事实的扩大渲染博得民众的同情，人为制造社会热点的情况。

4．社会及公众对相关问题的误解和知识混淆

由于受到有关部门颁布的《电磁辐射防护规定》和《环境电磁波卫生标准》的影响，电磁问题与"辐射""污染"的概念被无端联系并长期引用，经过近 20 年的时间，"电磁辐射""电磁辐射污染"的概念深入人心，并在相当层面获得普遍认同，这样错误的理解已被固化为一种思维定式，谈及电磁必言"辐射""污染"的错误理解积重难返。据了解，部分省、市仍矢志于将"工频磁场"列为主要污染源，并在积极促成此类地方立法。这也成为导致该类案件产生并难以迅速减少的重要原因之一。

二、电磁环境侵权纠纷案件的法律分析

（一）输变电工程的环保法律要求

国家环保总局在《辐射环境保护管理导则》中规定了电磁辐射环境影响评价方法与标

准，将高压输电线路纳入评价范围。国家环保总局出台的《电磁辐射环境保护管理办法》，明确"电压在100kV以上送、变电系统"是工频强辐射系统，相关项目纳入电磁辐射建设项目和设备名录环境保护管理。国家环保总局通过了《500kV超高压送变电工程电磁辐射环境影响评价技术规范》。随后，环保总局开始酝酿新的输变电环境技术评估标准。通过广泛征求意见，《环境影响技术评估导则》（征求意见稿）逐渐浮出水面，《环境影响技术评估导则》包含"电磁环境影响技术评估（输变电）"专章，其标准较其他国家更为严格，要求输变电项目建设在可研阶段即进行环境评估，通过环评审查的项目才能开工。为提高公众参与环境评价的力度，国家环保总局还实施《环境影响评价公众参与暂行办法》，公开透明地向公众征求环保意见。公众可以就公共设施（如输变电设施）等造成的环境影响发表意见，环保总局将反对意见分析汇总并加以解决。一些电力项目通过与公众的事先沟通，修改方案，最终得以开工。

按照国家环保法律法规和标准对100kV以上的送变电系统建设项目进行监督管理，主要采取了以下防止环境污染的措施：

（1）执行环境影响评价制度。根据《环境影响评价法》《建设项目环境保护管理条例》等法律法规的有关规定，高压输变电工程项目在建设前，建设单位应委托具有相应资质的环境影响评价机构，对项目在建设、施工和营运等过程中的污染物产生情况、对环境的影响情况以及采取的防治措施等进行分析、预测、评价，得出项目建设是否可行的结论，为环境保护主管部门提供科学的决策依据。环保部门根据环境影响评价文件等相关资料，对项目进行审批。

（2）执行"三同时"制度。项目批准建设后，环保部门还要对项目需要配套建设的环境保护设施的设计、施工和投入使用情况进行跟踪检查，要求建设单位落实环保"三同时"制度。

（3）执行竣工环境保护验收制度。项目投入正式运行前，建设单位还要委托有资质的监测部门对项目产生的污染物排放情况进行监测。项目产生的污染物排放符合国家有关标准和相关环境保护工作达到了环保审批的要求后，环保部门方可同意项目通过环境保护竣工验收。项目只有通过环境保护竣工验收后，才能投入正式运行。

（4）对违反环评、"三同时"制度的项目，环保部门将依法责令其限期改正，使项目的污染排放情况达到国家规定的标准限值。

（二）电磁环境侵权民事纠纷的法律适用

1. 电磁环境侵权民事纠纷的归责原则

《民法通则》第一百零六条第三款规定，"没有过错，法律规定应当承担民事责任的，应当依法承担民事责任。"《民法通则》第一百二十四条规定："违反国家保护环境防止污染的规定，污染环境造成他人损害的，应当依法承担民事责任。"《环境保护法》第四十一条规定："造成环境污染危害的，有责任排除危害，并对直接受到损害的单位和个人赔偿损失。"在司法实践中，我国环境民事侵权责任适用无过错归责原则，即便污染物排放符合国家环保行政管理要求，只要给其他当事人造成损害的，仍然需要承担民事赔偿责任。

环境侵权是一种特殊的民事侵权行为，其民事责任构成要件与一般民事侵权构成要件有着密切的关系。按照侵权构成要件的理论，环境侵权民事责任构成要件有三：一是污染环境的行为，二是损害后果，三是污染环境的行为与损害后果之间的因果关系。

（1）污染环境的行为。

由于环境污染损害赔偿采用无过错责任原则，所以在其民事责任构成要件中只提"污染环境的行为"，而未提及"过错"，这点应与一般侵权相区别。送变电工程建设中的污染环境行为主要涉及电场、磁场、噪声指标是否超标，建设施工对周围生态环境是否造成破坏，以及是否违反水土保持方案等方面。

（2）损害后果。

环境污染中的损害，是受害人因接触或暴露于被污染的环境而受到的人身伤害以及财产损失等后果。从提供的研究判例分析，有三分之二以上的案件为原告认为新建、扩建的电力设施存在电磁污染的危险，对其构成了妨碍，要求拆除或恢复原状；其余案件为请求损害赔偿，即认为电力设施存在电磁污染，对身体健康造成了损害，请求民事赔偿。

（3）因果关系。

传统的民事责任要求违法行为与损害结果之间有因果关系。由于环境民事侵权不以违法行为为构成要件，因此，致害行为与损害结果之间的因果关系，是致害人承担民事责任的必要条件。但是，在环境污染的损害赔偿中，由于这种因果关系的认定比较困难，故在审判实践中，是以因果关系的推定原则代替因果关系的直接、严格的认定。因果关系的推定，即在确定污染行为与损害结果之间的因果关系时，如果无因果关系的直接证据，可以通过间接证据推定其因果关系。之所以要适用推定原则，是由这种因果关系的复杂性决定的。在送变电工程电磁环境影响民事纠纷中，就是要认定电磁场是否对周围居民或者单位产生电磁污染、影响身体健康或者对其民事权利构成妨碍。

2.电磁环境侵权民事案件中的举证责任分配

最高人民法院《关于适用〈中华人民共和国民事诉讼法〉若干问题的意见》第七十四条规定，因环境污染引起的损害赔偿诉讼，对原告提出的侵权事实，被告否认的，由被告负举证责任。最高人民法院《关于民事诉讼证据的若干规定》第四条第一款第（三）项规定，"因环境污染引起的损害赔偿诉讼，由加害人就法律规定的免责事由及其行为与损害结果之间不存在因果关系承担举证责任。"从这两条规定看,我国在环境侵权纠纷中确立了举证责任倒置的规则。

但是举证责任倒置并不是由被告提供全部证据,原告不提供任何证据,而是将一部分本来应当由原告承担的举证责任转移给被告。从最高人民法院《关于适用〈中华人民共和国民事诉讼法〉若干问题的意见》第七十四条规定来看,其前提是原告一方提出的侵权事实被告作了否定的表示,所以在环境侵权处理过程中需要原告方首先提供一定的证据。原告方对以下事实提供证据:①受害人是环境污染中遭受损害的实体权利的享有者。虽然放宽环境民事诉讼的起诉资格是势在必行的,但是就请求赔偿这种责任方式来讲还是应当要求原告主体适格,否则其请求赔偿的基础并不存在。②合法权益受到侵害。包括侵害行为和损害结果。③对因果关系提出一定程度的证明。当然因果关系的证明多涉及科技与证据远近等比较专业的问题,原告一般情况下不可能做出完全的证明,"故合理减轻举证责任实有必要,可以采取之方法包括学术机关鉴定之利用、表见证据的采行、事实推定等相关科学方法之运用"。这里的"一定程度"其实还涉及证明标准,即原告对因果关系的证明达到何种程度就可获得法官对其请求的确信与支持。对原告这样弱势的诉讼主体来说,其证明标准应当是比较低的。

就被告来说,对以下事实提供证据:①工程合法性证明。对于送变电工程的建设单位而言,其作为电磁环境侵权纠纷案件的被告,至少需要提供两个方面的证据,一是政府部门的审批文件,证明工程建设的合法性。二是经具有相应资质的检测单位出具的检测报告,证明相关指标符合规程规定要求,满足环保要求。②其行为与环境污染损害结果之间不存在因果关系,这一点其实是举证责任倒置的关键所在。由于环境侵权的特殊性,它往往是以环境为媒介的,所以因果关系不会直接表现出来,而被害人又不具备相应的背景知识和取证的手段,所以被告对此应当承担举证责任。

(三)电磁环境侵权行政纠纷的法律适用

1. 赔偿请求人为相关自然人

申请人(或原告)主体资格在电磁环境行政案件中较一般的行政案件有所扩张,大多超出了传统行政诉讼的范畴。诸如北京市、广州市、浙江省发生的电力建设行政案件中的原告均是邻近高压线或变电站附近的居民小区的居民。

现代行政法发展的趋势之一,是扩大行政过程中利害关系人的范围,电磁环境行政案件的申请人或原告的范围将会进一步扩大。特别是在电磁环境行政诉讼中,环境行政公益诉讼(指特定当事人认为行政机关的行政行为侵害或威胁到环境公益,依法向人民法院提起行政诉讼,要求行政机关履行法定职责或纠正、制止损害环境公益的行政活动的制度)将会更多。随着现代民主法治与责任政府理念的深入,依法律法规规定或具体行政行为而间接获得的不具请求权之单纯利益的反射利益人,将有可能成为行政案件中的申请人或原告,当地的环境保护公益性组织等也有可能成为该类案件的原告或申请人。原告所受侵害的性质、状态往往不易特定化,不仅人身、财产等可能遭受侵害,而且有时表现为非经济上的、精神上的侵害,如对美学、娱乐和环境利益等环境舒适性的侵害;而被告则多为各级政府或政府机构。

2. 诉求主要为撤销具体行政行为

电磁环境行政案件主要包括:以政府行动、计划以及政府对电力企业电力设施建设的审批等违反有关环境资源法律法规、损害人们环境权益、人格权和财产权为由而提起的撤销具体行政行为的行政案件;要求对电力企业课以更加严格的污染防治义务,在电力设施建设、运行过程中要求拆除临近的房屋等建筑物的行政案件;针对环境行政中行政机关没有要求电力企业在建设过程中履行环评手续,在符合法定的环境管制权限的要件时仍不行使其法定职权的现象,为保护居民人格权、财产权和正当环境权益不受侵害,而对环境行政机关提起的要求其履行法定职责的管制措施请求对电力企业进行行政处罚的行政案件等。较少出现以行政机关的行政行为侵犯环境合法权益为由要求国家赔偿的行政案件。不过,值得重视的是一旦要求损害赔偿,除了对过去所发生的损害请求赔偿外,还可能对即将发生或正在发生的侵害请求停止侵害、排除妨碍或消除危险等。如有的诉讼中原告向人民法院提起行政诉讼,诉讼请求以 220kV 线路的建设紧靠住宅和周边活动区域,电磁辐射给原告身体健康带来危害,侵犯其身体健康权、环境安全权为由,请求撤销规划委员给电力公司颁发的《建设工程规划许可证》,以达到电力公司拆除高压线及杆塔的目的;或要求环保部门撤销"环保评价"批复,以达到电力公司拆除高压线及杆塔的目的。

3. 电力企业为案件中的"第三人"

电力企业作为环境行政中行政行为的相对方,因其合法权益受到具体行政行为的实际影响,一般被依法追加或主动申请为行政复议或行政诉讼的"第三人"。行政诉讼第三人是指与提起诉讼的具体行政行为有利害关系的其他公民、法人或其他组织。第三人的特征是:①与提起诉讼的具体行政行为有利害关系;②相对于原被告而言,是与被诉的具体行政行为有利害关系的其他公民、法人或其他组织;③在诉讼期间参加诉讼;④主动申请参加或者由法院通知参加诉讼。

电磁环境行政案件中,如果原告请求撤销行政机关作出的环评或规划许可证等具体行政行为的诉讼请求得到复议机关或人民法院支持,作为第三人的电力企业的输变电建设项目将失去继续进行建设的法律依据,将不得不停止施工或者重新选址建设,故复议机关或人民法院基于此,一般会通知电力企业作为第三人参加复议或诉讼。

4. 适用举证责任倒置原则

根据《行政诉讼法》第三十二条规定，被告在承担举证责任提供证据时，既要提供作出特定具体行政行为的事实根据，也要提供作出该具体行政行为的法律根据，即所依据的法律、法规、规章等规范性文件。被告举证不仅包括事实证据，还包括法律依据。行政诉讼证据的广泛性，是区别于其他诉讼证据的一个重要特征。

虽然规定举证责任主要由被告承担，但并不意味着原告不承担任何举证责任，特别是电磁环境行政案件中，基于申请人或原告主要是由作为行政管理间接相对人和环境受害人的公民以及作为环境公益组织的环保团体，为保护原告的诉权，原告应适当承担举证责任，诸如举证证明电磁环境侵犯其人身权、财产权或环境合法权益等。而且最高人民法院《关于执行〈中华人民共和国行政诉讼法〉若干问题的解释》第二十七条也规定了原告应当在四个方面举证，即证明起诉符合法定条件，但被告认为原告起诉超过起诉期限的除外；在起诉被告不作为的案件中，证明其提出申请的事实；在一并提起的行政赔偿诉讼中，证明因受被诉行为侵害而造成损失的事实；其他应当由原告承担举证责任的事项。

电力企业作为第三人，应重点举证电磁环境产生的工频电场和工频磁场与申请人或原告的人身权、财产权受损之间有无因果关系。在电磁环境行政案件中，主要争议的焦点是电磁环境中的工频电场和工频磁场与申请人或原告的人身权、环境合法权益受损之间究竟有没有因果关系。而依上述行政机关的法定举证责任的设置和诉讼实践可知，在申请人或原告为行政行为间接相对人时，行政机关并没有义务在该因果关系层面举证，又鉴于因果关系的认定具有专业性和技术性，而且是该类行政案件的争论焦点，为确保法院查清案情，维护各方合法权益，该举证责任分配给第三人。第三人往往是从国内外专家学者的论述、国际卫生组织文献、媒体报道、国内外司法判例、WHO "国际电磁场计划" 的评估结论及建议等多方面举证证明符合法定标准的高压线产生的符合标准的极低频电磁场对人身健康不会产生损害，从而成功使一、二审法院均作出因不具备原告主体资格而驳回起诉的裁定。一审法院认为长期处于该线路所产生的电磁环境会对其财产权和健康权造成侵害缺乏确定统一的科学研究结论依据和客观事实依据；其主张被诉行政行为侵犯了其相邻环境权的问题，亦缺乏相应事实和法律依据，不予支持。二审法院认定不能证明其与被诉行政行为之间存在法律上的利害关系，不具备原告的诉讼主体资格并依法裁定驳回其起诉是正确的，本院应予维持。

三、电磁环境问题引发的侵权案件处理技巧及策略

（一）电磁环境问题民事案件处理技巧

鉴于目前输变电电磁环境是否会给人体造成危害，国内外尚无定论，法院裁判过程中，

通常参照输变电工程国家标准并结合有关部门的鉴定（测试）等，认定不存在侵害事实。项目是否履行了相关的审批手续，往往是法官认定电网项目是否构成对他人权益不正当、不合理妨害的因素之一。

综合其他相关案例，总结行业诉讼经验，在电磁环境案件问题民事案件中，可以侵权事实之不存在及因果关系的不存在为突破点应诉。特别是以电磁环境侵权纠纷为案由的案件，由于举证责任倒置，因果关系考虑是重要方面。

1. 对内

（1）成立矩阵组织。应付突发事件可成立临时性组织。临时性组织又称矩阵组织，是指为完成某个项目或者克服危机、突发事件，由各职能部门抽调人员组成项目小组（或项目经理部），待事项完成或危机克服后即归解散的组织。矩阵组织有利于加强部门横向联系，避免部门间各自为政、推诿脱节的消极现象。就电磁环境民事案件而言，由于涉及部门多、案情复杂，问题的处理难免涉及单位内部的不同职能处室或下属单位，只有职能处室或下属单位形成合力，发挥集体智慧，才能在内外力量抗衡中取得比较优势。

（2）重视档案工作，确保证据原件。证据是诉讼的关键，对于年代久远的事件，档案在案件中的作用显得尤为重要。《最高人民法院关于民事诉讼证据的若干规定》中明确指出，当事人向法院提供证据时，必须提供原件、原物，并且进一步规定无法与原件、原物核对的复印件、复制品不能单独作为认定案件事实的依据。一份证据有可能决定一个案件的胜负，因此保存好《建设用地规划许可证》《建设规划许可证》等相关材料，将对诉讼的顺利进展起到积极的作用。

（3）严格审核《技术鉴定书》。鉴定书是具有法律效力的文书，要求该文件的格式规范、用字用词准确、结构严谨、语句简练、条理清楚，与有关法律、法规相一致。法院在办理电磁环境侵害等专业性比较强的案件时，根据当事人申请或者法院自己认为需要，会委托技术鉴定部门做专业技术鉴定，作为判案的一个依据。对于《技术鉴定书》的出具，电力企业应当高度重视，认真对待，使之成为对我方处理纠纷的有力证据。

（4）准确把握住电力专业技术标准与概念。电力专业技术标准很细，在《110～500kV架空送电线路设计技术规程》第 16 条关于导线对地、与建筑物间距离及交叉跨越中就有 10 项标准，涉及概念近 20 个。因此，企业办案人员一定要准备把握和理解，特别是要准确把握"架空电力线路与建筑物的水平距离"的概念。

2. 对外

（1）申请法院委托权威部门进行检测、鉴定等。由于电力的专业特性，电网企业应主动向法院推荐鉴定机构，既可以反驳申请人（或原告）的诉求，又可以增强法官对电力企业处理意见的认同感。

（2）提供相应技术规范，并就相关专业知识加强与法院沟通，避免法官理解偏差，特别是对于"架空电力线路保护区""架空电力线路与建筑物的安全距离"这样容易使原告混淆的概念，要向法官及原告清晰阐述两者的区别。另外，要配合项目审批手续，论证工程符合国家标准。结合鉴定结论（测试结果），论证侵害行为（环境污染等）并不存在，或者申请人（或原告）的损害后果与电力建设行为并无因果关系。

（3）适时向法院提供国内外权威机构（刊物）的科学结论及国内外司法判例，增强法官的认同感。

（4）重视法院及政府相关部门的协调作用，避免不良影响的扩大。

（二）电磁环境问题行政案件处理技巧

电磁环境行政案件主要涉及行政复议和行政诉讼，根据案件性质不同，应区分不同的处理方式。

电磁环境行政复议请求一般有两类：一类是请求撤销行政规划管理部门颁发的《规划许可证》的行政许可行为，另一类是请求撤销环境保护行政部门作出的对环境影响报告表或环境影响报告书进行批复的行政许可行为。

针对上述两种请求的诉讼，司法实践中主要有两种判决结果。一是判定行政规划管理部门或环境保护行政部门作出的行政许可行为事实清楚，依据充分，程序合法，适用法律法规正确，依法不应被撤销而驳回原告的诉讼请求。二是判定原告认为长期处于高压线路所产生的电磁环境会对其财产权和健康权造成侵害缺乏确定统一的科学研究结论依据和客观事实依据；其主张被诉行政行为侵犯了其相邻环境权的问题，亦缺乏相应事实和法律依据，原告不能证明其与被诉行政行为之间存在法律上的利害关系，不具备原告的诉讼主体资格，依法裁定驳回原告起诉。

电磁环境行政案件最初体现为行政许可申请期间的行政听证，待行政许可批复下达后转为行政复议，对行政复议决定不服时向人民法院提起行政诉讼便成为争议各方最后的博弈。电磁环境行政案件成败关键点主要有以下三点：

1. 起诉人是否具备主体资格

《行政诉讼法》有关原告资格共有三方面的立法规定：一是第二条关于行政诉权的规定，二是第二十四条关于原告范围的规定，即确定原告的不同情形，三是第三十七条至第四十一条关于起诉、受理条件的规定。依据上述规定，人们习惯于以行政相对人作为标准来判定原告资格，即受行政行为直接影响的行政相对方。在随后的《最高人民法院关于执行〈行政诉讼法〉若干问题的解释》第十二条中，又进一步规定了确立原告资格的新标准，即"与具体行政行为有法律上利害关系的公民、法人和其他组织对该行为不服的，可以依法提起行政诉讼"。司法解释的这一规定扩大了原告资格的范围，赋予了诸如相邻权人、公平竞争权人，复议决定中的利害关系人，与撤销或变更具体行政行为有法律上利害关系的人等社会成员的原告资格。一般认为公民、法人或其他组织要取得环境行政诉讼原告的资格，应同时具备下列条件：必须存在可诉的具体行政行为；原告必须是认为其合法权益受到侵害的人；被诉的具体行政行为与起诉者的合法权益受侵害之间必须存在法律上的利害关系。

2．电磁环境评价文件是否全面合法

依据《行政许可法》第三十四条规定，"行政机关应当对申请人提交的申请材料进行审查"；第三十八条规定，"申请人的申请符合法定条件、标准的，行政机关应当依法作出准予行政许可的书面决定"，只有申请人提交的申请材料符合法定条件、标准，行政机关作出的行政行为才合法有效。《行政诉讼法》第五十四条规定："人民法院经过审理，根据不同情况，分别作出以下判决：（一）具体行政行为证据确凿，适用法律、法规正确，符合法定程序的，判决维持。（二）具体行政行为有下列情形之一的，判决撤销或者部分撤销，并可以判决被告重新作出具体行政行为：1．主要证据不足的；2．适用法律、法规错误的；3．违反法定程序的；4．超越职权的；5．滥用职权的。"如提交的申请材料不合法、不全面，依《行政许可法》和《行政诉讼法》规定，可以撤销行政许可行为。

环境行政许可部门作出环境影响评价批复主要审查电力企业提交的高压线等建设项目的环境影响评价文件。为此环境影响评价文件是否全面、合法成为行政许可行为是否合法有效的关键。环境影响评价文件是否全面主要是指电磁环境评价因子是否全面，环境影响评价文件是否合法主要是指编制方式是《环境影响评价报告表》还是《环境影响评价报告书》，环境影响评价过程中应有公众参与等内容。

3．举证责任分配

依据《行政诉讼法》第三十二条规定，"被告对作出的具体行政行为负有举证责任，应当提供作出该具体行政行为的证据和所依据的规范性文件"。又依《最高人民法院关于行政诉讼证据若干问题的规定》第一条规定，"被告对作出的具体行政行为负有举证责任，应当在收到起诉状副本之日起十日内，提供据以作出被诉具体行政行为的全部证据和所依据的规范性文件。被告不提供或者无正当理由逾期提供证据的，视为被诉具体行政行为没有相应的证据"。第六十条第（三）项规定，原告或者第三人在诉讼程序中提供的、被告在行政程序中未作为具体行政行为依据的证据，不能作为认定被诉具体行政行为合法的依据。具体行政行为是否合法，只能依据被告提供的证据来确定。如果第三人所举证据是被告在作具体行政行为时没有取得的证据，而该证据又必须是被告作出具体行政行为时必须具有的，那么，该证据依照证据规则的规定即使该证据确实充分，也不能作为认定被告具体行政行为合法有效。"无独立请求权"第三人提供的证据只是对被告所提供证据起辅助作用，对被告提供的证据进行证明，具有"补充"的成分，但这种"补充"起不到"弥补"的作用，这样在被告不积极提供证据的基础上，就会损害"无独立请求权"第三人的权利。

虽然第三人提供的证据在很大程度上不能充分地维护自己的权利，但是依我国证据规则的相关规定，如果第三人的证据是用来对抗原告提出的证据，只要该证据确实充分，能够证明所反映的事实，就可采用。在电磁环境行政案件中，原告方一般都会举证证明电磁辐射侵犯其人身权、财产权、相邻权、环境权等合法权益，从而认定与具体行政行为有"法律上的利害关系"，佐证其要求排除侵害的主张有事实和法律依据。原告该类证据并不当然构成具体行政行为合法有效的阻却，故作出具体行政行为的被告一般不针对原告的此类证据进行举证。第三人为了维护自身的合法权益，应充分举证来对抗原告的此类证据。诸如聘请有资质的鉴定机构对建设项目的电磁环境进行检测，以获得准确的工频电场、工频磁场的检测数据，形成合法有效的鉴定结构的证据形式，利用鉴定结论、权威科学研究成果等佐证符合法定标准的工频电场、工频磁场对人身健康不产生影响，从而尽到环境侵权司法实践中多采用盖然性的因果关系或疫学因果关系要求的举证责任，证明原告与被诉的具体行政行为之间无法律上利害关系，原告不具备行政诉讼的主体资格，从而驳回原告的起诉。

在确立证据的范围时主要分为三个方面，一是要注意收集输变电设施建设项目合法性的重要文件，如合法立项批复、建设工程规划许可证、环评批复等。二是要注意收集输变电建设项目的环评及核准文件，如《环境影响报告书》或《环境影响报告表》《申请书》、递交环评文件后环保局出具的文件清单、环保局的环保批文、相关的电磁环境法律法规和行业标准等。这两方面的证据主要用来佐证"电力企业履行了相关管理上的义务和对社会公众的义务"的证据。三是要注意收集输变电设施产生的工频电磁场不会对人身健康权、生命权产生侵害的证明，如聘请专业机构监测后出具的符合法定标准的《监测报告》、世界卫生组织文献、专家学者的最新研究成果、最新国内同类案件的判例等，以佐证符合法定标准的工频电磁场与人身健康受损之间没有因果关系，从而避免举证责任倒置导致的举证不能的不利结果。

（三）电磁环境问题信访及相关纠纷的处理技巧

（1）加强对工频电场和工频磁场知识的宣传，特别是要向各级政府、环保和司法部门进行大力宣传，树立正确的环保意识，提高其对工频电场和工频磁场的正确认识，促进其依法、合理、科学处理电磁环境问题引发的信访及相关纠纷。

（2）争取环境保护部门的支持，在发生纠纷争议时，通过环境保护部门对外进行解释，提升解释的可信度。

（3）充分向信访人进行必要的法律宣传，如须有环境保护法律规定的环境污染行为，而法律并未规定工频电场和工频磁场属环境污染行为；须有污染环境的损害后果；污染环境的行为与污染损害后果之间有因果关系。

（4）由于对电磁辐射的定义等诸多问题上法律界定的不明确，实践中有很多问题受到困扰，因此，应多渠道采取措施，加大完善立法呼声，从而规范这方面出现的各类问题。

第二章

电磁环境纠纷案例具体分析

案例 1 杨某等诉某供电公司、某村委会土地征用补偿与高压线跨越房屋电磁侵害人身损害赔偿纠纷案

一、案由

本案原告杨某等人诉某市供电公司征用土地未给予安置费，同时所架高压输电线跨越其房屋造成原告全家人身损害为由诉于人民法院，要求被告赔偿。

二、原告理由

原告认为市供电公司征用原告庭院土地却未给予安置补偿，要求市供电公司给予其安置补偿。同时诉称供电公司架设高压输电线跨越其房屋，水平平行距离为零，违反了《电力设施保护条例》的规定，致使全家四人患病，原告要求供电公司赔偿人身伤害损失和精神损失。

三、被告观点

（1）被告市供电公司认为征地架设高压输电线路，手续完备合法，被告主张侵犯其土地使用权没有事实依据，并且在征地时供电公司已经将征地补偿款给付村委会。原告主张征地安置补偿没有事实及法律依据。

（2）供电公司架设的 220kV 输电线路，跨越原告房屋的垂直距离为 13.4m，符合设计规程的规定。原告要求供电公司赔偿人身伤害损失和精神损失的诉讼请求，于法无据。

四、法院判决结果

法院认为：

（1）市供电公司征地架设高压输电线路，经过了市政府土地管理部门的批准，手续完备合法。根据《电力设施保护条例》和《电力设施保护条例实施细则》及《110～500kV 架空送电线路设计技术规程》的规定，220kV 跨越房屋时，导线与建筑物之间的最小垂直距离为 6m。供电公司架设的 220kV 输电线路，已采取了增加杆塔高度、缩短档距等安全措施，线路跨越杨某房屋的垂直距离为 13.4m，符合设计规程和法律规定。

（2）市供电公司征用原告庭院土地时，与其村民委员会签订了土地征用协议，并已给付了补偿款。原告称"全家四人患病，系供电公司架设 220kV 高压经的电磁辐射所致，电磁辐射的鉴定结论缺乏准确性和公正性，鉴定时没有测试主要的项目；鉴定单位不具备法定鉴定资格，不是合法证据，电磁辐射强度不超标不能作为供电公司不需承担侵权责任的理由；环境污染侵权损害赔偿诉讼适应举证责任倒置的规定"。经查，杨某二人患病时间均是在涉案线路架设之前。根据省辐射环境检测站（国家环境保护总局辐射环境检测技术中心）出具的监测报告：涉案 220kV 线路在正常运行工况下，杨某住宅室内及室外各监测点的工频电场、磁场强度的测量结果均低于《500kV 超高压送变电工程电磁辐射环境影响评价技术规范》中规定的居民区工频电场评价标准和磁场强度评价标准，杨某的住宅室内外环境符合电磁辐射环境保护要求。故法院认为原告所患疾病与供电公司架设 220kV 高压输电线无因果关系。因此，杨某等人的诉讼请求理由不能成立，驳回起诉。

五、经验与教训

本案从供电企业的角度来看为胜诉案例，胜诉原因有以下几条：

1. 供电企业遇到起诉时应积极应诉

供电企业在遇到当事人起诉时首先积极应诉，为问题解决打下了良好的基础。在电网建设运营过程中，不可避免地会有一些侵权事件发生，在事件发展到了诉讼这最后一个环节时，首先应该积极应诉，沉着冷静地面对问题，争取更早地解决问题。在面对社会公众的时候更要有责任感。否则一味地讳讼、厌讼是没有任何好处的，反而会增加维稳成本、降低企业形象，问题也得不到解决。

2. 保存有完整的生产作业记录资料

证据是诉讼的关键，在电力工程建设时依据是否完善，手续是否齐全是类似案件胜诉的关键。本案胜诉关键在于企业严格科学的成本管理，完整的原始记录，详细的经济活动分析资料，从而积极有力地应对了评估机构的调查。具体到本案中，在基础设施建设时，有合法合规建设的手续，项目建议书批准后，建设单位根据《建设项目环境影响分类管理名录》确定了建设项目环境影响评价类别，以委托或招标方式确定评价单位，开展环境影响评价工作并取得《建设用地规划许可证》《建设规划许可证》等政府相关手续；在征地补偿时依据发展和改革委员会的相关文件标准予以补偿，有完备的征地补偿合同、完整的补偿完毕的记录，证明了补偿款已足额、及时发送到权利人手中。而在相关文本的保存过程中工作人员细致认真，把每一步的文本进行保存，使应诉过程有据可依。

3．科学判断诉讼中的因果关系

在电力设备设计时，根据《电力设施保护条例》和《电力设施保护条例实施细则》及《110～500kV 架空送电线路设计技术规程》的规定，架设高压输电线路除 500kV 及以上不得跨越长期住人的建筑物外，500kV 以下特殊情况需要跨越房屋时，设计建设单位采取增加杆塔高度、缩短档距等安全措施，保证被跨越房屋安全。220kV 线路跨越房屋时，导线与建筑物之间的最小垂直距离为 6m。作出的设计结果是电力设备安装的依据。根据其中严格的设计及操作标准，完全可以预见到损害结果的各种可能，只要严格实施技术标准就可以把损害可能降到最低，从而就可以预见到出现的具体损害结果与电力设备有无因果关系，是诉讼中证明的最重要环节。

4．工作各环节严格守法

供电企业在工作的各个环节严格遵守相应法律法规。在项目审批时根据《环境保护法》《环境影响评价法》《建设项目环境保护管理条例》等取得了环境评价文件，根据《行政许可法》取得相应行政许可；在电力设备设计和采购时遵守《电力设施保护条例》和《电力设施保护条例实施细则》及《110～500kV 架空送电线路设计技术规程》等的规定；在具体实施安装过程中遵守《环境卫生电磁波卫生标准》等技术标准，工作每一步都有法可依，有法必行。在根本上保证了行为的规范性、合法性。在纠纷发生时有据可依，进而胜诉。

六、启示

本案胜诉启示电力企业要树立法律意识、做好以下工作：

1．依法编制电网规划

根据电力系统整体的运行特性、自然条件影响与社会影响等诸多因素，确定未来的负荷数据，以负荷预测结果作为电网设施布局规划的理论依据。在此基础上做好电网规划与城市发展规划的融合，电网规划和线路选择、变电站建设等项目一直受到用地审批的制约，前期工作难度巨大。在进行电网规划时，应该突破传统的电网规划的概念，从概念性规划开始就同步考虑电网规划的定位与需求。为了做好电网规划与城市发展规划的融合，在总体规划编制过程中，电力企业必须紧密与地方政府合作，积极参与概念性总体规划的编制。在城市总体规划及区域控制性详细规划编制阶段，将电力专项规划作为其总体规划配套的市政基础设施规划之一来开展。在编制区域控制性详细规划时，将电力专项规划所确定的变电站用地红线、线路走廊等全部落实到控制性详细规划。电力专项规划编制全过程应该由政府牵头,供电企业主导。供电企业深度参与总体规划编制,并与城市规划同步开展电力专项规划。

2. 申报及实施程序合法

根据变电站应尽量接近负荷中心以减少线损的原则,设计单位设计时准备多套方案,线路的布置相应规划。建设单位要将方案呈交当地规划部门征求意见。供电部门要与市、区、镇各级政府、规划部门沟通,并合法合规的做出相应报告,留存书面文件,并把规划部门的意见及许可重点保存,这不仅仅是建设依据,更是安全建设的基础保障。选址选线获批后,工程进入可行性研究阶段。研究阶段的文件及意见都要依据相关文件做出,并经规划部门同意。可研批复后,项目经过初步设计、施工图设计,进入施工阶段。建设单位的资质要经过反复确认,建设过程要严格依据建设文件实施,工作标准及操作规范都要精确控制到每一个步骤。

3. 注意资料保存,保证证据收集质量

由于电子文件具有不持久性,很多需要长期保存的资料需要经常转录,并且在软件更新时和转录过程中容易丢失资料。可以把需要长期保存的资料转移到缩微品上,研究证明,缩微品的保存期限至少为 100 年,这就大大延长了资料的保存期限,并且减少了资料的丢失。缩微品还具有存储量大、方便查阅等特点,可以把大量的资料缩到很小的物品上去,减少了资料的使用空间。在查找资料时,人们可以直接查找标头,方便快捷。资料转移能够弥补电子文件保存期有限的缺点。

根据文件来确定密级与保存期限,参照国家对同类内容纸质文书档案的管理规定来执行,可以把原来的电子文件全部复制到磁盘、光盘等文件载体上,能够效预防由于原电子文件载体过期、老化或是因自然灾害或人为损坏等问题出现资料无法打开读取,或是引起资料丢失现象的发生,这种方法比较简单有效,可以定期复制保存,但要注意在复制过程中的全面性。

4. 注意区分电场、磁场与电磁辐射的区别

电磁辐射是指电磁辐射源以电磁波的形式发射到空间的能量流。电磁辐射源发射的电磁波频率越高,它的波长就越短,电磁辐射就越容易产生。一般而言,只有当辐射体长度大于其工作波长的四分之一值时,才有可能产生有效的电磁辐射。

可见光、微波炉产生的微波等辐射属于电磁辐射,而 50Hz 频率处,输变电设施产生的工频电场、工频磁场是极低频场。重要的是,在输变电设施周围,不存在工频电场、工频磁场交替变化,"一波一波"地向远处空间传送能量的情况,这有别于电离辐射和电磁辐射。区别好以上概念才能真正地对自身把控以及更好地认定案件案情,作出更有专业性、针对性的应对措施。

案例 2　　张某诉某省电力公司相邻关系电磁污染纠纷一案

一、案由

本案原告张某，被告某省电力公司，因架设高压电线发生相邻关系纠纷诉于人民法院。

二、原告理由

原告张某认为，某省电力公司架设的 500kV 高压输电线路没有经过有关部门合法审批，违反了《电力法》及《电力设施保护条例》，电磁污染严重侵害了相邻关系原告的合法权益，要求电力公司立即拆除违法架设在原告住所附近的高压线塔并公开赔礼道歉。

三、被告观点

（1）省电力公司认为征地架设高压输电线路，审批手续完备合法，原告主张被告侵犯其土地使用权没有事实依据。

（2）省电力公司架设的线路并非 500kV 高压线，而是 220kV 高压线，符合设计规程的规定。原告要求电力公司立即拆除违法架设在原告住所附近的高压线塔并公开赔礼道歉的诉讼请求，于法无据。况且，根据法律规定是否违法建设并不是侵犯相邻权的构成要件，原告的主张依法不能成立。

四、法院判决结果

法院审理认为：

（1）张某认为电网架设的高压线是 500kV，且对其身体造成损害，但未提供相关证据加以证明，而电力公司提供的《建设工程规划许可证》中载明其架设的输电线规格为 220kV，《建设项目环境影响报告表》表明，其架设的高压线工程从环境保护的角度评价是可行的；加之，电磁辐射作为一种客观存在的物理现象，对于人体健康、财产乃至水源是否产生危害以及危害后果大小，在目前尚有不确定性，科学上亦未形成统一的认知，故张某仅基于主观认知，尚无客观事实依据，要求支持其主张，缺乏事实及法律依据，法院无法支持。

（2）关于张某认为电力公司曾支付的补偿金应是施工影响费，如果将该笔费用作为补偿金数额太低，要求提高补偿数额的诉求，因与本案非同一法律关系，故不能一并处理，该诉求不能支持。

（3）关于电力公司架设的变更后的高压线工程是否属违章建设，审批手续是否齐全，与本案不属于同一法律关系，双方可通过其他途径另行解决。目前的证据不能证明某电网的建设对张某构成实际侵害。故张某要求某电力公司向其赔礼道歉没有事实和法律依据，不予支持。

五、经验与教训

通过本案处理实践告诉我们电力企业要勇于面对诉讼，勇于维护企业合法权益。电力企业的法律工作者不但要勇于维护企业合法权益积极应诉，还要提高自身的法律工作能力，善于总结经验与教训，不断提高企业法治水平。本案的具体经验教训有以下几点：

1. 对相邻权精确理解

首先本案中涉及相邻权的概念，相邻权指不动产的所有人或使用人在处理相邻关系时所享有的权利。具体来说，在相互毗邻的不动产的所有人或者使用人之间，任何一方为了合理行使其所有权或使用权，享有要求其他相邻方提供便利或是接受一定限制的权利。相邻权实质上是对所有权的限制和延伸。本案中电力公司辩称涉案线路是否违法建设并不是侵犯相邻权的构成要件。电力公司方面对相邻权的理解非常精确，即使架设的电线系违建仍然构不成对张某相邻权的侵犯。

2. 擅用庭审辩论技巧

案件在审判过程中如何使胜利的天平倾向己方，辩论环节是很重要的一环。如何做好辩论，说服法官及对方当事人，辩论技巧是非常重要的。本案中电网企业就发现并利用对方的漏洞，发掘真相，对其反驳。张某认为电网架设的高压线是 500kV，且对其身体造成损害，但未提供相关证据加以证明，而电网企业提供的《建设工程规划许可证》中载明其架设的输电线规格为 220kV，这是张某主张中一个漏洞。还有一个漏洞就是张某认为电线系违建侵犯了自己的相邻权，然而电网企业经过分析及时发现了漏洞：并明确指出即使架设的电线系违建仍然构不成对张某相邻权的侵犯。综上，善于发现对方的漏洞，擅用辩论技巧是胜诉的宝贵经验。

3. 掌控证据的运用

证据是证明（案件）事实的材料，证据问题是诉讼的核心问题，全部诉讼活动实际上都是围绕证据的搜集和运用进行。证据是法官在司法裁判中认定过去发生事实存在的重要依据，在任何一起案件的审判过程中，都需要通过证据和证据形成的证据链再现还原事件的本来面目。

法官判案是以事实为依据、以法律为准绳。所谓"事实"，是指合法证据能够证明了的事实，这就存在着有理但没有证据或证据形式和取得方式不合法情况等，是导致有理却输掉官司的根源。可见，打官司就是打证据，说明了证据在诉讼中的重要性，在建设相关电力工程时有完善的建设依据、齐全的手续，对这些证据的运用是本案胜诉的关键。本案中电网企业有完整的原始记录，详细的生产活动分析资料，如：项目规划时依据《环境保护法》的相关要求取得的环境评价文；根据《行政许可法》取得《建设用地规划许可证》《建设规划许可证》等政府相关手续等。然后对这些证据充分的运用，从而积极有力地应对了评估机构的调查，最后被法院采信都是与充分的证据运用分不开的。

4. 整个企业运行环节严格把控

企业应该注重管理机制的建立和完善，把国家相关法律法规与企业的规章制度高度统一起来，用规范化的制度来对企业的各种经济行为进行有效的约束。通过制定完善的规章制度，规范企业经营管理行为，强化企业内部管理，规避经营风险，填补经营漏洞，为公司的决策提供法律依据，从制度上促进和保障企业的改革和发展。健全全方位的财务管理、安全环保以及物资采购制度，形成上下联系紧密的制度体系，让企业的制度管理规范化、科学化，达到人人负责、事事有标准。电网企业在具体工作的各个环节要严格遵守相应的法律法规。如在项目审批时根据《环境保护法》《环境影响评价法》《建设项目环境保护管理条例》等取得了环境评价文件，根据《行政许可法》取得相应行政许可；在电力设备设计和采购时遵守《电力设施保护条例》和《电力设施保护条例实施细则》等规定；在具体实施安装过程中遵守技术标准。本案中省电力公司在建设时充分考虑到了不能建设 500kV 高压线路，而遵守条例选择了 220kV 线路，从而在纠纷发生时有据可依，进而胜诉。

六、启示

1. 依法治企在企业管理中的必要性

依法治企是现代企业管理制度建立的客观要求，同时也是适应新时期下管理企业的要求，实施依法治企能够有效推进企业持续健康发展。依法治企是一个企业进行长远发展的第一要务，它能够避免短期行为决策对企业发展带来的不良影响。企业管理是一个企业生存发展过程中不变的主题，但是如何管理是每一个企业都要面对的难题，通常在企业的管理中，由于各种各样的原因，导致企业在管理方面发生一定的失误，不能很好地贯彻落实企业的长远发展目标。但是如今在企业管理中实施依法治企，将企业的发展提上了新的高度。

目前的企业在面对激烈的市场竞争以及市场客户变化的需求时，常常要根据企业的发展目标，对企业技术革新、风险控制等相关目标做出重大改变，而这些决策上的改变常常涉及与法律相关的问题，因此，在企业决策时就需要按照法律的要求进行。企业在制定管理制度时需要参考相关法律知识，作为依据。比如：在经营过程中要依法制定相关工作制度，其制度内容要体现出对可能影响到人群的法律保护，按照法律程序进行项目建设等，这种种问题都要求企业必须按照法律要求进行，才能确保企业安全发展。企业在各种业务活动的执行过程中，必须按照法律的要求。企业只有实行全面的、完善的法治才能够保证企业又好又快地发展。因此从企业的长远发展角度来看，在企业的管理中实现依法治企具有必要性。

2．细化管理指标推行管理控制风险

加强低压电网的维护管理。砍伐影响电网运行的树木，杜绝风险产生；对线损率指标实行分级管理。下达年度线损率计划指标，要求各站所将年度线损率指标分解下达到个人，在管理过程中认真总结经验，不断推行更好的管理办法。推行有效的技术降损方法和措施。及时合理调配季节性用电配电变压器容量，提高利用率，对架空线路实施优化供电，采用新型绝缘材料等，提高线路绝缘等级，从而取得更好的成效。对已经建设完成的设备进行定期维护，比如对国家明令禁止的设备坚决进行淘汰和更换；同时满足电网电能采集系统要求，并按月做好设备的看护；加强营业用电管理，防止非专业人员靠近设备，充分利用高科技手段，坚持开展经常性的用电检查，对发现由于管理不善造成的电量损失采取有效措施进行整改，防止窃电和违章用电。

3．制定多套应急处理方案

在项目规划、建设施工、设备维护各个阶段制定的方案不能只有一种，需要制定多套方案。应急机制是指在深入总结群众实践经验的基础上，制定各级各类应急预案，形成应急管理体制机制，使突发事件应对工作有章可循、有法可依。对电力企业而言，要进行应急预案和应急机制的制定和管理。

案例 3　　司某诉某省电力公司相邻关系纠纷案

一、案由

本案原告司某、被告某省电力公司，因架设高压输电线跨越原告房屋发生纠纷，诉于人民法院，法院立案理由是相邻关系纠纷。

二、原告理由

原告认为某省电力公司所属的供电公司架设高压输电线从原告房屋上方通过，且其边导线垂直正下方距离正房的最小距离不足 12m，违反了《电力设施保护条例》的规定，致使原告身体健康受到威胁，且被告擅自更改施工线路，未能编制环境影响报告书及环保主管部门对该施工工程的验收合格证明，原告要求某省电力公司拆除在其住所处建设的 110～115 号铁塔及其高压输电线。

三、被告观点

被告认为：

（1）省电力公司在司某居住地架设的 500kV 高压输电线路，手续完备合法，在架设之前，经区政府和市发改委协调，与当地村民均达成了拆迁和经济赔偿协议，对包括原告在内受施工影响的村民给付了一定数额的经济补偿。原告的主张的事实未能充分举证，且省电力公司委托专业机构检测，结论为现场监测值符合国家标准规定的限制。至今亦无法律的、科学的依据或事实证据表明低频电磁场会对人体健康产生影响。

（2）司某没有对涉诉的高压线及铁塔导致其健康权、财产权受到损害或对其权利构成现实的危险性举证，单凭主观臆断不可信。

四、法院判决结果

法院认为：

（1）根据本案查明的事实，诉争之高压输电线工程的设计任务书及初步设计方案经相关部门批复同意，获得了建设工程规划许可证，且该线路中的部分线路位于司某房屋的前方，距其房屋有一定的距离，且线路架空较高，对其生活并未造成妨碍，故司某以该铁塔及高压输电线对其生活造成妨碍为由要求予以拆除，不予支持。

（2）针对该线路在输送电力时所产生的电磁辐射是否会给司某的身体健康造成损害问题，经专业机构检测均表明：该地区 107～116 号塔之间线路的工频电场、工频磁场、无线电干扰，分别小于 4kV/m、0.1mT、53dB 的评价标准，在设计最大负荷状况下产生的工频电磁场及无线电干扰也不会对沿线的电磁环境产生不利影响。国家建筑材料测试中心对司某房屋电磁环境进行了监测，测量结果进一步说明，司某房屋周围的电磁环境远低于现有的国家标准，因对于电磁辐射对人体健康的影响目前无确切的科学结论，认定判断是否造成电磁辐射污染，是否对人体健康构成危险，应以电磁辐射量是否超过国家标准为依据，司某的诉讼请求，法院不予支持。

五、经验与教训

1. 举证责任分配得当

举证责任的分配就是当事人在主张自己陈述事实成立时需要承担的证明责任的大小，如果不能证明自己陈述的事实则承担不利的诉讼后果，一般表现为败诉。侵权纠纷案件一般规定：主张侵权损害赔偿请求权的当事人应当对侵权责任构成要件承担举证责任。即对加害人行为违法、加害行为与结果之间存在因果关系、加害人有过错、存在损害事实加以证明。加害人如果就妨碍权利产生的事实主张予以抗辩时，加害人就应当对该事实的存在加以证明。高度危险作业致人损害的侵权诉讼，由加害人就受害人故意造成损害的事实承担举证责任；因环境污染引起的损害赔偿诉讼，由加害人就法律规定的免责事由及其行为与损害结果之间不存在因果关系承担举证责任。

当然也有特别规定：举证责任的倒置。对于依照法律要件分类说，本来应当由主张权利的当事人负责举证的要件事实，改由否认权利的另一方当事人就该事实的不存在负证明责任。证明责任倒置必须有法律的规定，法官不可以在诉讼中任意将证明责任分配加以倒置。

2. 重视法律的程序价值

初步设计是设计人员优化设计从而控制和降低工程造价的最好阶段。初步设计阶段要求在可行性研究的基础上，对设计方案进行优化比较、论证和确定，对工程投资要进行分析，作出相应报告文件。建设施工阶段建设单位要将方案呈交当地规划部门征求意见。供电部门要与市、区、镇各级政府、规划部门沟通，并合法合规的作出相应报告。选址选线获批后，工程进入可行性研究阶段。研究阶段的文件及意见都要依据相关文件做出，并经规划部门同意。留存书面文件，并把规划部门的意见及许可重点保存，严格的申报审批程序不仅仅是建设依据，更是安全建设的基础保障。

3. 明确法律关系，排除不相关因素

本案一审中，司某提出这样一段诉讼理由："与我处于相似位置的同村村民张某还因此患上了冠心病，另有一名村民赵某最终死亡。现我认为，被告擅自更改施工线路，在未能依法编制环境影响报告书，亦未取得环保主管部门对该施工工程的验收合格证明情况下，即将高压输电线路投入使用，有违法之嫌。"如果司某仅有上述诉讼理由，那么司某在诉讼中就并非是适格当事人，所谓适格当事人也称为正当当事人或者合格的当事人，是指对于特定的诉讼可以自己的名义成为当事人的资格。适格当事人就具体的诉讼作为原告或者被告进行诉讼的权能，称为诉讼实施权。具有诉讼实施权的人即是适格的当事人。提起诉讼的当事人未必是适格的当事人，法院只有针对适格当事人作出的判决才有法律意义，也只有适格当事人才受法院判决的拘束。对于不适格的当事人，应裁定驳回起诉或者更换。因此，当事人是否适格是法院作出有效判决的前提。

至于实际施工时变更路径，未依法进行环境影响评价等涉及电力企业是否违法建设等问题，与本案所涉侵权纠纷无关，司某即使对此有争议，亦不应行使民事救济途径。综上，在诉讼中要善于排除不相关因素，找到最终争议点，明确法律关系显得十分重要。

4. 选择更专业的环评机构

环境影响评价是指对规划和建设项目实施后可能造成的环境影响进行分析、预测和评估，提出预防或者减轻不良环境影响的对策和措施，进行跟踪监测的方法与制度。其目的是在开发活动或决策之前全面地评估人类活动给环境造成的显著变化，并提出减免措施，从而起到"防患于未然"的作用。更专业的环评机构，在一定程度上保障了环评工作的进行，使结果更加准确可信，具有权威性。本案中，电力公司邀请了具有高水平能力的环境影响评价中心对该工程进行的环境影响评价，其专业的意见更容易被法院所采信，成为胜诉的一大依据。

六、启示

1. 吸取先进科学的研究方法

电力设施建设与环境的关系要采用先进科学的研究方法。以带电高压导线为例，在无建筑物、树木等影响的情况下，沿导线到地面高度的空间范围内，电位分布呈指数衰减分布。越接近于地面处，电场强度（E）越小。就人体通常活动所处的地面高度（一般取离地 1.0～1.5m）处的电场强度而言，以正对导线下方的地面投影点为原点（O 点），沿垂直于线路方向，地面电场强度（E）同样按距离的倒数迅速衰减。按现有的线路设计，在高压线路边导线地面投影数米距离以外，人体所处地面电场强度均已小于 4kV/m 控制限值。

空间的电场很容易被导电物质所屏蔽或削弱（即使该物质不是良导电性的）。建筑物、树木等都可以使空间电场畸变，并削弱其遮蔽空间或邻近范围内的电场。由于建筑物墙体的有效屏蔽作用，室内的电场强度一般很小，且与户外输电线路产生的电场几乎没有相关性。在变电站围墙外，除架空进出线下方以外，电场强度通常很小。但即使如此电磁辐射作为一种客观存在的物理现象，对于人体健康、财产乃至水源是否产生危害以及危害后果大小，在目前尚有不确定性，科学上亦未形成统一的认知。所以在技术层面上一定要吸取先进研究方法理论，大力度进行科研开发。

2. 注重证据资料保存

本案中出示的证据有，政府的规划文件、专业机构的环境评价书、建设施工的相应资料。在资料的保存过程中要明确资料管理的规范和标准，对电子文件使用的每个环节都做出明确的规范，使档案管理人员在使用电子文件时有依据。做好电子文件的保护措施，定期检查系统安全性，防止黑客以及病毒的侵害。同时国家要制定相关的保证政策，制定相关的法律法规对秘密资料进行保护。档案资料的保存可以采用电子保存和纸质保存的方法，两者皆有利弊，应该把两种保存方式结合起来，再引用新技术和新科技，保证档案资料的完整性、长久性。

3. 正确采用举证责任倒置

所谓举证责任倒置，是指在法律规定的一些特殊情形下，将通常由提出事实主张的当事人所负担的举证责任分配给对方，由对方对否定该事实承担举证责任，如果该方当事人不能就此举证证明，则推定事实主张成立的一种举证责任分配制度。

根据《侵权责任法》第六十六条，因污染环境发生纠纷，污染者应当就法律规定的不承担责任或者减轻责任的情形及其行为与损害之间不存在因果关系承担举证责任。

《最高人民法院关于民事诉讼证据的若干规定》第四条规定，下列侵权诉讼按照以下规定承担举证责任：因环境污染引起的损害赔偿诉讼，加害人就法律规定的免责事由及其行为与损害结果之间不存在因果关系承担举证责任。

现在的核心问题在于本案是否属于环境污染案件？电磁辐射是否属于环境污染目前在我国尚无统一的标准，况且本案中，就专业检测机构提供的监测数据来看，其数值远远低于国家的相关标准，不存在电磁辐射。如果此类案件不属于环境污染案件，应当不适用举证责任倒置。但是，在该类案件中，被告供电企业作为单位往往比作为公民的原告一方具有一定的便利条件，因此法院在举证责任分配时，往往将不存在损害的举证责任分配给供电企业，这也就使供电企业处在不利的地位。

案例 4　王某、于某等诉某市规划委员会、某省电力公司废止电网建设许可证行政诉讼案

一、案由

本案原告王某等 5 人与被告某市规划委员会、某省电力公司，因架设高压输变电线路发生纠纷，原告以电磁污染侵权为由向人民法院提起行政诉讼。

二、原告理由

原告认为：某省电力公司实施 0721 号许可证许可的施工行为将给原告的财产权、健康权和人身安全带来不可逆的巨大影响，请求法院废止许可证，停止电力公司根据行政许可进行架设高压输电线的施工行为。

三、被告观点

某市规划委员会和某省电力公司认为架设的高压输电线路工程系国务院批准的电力重点工程，按照工程进度要求应当通电验收，因补办环评手续暂时停止挂线施工，现环评手续已经完备，准备继续施工。

四、法院判决结果

一审法院认为，被诉的 0721 号许可证系第三人某省电力公司进行施工的合法性依据，在该许可证的合法性尚未确认前，继续施工可能会造成国家财产损失的扩大，并可能出现对社会公共利益不利的后果。据此，依照《行政诉讼法》第四十四条第（二）项的规定，裁定如下：在诉讼期间，第三人某省电力公司依据 0721 号许可证对 20～23 号塔架挂线通电的施工停止执行。驳回原告诉讼请求。原告不服提起上诉。

二审法院认为：被诉的 0721 号许可证所涉及的是 220kV 高压输电线路，王某等 5 人认为长期处于该线路所产生的电磁环境会对其财产权和健康权造成侵害缺乏确定统一的科

学依据和客观事实依据；其主张被诉行政行为侵犯了其相邻环境权的问题，亦缺乏相应事实和法律依据，本院均不予支持。一审法院认定王某等 5 人不能证明其与被诉行政行为之间存在法律上的利害关系，不具备原告的诉讼主体资格并依法裁定驳回其起诉是正确的，本院应予维持。据此，依照《行政诉讼法》第六十一条第（一）项的规定，裁定驳回上诉，维持一审裁定。

五、经验与教训

1. 从政府规划部门来看

项目规划主管部门在依法行政中一定要坚持认真细致的工作作风，严格案件办理程序，这是诉讼人进行行政诉讼立于不败之地的基础，政府部门宁可诉诸法庭，决不可妥协"私了"，妥协的后果就是带来更多的诉讼案件。项目规划主管部门要积极主动和法院协调联系，汇报案情，介绍项目建设法定程序和特点。聘请有行政诉讼经验的律师和对建设法律、法规熟悉的人员作为委托代理人，出庭人员要事先做好充分准备，注意庭审技巧。对诉讼人的任何答复都要依照法条，认真核对，不能有一点疏忽。另外，要把证据取准，做到主要证据充分。遇到行政诉讼案件，领导要重视，坚持集体审议，认真倾听法院、律师、政策法规部门的建议和意见。只有这样，才能经得起法院的审理，取得胜诉，维护政府的形象。

2. 从电力企业方面看

首先明确基本概念"电磁辐射"的含义，电磁辐射有时被人们称为电子烟雾，是由空间共同移送的电能量和磁能量所组成，而该能量是由电荷移动所产生的。举例说，正在发射讯号的射频天线所发出的移动电荷，便会产生电磁能量。电磁"频谱"包括形形色色的电磁辐射，从极低频的电磁辐射至极高频的电磁辐射。两者之间还有无线电波、微波、红外线、可见光和紫外光等。电磁频谱中射频部分的一般定义，是指频率为 3kHz～300GHz 的辐射。有些电磁辐射对人体有一定的影响，来源主要有自然源雷电、太阳黑子活动、宇宙射线等。人为源一般来自核电站泄漏、核爆炸、核试验等。一般高压线只要是在国家标准范围内，一般不会有对人身伤害的电磁辐射，证明了这一点，是本案胜诉的关键。

六、启示

1. 对行政诉讼主体资格认定要准确

概括地讲，行政诉讼原告的主体资格，是指哪些人可以以自己的名义向人民法院提起诉讼，请求法院审查被诉行政机关的行政行为并作出相应裁判。《行政诉讼法》仅在第二条和第四十一条对行政诉讼原告的主体资格作出了规定：第二条规定"公民、法人或者其他组织认为行政机关和行政机关工作人员的具体行政行为侵犯其合法权益，有权依照本法向人民法院提起诉讼"。第四十一条规定"提起诉讼应当符合下列条件：（一）

原告是认为具体行政行为侵犯其合法权益的公民、法人或者其他组织；（二）有明确的被告；（三）有具体的诉讼请求和事实依据；（四）属于人民法院受案范围和受诉讼人民法院管辖"。最高人民法院《关于执行〈中华人民共和国行政诉讼法〉若干问题的解释》第十二条规定，与具体行政行为有法律上利害关系的公民、法人或者其他组织对该行为不服的，可以依法提起行政诉讼。与被诉具体行政行为是否具有法律上的利害关系，是确认公民、法人或者其他组织是否能够成为行政诉讼的原告或者第三人资格的一个必要条件。也就是说，如果被诉具体行政行为与公民、法人或者其他组织没有法律上的利害关系，就不具备《行政诉讼法》规定的原告或者第三人的诉讼主体资格。

电磁环境行政案件中，如果原告请求撤销行政机关作出的环评或规划许可证等具体行政行为的诉讼请求得到复议机关或人民法院支持，作为第三人的电力企业的输变电建设项目将失去继续进行建设的法律依据，将不得不停止施工或者重新选址建设，故复议机关或人民法院基于此，一般会通知电力企业作为第三人参加复议或诉讼。所以做好充分的应诉准备，是电力公司平时时刻准备的一个重要方面。

2. 善于用多元化纠纷解决机制解决纠纷

一是十八届四中全会决定提出：健全社会矛盾纠纷预防化解机制，完善调解、仲裁、行政裁决、行政复议、诉讼等有机衔接、相互协调的多元化纠纷解决机制。这表明纠纷解决和社会治理进一步向精细化发展。二是法院在推进多元化纠纷解决机制中仍会继续发挥核心作用，但更重要的是需要通过法律加以实质性的保障和推动，特别是建立法定前置调解制度和法院委托调解的规范化，以保障相关司法改革措施的正当性和可持续发展。三是对各种专门性纠纷解决机制进行实体法与程序结合的整体建构，建立专门化的非诉讼程序并与司法程序相衔接。四是整合民间调解。目前，狭义的人民调解已经不足以涵盖各种民间调解，各种民间社会调解以不同形式存在和运行，缺乏法律的调整。因此，需要通过法律对人民调解以外的民间性调解机制、特别是市场化机制进行法律规范，在推动保障的同时，加强管理和规制。五是根据各行政部门的职能和特点，建构合理、高效、负责的行政性纠纷解决机制。六是在全社会倡导协商性纠纷解决文化，鼓励引导当事人通过非诉讼程序解决纠纷。

调解是指双方或多方当事人就争议的实体权利、义务，在人民法院、人民调解委员会及有关组织主持下，自愿进行协商，通过教育疏导，促成各方达成协议、解决纠纷的办法。作为基础的电力公司与政府和居民两方做好充分的沟通也是非常重要的。行政纠纷很大一部分都是通过调解来解决矛盾的，在与当事人充分沟通的情况下结合多元化纠纷解决机制解决纠纷，增加提高解决纠纷的效率，并且能提高企业形象，也正符合当今构建和谐社会的价值目标。

第七篇

财产保险纠纷

第一章

财产保险纠纷案件综合分析研究

财产保险是国家电网公司重要的金融业务板块，保险人与被保险人往往多数主体是电力企业，所以财产保险纠纷案件往往涉及电力企业内部不同业务分工主体的利益。

一、财产保险纠纷案件概述

财产保险是电网近年来发展起来的新业务，是产业与金融业务结合的产物，是国际大型企业的重要发展经验。财产保险纠纷也是近几年出现的一种新纠纷。所以，认识这类纠纷的特点，寻找解决纠纷的办法显得十分重要。对维护保险方、被保险方合法权益，推动电力企业发展具有重要意义。

（一）案件基本情况

（1）案件数量快速增长。根据国家电网公司经济法律案件管理系统统计，每年的发案新增率约 120%～170%。

（2）保险方主要为被动参与诉讼。上述抽样新发案件中，财产保险公司地位为被告（包括被申请人、第三人）的案件，占总案件数量的 88.5%。保险公司主动提起的案件（含原告、申请人、上诉人等），占总案件数量的 14.5%。案件处理方式包括诉讼和仲裁，其中诉讼案件占比超过 75%，是保险合同纠纷案件的主要处理方式。

（3）案件争议问题相对集中。新发案件中车辆交强险和商业车险案件占比超过 90%，交强险中的争议问题主要集中在交强险的分项限额适用、人伤的残疾鉴定标准、精神抚慰金标准等方面；商业车险主要争议问题主要集中在保险公司是否尽到说明义务、免责条款是否生效、证据效力等方面。其他电力设施设备保险相对比例少，但一旦发生保险案件纠纷，其纠纷争议的金额较大。

（二）财产保险纠纷各地区不均衡

各地财产保险纠纷仅抽取近期某一年为例，据不完全统计，案件数量快速攀升，案件压力不断增大。

从各地反映的情况看，有几个明显突出的现象。

第一，案件数量与各地财产保险业务规模和经营时间相关。经营时间越长、业务规模越大，案件数量越高。

第二，纠纷案件与涉案金额有明显差异。同样案件，有的地区平均诉讼金额高于 20万元，而有的地区诉讼请求金额低于 11 万元。

第三，总体年度结案率相对较低。当年新发案件在年度内结案比例，除少数地区外，大多数地区仅为 30.19%，结案周期较长。

二、财产保险纠纷案件特点

（一）案件数量增长率高于业务增速

抽样年度内案件数量比上年以百分百以上的比例增加，每亿元保费新发案件数量大致增长 63.66%，案件增速显著高于保费增速。本年案均诉讼请求金额大约年增 13%左右。

（二）加强案件依法处理有利于维护当事人合法权益

从保险公司角度看，经过客服、法律等部门及岗位密切配合，案均赔偿金额比请求金额降低了约 40.32%，显著降低了公司赔付成本，有效维护了财产保险企业合法权益。从被保险人角度看，依法、合规、及时获得了损失补偿或赔偿，有效地维护了合法权益，促进了企业发展，一举两得。

（三）财产保险纠纷案件减损结果与案件管理水平显著相关

从统计结果及实际管理情况来看，当事人对诉讼案件管理的重视程度、人员调配等直接影响对最终案件减损金额。

（四）外聘律师职能作用逐步发挥

保险人或被保险人，许多单位通过招标方式建立了外聘律师库，将重大、疑难、复杂案件委托外部律师代理。有的单位委托外部律师处理案件约占全年案件数量的 10%左右，外部律师作用逐步显现。

（五）主动诉讼解决案件纠纷的数量显著增加

多年来，发生保险纠纷都是被保险人主动提起诉讼，近年保险人主动提起的案件（作为原告、申请人、上诉人等）案件约占总案件数量的 14.5%，有大幅度提高，逐渐改变诉讼地位"必然"是被告的状况。上述变化表明保险人利用法律诉讼来维护公司合法权益的意识显著提高，加大了代位追偿力度，积极降低保险人的赔付成本，同时对明显不合理的判决积极提起上诉，争取对处理案件更有利的结果，取得显著成效。

三、问题分析

（一）保险人一方对于保险对象整体流程管控与制度执行力有明显不足

如销售环节没有有效履行说明义务、投保单上无投保人签字或销售人员代签名等，承保环节没有及时送达保单、投保单没有附条款等，理赔环节现场查勘不及时、无现场查勘等，上述环节是保险人败诉的主观原因，亟待今后进一步加强。又如，被保险人与业务主管人员感情配合，缺乏公正、公平立场，甚至有的是共同串联、统一口径应对保险人的勘查，真实情况不明确是保险人败诉的客观原因。

（二）保险人法律专业人员明显不足

保险人多数分支业务机构没有法律工作人员，即使个别机构配备了人员也不是法律专业背景或专职从事保险法律合规工作，普遍缺乏有经验的法律人员，也是保险人败诉的一个原因。

（三）保险人外聘律师机制有待加强

由于保险人自己的法律人员缺失，建立内部专业人员与外部律师相结合的案件管理机制就显得有必要了，但外聘律师机制、作用尚未完全发挥效果，一是外聘律师水平参差不齐，责任心和敬业程度有明显差异，直接影响案件结果。二是对律师缺乏管理，过度依赖律师，还有部分公司聘请的律师并未勤勉尽职，不是从保险人立场出发维护其合法权利。外聘律师的考核、淘汰机制需要进一步加强。

（四）保险人未实现纠纷案件管理工作常态化

由于缺乏对案件进行常态化管理，案件管理人员变更频繁，基本处于为了应付经法系统录入和提交案件管理数据的突击集中处理状态。保险人的分支机构案件上报质量较差，经法系统录入案件与手工上报统计表相差巨大，案件上报不及时、不准确在一定程度上影响了案件汇总统计分析与掌控。

四、保险纠纷的应对措施

（一）保险人应对案件的措施

1. 强化内控流程和制度执行力建设

保险人案件数量高发及保险人败诉率高的主要原因在于其销售、承保、查勘等内控流程执行不到位，分支机构对相关制度执行力不强。应当以内控落地为抓手，强化内控流程和制度执行力，促进各分支机构提升规范化经营水平，从源头上防范和降低法律诉讼风险。

2. 完善外部律师管理机制

保险人应当经常、定期对外聘律师的工作情况进行评价，对专业水平低、工作责任心不强的律师坚决予以淘汰，招标补充新的律师资源。同时加大重大案件律师管理，对律师的答辩状要提前沟通，确保能最大限度维护公司利益。

3. 加大追偿案件管理力度

提高代位追偿案件的成功率，减少或降低自身损失，保险人要不断加强追偿案件管理。一方面要求各业务机构和分支机构及时发现可追偿案件，在支付赔款前取得完整的权益转让法律文件，另一方面可以推行律师全风险代理追偿模式，律师收益直接与追偿功过挂钩，提高律师的追偿积极性。

4. 加大理赔及法律人员专业培训

保险人要经常组织保险法律、典型案例及诉讼案件管理要点培训，围绕纠纷处理实务中争议多的法律热点、诉讼焦点、处理要点等开展培训，提升全员保险理赔及法律人员的专业素质水平。

5. 加强案件日常管理工作

保险人要加大案件管理工作力度，确定相对固定的案件管理人员，建立案件及管理台账，实现常态化案件管理，并建立案件处理绩效考核制度。

6. 逐步加强法律人员配备

保险人当前保险纠纷案件金额在赔付支出中占比日益加大，案件管理成效直接影响保险人理赔成本及总体效益。电力行业内普遍重视法律诉讼案件管理，建立健全各级法律诉讼管理机构。保险人也是电网企业的重要组成部分，应当按照国家电网公司要求重视法律专业人员配备，特别是直接进行保险业务的分支机构也应有负责处理案件纠纷的法律专业岗位，从而提高案件管理效能，充分发挥案件管理的减损作用。

7. 提升法律诉讼案件管理信息化水平

保险人应当尽快推动在保险理赔系统增加法律纠纷管理模块，并争取与国家电网公司经济法律系统实现实时对接，实现保险法律纠纷案件纳入国家电网公司的统一管理，提高案件管理信息化水平。

8. 保险人与被保险人应当加强业务管理及保险事项的沟通、交流

以解决保险理赔与保险权利义务相统一为目的，以维护双方合法权益为中心，共同促进国家电网和电力事业发展。保险纠纷的处理方式应当加大协商、和解、调解处理的力度。

（二）被保险人应对案件的措施

（1）发生保险事项应及时报案，保护好现场，请求保险人迅速进行现场查勘，获取第一手实际案情及损失。

（2）发生保险事项要快速、准确取得并保存好案情证据。

（3）发生保险事项要及时准确请求无利害关系的权威评估机构进行损失评估。

（4）发生保险事项提出索赔请求要实事求是，不夸大、不缩小，如实报告案情及损失情况。

（5）发生保险财产造成的人身伤害案件，被保险人亦应公平、公正地提出案件处理意见，不盲目倾向保险人或倾向受害人，提出超规定、不合理的请求或处理意见。

（6）因第三方责任造成的保险事项，被保险人应积极采取应对措施，收集证据，在取得保险人赔偿后积极配合保险人做好代位追偿。

第二章

财产保险纠纷案例具体分析

案例 1　　侯某甲等 5 原告诉某县供电公司触电人身伤害保险赔偿案

一、案由

原告：侯某甲等 5 人因受害人侯某在为被告许某建养鸡棚过程中因断电进行线路插座修理时触电身亡，向人民法院起诉请求某县供电公司对受害者赔偿，经一审人民法院审理判决后，当事人不服上诉。为此，此案不是通常一般意义上的触电人身伤害纠纷，而是涉及保险责任区分的电力设备触电人身伤害赔偿责任划分性质的纠纷案件。

二、原告诉讼理由

五原告共同诉称：被告许某在某村建设养鸡棚，死者侯某为其提供建设安装劳务。在工程基本完工时，被告许某提供的供电线路上的插座突然断电，死者侯某修理时按照被告许某的指令在检查电源插座时触电身亡。该事故电源插座上连接有漏电保护器，在检查电源插座前已经将漏电保护器的开关拉下，该事故供电线路及漏电保护器由被告某县供电公司的统管农电工安装，事故发生后原告找被告许某协商未果。综上，死者生前与被告许某之间存在建设安装劳务关系，死者在为完成被告许某的劳务中触电死亡，被告许某应当承担相应的赔偿责任；导致死者触电身亡的供电线路及漏电保护装置系被告县供电公司统管农电工设计安装，该供电线路存在危险，导致该事故的发生，被告县供电公司亦应当承担相应的赔偿责任。原告为维护其合法权益，故起诉，要求判令被告赔偿原告死亡赔偿金、丧葬费、精神损害抚慰金、被扶养人生活费、处理丧葬事宜的交通费、误工费等共计 436300 元。

三、被告答辩理由

被告许某口头辩称：第一，被告和死者属于承揽关系。被告因建设工程需要将地基施工部分交由案外人许某，地基快完工的时候，许某推荐其女婿侯某承担钢结构的主体工程，经与许某协商，最终以 60 元/m²，总价 5 万元的价格将工程经过许某交由侯某，逐日采取包工包料的方式施工，从建设性质来看，交付的属于劳动成果，是以自己的设备包括劳力完成基础建设，属于承揽关系。第二，本案属于门市用电引发的触电身亡事故，被告在建设鸡棚之初，向被告县供电公司申请安装临时线路，但被告的电工在履行职责过程中存在重大过错，具体体现在：①没有按照临时用电安装规范，在线路没有三级保护的情况下，仍然为其安装并送电，是导致事故发生的主要原因；②安装以后也没有按照《农村用电技术规程》来操作，没有履行定期检验等法定义务，是本次事故发生的又一原因；③我方按照被告二电工指示已经提供了合格的漏电保护器，有相关的合格证书，同时，假设漏电保护器存在质量问题，也是被告二位工作人员怠于检验履行职责的结果。应由被告县供电公司承担该事故的全部责任。综上请法庭查清事实，公正裁决。

被告县供电公司口头辩称：第一，答辩人在其供电营业区内的供电设施的设计、施工、运行皆符合国家标准和电力行业标准，严格遵守《电力法》等相关法律法规的规定，不存在任何过错；第二，受害人的死亡皆由第一被告擅自移动了由第二被告已经安装完毕并检测正常的漏电保护器，受害人系在其移动后的漏电保护器进行安装鸡棚，第一被告许某存在重大过错，答辩人不应当承担赔偿责任。

四、人民法院认定的事实和判决理由

经审理查明：死者侯某等人为被告许某搭建鸡棚，干活的过程中被告许某提供的用电插头不通电，在棚顶上干活的侯某问被告许某还有没有插板？被告许某说"没有"，侯某就让人去断电，跟侯某一起干活的成某就去把漏电保护器开关关了，侯某随后开始修插板，在修理的过程中被电击伤、经医院抢救无效死亡。事故发生后，县公安局某派出所接警后来到事发现场，对被告许某提供的漏电保护器及用电插板进行了当场测试，经测试漏电保护器在断电的情况下，插板仍带电。经原告侯某甲申请，县人民法院委托，某司法鉴定中心进行司法鉴定并出具了法医病理司法鉴定意见书，鉴定意见为：被鉴定人侯某系电击致心脏骤停而死亡。鉴定费 10000 元。

另查明：被告许某在建鸡棚前，由被告县供电公司的农电工为其安装了供电线路，并安装了由被告许某购买的漏电保护器和电能表，但未装设配电箱和电源开关，并将供电线路固定在鸡棚外的树上。供电线路安装好后，被告县供电公司为被告许某进行了供电。鸡棚土建部分完工后，被告许某怕电能表被雨淋，就私自把电能表拆了，将漏电保护器移到鸡棚内，移动后一直到发生触电事故，被告供电公司未采取任何制止、纠正措施。死者侯某系农村居民，兄弟姐妹共 4 人，其被扶养人有儿子、女儿，2 人均幼小。

又查明：当年年度当地农村居民人均纯收入为 11882 元，农村居民人均生活消费支出

7962 元，城镇单位在岗职工平均工资 46386 元。

法院认为：临时用电应当符合相关规定，应当装设配电箱，配电箱内应配装控制保护器、剩余电流动作保护器和计量装置，而被告县供电公司在给被告许某安装供电线路的过程中，既未安装配电箱也未安装电源开关装置，在被告许某私自拆除电能表，将漏电保护器移到鸡棚内又未及时发现并予以制止、纠正，被告县供电公司作为供电企业，应当依法依规履行职责，保障安全供用电。而被告县供电公司在未依法、依规进行线路安装的情况下予以供电，且对其临时安装线路疏于管理，怠于履行职责，未保证供电安全，该行为与侯某触电死亡具有一定的因果关系，应负事故的主要责任（50%）。被告许某没有电工资质，私自拆下电能表、移动漏电保护器，对侯某触电死亡也存在一定的过错，负有一定的责任（40%）。死者侯某没有相应的电工资质，在插座没电时应找专业电工予以维修，但其在断开漏电保护器后，在未检查线路是否有电的情况下私自维修，导致其触电死亡，其自身也存在一定过错，应承担 10% 的责任。综合以上分析，结合原告的诉讼请求，对原告的具体损失范围及数额确定如下：

（1）死亡赔偿金，按照省上一年度农村居民人均纯收入赔偿 20 年。被扶养人其子扶养 15 年，其女需扶养 15 年，被扶养人生活费按照省上一年度农村居民人均生活消费支出一并计算到死亡赔偿金内，计算为 357070 元 [（11882 元/年×20 年）＋（7962 元/年×15 年÷2 人）＋（7962 元/年×15 年÷2 人）]。

（2）丧葬费，按照省上一年度城镇单位在岗职工年平均工资计算为 23193 元（46380 元/年÷12 个月×6 个月）。

（3）鉴定费共计 10000 元，系原告为确定死者的死亡原因等相关事项而实际支出的费用，应依法予以支持。

上述原告的损失合计为 390263 元。应由被告许某承担 40%，即 156105.20 元，被告县供电公司承担 50%，即 195131.50 元。原告要求被告支付精神抚慰金 50000 元，根据双方的过错程度确定精神抚慰金为 40000 元，因被告县供电公司为单位，按其过错程度被告县供电公司承担 35000 元，被告许某承担 5000 元。原告要求被告赔偿处理丧葬事宜的交通费、误工费，但未提供相应证据予以证实，本院不予支持。

五、法院判决结果

根据《侵权责任法》第六条、第十六条、第二十二条、第二十六条，最高人民法院《关于审理人身损害赔偿案件适用法律若干问题的解释》第二十七条、第二十八条、第二十九条之规定、判决如下：

（1）被告许某赔偿原告侯某等五人丧葬费、鉴定费、精神抚慰金等共计 161105.20 元。

（2）被告县供电公司赔偿原告侯某等 5 人死亡赔偿金、丧葬费、鉴定费、精神抚慰金等共计 230131.50 元。

（3）驳回原告的其他诉讼请求。

当事人不服一审判决后上诉。二审人民法院经审理调解认为，一审判决赔偿理由与数据认可，但根据合同约定和保险单特别约定，由被告及被保险人县供电公司的责任赔偿由保险人赔偿，结案。

六、启示与教训

1. 要关注重复投保问题

经保险人调查，被保险人未持有可对本次事故负责的其他保险合同。

2. 要掌控赔偿限额

根据保单约定，每次事故赔偿限额为人民币 22000000 元，其中每次事故每人赔偿限额为人民币 1000000 元。本次事故被保险人与三者多次沟通，最终通过法院判决，赔偿死亡赔偿金、丧葬费、鉴定费、精神抚慰金人民币 230131.50 元，保险人对精神抚慰金及鉴定费不予认可，实际赔偿 190131.50 元，保险金赔偿额掌控在合同约定之内。

3. 要重视免赔额

本保单无免赔。但从长远来看，应重视免赔额。

案例 2 　王某等五人诉某市供电公司 10kV 带电电力设施人身触电伤亡纠纷案

一、案由

本案一审原告：王某等五人（死者王某甲近亲属，二审被上诉人），一审被告某市供电公司（二审上诉人），因施工过程中承包方王某在搭建施工脚手架时手持钢管不慎触及离墙 2.3m 的 10kV 变压器的熔断器而被击致伤，后经抢救无效于当日死亡而发生纠纷，诉于人民法院。此案经过二审，涉及当事人较多，有多名自然人，有供电企业，还有保险单位。

二、诉讼理由

1. 原告的诉讼理由

王某等五人称：①肖某、王某甲等五人为合伙关系，肖某并非受害人王某甲的雇主；②根据《侵权责任法》第七十三条的规定，市供电公司应承担此次事故的责任；③受害人王某甲虽然是农业户口，但其主要收入来源于城市，应按城镇居民标准计算相关损失；④应追加肖某为本案当事人。

2. 被告答辩理由

市供电公司上诉称：①一审法院查明事实不清，遗漏当事人，王某甲是受雇于肖某，应追加雇主肖某为本案当事人；②上诉人对该线路的架设安装严格按照规定进行，且在变压器处也设有警示标志，其已最大限度采取了安全措施，并尽到了警示义务，不应承担责任；③受害人王某甲为农业户口，一审法院按照城镇居民标准计算赔偿金额，不符合法律规定，请求二审法院撤销一审判决，依法改判驳回被上诉人的诉请或发回重审。

三、法院审理认定的事实

原审法院查明，肖某、王某甲等五人合伙开办彩绘公司，经营绘图宣传工程，但未办理工商营业执照。肖某代表其余四人和某幼儿园王丽签订了一份合同书。合同主要内容为：肖某一方包工包料给某幼儿园王丽临街外墙绘画。同时还约定施工安全由肖某一方负责。合同签订后，肖某一方开始施工。王某甲在三层搭建脚手架施工过程中，因横举铁管触及架空绝缘配电线路离墙 2.3m 10kV 变压器旁的熔断器（跌落保险）受伤，被送入医院，经抢救无效当日死亡。住院抢救医疗费 1645.7 元，王某甲系农业户口，于 2009 年后长期在市区某街道村生活。

经核算，原告的损失为：医疗费 1645.7 元，护理费 20 元，误工费 83.02 元。丧葬费 15151.5 元、死亡赔偿金 368314.96 元（其中死亡补偿费 318605.2 元、被扶养人生活费 49709.76 元）、精神损害抚慰金 5000 元，合计 435215.18 元，另查明，某幼儿园没有营业执照，是被告王丽出资开办。

四、法院判决理由

原审法院认为，根据《侵权责任法》第七十三条："从事高空、高压、地下挖掘活动……造成他人损害的，经营者应当承担侵权责任"的规定，本案中，被告供电公司作为高压经营者，没有证据证明损害是受害人王某甲故意或者不可抗力造成的，应当承担补偿责任。但受害人王某甲明知水平距离 2.3m 有 10kV 高压熔断器，不慎触及，存在过失，可以减轻经营者的责任。关于死者王某甲与被告王丽的关系问题，原审法院认为，根据查明的事实，王某甲与王丽不存在长期合作关系，所需设备也是由王某甲一方自行配备，结算报酬也是按面积数量计算，这些情况符合承揽关系的特征，被告王丽将绘画工程发包给没有相应资质的王某甲等人，致使施工中的安全问题不能得到有效的保障，作为承揽关系中的定做方，王丽选任王某甲等人作为承揽人的行为具有过失，也应当承担相应的责任，综合本案实际，原告承担总损失 435215.18 元的 30% 责任即为 130564.55 元，被告市供电公司承担 60% 责任即为 261129.1 元，被告王丽承担 10%责任即 43521.52 元为宜。关于原告请求的 3500 元交通费问题，原审法院认为，因该款是运死者王某甲尸体，应含在丧葬费中，故原告请求被告 441495.9 元的诉讼请求，部分不予以支持。被告供电公司辩称不承担责任的理由不足，不予采纳，被告王丽辩称与死者王某甲没有承揽关系，和法院查证的事实不符，不予采信。

五、法院终审判决结果

依照《侵权责任法》第七十三条，《最高人民法院关于审理人身触电损害赔偿案件若干问题的解释》第二条第二款、第四条第一款第（一）项，第（二）项、第（四）项、第（七）项、第（八）项、第（九）项，《民事诉讼法》第一百二十八条之规定进行了判决：

（1）被告市供电公司于本判决生效后十日内补偿原告医疗费、被扶养人生活费、精神损害抚慰金合计 261129.1 元。

（2）被告王丽于本判决生效后十日内赔偿原告医药费、护理费、误工费、丧葬费、死亡赔偿金（其中含死亡补偿费、被抚养人生活费）、精神损害抚慰金合计 43521.52 元。

（3）驳回原告的其他诉讼请求。

如果未按本判决指定的期间履行给付金钱义务，应当依照《民事诉讼法》第二百二十九条之规定，加倍支付迟延履行期间的债务利息。案件受理费 7923 元，由原告负担 2456 元，被告供电公司负担 4686 元，被告王丽负担 781 元。

六、保险人对案情经过的陈述

由肖某、王某甲（本案受害人）等五人合伙开办的彩绘公司与某幼儿园签订了一份承包合同，合同约定：肖某一方包工包料为幼儿园临街外墙绘画，施工安全由肖某一方负责。施工期间，施工方王某在搭建三层施工脚手架过程中，手持钢管不慎触及离墙 2.3m 处 10kV 变压器旁的熔断器（跌落保险）而被电击致伤，后被紧急送至当地人民医院，经抢救无效于当日死亡。事发时，变压器处有"高压危险"等警示标识。

后肖某代表受害人王某的家属将市供电公司、某幼儿园以及幼儿园负责人等作为被告告上法庭。法庭查明，由肖某等五人经营的彩绘公司以及幼儿园均未向工商部门登记注册，不具有相应的资质。一审法院审理后认定：被告供电公司作为高压经营者，没有证据证明受害人王某的死亡是由受害人的故意或不可抗力造成，应当承担补偿责任。但受害者王某明知水平距离 2.3m 处有 10kV 高压熔断器，仍进行施工作业，并最终不慎触及导致死亡，存在过失，可以减轻高压线路经营者的责任。肖某等作为不具备相应资质的施工方承担次要责任。幼儿园将工程发包给没有相应资质的王某甲等人，致使施工中的安全问题不能得到有效保障，作为承揽关系中的定作方具有过失，也应承担相应责任。最终一审法院根据《侵权责任法》第七十三条："从事高空、高压、地下挖掘活动或者使用高速轨道运输工具造成他人损害的，经营者应当承担侵权责任，但能够证明损害是因受害人故意或者不可抗力造成的，不承担责任。被侵权人对损害的发生有过失的，可以减轻经营者的责任"，判决供电公司承担此事故60%的责任，补偿受害人家属261129.1元；肖某等承担30%责任；幼儿园承担10%责任，赔偿受害人家属43521.52元。

一审结束后某市供电公司不服一审判决，上诉至市中级人民法院，经二审判决，维持原判。

七、案件的经验教训

本案中供电公司虽然没有明显过错，但法院根据《侵权责任法》判决其承担补偿责任，系侵权责任中的"无过错责任原则"。司法机关和许多人认为"无过错责任原则"是指在法律有特别规定的场合，以已经发生的损害结果作为判断标准，与该损害结果有因果关系的行为人，不论其有没有过错，都要承担侵权责任的归责原则。还有一些学者或电力实际工作者认为"无过错责任原则"是指发生损害结果无法判定责任人时适用"无过错责任"。我国《民法通则》《侵权责任法》《合同法》等法律体系中虽然有明确规定，尤其是《民法通则》第一百零六条、第一百二十三条等："没有过错，但法律规定应该当承担民事责任的，应当承担民事责任"，以及上述法院依据的《侵权责任法》第七十三条的规定更是凸显了这一原则。因此，作为高危行业的电力系统在涉及人身侵权责任时，往往处于不利位置。这类无过错侵权责任事故在电力安全生产中还有很多，例如：十四岁以下无行为能力的儿童攀爬供电设备；垂钓者触碰供电设备；由于第三方有意或无意破坏、盗窃等原因造成电力设施损坏或灭失而给他人带来的损失；外力撞击电杆，给他人造成损失，且无法找到肇事者以及一些大型机械设备在电力保护区域违章作业触电造成人员伤亡等。

本案法院的判决中虽然没有指明供电公司的过错，但并不意味着本案中供电公司就完全"无可挑剔"。根据电力生产相关要求，电力生产一线人员应随时对辖区设备进行巡视检查，发现隐患及时排除。如果上述事故中，配电设备维护人员及时巡视设备，发现王某甲等在高压设备附近进行违章作业时，能够做到及时、有效的劝阻，就可以避免事故的发生。这里的"有效劝阻"必须是能够阻止像王某甲这样的受害人在高压设备危险区域的作业，而不仅仅是简单地悬挂警示标示、口头劝阻、下达违章通知书或简单的履行危险告知义务。否则，供电企业很难在无过错责任侵权事故中免除或减轻其赔偿责任。

从上述事故可以看出，在电力生产中大部分的"无过错责任"人身伤亡事故，电力企业在主观上往往没有过错，但客观上其在生产或者管理环节还是存在一定程度的管理不善等问题。因此，定期巡查和有效阻止是完全可以避免或减少涉电"无过错责任"人身伤亡事故的发生。

八、启示

在电力安全生产中，很多涉及第三方责任事故都与人的因素密切相关，责任事故或由于人的疏忽、疏漏等，或与缺乏必要有效的管理有关。因此，责任事故事前的风险预防和隐患排查，事中的风险控制和事故阻止，事后的风险管理总结等都有利于减少责任事故的发生。综上，根据电力生产的特点，应当不断加强风险管理。

（1）加强电力设备的日常巡视，及时发现在高压设备危险区域或电力设施保护区域内的任何隐患，包括：高压区域违章作业、高压线下违章建筑施工、高压线下垂钓、电力设备安全距离不足、电力设施处于新建规划道路中，等等。

（2）针对不同隐患及时采取有效措施。

1）针对高压区域违章作业和高压线下违章建筑施工，应对违章作业者先进行劝阻，再开展宣传教育活动，发放和展示相关触电伤亡施工案例的事实彩图宣传资料，让作业者耳闻目睹惨痛事故后果；然后通过地方安全生产职能部门进行安全生产监督检查等执法整治。如仍不能有效阻止违章作业，可通过中止施工现场电源，暂停施工方所有用电业务申请等方式避免违章继续。在劝阻过程中应保留相关的有效证据，这样在一旦发生事故后，减轻供电公司的责任。

2）发现高压线下有河流、湖泊以及鱼塘时，应先在垂钓水域明显位置悬挂"高压危险禁止垂钓"警示牌，同时应根据线路与垂钓水域距离情况，尽快采取线路改造，使高压线路远离垂钓区域，或者将相关线路改造成绝缘化线路，避免钓鱼甩线时鱼线落入高压线路造成人员伤亡。

3）针对电力设备安全距离不足或电力设施处于新建规划道路中，应及时排查，发现隐患尽早安排技改资金进行改造升级。

4）小区或学校周围配电箱、环网柜等配电设施应加设防护锁，配电设施外壳应有效接地，如有破损应及时更换；配电台架如有攀爬梯，应保持一定距离，避免较大儿童随意攀爬。

（3）加强电力一线人员业务技术知识培训，提高技术人员综合素质，避免出现电力生产环节因技术原因引起的隐患因素。同时，应通过加强考核等方式，提升一线人员责任心、安全意识；开展电力设备周期性巡视检查，提高电力设备运行维护水平。

（4）任何责任事故发生后，要按照安全生产中事故原因未查清不放过、当事人没有受到教育不放过、事故责任人未受到追究不放过、没有制订切实可行的预防措施不放过等"四不放过"原则，对事故做好总结，举一反三，避免类似事故再次发生。

（5）电力设备保险当事人（投保方和承保方）均应明确电力设备的安全责任，在保险合同中应详细、具体明确投保责任、承保责任，防止发生赔偿事件后双方产生不必要的分歧与争议。

案例 3　电力保险责任纠纷案

一、案由

某年 7 月 31 日,被保险人某县供电公司辖区某村因管理不善,造成人员豆某触电死亡。经查,豆某触电死亡系其自家线路发生短路烧坏部分电器后,豆某要求村电工将新购置的电线绕过配电盘上的漏电保护器接线,后豆某在家不慎触电身亡。

死者家属将某县供电公司告上法院,县供电公司又追加投保方保险公司为第二被告,此案经县法院一审判决保险人赔偿 13 万余元。保险人不服判决提起上诉并聘请当地律师出庭代理,经二审法院审理依据供电责任险限额只赔偿 2 万元。二审判决后,县供电公司不服,提起民事申诉,省高级法院以"原审判决认定基本事实缺乏证据",指令中级人民法院裁定撤销原一审及二审判决,发回一审县法院重新审理。

次年保险人接到县法院重审的一审判决书,判决书以保险合同关于限额约定互相矛盾为由,判决保险人赔偿死者各项损失 177473.76 元。保险人不服重审的一审判决,再次提起上诉,进行了重审的二审。经重审的二审法院认定,以"保险条款约定相互矛盾且约定不明,对格式条款有两种以上解释的,应当做出不利于提供格式条款一方的解释"为由,判决维持原判,终结此案。

二、承保情况

保险人承保县供电公司供电责任险,保单约定"在本保险有效期限内,被保险人在本保险单明细表中列明的供电区域内,由被保险人所有或管理的供电设备及供电线路,因下列原因导致第三者的人身伤亡或财产损失,依法应由被保险人承担的民事赔偿责任,保险人负责赔偿……"。保单赔偿限额约定为:(一)1. 每次事故赔偿限额 100 万元,其中每次事故财产损失赔偿限额 50 万元;2. 累计赔偿限额为 500 万元,每人每次赔偿限额 2 万元。(二)总累计赔偿限额为 500 万元。"事后总结,作为一般人,难以理解此规定的意义,可以说表述不清。

三、查勘情况

根据保险人查勘人员事后确认,触电死亡的豆某在自家发生短路烧坏部分电器后,豆某要求村电工将新购置的电线绕过配电盘上的漏电保护器接线,后造成豆某触电死亡。根据农村电工工作职责,农电工工作职责只需对属于供电公司产权的线路负责维护,对用户的线路或者电器不提供有偿或者无偿的服务。死者豆某没有打电话要求供电公司服务，也没有要求乡供电所派人维修，而是私下约请没有权利能力的电工程某接电线。

四、争议焦点

争议焦点一：是否属于保险责任？

根据农电工接线行为来说，无论是个人行为还是职责范围，供电公司均有管理不善情况，但此管理不善与事故发生的责任划分界定不一，从保险人接触到的此类事故司法判例来看，判定"管理不善"的责任比例最高者为承担 50% 责任，但较多判例是承担 10%～20% 责任，因此保险人认为供电公司因"管理不善"承担死者赔偿事故责任应当不超出 30%，不应承担主要责任，同时应按照保单约定限额赔偿。

争议焦点二：保单限额是否约定不明？

保险人认为根据责任保单赔偿限额通用约定，确实需要先约定每次事故赔偿限额，再列明每次事故财产损失赔偿限额，再列明每次事故人身伤亡赔偿限额，同时列明每次事故每人赔偿限额：最后注明累计赔偿限额。从此事故保单看，保单约定确实有瑕疵，但不至于约定不明或前后矛盾，因此法院应按照保单约定赔偿。但法院认为保单的问题是约定不清楚并认为保单是格式条款，应作出不利提供合同当事人的解释进行判决。

五、法院判决结果

此保险事故经法院反复审判，事故情况及责任较为明确，即供电公司对死者触电死亡承担一定责任，受害人自己私自乱请人、乱接线也应承担一定责任，保险人应根据保单合同约定赔付限额赔偿 2 万元。但经再审法院二审判决，以"对格式条款有两种以上解释的，应当作出不利于提供格式条款一方的解释"为由，认定保险合同约定的责任限额存有异议且属于格式条款，故判决保险人承担责任人供电公司"管理不善"的赔偿责任，赔偿死者各项损失 177473.76 元。

六、启示

（1）理赔是检验承保质量的一个重要环节。保险公司与被保险人达成保险合同后，由于还没有发生赔案，大家对个别语句的理解也很难发现存在异议，故对保险条款的理解、特别约定的表述并不会过多的关注。但一旦发生理赔，双方对关键条款的具体含义就会特别关注，为了维护各自的利益，双方都会就条款朝对自己有利的方向"解释"。此时，承保时使用的措辞是否准确就显得尤为重要。因此，理赔也是检验承保质量的一个重要环节。

（2）对在理赔过程中发现的问题要及时与承保部门进行反馈。承保时，承保人员不可能对条款所可能面临的各种可能出现的情况作出全面的预判，不可能完全规避所有可能的异议，只有通过理赔部门的不断反馈，在反馈中加以完善，从而使保险合同尽可能准确地表达双方的真实意思，维护双方的利益。

（3）承保单位应当加强业务人员对《保险法》《合同法》等法律、法规的培训，提高法律素质。保险公司要加强对常用合同条款的研究，从实践经验、教训中总结修改、完善合同文本，争取作到条款表述更加明确，减少理解上的歧义。

案例 4　涉保意外触电死亡诉讼案

一、案情介绍

某市某区居民李某（10 岁）在江陈村内玩耍时触碰当地供电公司所有的表箱接地线，因故障使表箱接地线意外带电，导致李某触电当场死亡。

事故发生后，死者父母将供电公司告上法庭，法院一审认定被保险人供电公司承担事故全部责任，承担死者家属共计 552344 元。判决后供电公司向保险人提出索赔申请，请求支付其赔偿死者父母的 552344 元，同时索赔诉讼律师代理费 18000 元、诉讼费 9323 元。

二、保单情况

被保险人：某市供电公司

承保险种：电网供电责任险及公众责任险

保险期间：一年

约定每次事故赔偿限额 150 万元，人员伤亡每人每次事故限额为 100 万元、财产损失每次事故赔偿限额 50 万元；保单并特别约定有条件支付受害者精神抚慰金和处理诉讼事务的律师费和诉讼费。

三、查勘情况

事故发生后，供电公司分别向保险公司两个险种报案。接报案后，死者家属前往某市安监局和某区政府上访，保险人理赔人员一方面会同被保险人积极安抚死者家属情绪，另一方面及时复勘事故现场。通过查勘确认：事发电线杆属于市供电公司所有资产，带电导线本属于接户表箱的接地线，但因年久失修导致绝缘部分磨损而带电；死者李某系某县马厂行政村人，随父母暂住在某区某社区，在某小学就读。受害者李某经市公安局司法鉴定中心鉴定其死亡原因为电击死；现场经市公安局某派出所确认受害者倚靠的钢丝带电，且接至供电公司所有的接户表箱。

由于受害者家属与供电公司就事故责任比例和最终赔偿金额达不成一致意见，最终诉讼至法院，法院最终判决供电公司承担全部责任，并据李某在城镇读书的证据认定受害者适用省城镇标准计算死亡赔偿金，总计判决市供电公司向死者家属赔偿 552344 元，同时承担案件诉讼费 9323 元。

四、争议焦点

首先，对于被保险人在保险人同时投保有供电责任险和公众责任险时，类似案件到底归属于供电责任险还是公众责任险？其次，对类似供电企业投保公众责任险，如何界定营业场所的概念？最后，死者系农村户口，如何能适用城镇赔偿标准？

对于供电责任险与公众责任险的争议，首先应区分两个险种的本质区别。供电责任险应属于产品责任险，即供用电双方因供电方提供的电力产品不合格（如电压、电流等不符合国家规定）导致用电方人身或财产损失，依法应当由被保险人承担的赔偿责任即构成供电责任险保险责任；而公众责任险属于场所责任险，即供电方（被保险人）在其营业场所内因意外事件导致第三者人身损害和财产损失，依法应当由被保险人承担的赔偿责任，即构成公众责任险保险责任。

对于营业场所概念的争论。传统意义上所谓的营业场所是指企业、事业单位的营业厅等有形场所，但对于供电企业，并且在保单中第九条特别约定"兹经双方同意，尽管本保单条款和扩展条款中有申报各项资料的规定，但鉴于投保人资产众多、分布广泛、乙方所需投保资产明细难以提供、保险期间变更事项众多、申报工作量巨大等情况，保险人同意投保人不按照保单条款和扩展条款的规定申报各项资料"，所以本案中出险的接线表箱和电线杆应该属被保险人的资产，虽然不属于具体的"营业场所"，但构成公众责任险的保险责任。

对于受害者系农村户口但在城镇读书是否可以适用城镇标准计算死亡赔偿金的争议，因省高院就类似情况进行了明确的说明，因此该计算方法并无不妥。

五、案件结果

本案件标的是被保险人所有的电力设施因意外导致第三者人身伤亡而依法承担的赔偿责任，因被保险人在保险人投保有电网供电责任险和公众责任险，并且就营业场所进行了特别约定，故应属于保险人赔偿范围。结合电网供电责任险与公众责任险的区别，保险公司选择在公众责任险范围内处理该案件。

因本案属于法院判决，且在收到一审判决后保险人分别与保险总公司、供电公司进行沟通，认定一审法院判决合理，未予以上诉。后经与被保险人供电公司沟通，保险人不予承担案件诉讼费和律师代理费，最终以 552344 元结案。

六、启示

本案件主要争议在于被保险人投保公众责任险，但在承保时未列明营业场所的明细与概念，因此存在出险后无穷扩大"营业场所"概念的风险。鉴于此，保险人今后在承保类似公众责任险时，应该列明被保险人营业场所明细，如遇到供电公司等公用事业企业单位资产众多、覆盖面广的特点，应特别说明"其资产覆盖地是否视同营业场所"，以免在理赔时引起争议。

案例 5　违规建筑触电死亡责任险保险责任纠纷案

一、案由

原告为代某的父亲，被害人代某受雇于第一被告徐某，在给第二被告王某家盖房子时，碰到第三被告某供电公司所属的高压线被电击死亡。原告认为，第一被告构成雇主侵权，第二被告将工程发包给不具备安全生产资质的第一被告，作为发包人应与第一被告承担连带责任，同时，第三被告对其管理的高度危险设施未尽到安全管理和消除隐患的法定义务，与二被告构成共同侵权，故诉到法院要求三被告连带赔偿原告丧葬费、死亡赔偿金、精神抚慰金、被扶养人生活费、交通费，共计 380897 元。第三被告在保险公司投保供电责任险，要求将保险人追加为第三人，承担连带责任，法院同意将保险人追加为第三人，参加诉讼，其理由是被告人供电公司与保险人有保险关系。

保单约定如下：

被保险人：某供电公司

保险期间：一年

保险标的：某供电公司所辖的供电区域

保险金额：1.07 亿元

二、保险人现场查勘意见

保险公司接到供电公司报案称：某村民代某在给雇主王某家盖房，房顶收尾时，由于与供电公司所有的 10kV 线路距离过近，造成触电，导致代某死亡。

保险人查勘人员由供电公司负责此事故工作人员陪同，于次日早到达事故现场进行查勘。经查勘，供电公司 10kV 线路所架位置位于王某家院外，10kV 线路离地距离符合要求。导致事故发生的原因是王某在 10kV 线路下违规建房，造成工人代某碰触到高压线死亡，供电公司方面无责任。故保险公司对此次事故不应赔付。

三、争议焦点

本案争议焦点是被害人的死亡原因及保险公司是否承担责任。本案是多因一果，各被告应承担相应的赔偿责任。保险公司代理律师认为：原被告之间的侵权纠纷与保险公司无关，不应将保险公司列为第三人。本案是侵权纠纷，原被告双方争议的是侵权案件，供电公司在答辩时称投保的是供电责任险，双方存在保险合同。保险公司在保险合同中是否履行义务、是否违约对侵权案件当事人行使权利、履行义务没有任何影响，保险公司对本案的诉讼标的没有独立请求权；案件的处理结果与保险公司没有法律上的利害关系。

四、判决结果

法院判决原告损失 259431.5 元，第一被告承担 40%责任，赔偿 103772.6 元，第二被告承担 15%责任，赔偿 38914.73 元；第三被告承担 15%责任，赔偿 38914.73 元，撤回追加保险公司为第三人的诉讼。

此案经法院庭审、质证、辩论，法院最终判决保险人不承担赔偿责任。

五、启示

（1）保险人以后承保此类案件时，不应有承担免责条款以外保险责任及承担被保险人律师费用的特别约定条款。从目前涉诉的人身及财产损害赔偿案件来看，都是供电公司要求追加保险公司为共同被告或第三人承担连带责任，保险公司出庭，供电公司的律师费用成为额外负担。

（2）保险合同纠纷案件与侵权纠纷案件是完全不同的法律关系，建议行业协会与司法部门沟通，类似案件不应将保险公司追加为第三人或被告。

案例 6 涉保触电人身伤害协商赔偿处理案

一、承保情况

某省电力公司于某年 8 月 10 日,将其所属的直属供电单位涉及的供电法律赔偿责任向保险公司投保了电网供电责任险。其中某市供电公司的保单约定：

（一）被保险人：省电力公司

（二）保单号：（略）

（三）供电区域：某市境内

（四）保险金额及保费：

（1）保险金额：人民币 3.6 亿元。

（2）保费金额：人民币 3304800 元。

（五）赔偿限额：

（1）每次事故赔偿限额：人民币 2000 万元。

其中：每次事故每人赔偿限额：人民币 100 万元。

（2）累计赔偿限额：人民币 3.6 亿元。

（六）免赔额：财产损失绝对免赔额 0 元，人身伤亡无免赔

（七）保险期限：一年零 4 个月

（八）适用条款：经保监会审核并备案的《电网供电责任险》条款

（九）承保基础：期内发生式

（十）扩展条款：

（1）保险公估人条款。

（2）无过失（错）条款（含自然灾害）。

（3）索赔费用条款。

（十一）特别约定：

（1）产品、储藏物品条款。兹经双方同意，鉴于被保险人已缴付了附加的保险费，本保险扩展承保因保险事故造成的第三者产品、储藏物品的损坏和报废。

（2）对触电人身损害的赔偿，包括法院判令被保险人承担的无过错责任和其他责任赔偿以及经与保险人协商一致由被保险人承担的赔偿，保险人负责赔偿。

（3）保费未及时缴纳条款。投保人因故未能按时缴纳保险费，应及时告知保险人，保险人不得因投保人未能按照约定支付保费而拒绝承担赔偿责任或采取比例赔偿，但投保人应在双方重新约定的时间内尽快办理缴费手续。

（4）补缴保费条款。兹经双方同意，尽管本保单条款和扩展条款中有缴纳保费的规定，但投保人只需要承担本方案总保险费金额中载明的金额，不需要补缴保费，保险人应按照投保人已经缴纳所有保费的情况承担保险责任，但在下列情况下投保人应补缴保费：①资产增加超过 10%（不含）时，投保人需要对超过部分按照保单载明的费率补缴保费；②投保人与保险人达成书面补缴保费的协议时，投保人按协议补缴保费。本保险单所载其他条件不变。

（5）日比例计算保费条款。兹经双方同意，被保险人投保时按短期投保的，或本保单执行过程中发生任何因素造成保费变更时，保费按日比例计算，不适用短期费率。本保险单所载其他条件不变。

（6）经法院审理的责任险赔案，对已提交法院的相关材料可不再提供保险人，但须提交法院裁判文书或调解书以及保险人需要的其他必要材料。

（7）合同双方同意，发生保险事故时，被保险人应及时通知保险人，同时可以按照有关规范要求，立即组织开展必要的抢险工作，如果因此无法保留现场，应做好相关记录。若条件许可，被保险人应做好对第一现场情况的拍照或录像工作。

（8）发生保险事故后，被保险人应及时报案，对不报案或报案时间超过3天致保险人无法确定损失的，保险人有权拒绝该部分赔偿，但裁决、仲裁或调解的案件不受此限；保险人或其分支机构在接到报案后应于4小时内到达事故现场进行查勘，现场查勘时应签署报案确认书，未能在规定时间内到达的，保险人应按照被保险人提出的数额支付赔款；造成第三者财产损失的，保险人应在现场查勘后2小时内安排修复或与有关方沟通确定损失金额，否则，被保险人可自行安排对受损财产进行修复，修复费用或因无法修复产生的重置费用保险人应全部赔偿。

二、案由

某市遭遇极端天气，瞬间风力达到9级，造成某村某学校配电室村两线一支线2号杆断杆倾倒，该杆所带低压线对地持续放电。降雨停止后，徐家村村民王某（死者，男，时年15岁）穿拖鞋从家中到院外简易厕所，经过倒地电杆附近时，低压线接地造成跨步电压，导致王某触电倒地。村民发现后拨打120急救电话，后其家属用农具挑开带电导线，用私家车将其送往医院救治，最终经抢救无效死亡。

事发后，死者家属向供电公司提出索赔。某市供电公司赔付死亡赔偿金及丧葬费677130元，生活困难救济金302870元，抢救停尸费鉴定费等52000元，合计1032000元。随后供电公司向保险人报案，并提出索赔申请，索赔金额为1032000元。

三、现场查勘及定损金额

保险公司接到报案后第一时间赶赴现场，对事故现场进行细致勘查，已经查实，因雷击造成配电室一级保护器烧毁触点粘连，倒杆后接地一级保护器无法正常跳闸，王某经过倒地电杆附近时，断线线路接地造成跨步电压，导致其触电死亡（有事故现场照片为证）。

其损失核实如下：

死亡赔偿金：此次事故中死者王某属某省某市居民，为城镇户口；按2015年××省城镇居民的人均消费性支出31545元/年标准；按20年计算死亡赔偿金为31545元/年×20年，合计630900元。

丧葬费：2015某省城镇单位在岗职工月平均工资4186.5元/月，按6个月的平均工资计算丧葬费为4186.5×6＝25119元。

本次事故不涉及扶养费计算，精神抚慰金不予承担。

根据《侵权责任法》《电力法》及与被保险人多次沟通，该事故按40%赔偿比例计算。据以上计算，本次事故赔偿金额合计应当是656019×40%＝262407.60元。

四、事故原因及分析

根据保险人的查勘人员对出险现场的走访勘查，本次事故原因为：

（1）某市刑警出具的鉴定报告，证明王某系意外触电身亡。

（2）某供电公司的单位证明及目击者的证言，证明事故发生是由于自然灾害造成线路断线，死者不慎被电击身亡。

（3）保险公司查勘人员现场走访调查，确认王某在雨中去厕所方便途中意外触电身亡。

综上，可以判断王某的死亡虽然属于不可抗力的自然灾害导致，但是由于本保单订有扩展无过错责任条款，因此本案属于保单保险责任范围。

五、保险责任及认定

（1）保险期限认定：本次事故发生于保险有效期限之内。

（2）保险地址认定：本次事故地点为某市供电区域，在保险地址范围之内。

（3）条款责任认定：本次事故直接原因为自然灾害事故导致供电线路接地，被保险人未能及时处理造成。根据保险公司与某省电力公司签订的《电网供电责任险》的扩展责任条款约定，因无过错责任造成的第三者人身伤亡及财产损失属于保险责任范围之内，依法经各方协商应承担赔偿责任，并由保险人负责按保金限额内赔付。

六、协商协议主要事项

市供电公司与受害人父母，经协商达成协议，主要有三条内容：

（1）市供电公司赔偿受害人死亡赔偿金、丧葬费、精神抚慰金等共计677130元。

（2）支付办法、时间为签订协议之日付清。

（3）本次纠纷一次性处理终结。今后受害人家属不再追究电力公司任何法律责任和赔偿责任。

七、理赔计算

1. 是否重复投保

经保险人调查，被保险人未持有可对本次事故负责的其他保险合同。

2. 赔偿限额

根据保单约定，每次事故赔偿限额为人民币2000万元，其中每次事故每人赔偿限额为100万元。该案经保险人与市供电公司达成的赔偿意见，最终由保险人赔付市供电公司赔偿金额为 262407.60 元。

3．免赔额

保单无免赔。

4．赔付金额

依据保险合同约定及查勘结果，经理算，保险人确定给予××供电公司实际赔付金额为 262407.60 元。